高等学校"十一五"规划教材

当代大学生创造与创业

主　编　许延浪
副主编　房　慧　许　楠

西北工业大学出版社

【内容简介】 本书从理论和实践两个方面介绍了创造学与创业学的基本原理。在此基础上,结合生动的案例阐述了创造力、创造性思维、创造技法、计算机创意设计、创业、网络创业、知识产权与创造成果保护(含专利申请)等知识,同时配有创造与创业成功者激动人心的励志故事。本书以实用性为主线,编写方法上注重理论研究、方法介绍与案例分析相结合,雅俗共赏。

本书可作为大学相关课程的教材,又可作为各类专业技术人员、管理人员学习和开发创造力,勇于创业,提高创新能力的参考读本,也不失为面向社会大众的科普读物。

图书在版编目(CIP)数据

当代大学生创造与创业/许延浪主编 . —西安:西北工业大学出版社,2009.9(2013.9 重印)
ISBN 978 - 7 - 5612 - 2696 - 4

Ⅰ. 当⋯ Ⅱ. 许⋯ Ⅲ.①大学生—创造力—能力培养 ②大学生—职业选择
Ⅳ. G640 G647.38

中国版本图书馆 CIP 数据核字(2009)第 176498 号

出版发行:西北工业大学出版社
通信地址:西安市友谊西路 127 号   邮编:710072
电   话:(029)88493844   88491757
网   址:www.nwpup.com
印 刷 者:陕西丰源印务有限公司
开   本:787 mm×960 mm   1/16
印   张:19
字   数:401 千字
版   次:2009 年 9 月第 1 版   2013 年 9 月第 2 次印刷
定   价:32.00 元

前　言

　　面对 21 世纪到来的知识经济时代,知识创新已成为当代社会文化的基础和核心,创新能力已成为不可或缺的制胜法宝,而创造和创业则是当代大学生实现人生价值的重要部分。

　　纵观我国的高等教育,从新中国成立之初的 2.1 万高校毕业生,到 2009 年今天的 610 万高校毕业生,从原来 100 个考生只录取四五个人,到今天 10 名考生中能有 6 人上大学,60 年足以改变几代人的容颜,千百万经历过高考、上大学的人心中都刻下了它的深深烙印。我国高等教育已完成了从精英化到大众化的飞跃,进一步推动了中国社会进步和现代化的进程,为国家昌盛奠定了人才根基。

　　然而大学毕业生的就业形势却不容乐观。面对每年 610 万生力军,当前的就业市场相对显得拥挤,空间缺乏。人们突然发现,在市场门前,大学毕业生们其实还没有买到门票,而且,这张门票已经变得非常昂贵,绝非刚刚毕业就能买得起的。于是有学者惊呼"读了四年大学买不起一张市场的门票"。大学生就业形势趋紧的原因,除了毕业生人数多、就业空间相对小、相关的政策措施和服务体系不完善以外,大学教育与市场脱节、大学生的就业观念与实际就业市场不适应等问题,成为大学生就业的一种明显的障碍。

　　1998 年联合国教科文组织发表的世界高等教育大会宣言《21 世纪的高等教育:展望与行动》中明确提出:"高等学校,必须将创业技能和创业精神作为高等教育的基本目标,为了方便毕业生创业,高等教育应主要关心培养创业技能与主动精神",要使高校毕业生"不仅只是求职者,而首先将成为工作岗位的创造者",从而确立了创造和创业教育作为当代高等教育改革与发展的指导思想。为了推动创业教育的实施,《中共中央、国务院关于深化教育改革　全面推进素质教育的决定》进一步强调了这一思想:"高等教育要重视培养大学生的创新能力、实践能力和创业精神,普遍提高大学生的人文素养和科学素养。"2002 年初,为了进一步促进高等学校创造和创业教育活动的开展,教育部确定中国人民大学、清华大学、北京航空航天大学、黑龙江大学、上海交通大学、南京经济学院、武汉大学、西安交通大学、西北工业大学等 9 所高等院校为创业教育试点学校。创业教育的呼声随之日高、愈演愈烈。

　　按照联合国教科文组织的定义,创业教育是指培养具有开创性的个人,使其具有首创、冒险精神、创业和独立工作能力以及技术、社交和管理技能的教育。大学的创业教育主要是面向所有的在校大学生,宗旨是培养大学生创办各项事业所应具备的综合能力。其核心内容应包括以下四个方面:一是创业理论,主要是对创业活动、创业过程进行分析、研究,帮助创业者掌握有关创业的基本知识,了解创业产生和发展的基本规律;二是创新能力,没有创新就谈不上创业,创新能力是创业能力的核心;三是创业精神,主要是培养在创业过程中所应具备的各种非智力因素;四是创业技能,主要是对创业过程的程序和方法进行分析和研究,积累创业经验,提高创业实践能力。

在新形势下,结合多年教学经验,笔者在原《实用创造学》(西北工业大学出版社,2003年)的基础上作了较大的修编:对原有的内容进行了更新,增加了"TRIZ理论"等,删去了陈旧过时的知识,增加了"大学生创业"的较新内容,编为第二篇,同时更名为《当代大学生创造与创业》。西安财经学院的房慧和中国科学院西安光学精密机械研究所的许楠作为副主编参加了本书的编写。新编的《当代大学生创造与创业》既可作为大学本、专科公共必修课和公共选修课教材,又可作为企事业单位创造力开发、创业培训教材,同时,也可作为发明和创业爱好者的自学用书。

在当代大学生创造与创业课的开设及教材的编写过程中,得到了全国政协副主席、原中国创造学会理事长、博士生导师万钢,全国政协委员、中国发明协会名誉副理事长、中国发明协会高校创造教育分会理事长张开逊研究员,中国发明协会高校创造教育分会学术委员会主任刘仲琳教授,西安电子科技大学副校长陈平教授,陕西师范大学尤西林教授和美国CPSI(Creative Problem Solving Institute)副院长托尼·比罗尼(Tony Billoni)教授的关心和指导;得到了许多领导、教师和学生朋友们的关心和支持,西安石油大学校长、博士生导师张宁生教授,以及张建华教授、曾昭宁教授、赵玉杰高级经济师等给予了建设性的卓见,特别是西安石油大学油气资源学院、石油工程学院、计算机学院的领导以及教务处领导和同志,没有他们的热心指导和鼎力相助,我校的创造与创业教学难有今天这样好的效果和局面。谨此一并致谢!本书的编写参阅了有关的网络文献资料,在此向原作者表示诚挚的谢意。

同时,特别感谢西北工业大学出版社的同志,正是他们的精心策划和编辑,才使本书得以正式出版。

创造与创业是一门涉及范围广泛的综合性新兴学科,由于编写者的编写水平有限,不妥之处在所难免,恳请广大读者不吝匡正。

许延浪

2009 年 7 月

于西安石油大学

目 录

第一篇 创 造

创　造

　　创造是人类生来就有的本能，一种类似于"生命"的原欲和冲动。

　　人类的伟大在于在自然美中创造了社会美，而在社会美中又创造了自然美。

第一章 人类与创造

处处是创造之地，天天是创造之时，人人是创造之人。（陶行知）

第一节 人类生生不息的创造

人类的文明史实际上就是一部不断创造的历史。人类生活的本质就是创造，人类文明的源泉就是创造。当我们站在地球上瞭望广漠无垠的宇宙时，地球委实很小。而当我们在这颗小小星球上追寻人类发展的历史长河时，感到了一种伟大，一种创造的伟大——那些色彩斑斓的"人间瑰宝"带给我们的是一次又一次心灵的震撼！从原始人的茹毛饮血、钻木取火到现代人家庭用微波炉、方便食品；从古战场人传马递的峰火台报信，到当今覆盖全球无所不包的网络瞬间信息传递，还有飞机、汽车、建筑、水库、文字、影视等所有这一切，都是我们人类生生不息的创造。沧海桑田无不留下人类垦荒的足迹，大千世界处处闪烁着人类智慧的光环。

越过时空的界线，我们看到的是人类永不熄灭的创造之火，冥冥中我们听到了人类久远的充满生机的创造灵魂之呼唤，而朦胧中我们感到的是人类一往情深的发明创造之恋！

人类的伟大在于自然美中创造了社会美，而在社会美中又创造了自然美。

回顾历史我们还发现，人类自诞生之日起就和创造结下了不解之缘。恩格斯说："劳动创造了人。"而什么是劳动呢？《现代汉语词典》解释为"劳动是人类创造精神或物质财富的活动"。就是说，劳动是一种创造活动。显然创造是人类生来就有的本能，一种类似于"生命"的原欲和冲动。

那么黑猩猩会不会创造呢？西班牙奥托诺莫大学的科学家经过多年的观察发现"黑猩猩也会加工食物"。黑猩猩在寻找食物时，有许多巧妙的方法。例如，它们会利用细棍之类的工具伸到蚁穴里猎取白蚁。1992年，一只名为"琳达"的黑猩猩被送到该大学动物园，她从前的主人为防止被咬伤，把她的牙齿全拔掉了。动物园供给的食物是完整的蔬菜和水果。为此，琳达很快就发明了一套加工食物的方法：把苹果放在笼子的尖角上蹭，然后舔食飞溅到墙上的碎果肉和果汁。其他黑猩猩很快就学会了这套方法，胡萝卜、柠檬和橙子都成为它们的加工对象。

研究人员对这群黑猩猩的行为进行长期观察后得出结论：其他黑猩猩牙齿齐全，根本无须用这费事的方法来吃东西。它们坚持这样做，应该是因为觉得这样的加工使食物味道更美。

无独有偶，美国亚特兰大的佐治亚州立大学语言研究所的斯·萨伯吉教授夫妇研究表明，"成年黑猩猩会做文章"。他们让黑猩猩叩打一种测试猴子语言能力专用设备上绘有表示语言意思图案的键盘，再通过电脑声音转换系统测出黑猩猩的记忆语言和组句的能力，试验结果表明成年黑猩猩具备 3 000 个词汇的能力，这相当于 4 岁儿童的语言能力。有趣的是，教授为了让 19 岁的雄性黑猩猩甘吉牢记 A 键代表"给我"的意思，让它重复多次按 A 键。可是甘吉面部明显露出不耐烦的表情，瞪大双眼望着教授，并且另打了一行字，向教授提出要求——"我正在写给我葡萄"。

黑猩猩不可能有再多的创造了。然而，黑猩猩这种简单的食物加工和语言能力，使我们联想到人类祖先——猿人的创造活动。我们可以想象在过去的人类祖先中有一个伟大的创造者，是他第一次用前肢抓起一根草茎，去掉枝叶，伸进他手指伸不进的小洞中钓出白蚁或者干别的什么。人类祖先迈向文明的第一步从这里开始。当然，我们不能肯定这个动作是一个人完成的，也不一定是在几分钟里完成的，但祖先完成这个动作，必须在大脑中有一个设想，我们称这个设想为创造的原欲和冲动，尽管很简单，可它是今后的发展基础。而正是这种创造的原欲和冲动，使人类祖先不断改进和完善自身，最终发生了质变——彻底摆脱了猿人，进化为现代人。同样，也正是人类这种可贵的创造的原欲和冲动，使得我们现代人向着未来人进化。

第二节　创造学及其在各国的发展

创造学是一门研究人类创造活动的基本规律和方法，探索其过程、特点和机理等，开发人类创造力的学科。作为一门有关发现与发明的科学，创造学的理论体系由创造哲学、创造性思维理论（创造心理学）、创造工程学、创造教育学等组成，它涵盖了哲学、心理学、神经生物学、管理学、认知科学、行为科学、工程技术方面等自然科学和社会科学的多门学科的知识，是一门综合性很强的现代科学。

工业上的一个新产品、农业中的一项新技术、科学上的一个新构思、管理或销售中的一个新点子乃至日常生活中一些新想法和做法等都是人类生生不息的创造活动，而所有这些新颖的产品、方案和方法产生的过程、特点和规律，都属于创造学的研究范围。创造学以创造者、创造过程、创造力、创造原理、创造方法、创造环境、创造教育、创造评价等为研究对象，应该说创造学研究的对象不是科学巨匠爱因斯坦的相对论本身，也不是"数字时代的神话"比尔·盖茨的微软公司的软件，而是关注相对论、Windows 如何从他们的头脑中脱颖而出的，他们的事业（创造发明）是如何获得成功的。所以，创造学的根本宗旨是研究和揭示人类创造活动的心理机制、生理机制和社会机制，总结和归纳创造的一般方法、特点和规律，培养和开发人的创造力，挖掘人的最大潜能。

历史上，把创造性活动的内容当做一门学问来解释，可追溯到公元前 300 年古希腊的帕普斯（Puppus），他在所著的《解题术》第七卷中首先提出了"发现法"这一术语。古希腊、罗马时期，关于解释创造性思维规律性的一些最初尝试，散见于阿基米德·西拉库斯基、阿波罗尼·彼尔盖斯基、巴帕·亚利山大斯基、赫拉克里特·艾菲斯基、苏格拉底等人的著作中。当时他们的研究还是零散的，不成体系，但却是创造学（关于创造性思维与创造方法学说）的萌芽。确切地讲，创造学作为一门独立学科的诞生，是 20 世纪以后的事情。

美国是创造学的发源地。

20 世纪初，专利审查人员 E. J. 普林德尔注意到一些发明家富有创意的技巧，且有可能利用专利制度加以传授。1906 年，他向美国电气工程师协会提交了"发明的艺术"的论文，不仅用一些实例说明了这一点，而且建议对工程师进行这方面的训练。20 世纪末，专利审查人员 J. 罗斯曼从积存的专利资料中选出 700 多个多产的发明家进行问卷调查和统计分析，出版了《发明家的心理学》一书，其中专门探讨了对技术发明者进行创造力开发训练的可能性以及训练的有效方法。这些，显然为美国创造学以及后来开展大规模的科技人员创造力开发训练奠定了基础。

人们公认美国的奥斯本（A. F. Osber）是"创造工程之父"。奥斯本潜心研究创造发明过程，从中寻找创造发明的规律和方法，积极开发自己的创造力，并做到"一日一创"，成效很大。1938 年，奥斯本作为美国纽约 BBDO 广告公司的副经理，发明并公布了一套开发创造力的特殊方法——"头脑风暴法"，并且把它运用到企业创造力开发的实践中，取得了巨大的成功。由于它能迅速见到实效而深受企业家们重视，因而很快得到推广。为此，奥斯本还在布法罗大学创办了创造性想象学校，普及该技法，同时深入到学校、工厂里去指导发明创造，这些都取得了良好的效果。

一般认为，创造学作为一门独立学科问世当以 1936 年美国通用电气公司系统开设创造工程课为标志，这是工业界在创造力开发方面的首次尝试。次年美国通用电气公司的专利申请量便猛增三倍，创造力开发的首次尝试大获成功。其后，创造学便以极快的速度发展着并向全世界传播。1942 年美国天文学家 F. 茨维基（Zwicky）提出了"形态分析法"，应用于火箭研究，取得很大成效。科学家 W. J. 戈登（Gordon）于 1944 年提出"综摄法"，应用于鱼雷研究，效果显著。1946 年，美国麻省理工学院开设创造性开发课程，创造学正式列入大学教育内容。

除开展研究工作外，美国还举办一些理论研讨会，如 20 世纪 50 年代中期，美国国家科学基金会、空军的研究部门、海军研究部等，特别是在 1955 年到 1963 年期间，每两年一次在犹他大学召开的"全美科学才能鉴别与开发研究会议"所提交的资料，均是当时美国最高水平的研究成果，这对美国的创造力研究和创造学的发展，无疑起了重要的推动作用。

到目前为止，美国已有近百所大学、十多个科研机构研究创造学；几乎所有的大学都开设了创造性训练课程，较著名的有麻省理工学院、哈佛大学、加州大学等。他们有的同专业课相结合，运用创造力训练方法改造原有的课程安排，有的则专门讲授各种创造技法，有的学校还建立了创造性研究专业，并培养各级研究生。奥斯本说：美国高水准的生活完全是发明所赐。

日本在 1955 年开始研究创造学，1979 年成立了全国性"日本创造学会"，在引进和吸收国外创造学研究成果的基础上，独创了一批具有日本特色的创造性科学和技法，像川龟久弥 1955 年继他独创研究的方法论后提出的等价变换法，以及 KJ 法、NM 法等。他们在企业中普遍开展设想运动，提倡"一日一案"的创造性建议活动；把每年 4 月 18 日定为全国"发明节"；开办"星期日发明学校"等，因此建立了一个良好的促进发明创造的社会大环境，形成了一种"全民皆创"的理念和氛围。丰田汽车公司董事长丰田英二说："日本工人的特征之一就是他们既动手又动脑。我们的工人每年提供 150 万条建议，其中有 95％被投入实际的应用。"自 20 世纪 70 年代开始，日本全国的专利申请总数几乎年年雄居世界各国每百万人申请量之榜首。日本发明协会会长丰泽丰雄说："日本产品的故障率现在不是百分之几、千分之几、万分之几，而是经过人们反复研究、思考所能达到的。"

前苏联、东欧国家创造学的研究始于 20 世纪 40 年代末，60 至 70 年代著名发明家、创造学家 T.C. 阿利赫舒列尔提出了颇具精确科学特征的发明方法学——物场分析理论，这套理论体系和方法在实际运用中社会效益显著。前苏联十分重视国民创造力的开发，并把其载入苏联宪法中，并在大学中开设"科学研究原理"（142 学时）、"技术创造原理"（56 学时）等创造学相关课程，以培养创造性思维。从 20 世纪 60 年代起，前苏联建立了各种形式的创造发明学校，成立了全国性和地方性的发明家组织。其中，1991 年在阿塞拜疆创办了世界上第一所发明创造大学。在创造学的实践方面，前苏联在设计部门要求所配备的设计工程师和发明工程师的比例为 7∶1，即 7 名设计工程师就须配 1 名发明工程师；并规定，凡担任经济、科技领导职务者必须先获得发明教育文凭。由此，前苏联在 20 世纪 70 年代中期专利申请量和批准量居世界第二。

20 世纪 80 年代以后创造学研究和创造力开发的热潮在世界很多地方盛行不衰，并且引起了很多国家政府的高度重视。在美国、英国、瑞士、日本、俄罗斯、德国、法国、波兰、匈牙利等许多国家都设立了相当规模的创造学研究中心和创造学研究基金会，并在大学甚至中小学开设相关课程，加强对学生创造思维、创造能力和创造方法的训练。据不完全统计，全世界自 19 世纪 30 年代至今已提出了 300 多种创造技法、10 多种创造原理，70 多个国家和地区开展了创造学方面的研究；创造学已被广泛应用于政治、军事、经济、科学、教育、文化等社会各方面。在美国、加拿大、欧共体、俄罗斯等国家，每年要举行 10 多次国际研讨会。

现代创造学以美、日、俄为主分为三大流派，其理论与方法各有千秋。以美国为代表的欧美创造学重视思维的自由活动，视发明创造为联想、想象、直觉、灵感等的结果，此以美国奥斯本的智力激励法和戈登的类比启发法（原型启发法）为典型；日本的创造学倾向思维的实际操作，寄发明创造于材料的收集与处理，如发现卡（卡片排列法），以川喜田的 KJ

法和中山正和的 NM 法为代表；俄罗斯的创造学把发明创造建立在客观规律基础上和有组织的思维活动上，不靠偶然所得，而是按一定的程序达到必然结果，以阿利赫舒列尔的"物场分析法"为代表，力求使发明创造成为一门精密的科学。

创造学这门新兴的学科，20 世纪 80 年代传入我国后，很快就引起了科技界、教育界的重视。1983 年，中国创造学会筹备委员会成立，第一届全国创造学学术讨论会同时召开。1985 年，中国发明协会成立。1987 年 9 月由中、日、美三国联合主办的首届国际创造学会议在上海召开。1994 年，中国创造学会正式成立。1995 年，中国发明协会高校创造教育分会成立。1999 年 8 月全国技术创新大会召开。目前，全国已有 100 余所高校不同程度地开设了创造学课程。2001 年 5 月，经国务院学位委员会批准，东南大学获得"创造学教育方向"硕士研究生授予资格，同年 7 月我国第一位创造学博士生在中国矿业大学获得博士学位。据不完全统计，迄今为止，我国出版有关创造学的专著和书籍已达 360 余种。目前创造学已广泛地渗透到教育、科研、管理、工农业生产及其他经济领域中，正在为越来越多的人们所关注和利用，发挥着越来越重要的作用，显示了强大的生命力。

20 世纪 90 年代末，中国科学院呈交给党中央国务院一份重要报告"迎接知识经济时代，建设国家创新体系"中指出面对知识经济带来的机遇和挑战，应加紧建设面向 21 世纪的我国国家创新体系。

何谓国家创新体系？

国家创新体系是由与知识创新和技术创新相关的机构和组织构成的网络系统，其主要组成部分是企业（以大型企业集团和高技术企业为主）、科研机构（包括中央机构和地方机构）和高等院校；广义的国家创新体系还包括政府部门、其他教育培训机构、中介机构和起支撑作用的基础设施等。国家创新体系可分为知识创新系统、技术创新系统、知识传播系统和知识应用系统。知识创新系统是技术创新的基础和源泉，技术创新系统是企业发展的根本，知识传播系统培育和输送高素质人才，知识应用系统促使科学知识和技术知识转变成现实生产力。四个系统各有重点、相互交叉、互相支持，是一个开放的有机整体。

国家创新体系的构想，把我国创造学的研究和发展，带入了更为广阔的领域。可以预言，21 世纪的中国，将是一个五彩缤纷的创造王国。

第三节 创造教育的现实意义

一、"透明伞"——创新能力是 21 世纪的制胜法宝

一位青年朋友曾告诉过我他的困惑，为什么别人能接二连三地发明创造，自己就不行。一次他见到连绵的秋雨中有人打着一把透明的雨伞款款而行，精神为之一振。原来，几年前他就曾经想过，是否能把伞做成透明的，以取代乌压压一片、毫无生气的黑伞，没想到有人

竟把它做了出来，并且推销到市场上。这种伞还有一个重要的优点，就是通过透明的自然采光，缓解阴雨天气带给人们的心理压力和消除笼罩在心头上的不悦。

按这位朋友的说法，每当创造的女神微笑着向他走来时，他总是犹豫不决，没能紧紧抓住她的衣襟，结果总是别人抢先一步，获得成功。曾经有过发明创造的一闪念，但从未把它变成现实，这是许多人都有过的甚至是终身的遗憾。

德国流传着关于伞的另一个趣闻。一位老太太为每次下雨出门回家后晾伞而发愁：既不方便，又占地方，还弄得地板上湿漉漉的。后来她设想了一种晾伞筒，配以美观的造型，放在门后，雨中用过的伞，进门后随手插进去，很方便，既是用品又是摆设。随后她申请了专利，并获得一笔巨款。1998 年 10 月 13 日，瑞典皇家科学院把该年度的诺贝尔物理奖授予了三位在美国工作的科学家，其中包括美籍华人崔琦，以表彰他们发现并解释了电子量子流体这一特殊现象，也就是说，他们在世界上第一次把电子集中起来变成了一种特殊的“液体”。

显然，无论是发明“晾伞筒”的德国老太太，还是“把电子变成‘液体’”的诺贝尔奖得主之一美籍华人科学家崔琦，大凡成功者，他们都有一个共同点——具有获得成功的“创新能力”，即产生创意并把它们转变成现实的能力。

我们已经领略到 20 世纪各种新发现和发明创造的巨大风采（见附录 2），感受到了它们带给人类社会丰富多彩的生活和突飞猛进的变化。现在，让我们站在 21 世纪大门口，瞭望未来这个幻想与现实同步、挑战与机遇共存的人类文明高度发展的社会，它需要我们做什么呢？

21 世纪的经济是以知识为基础的经济，这种经济直接依赖于知识和信息的生产、扩散和应用。以英特尔公司生产的微处理器中集成的晶体管数为例，1971 年“4004”型有 2 300 个，1982 年“286”型有 134 000 个，到了 1995 年“奔腾”是 310 万个，增长了近 1 350 倍，而材料费用了不到它本身价值的 2%，其他 90%多的价值是知识创造的。另外，知识经济不仅改变着世界经济结构，也改变着传统观念。在农业经济时代，人们梦想占有土地；在工业经济时代，人们希望拥有资本；在知识经济时代，人们强烈追求的是知识。知识创新成为未来社会文化的基础和核心。创新程度越高，知识的价值也越高。

2001 年美国《商业周刊》载文指出，21 世纪工业经济开始让位于知识经济，知识经济是“创造性经济”，其中很重要的表现就是“虚拟价值”，即创见第一；经济形态也从汉堡包向软件包转变。软件是一种创见，汉堡包则是一头奶牛。拥有 3.1 万员工的微软公司，其市场资本总额达 6 000 亿美元，而麦当劳拥有的员工是微软公司的 10 倍，市场资本总额仅为微软的 1/10。在创造性经济中，最重要的“知识产权”不是软件，也不是音乐或电影，而是员工头脑中的东西。创新是知识经济的本质特征之一。具体表现在：首先，在新时代简单的重复的劳动越来越少，更重要的是越来越多的富有创造性的劳动。其二，知识经济对创新的要求也不同于工业经济社会的特点，即要求由“一次性创新”转变为“连续性创新”；由

"单个创新"转变为"系列创新";由"个别专家创新"转变为"全员（集体）创新"。

1997 年，美国《财富》（Fortune）杂志对全球 500 家大企业的经理人和专业人士发出问卷，根据 9 项指标评选出全球 19 个行业最受推宠的公司，这些指标的第一项便是创新能力。最后，索尼公司由于对整个组织及投资预案的重新改造，被评为"全球最具创新能力"的公司。美国发现自己的技术创新在全世界的比例由 70％降至 40％时，政府便采取强有力的措施扭转这种局面。事实证明，依靠创新优势，已成为 21 世纪各种强化国际竞争力的支柱和后盾。创新能力是 21 世纪的制胜法宝。无论是对企业，还是对个人，从某种意义上讲，没有创造力就等于失败。

学习创造学，可以大大开发我们的创造力，增强我们头脑的"虚拟价值"和自身的"创新能力"。

二、"挖掘潜能"——创造学是成功的选择

世纪之交，美国富尔顿学院心理系专家曾告诫世人说：我们最大的悲剧不是恐怖地震，不是连年战争，甚至不是原子弹投到广岛，而是千千万万的人生活着然后死去，却从未意识到存在于他们身上的巨大潜能。那么，人的潜能有多大？人的大脑究竟能创造多少个他不知道的新概念、新思想、新旋律、新结构和新设计呢？

科学研究表明，我们的大脑是有着极其复杂结构的人体器官，包含约 1 000 亿个神经元，是一个复杂的物质系统。在已知物质世界中，任何物质系统的复杂程度都不可能与人脑相比拟。专家们认为，人类大脑中有很大一部分未经使用。人大脑记忆力相当于美国国会图书馆藏书量的 50 倍，以 1984 年美国国会图书馆藏书量 8 000 多万册为计，它的 50 倍是 40 亿册。根据日本医学博士春山茂雄推测，作为"祖先脑"的右脑储存的信息量其时间达 500 万年之久。心理学家推测，人脑仅使用了 10％左右，像爱因斯坦这样的大科学家的大脑使用也没有超过 20％。人大脑的剩余性可以说是无限的。

研究表明，创造力和智力是两种不同的心理品质，它们虽有相通的部分，但智力教育不能代替创造教育。大量的实验结果表明，专门的创造力训练可以使学生的创造能力提高10％～40％，甚至更高。美国布法罗大学对 330 名学生科学测验表明，接受过独创性教育课程的学生所能产生的创意，要比未接受该课程的学生高 94％。该大学的一项研究还发现，将平均受过 18 个月训练，具有同等能力的人，与未受过训练的人加以比较，发现前者的创造能力比后者的高 63％。

日本一家钢铁厂每年都从大学和高中毕业生中录用技术人员，他们把其中 12 名高中毕业生集中起来，利用每周六进行较系统的为时半年的创造性思维训练。不到半年，他们便开始纷纷提出发明项目。在学习将近结束时，他们取得 70 余项专利。他们还为工厂设施搞出了极为有益的发明项目。

西安石油大学和西安电子科技大学一项对 850 名学生学习创造学课程后的问卷调查

（1999 年 5 月—2002 年 12 月）表明，在上创造学课程前仅有 40％的学生有 1 021 项"关于创造发明的设想"，人均 3 个；而在上完该课程后，100％的学生有多于 25 988 项创意，人均 30 多个，增长了 10 余倍。

因此，创造学有两条基本的原理：第一条，创造力是人皆有之的一种自然属性；第二条，创造力能够通过科学的教育和训练不断地被激发和得到提升。所以，创造并非是科学家或者发明家的专有，也不是牛顿、爱迪生等人的特质。人类的潜能无穷，每个人都可以培养出属于自己的创造力，在这一点上，可以说人人都能够发明创造。

当然，能够发明创造和会不会发明创造以及最终有没有发明创造，有待于进一步探讨，本书将在以后的章节中对此详细说明。然而，有一点是肯定的，即国内外的研究和实践表明，通过创造学的学习与实践，可以自觉地培养学习者全新的创新意识，不断开发和提高自身的创造力，成为一名真正的具有较高素质的创新人才。

三、"和尚爬山"——解决问题需要创造性

让我们先来到某个"创造训练班"，看一个有趣的问题——"和尚爬山"。

清晨，旭日东升，一个和尚开始爬山，走的是一条盘山羊肠小道。他以变化的速度爬山，并且不时地停下来休息或吃饭。日落西山，他上了山顶。山顶上有一座庙宇，他留在那里坐禅多日。然后，在太阳升起时，他沿着同一小道开始下山，再次以变化的速度行走，虽然下山的平均速度要比上山的平均速度稍快一些。

请说明，小道上是否存在这样一个地点，恰好是他上下山时在同一时刻路过的。

一般回答这个问题的人，往往断定这位和尚在上下山的日子中，同一时刻在同一地点是十分的不可能。因为无论是考虑平均速度和平均距离，还是用惯用的逻辑方法，他们都无法得到答案。

然而，该班上一位年轻女士通过想象，跳跃到一个非常规的参考系把问题解决了。她不停地想，这样试试，那样试试，直到十分厌倦想放弃，但上山和尚的影像始终留在她的脑海；接着出现了一个情景，她看到另一个下山的和尚朝这个上山的和尚走来，并且两个和尚的影像叠加在了一起，刹那间她意识到：这两个人必定在同一时刻同一地点相遇——不管他们走的速度如何，也不管他们中的每一个停下的次数多少。

这位女士的想象可以用一个简单的图形来表示，那个和尚上下山的位置可以按一天的时间画出曲线，那两条曲线显然是要在某一点上交叉的（见图 1-1）。

解决问题需要创造性，尤其是思维跳跃的能力。

20 世纪 80 年代初，对我国的航空事业做出过重大贡献的美籍华人普林斯顿大学陈省身教授在探讨中美高校培养大学生的特点时，说过这样一番话：美国教授在招收博士生的时候，往往宁可录取分数较低的美国和西方其他国家的学生，而不愿意录取分数较高的一些东方国家的学生，原因是这些东方国家的学生大部分能够熟记书本、善于抓高分，但是在完成

博士论文阶段，创造性往往不如西方国家的学生。陈教授谈话深刻地指出了包括我国在内的一些东方国家在学校教育上存在的弊端。

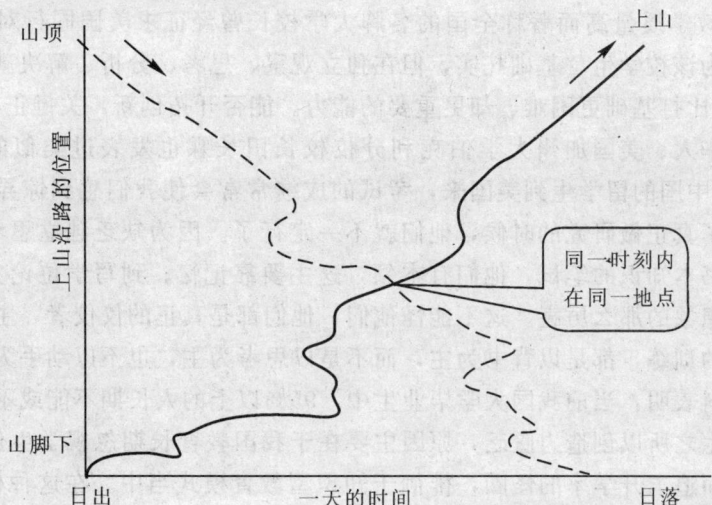

图 1-1　通过视觉想象解决和尚上山的问题

事实上，中国人的智商不比西方人低。据美国 1995 年《时代杂志》报道，美国科学家对各国人群的智商连续进行了 10 多年的测试，结果是中国人的智商 110 分，日本人的智商 103 分，美国人的智商 100 分。那么为什么美国教授要认为东方学生创造性差呢？这是因为：一方面，当代一系列重大的科技发现和发明，诸如汽车、轮船、飞机、火箭、原子弹、核电站、电话、计算机、电视机、DNA 等，都是诞生在美国等西方国家，获得诺贝尔奖的西方人也远远比东方人多。这说明，注重对学生创造性思维能力的培养，这种近代的西方教育，确实造就了一大批富有创造力的人才。

另一方面，我国的现行教育体制缺乏培养学生的创新意识和激发学生创造能力的活力。诺贝尔奖获得者。著名的美籍华人杨振宁博士在 2000 年中国科协学术年会上作"中美教育哲学比较"演讲时讲到两国教育哲学的特点如下：

美国教育哲学 { 鼓励广泛的兴趣　灵活多变　东跑西跳　注重培养自信心 }　　中国教育哲学 { 注重狭窄的专业　扎实的操练　按部就班　常常缺乏自信心 }

在作了这一有趣的比较后，他说："美国中学教育出来的中学生，在国际比赛中，在奥数比赛中，上不了名次，常常是倒数第一、第二。这样已持续好多年了。近一两年，有一种新看法，认为美国之所以今天经济这样成功，正是因为所教育出来的中学生考试不行（全场掌声热烈）。"在另一次谈话中，他还说过："中国的学生知识丰富，善于考试，但却不善于想象、发挥和创造。"

我国一所以教学质量高而著称全国的名牌大学校长曾经征求美国同行对该校学生的意见，美国同行认为该校学生"基础扎实，但在独立观察、思考、分析、解决新问题上能力似乎不足"。而这是比打基础更困难、却更重要的能力。能否开拓创新，关键正在于这种能力。

另一位美籍华人、美国加州大学伯克利分校校长田长霖也发表过类似的谈话。他说："可以坦白地讲，中国的留学生到美国来，考试的成绩常常会使我们感到惊异，他们怎么这么厉害！可是到了真正做研究的时候，他们就不一定行了。因为缺乏独立思考能力的训练；考学位的初试是书本知识的笔试，他们有本领，这主要靠记忆；到写学位论文时就会发现，他们并不像最初想象的那么厉害。这不能怪他们，他们都是真正的佼佼者，主要是小学、初中、高中、大学的训练，都是以背书为主，而不是以思考为主，也不以动手为主。"

一项调查资料表明，当前我国大学毕业生中，95％以上的人长期不能或不会进行各种创造发明活动。学生之所以创造力匮乏，原因主要在于我国教育长期忽视学生创造性的培养，始终无法摆脱片面追求升学率的怪圈，徘徊于知识型教育模式当中。在这种模式中，知识、技能是学生唯一的追求，而智能被忽略，创造性被扼杀。学习创造学，开展创新教育，可以使受教育者冲破旧传统的束缚和禁锢，获得现代教育"发挥个性、注重创新"的基本营养，唤醒心灵深处的创造意识，激发创造力，增强利用创造性解决问题的能力。

四、"永葆创造的青春"——如果你一无所有，请记住你还有创造力

在科技飞速发展、文明社会高度发达的今天，保持一个创造性生活的积极心态，无论是在年轻，还是在年老时都是极其重要的。请看一位普通女工的故事。

我们暂且叫她为良子，她是一家日本味精公司的普通女工。良子属于那种天生很知足的典型的日本妇女，在家中，先生说什么就是什么，在外面，上司让做什么就做什么。她觉得这样生活很好，也很幸福。不过最近有一件事让她有些苦恼。因为公司最高主管下达了命令："为了增加味精销售量，每个员工必须至少提一条建议。"许多人很兴奋，他们提出怎样做引人注意的广告，改变味精瓶形状，制定销售奖励政策等各种各样的建议。良子也想过，但她想不出任何东西，而且也确信，自己不是那块料——不是那种能出主意的人。她很想找个理由推掉，但违抗主管的命令，可能会带来不利的后果，她知道事情的严重性。为这件事，她近来难得露出笑脸。

一天晚饭时间，她想往菜里撒些调味粉，但调味粉受了潮，怎么倒也倒不出来。良子只好用筷子捅进瓶口的窟窿里，用力把窟窿搅大，这下调味粉撒了下来。在一旁的母亲说："良子，你不如建议你们公司把味精瓶口开大一点。"

"可这怎么能算是提案呢？会让人笑掉大牙的！"良子有些不以为然。这也难怪，人们很容易把发明创造想象得很神秘，以为那绝非普通人能做的事。但良子又实在想不出什么其他

主意，最后只好用这个交差了。她提议将味精瓶口开大一倍。

结果让良子很有些吃惊。她的提案进入 15 项得奖提案之中，并获得 5 万日元奖金。而且这一提案付诸实施后，销售额确实增加许多。为此，良子又从主管那里领了特别奖。

"想不到出主意这么容易！"良子从此成了建议迷，随后又为公司提出了数项有价值的建议。

其实，创造并不神秘，在生活当中，只要你有心，创造就可能随时发生。我国创造教育先驱、著名教育学家陶行知先生就说过："处处是创造之地，天天是创造之时，人人是创造之人。"下面举一个例子。

有一个小伙子，女友在无意中向他诉苦说，吊花盆的绳结因为浇水浸湿常会烂掉。于是他就设计了一个排水的杯子，花盆浇水后，多余的水就会流到杯子里。他的设计是把普通的塑料杯用胶布粘到一个塑料水槽上，把水槽插入绳结和花盆之间，以收集浇水时从花盆底部流出的水。由于这种排水杯简单实用，他又做了几千个还卖了一笔钱。

老年人的创造更是令人惊讶。富兰克林就是在 78 岁时发明了老花镜。有一位 60 多岁的日本妇女，为了不让大脑老化，去上动脑筋学校，后来成了一位月收入百万日元的思想者。这种"无心栽柳柳成荫"的成功实际上就是"创造的青春"显现。

学习创造学，可以获得永葆创造青春的基本营养，可以永远保持一颗热情的创造性生活的积极心态。无论是对于即将为祖国繁荣昌盛和全人类幸福奋斗的莘莘学子，还是对于一个既没有钱，又没资历而要想改变自己的命运的人来说，创造学的忠告是，如果你一无所有，请记住你还有创造力！

案例一 缺乏创造力的中国学校

（作者：马德胡·纳雷安南 / MADHU NARAYANAN）

鸡笼、熟透的鳗鱼、嘈杂而尘土飞扬的街道，它们的旁边就是成都市第 12 中学。这里拥有先进的科学仪器，拥有一间熠熠生辉的计算机实验室，还拥有一部分四川省最优秀的学生——第 12 中学是中国为进入全球化世界做准备的一个闪闪发光的教育基地。

美国的中学一直为自己可怜的考试成绩、浅显的课程设置以及心不在焉的学生而倍受指责。但是在成都听了两个星期的课后，我越来越清晰地感到，中国的应试教育系统也在面临着自己的特殊问题。

作为华盛顿大学"太平洋地区数学教育情报研究计划"的一部分，一群美国的毕业生以及西雅图地区的自然科学中学教师正在积极地探索自然科学课堂教育的新方法。在美国国家科学基金会的资助下，该计划选派了一个研究小组到成都市去调查研究中美两国自然科学教育方式的差别。

不久我们便发现这里的学生有很高的知识水平。几天后，我们便经历了几次严格的数学测验并且接触到了大学水平的物理学知识。全国统一的课程设置把不可思议的知识含量融入到了 12 年的教育中，中国学生所拥有的知识技能似乎可以令所有美国高中毕业生为之汗颜不已。

看到这样的情形，我们不禁想知道中国学生究竟做了什么与众不同的事情。"他们学习非常非常用功。"西雅图黑尔高中的自然科学教师卡尔·英勒特说，"我所遇见的每一名学生几乎每天都要上 10 节课，而且经常到晚上的九点半还没有放学。"

每天从早晨起，中国学生就要开始长达 12 个小时的学习，同时还要留出 3~5 个小时的时间来完成作业。由于各种各样的补习班以及经常性的考试，周末对他们来说同样是一场噩梦。每一天，我们都可以在课堂上感受到如此投入的学习方式。在一个超过 60 人的班级里，你别无选择，只有循规蹈矩，否则就会被无情地落在后面。

但是正当我们为中国教育的质量之高而惊奇时，我们所遇到的一些中国老师和中国学生却一针见血地指出了中国教育体制的最大缺陷。一遍又一遍地，我们不停地听到人们担忧中国的学生们欠缺了一项很重要的品质：创造力。"我们的学生缺乏创造性，"第 12 中学的英语教师王先生说，"美国学生从不怕犯错，而中国学生则对于答案的正确性太过在意。"

在一个学生的未来由一年一度的年终考试来决定的教育体制里，根本就没有个性化发展的空间。学生被严重地禁锢在同样的轨迹里，那些表现优秀的学生将可以被筛选进入最好的学校，而表现差劲的学生则只能面对陡峭的爬升之路。顺理成章，一些美国学校中的标志性特色在这里荡然无存，比如说交流、团队合作以及独立思考等。

"学生们很少提问题，"华盛顿大学的机械工程专业毕业生卡姆·梁说，"我发现教师的任务仅仅是把材料和知识传授给学生，然后向学生提问。而学生的任务就是盲从以及记住材料和知识。"

毫无疑问，新一代的老师已经开始越来越重视这个模糊不清的问题。但是一些新颖的方式却经常招致学生茫然的反应。当我在几节英语课上尝试着寻找自告奋勇的人或是组织一场讨论时，往往以失败告终，甚至就连与教师的交流和互动在这里都有着不同的定义。

为了描述怎样给一群中国学生上讨论课，英勒特先生向我们讲述了他如何令班上的学生围成一个圆圈。他们立刻想到老师要坐在哪里。英勒特先生说："那时候我说，我就与学生坐在一起。他们就立刻盯着我，他们无法相信课是可以这样上的。"

第 12 中学的老师们很愿意听到美国学生与众不同的学习方式。但是当他们尝试推行新的教育方法时，他们还要承受来自于家长、政府和大学的巨大压力。所有的一切都要以一年一度的全国高考作为基础。只要学生能够成功地驾驭考试，家长们才不管什么新、旧教育方式呢。如果该方式无助于学生准备考试，家长们便不会对它付出耐心。于是教师们也只能严格地按课程开展教学。

很多人认为中国的高考是在众多的学生内分配稀缺的升学机会的最公平方式。但是政府必须适应一个发展日益迅速、竞争强度日益增大的中国。要想成功地满足这样的发展趋势所提出来的需求的话，中国政府就必须要培养出一批不同以往的毕业生。

若干年来，美国人一直奇怪，我们的学生为什么总是要落在别人后面；现在，似乎至少还有一个国家站在原地等着我们。

——摘编自美国 2002 年 8 月 29 日/Seattle Post-Intelligencer（西雅图信使邮报）

第二章　创造及其过程和要素

机遇只偏爱那种有准备的头脑。(巴斯德)

第一节　创造的定义

如果没有创造，世界将会怎样。

什么是创造？创造是人类在改造客观世界、建设人类精神文明和物质文明中具有新意的，并获得新价值的特殊活动。

从本质上讲，创造是一个从传统出发而不断超越传统的辩证发展过程，既有广泛性又有特殊性。其广泛性表现为：① 该活动的领域广阔深远、无处不在，涵盖了人类活动的方方面面。大至宇宙飞船、航空母舰的发明，小至一枚鱼钩的制作，从文学作品中人物的塑造，到家常泡菜的腌制，处处闪烁着人类创造的火花。② 创造是人类文明发展的不竭动力。蒸气机的发明，使人类进入了工业社会，而计算机、互联网的出现，则把人类带入了信息社会、知识经济的崭新时代。其特殊性表现在：① 该活动及其结果至少在人类活动的某一领域内是新颖的、独特的和前所未有的。② 该活动是在具有一定的知识经验的基础上进行的。③ 该活动需要活动主体在很强目的指引下付出顽强甚至是艰辛的和富于灵感的劳动。④ 该活动的结果具有相当的社会价值，甚至是开拓性的。

创造包含了两个方面的内容，即"发现"和"发明"。"发现"是对科学研究中前所未有的事物或现象的规律性的一种认识活动，发现的结果是人们对客观事物的状况及规律有了新的认识，取得了新突破，获得了新知识。发现的结果是原存于客观事物中，即原先就有的而后随着科学技术发展，被人们不断认识和挖掘出来的客观存在。比如牛顿发现的万有引力、爱因斯坦发现的相对论等。以下是两个发现的实例。

莫扎特音乐能治癫痫病

2001 年 4 月，科学家指出，莫扎特的音乐对癫痫病有辅助治疗效果，可以减少癫痫发作的次数。研究人员让癫痫病患者听 10 分钟的莫扎特的奏鸣曲作品第 488 号，结果发现患者听完音乐后，其剪纸和折叠等涉及空间感的技能有所长进。对老鼠进行的实验发现，听过音乐后的老鼠走迷宫的速度要比没听音乐的同伴要快。

科学家发现了"最亮的超新星"

2007 年 12 月美国加州大学伯克利分校和德州大学的天文学家们宣称，他们观测到迄今为止最大最亮的超新星爆发。这是人类第一次观测到一颗硕大的恒星（名为 SN2006gy）死亡、转变成超新星的过程。这颗恒星的大小是太阳的一两百倍。在银河系的 4 千亿颗恒星里，这样体积的恒星大概只有十数颗。科学家们认为 SN2006gy 或许能够提供宇宙早期恒星死亡的线索。

"发明"则是人们按一定的目的去调整和改变客观对象，从而获得新事物，其结果是一切具有独创性、新颖性、实用性、时间性的技术成果。发明的显著特点就是客观世界中不曾有过的。比如，我国古代发明的指南针及当代英国培育的克隆羊多莉等。以下是两个发明的实例。

主动和人打招呼的智能机器人

2002 年 12 月 5 日，日本本田公司推出经过改进的机器人"ASIMO"。这种能用双腿直立行走的机器人相当聪明，人手指到哪里，它就走到哪里，遇到人的时候会主动向人打招呼，并能和主人流利地对话。

世界上首辆水陆两用大巴研制成功

2009 年 3 月 28 日，马耳他"Amphi 长途客车"（AmphiCoaches）公司经过 6 年的研究，制造出了世界上首辆水陆两用大巴，并已经在当地使用。该种拥有 50 个座位的巴士与普通巴士一样能以时速 70 英里在陆上行驶。当遇到水路时，只需轻按开关，巴士的轮子就会缩进车身，空气活门——喷气推进器便会推动巴士在水中航行，并且淡水和海水均适用。

科学发现和技术发明是支撑人类科技进步的孪生兄弟。他们之间既有差异（见表2-1），又密切相关。

对某一领域来讲，科学发现往往是技术发明的理论先导，技术发明则进一步完善和推进了理论发现，两者相辅相成。让我们来看一下，科学发现和技术发明在激光器的发明过程中的密切相关的辩证关系。

1917 年，爱因斯坦发表了《关于辐射的量子理论》，文章中提出了受激光辐射理论，即光可以激发分子使其释放出能量（科学发现）。但是当时没有人认为它在技术上有什么用途。直到 1958 年美国物理学家查尔斯·汤斯才研制出第一台激光装置（技术发明）。1960 年美国物理学家西奥多·梅曼用一个红宝石棒第一次制得了人造激光。这束仅持续了三亿分之一秒的红色激光标志着人类文明史上一个新时刻的来临。

激光器的发现过程并不是一帆风顺的。在梅曼开始制造红宝石激光器之前，有人断言红宝石绝不是制造激光的好材料，但梅曼却怀疑这个说法。为此，他花了一年时间专门测量和研究红宝石的性质,终于发现上述论断所依据的基础是错误的,而红宝石的确是制造激光器的好材料(科学的再发现)。从此,他着手建造世界上第一台激光器。由于准备工作做得十分完备,他第一次试验便获得了成功(较前完善的技术发明)。然而在当时,激光仅仅被看做一项漂亮的发明,因为任何人都没能提出激光实际应用的设想。直到几十年后这种情况才真正地改变了。

表 2-1 科学发现与技术发明差异比较表

区别点	科 学 发 现	技 术 发 明
从业人员的条件	科学家,要求具有深厚的理论基础,层次高,并富有顽强的事业精神和创造力。同时,还必须具有一定的科学理论水平	工程技术专家,要求学识渊博,并具有一定的专业知识和实践经验,能亲自动手操作,创新能力强。有时文化程度低,也能发明
风险性	无风险	有风险
成功率	成功率较小	成功率较大
成果的形式	论文、专著(形成概念、概念体系)	专利、技术、诀窍、设计方案及图纸、试样(形成物质系统)
成果评价	检验原则(即承受实践检验其真伪),延迟评价	效益原则(承受实践检验其效益大小),及时评价
授予专利情况	不授予专利,但将其转化为技术,提出解决技术问题的方案,则算发明	授予专利,但某些个别事物,在专利法中规定也不授予专利
重大意义	科学发现的跃进,科学理论的突破和科学手段的创新,使人类经历了三次科学革命(注意:科学革命与技术革命的内涵不同,但二者关系密切)	重大技术的发明,并使之转化为生产力,使生产关系和社会生活发生了一系列变化
社会价值	潜在价值,长远利益	显在价值,近期效益

1960 年,氦氖激光器试验成功,此后又相继出现了各种各样的激光器,它们可以产生出不同功率、不同波长的激光,其范围可从红外线到紫外线以至 X 射线的所有区域。

由于激光具有高定向性、高单色性、高相干性、高亮度以及可调谐等特点,突破了以往所有普通光源的局限,从而引起了各种光学应用技术的革命性进展。激光的出现首先使全息照像得以实现;激光照排的应用更产生了印刷技术的革命。如今,激光和光纤结合的光通信技术、可存储大量信息的光盘、用于外科手术的激光刀、难以操作的工业焊接和眼花缭乱的舞厅灯光等已经和我们的生活息息相关,它必将对 21 世纪人类的生活产生更加深远的影响。

创作是文学艺术领域中的创造,它揭示美的规律、丰富人们的精神生活。例如毕加索的油画、金庸的武侠小说、罗丹的雕塑、冼星海的《黄河大合唱》等，艺术家用绚丽多姿的色彩、荡气回肠的音乐、跌宕起伏的文笔塑造了一个又一个光辉的艺术形象，表达了人类追求理想的锲而不舍的奋斗精神和美好愿望，一看到或听到这些极富创意的作品，就会引起人们的共鸣和某种心灵的震撼，使人在快感中达到精神的愉悦和升华。

第二节 创造过程

创造是一种有节奏的工作，有行有止有动有静，有忙有闲。

创造过程是人类复杂高级的思维和行为活动，它既有一般性思维，又有创意活动，其过程也因人而异，但是这并不等于说创造过程无规律可循。著名英国心理学家沃勒斯（Wallas）把创造过程分为四个阶段。他根据多年观察和研究认为，无论创造过程多复杂，从思维活动看，均可抽象分成明显存在着的既相互联系又相互独立的四个阶段，即准备期、酝酿期、顿悟期和验证期。

（1）准备期（Preparation）。该阶段主要搜集和掌握有关问题资料，借鉴前人经验和方法，准备必要的技术、设备及其他相关条件，同时进行初步的研究，以决定创造方向。

（2）酝酿期（Incubation）。该阶段思维进入了苦思冥想中。酝酿阶段的思维是异常活跃的，尤其是潜意识，时而想出解决问题的各种假想，时而又复归原路，徘徊不定，连思维者本人也表现出如痴如迷的狂热，我们所熟悉的牛顿煮手表、安培不识自家门的故事，都生动地表明了这一点。

（3）顿悟期（Illumination）。在经过前一阶段的充分酝酿和长时间的思考后，思维"茅塞顿开"进入"豁然开朗"的境地，从而明白了解决问题的关键所在。这就是创造过程的第三阶段，思维在顿悟期呈现了一个大的飞跃。

（4）验证期（Verification）。该阶段是将顿悟的观念加以实施，通过实践检验和逻辑证明等来验证其是否可行。

世界资优教育学会主席加勒格（Gallagher）提出了如表2-2所示的创造过程模式。

表2-2 创造过程模式

历程阶段	期望形式	思维运作	人格特质（要素/态度）
准备期	纯粹、良好的组织	认知记忆	好学、用功、维持注意力
酝酿期	漫不经心	个人的思维	智力的自由
顿悟期	经常混淆，不协调	发散性思维	冒险、容忍失败及暧昧
验证期	纯粹、良好的组织以及清楚的陈述	收敛思维 评鉴思维	智力的训练 导引逻辑思维

关于创造的过程，一些国家的学者也提出了三阶段、五阶段和七阶段等分法。相信随着现代脑神经科学、心理学等相关学科的发展，人们对创造过程的了解会日趋成熟，其理论也将更加完善。

第三节 创造行为

要创造须先积累，并了解问题之所在。

创造行为是创造的外部表现，是创造者在创造过程中表现在外的导致创造结果的活动。创造行为可分为：

（1）原创（原创型创造）。即纯创造，如爱因斯坦创立相对论、居里夫妇发现新元素、袁隆平培育杂交水稻等一些前无古人、后无来者的开拓性工作。其中包括大部分专利成果。

（2）改创（改造型创造或整合型创造）。改创是指在别人研制的基础上进一步改进、更新或者是将某一领域的研究成果移植于另一新的领域。前者如对某一设备的技术更新，使之提高效益；后者如将认知科学的理论应用于计算机科学所形成的人工智能。世界上大多数发明创造行为都属于这两种类型。发明蒸汽机的瓦特就说过，他不是蒸汽机的首创者，只不过改良了纽可门的蒸汽机而已。第27届（2002年）丰田杯汽车创意大赛上，设计者淳福西先生的"简易鞋"，就是利用汽车行驶的原理，在鞋的后跟里安装了一个电子发动机，据说这种世界上最小的汽车，每小时的行驶速度可以达到25公里。我国上海小学生发明的"多用升降篮球架"就是利用电梯升降原理解决了方便不同年级小学生上课使用的篮球架的升降问题。

（3）仿创（仿造型创造）。所谓仿创是根据一定的原型、范例进行的再创造。仿创的再创性主要表现在以下两个方面。

其一，观念的更新。仿造者在研制过程中不是简单的模仿和复制，而是以更新的观念，进行不落俗套的创意。在心理学测试中，在看到图 2-1 上排的图形，测试者因自身不同的认知风格，而在思想上反映出的可能是图 2-1 下排的图形。仿创的再创行为中，这些"无意中看偏了"的图形，往往引发或蕴含着仿造者新的创意。

图 2-1 视觉印象比较

其二，以模仿为手段，对客观事物（客体）加以改进，以强化某一类功能。例如，人们根据海豚皮特殊构造仿制的"人造海豚皮"覆盖在鱼雷上，使得鱼雷前进时的阻力减少到50％。又如，我国南京农业大学吕心泉发明的可以吃的"翡翠牙签"，就是将玉米淀粉和海藻胶仿制成牙签的形状。这种牙签从外观看去，晶莹剔透，碧绿无暇；摸上去，有一定的弹性、韧性和硬度，手感很好；使用时既不会发毛和分叉，又不伤牙龈，对人体更没有任何副作用。另外翡翠牙签的最大好处还在于环保，它能节省大量的森林资源。

（4）推创（推进型创造）。推创是指在管理、经营中，促使创造发明或创业成功的活动。推创是创造的综合行为，其间既包含有科学发现的理念、技术发明的因素，又包含有大量管理、人文等诸多社会因素的内涵，是创造的系统工程。

创造中的各种创造行为不是孤立的。事实上，现代社会中，随着科学技术日益综合化和信息化，任何一项成功的创造发明，其创造行为也多具备综合性的特征。以福特汽车大王发展为例，其间既有原创（纯创造），又有改创、仿创、推创等创造行为。

第四节　创造要素

创造力（Creativity）、创造性思维（Creative Thought）及创造技法（Creative Skill）构成了创造的三要素。

创造力是创造者所具备的一种高级心理能力，创造力的特征是非常的个性化，在此当中它既包括一般智力和知识的作用，也包括动机、兴趣和态度的作用；从人才学来讲，创造力是一个人的智力资源和非智力资源有机的完美结合。创造性思维是创造要素的核心组成部分，其特征是"非复制性"的，表现在思维的流畅性、弹性、独特性和精密性。

创造技法则是创造性思维方法、创造经验、技巧的总和。创造的三要素在创造中密切相连，缺一不可。缺少创造性思维，便不可能有很强的创造力，而强的创造力往往又是由好的创造技法支撑和辅佐的。同时，创造技法还促使创造性思维向更高一级发展，从而使创造力进一步增强。显然，创造力（创新能力）强的人，积极运用新观念、创造性思维方式发现问题、提出问题和解决问题的能力也强。

创造性思维（以 T 指代 Thought）、创造力（以 P 指代 Power）和创造技法（以 S 指代 Skill）在创造中形成不断升华的动态 TPS 环（见图 2-2）。多数情况下，这种创造的 TPS 环在以上诸因素相互渗透的共同作用下，形成螺旋式上升的轨迹。

实际上每个人都有这样的 TPS 环，只不过是在人生的各个阶段其表现形式不同。比如，婴儿时期，由吮吸母乳到手拿勺子吃饭；少年时期，写字、绘画到学习方法的改进；青年以后的技术创造、科学新发现等。绝大多数的成功者，其 TPS 环始终处于连续地积极运作状态。而相当一部分人的这种创造的 TPS 环由于受各种因素制约，常常处于消极或停顿状态，尤其是随着年龄增大，几乎是完全停止。创造者与众不同之处就是能时时处处启动被环境、心智等因素制约而"锈死"了的 TPS 环，勇于创新。

大发明家爱迪生一生有许许多多重大发明，几乎每一件发明，我们都能看到其超乎常人的创造力、创造性思维及其独特的创造技法，看到其 TPS 环旋转的魅力。

爱迪生的 TPS 环异常地活跃，有时一个偶然的事件也能促使爱迪生突然产生发明的念头。1914 年 12 月 9 日晚，爱迪生的西奥兰治工厂胶片车间因爆炸引起大火，烧掉了大部分厂房和设备。大火正烧着的时候爱迪生就站在一旁在一个小本子上设计工厂的重建方案（生生不息的创造力）。而且，他注意到救火人员在黑暗与浓烟中奔忙混乱，十分不便，于是便决心为救火

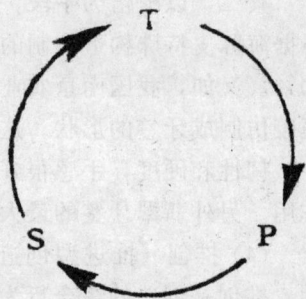

图 2-2　创造要素动态
（TPS）环

人员发明一种专用的照明设备（活跃的创造性思维）。几个月后的一天夜里，人们发现从爱迪生的住宅里射出一束令人吃惊的光柱，便打电话向当地警察局询问是怎么回事。调查人员发现，原来是爱迪生正在试验他新制成的手提式探照灯（独特的创造技法），这是他专为救火队员发明的。这种探照灯仅用两磅重的电池，可以把光线射出几英里远，并且能连续使用两个小时。众所周知，探照灯后来被广泛地用于航海、军事等方面，发挥了极大的作用。

案例二　海尔集团的创造、创业和发展

海尔集团 25 年前从青岛的一家生产电冰箱亏空 147 万元的不到 800 人的街道小厂，成长为价值 122 亿美元的中国电子信息百强企业之首，世界第四大白色家电制造商的全球家电巨头。两次被英国《金融时报》评为"中国十大世界级品牌"的海尔，成了国人揣在手中自豪的"中国造"的闪亮"名片"。美国《新闻周刊》曾报道说："令人眼花缭乱的有关中国发展的神话故事缺少了中国的跨国公司。没有一个主要的中国公司已经把他们，或他们的品牌，推向世界的舞台。海尔改写了这一纪录。"

海尔集团创立于 1984 年，25 年来持续稳定发展，已成为在海内外享有较高美誉①的大型国际化企业集团。产品从 1984 年的单一冰箱发展到拥有白色家电、黑色家电、米色家电在内的 96 大门类 15 100 多个规格的产品群，并出口到世界 160 多个国家和地区。目前，海尔品牌旗下冰箱、空调、洗衣机、电视机、热水器、电脑、手机、家居集成等 19 个产品被评为中国名牌，其中海尔冰箱、洗衣机还被国家质检总局评为首批中国世界名牌；海尔在全球已建立了 29 个制造基地，8 个综合研发中心，19 个海外贸易公司，全球员工总数超过 6

---

①　2004 年 1 月 荣登世界品牌实验室编制的《世界最具影响力的 100 个品牌》报告揭晓，中国海尔唯一入选，排在第 95 位。排行榜上，可口可乐荣登榜首，麦当劳排名第二，诺基亚排名第三。

万人。在国内市场，海尔冰箱、冷柜、空调、洗衣机四大主导产品的市场份额均达到 30％
左右；在海外市场，海尔产品已进入欧洲 15 家大型连锁店的 12 家、美国前 10 大连锁店，
并获得"最佳供货商""免检供货商资格"等荣誉。在美国、欧洲实现了设计、生产、销售
"三位一体"的本土化目标。海外工厂全线运营。2008 年 席卷全球的金融危机下，海尔利润
增幅是销售收入增幅的两倍。

海尔的故事，就是一部中国企业发展兴旺的创造、创业史。

一、创造品牌（原创、改创和仿创）

"海尔之道即创新之道。"这是海尔的 CEO 张瑞敏对海尔 25 年发展的总结如是说。新，
最表象的特征是：与旧不同，与众不同。探究海尔 25 年的发展历史，一个个与众不同之处，
就诉说着海尔创造之道。其中首当其冲的就是创造品牌（原创、改创和仿创）。海尔集团的
前身是 1984 年由两家濒临倒闭的小厂合并成立的"青岛电冰箱总厂"，当时张瑞敏出任厂
长。1985 年引进德国"利勃海尔"公司先进技术和设备生产出亚洲第一代"四星级"电冰
箱，为体现双方合作，产品商标定名为"琴岛-利勃海尔"，当时从冰箱装饰考虑，设计了象
征中德儿童的吉祥物"海尔图形"（海尔兄弟），"琴岛-利勃海尔"和"海尔兄弟图形"成为
企业第一代识别标志。这些识别标志经广告广泛宣传，使海尔商标初步深入人心，为企业发
展起到了积极作用。到上世纪八十年代末九十年代初，"琴岛-利勃海尔"冰箱在中国已是家
喻户晓，成为优质产品的代名词。

随着产品的畅销，出口量的不断增加，使用"琴岛-利勃海尔"商标这一识别标志的弊
端开始显现：企业标志与合作方近似，不利拓展国际市场；商标"琴岛-利勃海尔"与企业
名称"青岛电冰箱总厂"不统一，不利于识别，等等。到 1991 年企业名称确定改为"青岛
琴岛海尔集团公司"，产品商标也同时改为"琴岛海尔"，实现企业名称与产品商标的统一，
同时导入 CIS 理念，推出以"大海上冉冉升起的太阳"为设计理念的新标志，中英文组合
标志"琴岛海尔"，"海尔蓝"为企业专用颜色，形成了集团 CIA 的雏形。这是海尔的第二
代识别标志。这些标志的推出强化了消费者对海尔企业和商标的认知，但是识别标志存在着
不够凝练，工业感、科技感不强等弱点。

伴随着海尔企业的迅速发展，多元化、国际化的趋势更加明显，原有的企业识别标志已
不能适应企业发展的步伐，迫切需要更为超前的企业识别标志和品牌定位。1993 年，经过
深入的调查研究，产生了第三代海尔企业识别标志。企业名称改为"海尔集团"，英文
"Haier"成为主识别文字标志，集商标标志、企业字号于一体，传递信息更加简洁、稳重、
大气和更具国际化。为推广"Haier"这一新的识别标志，海尔集团以使用中文"海尔"、海
尔吉祥物图和"Haier 海尔"组合设计为辅助推广手段，着手建立长期稳定的视觉符号形

象，为企业国际化奠定了形象基础。

海尔的品牌名称从最初体现当时时代典型特征的琴岛-利勃海尔开始，到琴岛-海尔，再到已拥有显著国际化特征、简洁有力的名称海尔，这一品牌名称的变化，折射出张瑞敏和海尔企业对创造和创新认识的不断深化。

二、创建品牌（推创）

从建厂的 1984 年至 1991 年，海尔用了长达 7 年的时间，专心致志地只做冰箱这一个产品。以海尔当时的声誉，扩大规模生产再多的产品也有市场，但是海尔的原则是，不具备扩产的质量保证体系，宁愿限产也要保证质量。为了塑造品牌，眼前利益要让位于长远利益。所以 7 年间海尔冰箱只做到了 30 万台的规模，但是把海尔做成了中国的第一冰箱名牌。

在确立了海尔在家电产品中的名牌地位后，海尔开始创新。1992 年后，海尔筹建了当时国内规模最大的家电工业园，将产品种类扩大为电冰柜、洗衣机、空调器、小家电等九类产品，并向制药等领域拓展。这么庞大的产品家族，没有完整、系统的品牌定位战略，将会导致市场的混乱，不利于品牌的成长。

为此，海尔进行了精心的规划，首先将集团品牌划分为三个层次：企业品牌（产品总商标）、行销品牌（产品行销商标）、产品品牌（产品类别名称）。

为了塑造家电品牌的长远考虑，各类别家电产品要统一使用"Haier 海尔"总商标，即上述的产品总商标。

结合各产品的特点，确定产品主题词，以这一主题词为重心，根据品种、型号，扩充演绎出一系列行销商标，即产品品牌和行销品牌。例如冰箱的"王子"系列就分为"小王子""小小王子""大王子""双王子""冰王子""雪王子"，在洗衣机产品使用"神童"系列商标等等，与总商标同时在产品上使用，最大限度地发挥了"Haier 海尔"总商标的名牌效应，降低了品牌扩张的传播成本，同时也避免了品牌连带风险。在激烈的市场竞争中，任何一种新商标的宣传推广都是既艰巨又投入巨大的工作，在广告策划中，以已在市场中得到认可的"海尔"商标统领所有产品，在连贯、一致的品牌形象下展示产品的独特个性，不但会大大降低传播成本，而且对集团总商标的商誉也是不断的积累。经过多年的市场传播，海尔建立起了国际化大集团的企业形象。

三、"真诚到永远"的服务理念

海尔早期，有一个张瑞敏"砸冰箱"的故事广为人知。1985 年，海尔创业第二年，正值改革开放初期。中国打开国门，全国家电企业引进设备、技术，"大干快上"。那是一个供不应求的年代，被形容为"纸糊的冰箱也能卖出去"，当时中国工业体系中有一种分级的惯例，即把产品分为一、二、三等甚至等外品，只要产品能用，就可以卖出去。这在物质匮乏的年代是一种无可奈何的选择，质量差点总比没有好。但这一年，海尔砸掉了76台不合格的冰箱。当时担任海尔质检科长的韩震东回忆说："一位用户来信抱怨说自己攒了多年钱才买的冰箱上有道划痕。厂长（张瑞敏）由此查出了仓库里有76台冰箱有类似的毛病，让大家开会讨论。大家讨论的结果是低价卖给员工当福利。但厂长否定了，他说了一句让大家震惊的话："砸了！"当时一台冰箱的价格大约相当于一个工人两年的积蓄，对一个亏损147万元、步履维艰的小厂来说，这76台冰箱的价值也是一个"天文数字"。面对眼含热泪砸烂自己亲手制造的冰箱的职工，张瑞敏对他们说，过去大家没有质量意识，所以出了这起质量事故。这是我的责任。这次我的工资全部扣掉，一分不拿。今后再出现质量问题就是你们的责任，谁出质量问题就扣谁的工资。

砸冰箱带来了"有缺陷的产品就是废品"这一基于创名牌理念的质量意识。这个当时被不少人认为是"败家"的砸冰箱事件，砸出了海尔员工的质量意识，宣布了海尔全面质量管理的开始。于是，1989年，当市场供大于求，冰箱纷纷降价时，海尔冰箱不可思议地提价12%，用户还排着队购买。好的产品只是名牌的一个方面。人们最常看到与海尔商标相关联的是一句口号"真诚到永远"。这是海尔的创建的企业理念。

张瑞敏善于从不足中发现机会。海尔的洗衣机以结实耐用著称，以致于山东一些农民用它来清洗刚从地里刨出来的红薯。但他们抱怨说，洗衣机的排水管太细，常常被红薯带来的土堵塞。张瑞敏得知后马上组织生产了一种大排水管可用来洗红薯的洗衣机，结果产品在那一带十分畅销。

1995年3月，青岛一位老太太买了一台海尔空调器，她雇了一辆出租车运回家。不料到家门口，在地上楼唤人搬空调器时，司机开车带着货物跑了。老太太几乎气得病倒。张瑞敏在当地报纸上看到这条消息后，马上给空调器公司经理打电话，叫他们处理好此事。空调公司当即决定：免费赠送一台空调器给受害的老太太，第二天就派人送货上门并免费安装好。

从这件事中海尔看到了自己在服务上的不足，迅速推出了新的服务标准——"无搬动"国际星级服务：今后凡购买海尔空调器的用户，交完货款后就万事大吉，由海尔负责免费送货、安装、上门维修、上门咨询。在这之前，服务的概念在中国还停留在维修的层次。消费者开始体验"上帝"的感觉。

此后的10年，海尔的星级服务经过10次升级，一次比一次完善，一次比一次周到。消费者买回了海尔产品，也就买回了海尔的优质服务。它摈弃了传统的一手交钱一手交货的买卖方式，让消费者随时都能得到海尔的优质售后服务。张瑞敏认为，品牌是植根用户心中的丰碑。真诚的服务，赢得了消费者对海尔的信任和喜爱。

四、国际化的品牌海尔

在上海举行的 2004 年"哈佛亚洲商业年会"上，上百名专家学者以及 500 余名来自哈佛大学、剑桥大学等世界顶级名校的学生就亚洲发展进程中的问题发表演说和参与研讨。海尔集团首席执行官张瑞敏作为中国本土企业的本土领导人应邀发表演讲。

张瑞敏指出：中国企业应该把走出去变成三部曲——走出去，走进去，走上去。

靠什么走出去？必须要有和别人差异化的优势。这个差异化就是能够在当地树立起信誉，或者具体地说把这个信誉体现在品牌上。怎么样走进去，成为当地的一个企业？仅仅进入到当地设立工厂还不够，还必须进入到当地大流通当中去。最重要的，走进去还必须走到用户心里去，得到用户认同。走出去、走进去，最后的目的必须是走上去，也就是说在当地完全被认同，成为当地的一个名牌。

1999 年，海尔集团在北美的第一个家电生产基地——海尔美国工业园破土动工。项目首期投资 3 000 万美元，年产冰箱 20 万台。当时国内很多人认为风险太大，原因是美国人工成本是国内的 10 倍以上。张瑞敏这样看风险：到美国设厂的风险是海尔创造世界名牌过程当中的风险，是海尔寻求发展机会当中的风险，绕过这个风险，就可以成功。但是不到美国设厂，就永远没有机会成为世界名牌。

为了实现世界名牌的梦想，海尔开始了惊险的飞跃。很快，海尔形成了设计、生产、销售"三位一体"的本土化：在美国，它的设计中心在洛杉矶和硅谷——利用那里的集密智力超前设计满足美国人需要的产品；它的生产中心在土地、劳动力相对低廉的南卡州，而其销售中心则在最繁华的大都市纽约。现在，海尔产品已经进入全美一些大型连锁店，海尔 200 升以下的冰箱市场份额达到 35%，甚至还在美国联邦政府采购中夺标。在美国扎根后，海尔开始进军当地人力、资本市场。海尔在美国工厂的老总、销售经理都是美国人。

到目前，海尔产品已出口到 160 多个国家和地区，60% 以上产品销往欧美发达国家。海尔在全球有贸易中心 56 个，设计中心 18 个，工业园 10 个，营销网点 58 000 多个，其中在国外拥有 22 个制造基地。

海尔在海外美誉日渐扩大：据全球权威消费市场调查与分析机构 EUROMONITOR 最新调查结果显示，按公司销量统计，海尔集团目前在全球白色电器制造商中排名第五，按品牌销量统计，海尔跃升为全球第二大白色家电品牌。2003 年 1 月，英国《金融时报》发布了 2002 年全球最受尊敬企业名单，海尔雄居中国最受尊敬企业第一名。2003 年 8 月美国《财富》杂志分别选出"美国及美国以外全球 25 位最杰出商界领袖"，在"美国以外全球 25 位最杰出商界领袖"中，海尔集团首席执行官张瑞敏排在第 19 位。

海尔的故事再一次向世人证明了中国人的创造力，证明了"中国造"在国际上能够唱响主旋律，证明了中国企业能够创造出数一数二的世界名牌！

改编自"青岛新闻网 http：//www．qingdaonews．com/gb/content/2009—09/03/content_8135237．htm"

实习一　成功商测验

说　明

这里借用的"成功商"测验，出自于美国著名的盖洛普民意测验机构总裁小乔治·盖洛普之手。1986 年，该机构在完成全美最重要、最成功的各届人士访谈调查后出版了一本专门分析成功的著作，书名为 *The Great American Success Story*（美国美妙的成功的故事），在我国译名为《他们何以出类拔萃——影响成功的因素》（北京大学出版社，1990 年）。书中为了帮助读者确立自己在成功途中所处的位置，他们以对美国名人调查的问题为基础而专门设计了这种特殊的测试——"成功商"测验。

该测验不像智力测验或智商测验，况且中美两国的国情相去甚远，加上东西方文化的差异，应该说所得数字只能是相对的参考值，而不是一个绝对的定论。正如小乔治·盖洛普本人所言"不要把你的成功商看做对你取得成就潜力的一项一成不变的测定，而应看一种指示，按照它的指点，提高可能程度"。

为了使测验较为客观，建议在做题时，不要在每一项提问中停留过长，在对问题做出反应片刻之后，立即对你认为最准确的答案做出回答，然后马上做下一道题。

最重要的是，对自己诚实。不要选择那些希望具有的品质、特征、技能或背景，而要填上那些你认为自己现在真正拥有的东西。

成功商测验题（做题前请先阅读"说明"部分）

1. 下列总标题之下的各项是最常被人提及的、在某一选定领域里有助于一个人取得成功的因素。**结合你自己的情况，**请你指出各项因素的重要性：从 0～10，数字越高越重要，反之亦然。

A. 个人特征或特点

a. 聪明才智	0	1	2	3	4	5	6	7	8	9	10
b. 通情达理	0	1	2	3	4	5	6	7	8	9	10
c. 某一领域的特殊才智	0	1	2	3	4	5	6	7	8	9	10
d. 广泛的兴趣	0	1	2	3	4	5	6	7	8	9	10
e. 不怕与众不同	0	1	2	3	4	5	6	7	8	9	10
f. 容纳不同观点	0	1	2	3	4	5	6	7	8	9	10

g. 关心他人	0	1	2	3	4	5	6	7	8	9	10
h. 勤奋工作	0	1	2	3	4	5	6	7	8	9	10
i. 勇于探索和冒险	0	1	2	3	4	5	6	7	8	9	10
j. 确立明确的个人目标	0	1	2	3	4	5	6	7	8	9	10
k. 雄心壮志、优胜欲	0	1	2	3	4	5	6	7	8	9	10

B. 家庭环境的影响

a. 年轻时的物质环境和习惯	0	1	2	3	4	5	6	7	8	9	10
b. 民族、父母祖籍、国籍	0	1	2	3	4	5	6	7	8	9	10
c. 物质丰裕、金钱、财产	0	1	2	3	4	5	6	7	8	9	10
d. 父母的有力支持	0	1	2	3	4	5	6	7	8	9	10
e. 家庭生活的幸福	0	1	2	3	4	5	6	7	8	9	10
f. 其他家庭成员的大力支持	0	1	2	3	4	5	6	7	8	9	10
g. 强大的信仰哺育	0	1	2	3	4	5	6	7	8	9	10
h. 重要的私人关系	0	1	2	3	4	5	6	7	8	9	10

C. 教育经历

a. 成绩优异	0	1	2	3	4	5	6	7	8	9	10
b. 成就测验中取得高分	0	1	2	3	4	5	6	7	8	9	10
c. 认真做作业	0	1	2	3	4	5	6	7	8	9	10
d. 具有天生的学习能力	0	1	2	3	4	5	6	7	8	9	10
e. 良好的工作习惯、组织时间的能力和把事情做完，从不拖欠	0	1	2	3	4	5	6	7	8	9	10
f. 来自师长的影响和鼓励	0	1	2	3	4	5	6	7	8	9	10
g. 参加体育运动的程度	0	1	2	3	4	5	6	7	8	9	10
h. 优胜欲	0	1	2	3	4	5	6	7	8	9	10
j. 参加课余活动	0	1	2	3	4	5	6	7	8	9	10
k. 上名牌学校	0	1	2	3	4	5	6	7	8	9	10

D. 课外兴趣

a. 有广泛的兴趣（课外）	0	1	2	3	4	5	6	7	8	9	10
b. 课外打工、暑期工等	0	1	2	3	4	5	6	7	8	9	10

E. 在选定领域的经历

a. 雄心壮志、优胜欲	0	1	2	3	4	5	6	7	8	9	10
b. 对选定领域的特殊才智	0	1	2	3	4	5	6	7	8	9	10
c. 某位老板、上级的帮助或忠告	0	1	2	3	4	5	6	7	8	9	10
d. 支持你的同仁	0	1	2	3	4	5	6	7	8	9	10
e. 刻苦努力，勤奋工作	0	1	2	3	4	5	6	7	8	9	10
f. 运气、机遇，在正确的时间，在正确的地点	0	1	2	3	4	5	6	7	8	9	10
g. 选择的领域恰逢其时	0	1	2	3	4	5	6	7	8	9	10
h. 所选择领域的兴趣长盛不衰	0	1	2	3	4	5	6	7	8	9	10
i. 赚钱欲	0	1	2	3	4	5	6	7	8	9	10
j. 组织能力	0	1	2	3	4	5	6	7	8	9	10
k. 从善如流	0	1	2	3	4	5	6	7	8	9	10
l. 激励下属的能力	0	1	2	3	4	5	6	7	8	9	10
m. 尊敬同事	0	1	2	3	4	5	6	7	8	9	10
n. 把事情做完的能力	0	1	2	3	4	5	6	7	8	9	10

2. 你是否对自己的生活总有非常明确的目标？（　　）。
   A. 是　　　　　　　　B. 不是

3. 假如你已经达到了目前目标，你是否想达到更为远大的目标？（　　）。
   A. 不想　　　　　　　B. 想

4. 对自己的工作，你是否总有明确的目标？（　　）。
   A. 是　　　　　　　　B. 不是

5. 你的童年的愉快程度（　　）。
   A. 非常愉快　　　B. 相当愉快　　　C. 相当不愉快　　　D. 非常不愉快

6. 你和父亲的关系（　　）。
   A. 非常好　　　　B. 相当好　　　　C. 不太好　　　　D. 很不好

7. 你和母亲的关系（　　）。

A. 非常好   B. 相当好   C. 不太好   D. 很不好

8. 10 岁以前，与同龄人相比，你课外读的书（   ）。

A. 非常多   B. 还算多   C. 差不多   D. 比较少

9. 中学时，和同龄人相比，你课外读的书（   ）。

A. 非常多   B. 还算多   C. 差不多   D. 比较少

10. 大学时，和同龄人相比，除了学校要求的，你读的书（   ）。

A. 非常多   B. 还算多   C. 差不多   D. 比较少

11. 高中最后一年，你的成绩在班上排名（   ）。

A. 第一名   B. 第二名至第五名

C. 第六名至第十名   D. 其他

12. 大学最后一年，你的成绩在班上排名（   ）。

A. 第一名   B. 第二名至第五名

C. 第六名至第十名   D. 其他

13. 如果你进行过智商测验，得分是（   ）。

A. 130～139 分   B. 140～149 分   C. 150 分及以上   D. 130 分以下

14. 你的各门功课的成绩是（   ）。

A. 相仿   B. 某些科目成绩更好些

15. 你取得好成绩，对你的父母是否很重要？（   ）。

A. 非常重要   B. 相当重要   C. 不太重要   D. 无所谓

16. 是否有过一位或几位老师，使你对某一学科热情百倍？（   ）。

A. 有   B. 没有

17. 中学时，你是不是班长或学校某一组织的干部、球队队长或其他运动队的队长？（   ）。

A. 是   B. 不是

18. 大学时，你是不是班长或学校某一组织的干部、球队队长或其他运动队的队长？（   ）。

A. 是   B. 不是

19. 中学时，你是否干过半天或全天的课外工作？（   ）。

A. 干过   B. 没干过

20. 大学时，你是否干过半天或全天的课外工作？（   ）。

A. 干过   B. 没干过

自我评估

21. 我愿就下列各项实事求是地给自己下列分数。

a. 与人相处的能力	A	B	C	D	没有
b. 赚钱能力	A	B	C	D	没有
c. 自信	A	B	C	D	没有
d. 依靠自己	A	B	C	D	没有
e. 沟通能力	A	B	C	D	没有
f. 笔头能力	A	B	C	D	没有
g. 阅读能力	A	B	C	D	没有
h. 演讲能力	A	B	C	D	没有
i. 意志力	A	B	C	D	没有
j. 把事情做完的能力	A	B	C	D	没有
k. 激励下属的能力	A	B	C	D	没有
l. 执行上级命令的能力	A	B	C	D	没有
m. 综合的智力	A	B	C	D	没有
n. 通情达理	A	B	C	D	没有
o. 对自己领域的专业知识	A	B	C	D	没有
p. 直觉	A	B	C	D	没有
q. 创造力和独创性	A	B	C	D	没有
r. 工作习惯	A	B	C	D	没有
s. 组织能力	A	B	C	D	没有
t. 领导能力	A	B	C	D	没有

个人特性

22. 请你指出，以下说法对你的形容是否贴切——你选的分数越高，相关的说法越贴切，反之亦然。

a. 我只是生而幸运	0 1 2 3 4 5 6 7 8 9 10	
b. 我兴趣广泛	0 1 2 3 4 5 6 7 8 9 10	
c. 我不怕与众不同	0 1 2 3 4 5 6 7 8 9 10	
d. 我能容纳他人的观点	0 1 2 3 4 5 6 7 8 9 10	
e. 我非常关心他人	0 1 2 3 4 5 6 7 8 9 10	
f. 我不怕把握时机或冒险	0 1 2 3 4 5 6 7 8 9 10	

g. 我有内容明确的个人目标	0	1	2	3	4	5	6	7	8	9	10
h. 我信超自然存在	0	1	2	3	4	5	6	7	8	9	10
i. 我相信未来对我的生活有安排	0	1	2	3	4	5	6	7	8	9	10
j. 我觉得我和命运的私人关系不错	0	1	2	3	4	5	6	7	8	9	10
k. 我有强烈的是非观	0	1	2	3	4	5	6	7	8	9	10

23. 在过去的十二个月中你读了（   ）书。
    A. 26 本以上的　　　　　　　　B. 16～25 本
    C. 11～24 本　　　　　　　　　D. 11 本以下的

24. 在有代表性的一天里，你花（   ）看电视。
    A. 不多于 1.4 小时　　　　　　B. 多于 1.4 小时

25. 你每周用于志愿性活动的时间有（   ）小时。
    A. 3 小时以上　　　　　　　　 B. 不多于 3 小时

26. 以下各项里，在过去的十二个月中你做了（   ）项。
    ① 为慈善事业捐款
    ② 为帮助穷人、不幸者或需要帮助的人献出时间
    ③ 为公益事务献出时间
    ④ 给一位政治家写信
    A. 4　　　　　B. 3　　　　　C. 1　　　　　D. 1　　　　　E. 0

27. 你大学（   ）。
    A. 毕业后获研究生学位　　　　　B. 毕业后上研究生但未毕业
    C. 毕业未上研究生　　　　　　　D. 未毕业

28. 你的年龄是（   ）。
    A. 29 岁以下　　　B. 30～39 岁　　　C. 40～49 岁　　　D. 50～59 岁

以上各题帮助你确定你的成功商。下面，来评判你所做出的答案得分。

评分标准（根据你的回答，给自己打出分）

1. A：b，h，i 选 9 或 10 得 6 分；7 或 8 得 5 分；5 或 6 得 2 分；其他得 0 分。

   g，e，a，k 选 9 或 10 得 5 分；7 或 8 得 4 分；5 或 6 得 1 分；其他得 0 分。

   f，d，j，c 选 9 或 10 得 4 分；7 或 8 得 3 分；5 或 6 得 1 分；其他得 0 分。

   B：a，e，d，f 选 9 或 10 得 4 分；7 或 8 得 3 分；5 或 6 得 1 分；其他得 0 分。

   g，b，h 选 9 或 10 得 3 分；7 或 8 得 2 分；其他得 0 分。

   c 选 7 至 10 得 1 分；其他得 0 分

C：h，e 选 9 或 10 得 6 分；7 或 8 得 5 分；5 或 6 得 2 分；其他得 0 分。

　　d，c 选 9 或 10 得 5 分；7 或 8 得 4 分；5 或 6 得 1 分；其他得 0 分。

　　k，a，f，b，i 选 9 或 10 得 4 分；7 或 8 得 3 分；5 或 6 得 1 分；其他得 0 分。

　　j，g 选 9 或 10 得 3 分；7 或 8 得 2 分；其他得 0 分。

D：a，b 选 9 或 10 得 3 分；7 或 8 得 2 分；其他得 0 分。

E：n，e 选 9 或 10 得 6 分；7 或 8 得 5 分；5 或 6 得 2 分；其他得 0 分。

　　a，l 选 9 或 10 得 5 分；7 或 8 得 4 分；5 或 6 得 1 分；其他得 0 分。

　　f，m，j，b，k，c，g，h，d，i 选 9 或 10 得 3 分；6 至 8 得 2 分；其他得 0 分。

2. A. 6 分；　　B. 0 分。

3. A. 0 分；　　B. 6 分。

4. A. 6 分；　　B. 0 分。

5. A. 3 分；　　B. 2 分；　　C. 0 分；　　D. 0 分。

6. A. 3 分；　　B. 2 分；　　C. 0 分；　　D. 0 分。

7. A. 4 分；　　B. 2 分；　　C. 0 分；　　D. 0 分。

8. A. 6 分；　　B. 4 分；　　C. 1 分；　　D. 0 分。

9. A. 4 分；　　B. 2 分；　　C. 0 分；　　D. 0 分。

10. A. 4 分；　　B. 2 分；　　C. 0 分；　　D. 0 分。

11. A. 8 分；　　B. 7 分；　　C. 6 分；　　D. 2 分。

12. A. 8 分；　　B. 7 分；　　C. 6 分；　　D. 2 分。

13. A. 5 分；　　B. 6 分；　　C. 7 分；　　D. 0 分。

14. A. 4 分；　　B. 0 分。

15. A. 4 分；　　B. 3 分；　　C. 0 分；　　D. 0 分。

16. A. 5 分；　　B. 0 分。

17. A. 3 分；　　B. 0 分。

18. A. 3 分；　　B. 0 分。

19. A. 5 分；　　B. 0 分。

20. A. 5 分；　　B. 0 分。

21. d，j，m，n，o 选 A 得 8 分；B 得 4 分；C 得 2 分；其他得 0 分。

　　a，c，e，f，g，h，i，k，l，p，q，r，s，t 选 A 得 6 分；B 得 3 分；C 得 1 分；其他得 0 分。

　　b 选 A 得 4 分；B 得 3 分；C 得 1 分；其他得 0 分。

22. k 选 9 或 10 得 6 分；7 或 8 得 5 分；5 或 6 得 2 分；其他得 0 分。

　　b，c，d，e，f，g，h 选 9 或 10 得 5 分；7 或 8 得 4 分；5 或 6 得 1 分；其他得 0 分。

　　a，i，j 选 9 或 10 得 3 分；7 或 8 得 2 分；其他得 0 分。

23．A.6 分；　　　B.5 分；　　　C.4 分；　　　D.0 分。

24．A.4 分；　　　B.0 分。

25．A.3 分；　　　B.0 分。

26．A.4 分；　　　B.3 分；　　　C.2 分；　　　D.1 分；　　　E.0 分。

27．A.8 分；　　　B.5 分；　　　C.4 分；　　　D.0 分。

28．A.13 分；　　　B.10 分；　　　C.7 分；　　　D.4 分。

　　成功商分值计算：你的成功商是多少？下列三步法能使你轻松地算出你的成功商值：

　　第一步，先求和（这是你的初始成绩）。

　　第二步，将此成绩除以 5。

　　第三步，把商四舍五入，所得数就是你的成功商值。

　　例如，假设你的初始成绩为 301，301 除以 5 得 60.2，那么你的成功商就是 60。

　　这些成功商分值说明什么呢？成功商分值的解释是：

　　（1）如果分值低于 30，那说明你此时成功的机会很小。当然这不等于说，你毫无改进余地。相反，任何人都能成功，这是本书基本的信念之一。但是，你至少要意识到，如果你想成功，你要加紧培养。

　　（2）如果分值为 30 至 49，说明你有成功的机会，但要不断努力。

　　（3）如果分值为 50 到 69，那么你的机会不错。这时须对弱点集中火力。

　　（4）如果为 70 至 79，你的机会可是再好不过了。再接再励，不要对缺点掉以轻心。

　　（5）如果为 80 至 89，成功算把你看上了。

　　（6）如果为 90 或 90 以上，那你早已是一位成功了的巨人！

第三章 创造力及其影响因素

> 一个人是否具有创造力量，是一流人才和三流
> 人才的分水岭。（哈佛大学校长 N. M. Pusey）

第一节 创造力及其分类和结构

一、创造力的概念

创造力是特定功能的生产力。

长期以来，人们一直以为只有天才才具有"神秘"的创造力，古代甚至以为是神灵赐予的，所以毕达哥拉斯在证明他的定理后把一百头牛献给了神。到了 20 世纪初，人们才认识到，每个正常的普通人都具有创造的潜能，只是创造的能力有大有小，或者是发挥程度不同，表现不一。

什么是创造力？迄今为止没有一个统一的定论。归纳起来有以下几种说法。

创造力是使创意具体化并发展出来的一种（精神）能力（［美］亚力斯·奥斯本《我是最懂创造力的》）；创造力是指最能代表创造性人物的特征的各种能力（［美］J. P. 吉尔福特《创造性才能——它们的性质、用途及培养》）；创造力是指个人能够产生对本身具有价值的新构想和新领悟的能力（［美］罗伯特·奥尔森《创造性思维艺术》）；创造力是产生出符合某种目标或新的情境的解决问题的观念，或是创造出新的社会（或个人）价值的能力以及以此为基础的人格特征（［日］恩田彰）；创造力是指人能够主动地实现新颖的社会价值或个人价值的能力，它是由多种因素构成的（刘志光《创造学》）；创造力就是独创性地解决问题的能力（刘倩如，李艳蓉《创造能力培养》）。

综上所述我们可以得知：创造力是人类的自身固有的一种高级能力；在解决问题时具有创新的特色；其大小受主体人格等多种因素的综合影响和制约。因此，我们可以做如下的定义：创造力（Creativity）是运用已知信息，创造出新颖、独特、有社会或个人价值的成果的能力。成果可以是一种新思想、新观念、新设想、新理论或新方法，也可以是一项新技术、新工艺、新形式的物质产品等。简言之，创造力是产生创意并付诸于实践的能力。创意即创造性构想，在解决问题中多具有创新的意义。创意在任何情况下都能产生，有的是经过

深思熟虑的,有的则是随机偶然的。

　　美国加州一位雇员因他所提的一项为该州节省了 11 万美元的创意,而获得奖金 5 500 美元。他的创造性构想是如何把公路整修地段所用的反射标志从黄色改变为橙色,以符合联邦政府的新规定。加州州政府起先决定将所有的黄色标志作废,另外再重新购买橙色的标志,因为涂了黄色反射漆的原铝制标牌,已无法再涂上橙色漆。而这一位雇员却设计了一种方法,在黄色标志上涂上透明的红色涂料,使得标志的颜色呈现出橙色。

　　中国矿业大学一位女大学生的创意是在偶然的游玩中产生的。当时她正和妹妹一起磕瓜子,两人手里都攥着满把瓜子皮,却苦于没地方扔。突然,她想到,能不能在装瓜子的袋子外面再附一个袋子呢。于是"夹层食品袋"的发明就这样产生了,她为此获得了国家专利。

　　即便是在按高度标准化程序运作的公司里,也能产生创意,也有进行创新的空间。世界上最大的航空公司——英国航空公司 1993 年实行的"优先和迅速"装卸程序赢得了世人注目。该项创意是由该公司在伦敦希思罗机场(该公司的国际机场)四号终端工作的搬运工伊恩·哈特提出的。哈特所在行李带传送区,经常有旅客问他某些相似的问题。因为带有黄黑相间标签的行李总是先到达行李传送带,旅客想知道如何弄到这种标签,以便挂到他们的行李上。而问问题的总是第一批下飞机的人——英国航空公司头等舱的旅客。哈特决定对此展开调查。

　　后来,他了解到两个原因。其一,黄黑相间的标签是用在买退票的旅客的行李上的,包括免费航行的英国航空公司机组乘务员,或以乘客身份去上下班的乘务员的行李。这些人,尤其是雇员乘坐飞机必须等退票,直到飞机起飞前一分钟才知道能否在这架飞机上得到一个座位。其二,乘客的行李在放进货舱之前先放入集装箱里。哈特发现因为头等舱集装箱一般最先放好,最后才放免费乘机旅客的行李,所以头等舱集装箱常常是最后卸下飞机。这就造成头等舱乘客常常必须等待很长时间才领到行李的情况。显然现有的制度无意之中优先处理了免费乘机旅客的行李,同时造成了英国航空公司给头等舱乘客留下了服务很糟的印象。于是哈特建议不要把头等舱行李放入集装箱,而应在飞机起飞之前最后松散地装入飞机货舱的前排。飞机一到达,就派英国航空公司工作人员去卸头等舱行李,迅速把它们放在传送带上。公司采纳了他的建议。

　　新的装卸程序使各英国航空公司的头等舱服务大为改观。头等舱行李到达传送带的平均时间立即从 20 分钟减少到 12 分钟,1994 年底下降到 9 分 48 秒,有些航线通常只要 7 分钟。哈特为此荣获了该公司 1994 年度"消费者服务奖",领到了 11 000 英磅(约合 18 000 美元)的奖金,以及两张往返美国的协和式客机机票。

　　1950 年,弗兰克·马瓦马拉到一家餐厅用餐后,发现带的现金不够付账,于是产生了使用信用卡的想法——从此人们消费付款的模式发生了巨大的变化。

上述实例说明，无论是美国加州雇员、中国女大学生，还是英国机场的搬运工，他们都是在解决问题中将其创意付诸于实践，使得创意成真，表现出他们实实在在的创造力。历史上诸多的发明家、艺术家，这样的例子更是屡见不鲜。被喻为超级天才的爱迪生，纵横于发明界，他的成功其实就来自源源不断的创造力。雕塑泰斗罗丹，他的作品件件洋溢着人性的活力，充满创意，令人叹为观止，成为世界艺术文明的瑰宝。

与其说他们是成功者，不如说是圆梦的人！圆的是他们自身那永远不可遏制的创造力之梦。

二、创造力的分类

1. 创造力分类

我国学者罗玲玲将创造力按层次递进分为三种（见图 3-1）。

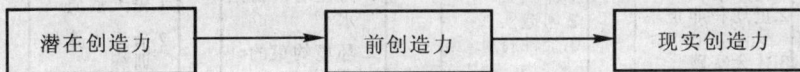

潜在创造力 ➝ 前创造力 ➝ 现实创造力

图 3-1　三种创造力的层次递进

（1）现实创造力。在有结果的创造性活动中表现出来的所有积极心理特征的总和。该结果必须是新颖的、有建设性的和有用的，它可以是一种艺术、文学或科学的形式，也可以是能够实施的技术方案、方式方法，还可以是产品、模型等具体实物。

（2）前创造力。大胆但不成熟的创造，是现实创造力的雏形和预演。经过进一步努力，具有转化成现实创造力的可能。

（3）潜在创造力。根据一个人所具有的能力倾向和人格特质，如动机、认知风格所具有的创造性倾向以及他的技能水平，而预测出来的创造力。

潜在的创造力，即一种更内在的、由人格决定的创造力。具有潜在创造力的人，容易产生前创造力，也可以说前创造力是他们自然的流露，只要掌握了一定的专门技能和知识，潜在创造力高的人最有希望创造。一个人的潜在创造力除了依赖于先天素质，还跟后天的创造训练及实践相关。某种意义上，对多数人而言，后天的训练是潜在创造力增强的重要途径。

三种创造力的层次递进，表现了"潜在的创造力"（对问题的敏感）向"前创造力"（提出猜想和假想）再向"现实的创造力"（验证设想）的一个创造演化的全过程。

三、创造力的结构

上述的创造力的分类实际上是一种动态分类，创造力的结构则是相对静态的结构，主要是对潜在的创造力进行建构。

美国心理学家，哈佛大学教授 T. M. 阿迈布丽（Amabile）提出的创造力结构包括三个方面：领域技能、创造技能、工作动机。笔者认为还应加上人格特征，包括四个方面（见图3－2）。

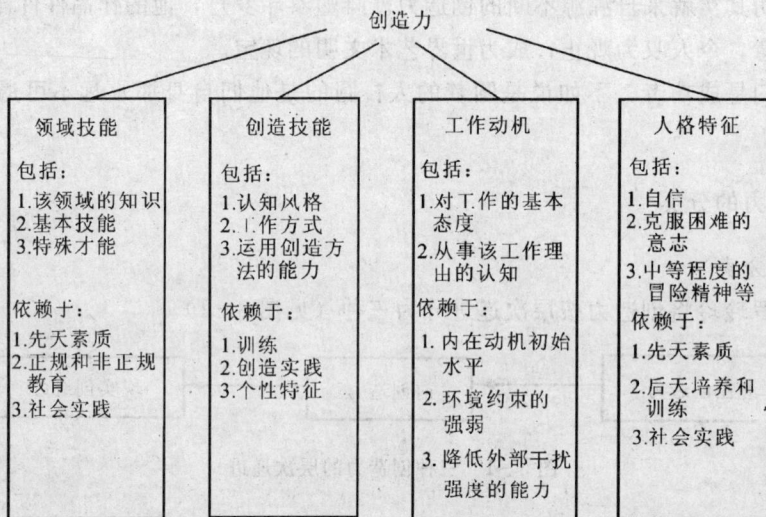

创造力

领域技能	创造技能	工作动机	人格特征
包括： 1. 该领域的知识 2. 基本技能 3. 特殊才能 依赖于： 1. 先天素质 2. 正规和非正规教育 3. 社会实践	包括： 1. 认知风格 2. 工作方式 3. 运用创造方法的能力 依赖于： 1. 训练 2. 创造实践 3. 个性特征	包括： 1. 对工作的基本态度 2. 从事该工作理由的认知 依赖于： 1. 内在动机初始水平 2. 环境约束的强弱 3. 降低外部干扰强度的能力	包括： 1. 自信 2. 克服困难的意志 3. 中等程度的冒险精神等 依赖于： 1. 先天素质 2. 后天培养和训练 3. 社会实践

图 3－2　创造力结构模式

领域技能是创造主体在某一领域进行创造的背景材料，包括掌握该领域的基本知识、基本技能和特殊才能。如音乐家对音符的辨析，画家对色彩的辨别能力，科学家的分析、实验能力。领域技能依赖于先天的认知能力和感知运动能力，也依赖于后天所受的教育、训练以及专业实践。创造技能是主要依赖于个性，同时也与领域训练有关的认知风格、工作方式与创造过程中发展起来的方法的结合体。创造技能直接影响到创造水平，一般而言，只具有领域技能的人可以成为一个科学工作者，却不能成为一个有创造性的科学家。创造动机所包括的两个方面，又称为内在动机（即对工作的态度）和外在动机（即在特定情形下个体对自己从事该工作的理由的认知）。内在动机是个体在评价工作与自己的兴趣匹配程度时形成的，外在动机的形成与外部环境对这一工作的各种约束的强弱有关，也与主体抵御外部约束的能力有关。人格特征是指主体有助于创造行为产生的个性特征，包括自信、毅力、人生的基本态度等。人格特征依赖于先天的素质，也同后天的培养和训练及社会实践相关。

领域技能、创造技能、工作动机和人格特征的正向发展及其有机结合形成了创造力的最佳状态。现实的创造力是潜在的创造力与创造的情境动机等的有机结合所演变而成的多姿多彩的形态（见图3－3）。

另外，斯腾伯格（Sternberg）1995年提出了创造力的六项本质，包括智慧、知识、思考形态、·人格、动机和环境情境。而霍维（Howe）则认为宜从多重角度来定义创造力的结构，其中包括个人特质、创造性过程、学科知识、创造性产品、环境因素、创造性劝说与沟通。

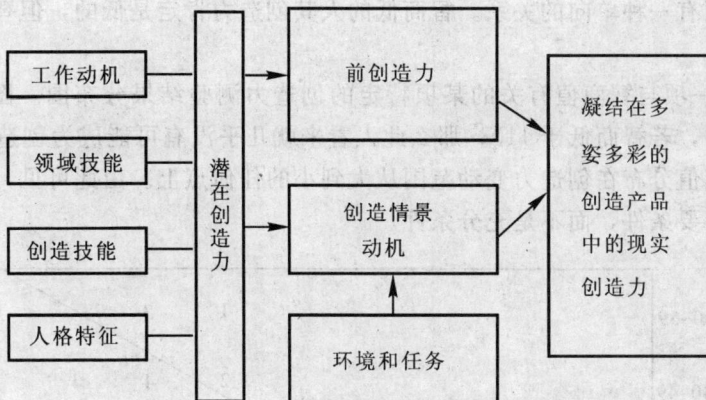

图 3-3　创造力的静态结构与现实创造力

第二节　创造力的智力影响因素

一、智力与创造力

创造力是人的心智能力与个性素质的总和。

智力是指人认识、理解客观事物并运用知识、经验等解决问题的能力，包括观察、记忆、思维、想象能力等。心理学家张春兴教授则将智力定义为：智力是一种综合性能力，这种能力是以个体自身所具遗传的条件为基础，在其生活环境中，与人、事、物交往时，由其在运用经验，随时吸收、存储及支配知识，并能因时因地适应变化解决问题的行为中表现出来。智力是创造力的基础之一，但不等同于创造力。

不同的人群的智商（IQ——Intelligence Quotient）是有差异的，美国学者对此提出了一种"钟形曲线"（The Bell Curve，见图3-4）

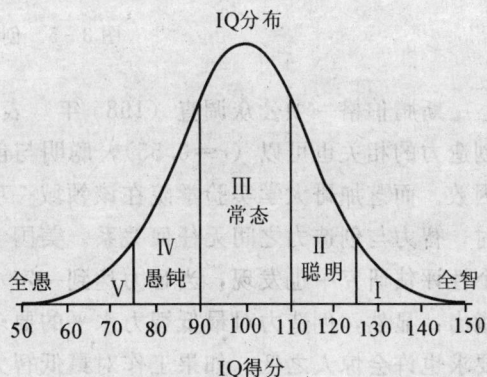

图 3-4　人群智商（IQ）钟形分布

的概念，即根据 IQ 得分，可以将人们划分为呈正态曲线分布（即钟形）的五个不同的层级：90～109 为常态，110～124 为聪明，125 以上为全智，75～89 为愚钝，74 以下为全愚。其中大量存在的是常态的人群，聪明、愚钝者次之，全智与全愚者相对较少。一般而言，智力与创造力之间有一种单向的关系。智商低的人其创造力肯定是低的，但智商高的人却未必创造力都高。

图 3-5 是一项与智商值有关的某项特定的创造力测验结果分布图。图中可见，205 名受测验的人员中，若智商低于 110，那么此人看来就几乎没有可能成为创造能力强的人。但智商高的人，其值分布在创造力变动范围从大到小的任何点上。由此可见，智商高只是创造能力强的一个必要条件，而不是充分条件。

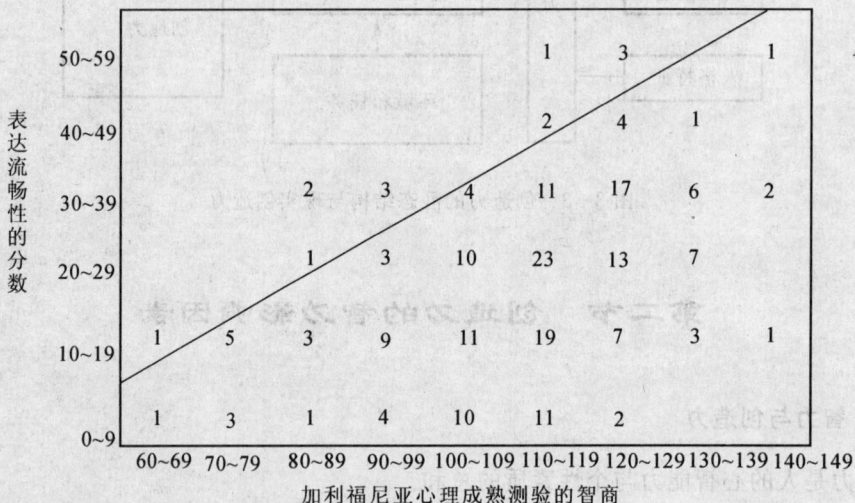

表达流畅性的分数：

智商	60~69	70~79	80~89	90~99	100~109	110~119	120~129	130~139	140~149
50~59						1	3		1
40~49						2	4	1	
30~39			2	3	4	11	17	6	2
20~29			1	3	10	23	13	7	
10~19	1	5				19	7	3	1
0~9	1	3	1	4	10	11	2		

加利福尼亚心理成熟测验的智商

图 3-5　创造力测验结果分布图

斯腾伯格一项公众调查（1985 年）表明：智力与聪明有着高相关（$r=0.68$），智力与创造力的相关也可以（$r=0.55$），聪明与创造力的相关则最低（$r=0.27$）。其中 r 为相关程度因数。而芝加哥大学实验学院在该领域一项开拓性的研究（1962 年）表明了当智商高于 120 时，智力与创造力之间无任何关系。美国学者唐纳德·麦金农在加州大学伯克利分校进行的个性评估研究中也发现，当智力达到一定水平后，智力和创造力之间就没有什么关系了。他指出：显然，创造力对最低智力水平的要求会因行为不同而有所不同，并且在某些情况下其要求也许会惊人之低。如果工作对最低智力水平的要求不高，较高的智力也不能保证创造力会有相应的提高。认为越聪明的人必定越具有创造性，这并不符合事实。

生活中接受教育、智商等智力因素相同而创造力大相径庭的事例很多。

美国专门研究超常儿童的智力发展的心理学家特尔曼曾经做了一项历时 50 年的跟踪调

查研究，结果表明，早年智力测验结果并不能正确地预测晚年工作的成就。1921 年他选择了经测试智商为 130（正常人智商为 100）以上 1 528 名小学生和中学生为研究对象，定期访问、跟踪和了解。特尔曼逝世后，他的学生西尔斯等人接替他继续工作。到 1960 年这些被测验的对象平均 49 岁，但调查人数仍保持 80％，1972 年调查人数保持为最初的 67％。结果表明，一个人的成就同早年智力并无多大关系，关键在于后天培养的一些综合因素，比如个性、机遇、环境、创造力等。

另外，创造力在解决问题时要求的超常性使得普通智力测验相形见绌。

例如，对于一道古老的智力题：树上有 10 只鸟，打死 1 只，还剩几只？回答"打死 1 只，还有 9 只"的学生被认为是不聪明的，而回答"打死 1 只，就 1 只都没有了，因为它们都被吓跑了"的学生被认为是最聪明的。这种追求唯一答案的结果束缚了学生的创造力。

而重庆一中的学生选手在重庆市首届中小学生头脑奥林匹克竞赛中的回答，则另辟蹊径，表现了极大的创造性。

"打死 1 只，还剩 9 只，因为那 9 只是聋子。"

"打死 1 只，还剩 1 只，它是这只死鸟的妈妈，不肯离去。"

"打死 1 只，还剩无数只，它们都为悼念自己的伙伴聚来。"

……

现行的教育制度不足之处是片面的追求智力分数，其结果是学生在学习知识和开发智力时，常常以牺牲或降低创造力为代价。而无论对社会还是对个人发展来讲，创造力的贡献都远远高于智力的贡献。

二、成分、情境和经验三智力

著名的美国心理学家斯腾伯格将影响创造力的智力因素分为成分智力、情境智力和经验智力。

1. 成分智力（Componential Intelligence）

成分智力又称与内部世界联系的智力，是指认知过程中的对信息的有效处理。斯腾伯格认为，并非是成分智力的全部，至少是某些特殊的方面与创造密切相关。成分智力又分元成分、操作成分和知识获得成分。

（1）元成分（Metacomponents）。元成分是高级的执行过程，用以计划监控和评价主体的问题解决，可谓"立法机关"，它为一个人将要做什么立法。

元成分涉及系统三个主要方面：第一，意识到问题的存在。创造性人才不仅是解决问题的高手，而且是优秀问题的发现者。第二，确定问题。发现问题之后就需要对问题进行定义，能够准确定义才能有效地解决。如果不能准确确立要解决的问题究竟是什么，就可能自我限制解题范围，使问题无法解决。第三，策略的形成和对问题结果的心理表征的选择。问题的解法是多种多样的，尤其是表征形式，可用空间方式、代数方式、语言方式、文学艺术方式等，正确地选择也显示了创造性。

（2）操作成分（Performance Components）。智力的操作成分执行元成分的指令，多数情况下，这些执行是直接进行的。操作成分在执行过程中的创造性高低取决于在多大程度上能超出给定的信息。例如，同样是做归纳，有的人需要大量信息出现后才能进行归纳，有的人在事情刚刚出现就能看出端倪。操作成分在创造过程中的作用表现为思维操作的灵活，即各种思维操作方式，如归纳、演绎、分析、综合等的转化与操作质量水平。较普遍的操作成分有编码成分、组合成分或比较成分及反应成分。其中编码在质和量上的差异是构成智力发展和个体差异的主要源泉之一。

（3）知识获得成分（Knowledge-acquisition Components）。知识获得成分涉及对知识的选择性编码、选择性联结和选择性比较。古希腊学者阿基米德在浴室里洗澡时，跨进澡盆看到盆中热水外溢的刹那间产生了顿悟，解决了困扰多日的鉴别金王冠是否掺假的难题，同时也发现了著名的阿基米德浮力定律。斯腾伯格认为知识获得成分特别关系到创造的这种特殊的形式——顿悟。三种不同的知识获得成分形成了三种不同形式的创造性顿悟。

第一，选择性编码——选用。选择性编码的顿悟涉及从无关的信息中筛选出有用的信息。例如，弗莱明发明青霉素就是他意识到杀死细菌的霉菌比那些原本想研究的细菌更重要，这就是选择性编码选用关键信息的能力。

第二，选择性联结——整合。选择性联结的顿悟是指把原来认为是孤立的信息片断结合成一个整体。选择性编码的作用是确定哪些信息是有用的，而选择性结合所具有的功能是知道如何将有用的信息片段整合成一体。

第三，选择性比较——类比。选择性比较的顿悟是把新获得的信息与过去获的信息进行比较，用类比的方法解决问题。

在成分智力中，与创造力相联系的关键因素是它的元成分。创造性的问题解决中关键的一步是重新定义问题。在重新定义问题阶段首先要经过选用、整合和类比来发现问题及其实质所在，然后再通过元成分的计划、控制和评估的信息加工过程来实现对创造智力过程的计划和调节。

2. 情境智力（External Intelligence）

情境智力又称与外部世界联系的智力，是指主体与客体环境互相作用时对环境的处理。情境智力包括三种情境功能：适应现存环境，改造现存环境和选择新的环境。

创造性与改变环境的能力关系最为密切。几乎任何领域的创造者都是同样的，他们之所以被认为是有创造性的，部分是由于他们在改造环境中的巨大影响。有时改造者实际上创造了一个崭新的领域，如计算机互联网的发明。环境的选择能力也能显示出一个人的创造性，如根据个人的能力、喜好和可能性，选择一个不寻常的环境但仍能适应它。适应环境的能力与创造性几乎没有多少关系。

3. 经验智力（Experiencial Intelligence）

经验智力又称与经验联系的智力，是指主体善于运用经验形成新观念，对新事物处理时能迅速进入新情况，且能表现较高工作效率的能力。经验智力是心智的内、外两个世界——成分智力与情境智力连接的纽带。经验智力主要包括以下两方面。

（1）处理新颖任务和情境需要的能力，是指一个人形成各种新的概念，在新的概念体系内学习和思考的能力。

（2）信息自动加工的能力，是指在任务操作中，能自动地采取所要求的适合方式的能力。加工过程的自动化越多，越能使人分配更多的注意资源去处理新颖任务。因此，信息加工的自动化能力也间接地与创造性联系着。

经验智力涉及成分智力在不同经验水平上对问题的解决。无论是以一种新的方式去看一个旧的、熟悉的问题，还是以旧的方式去看一个新的、不熟悉的问题，都可以表现出创造性。

1945 年 7 月美国在新墨西哥州进行了核爆炸试验，当时任美国曼哈顿工程实验的总设计师理论物理学家 E. 费米接到了"在爆炸 7 天之后，计算其当量"的任务。由于当时测量仪器落后，既没有高速度的计算机，又缺乏高精度的传感器，按常规的做法，很难完成任务，这就迫使费米另辟蹊径，解决这个难题。

试爆时，费米和美国陆军少将——曼哈顿工程总指挥格洛夫斯等人都隐蔽在远处壕沟里，观察试验情况。爆炸后，只见费米突然从壕沟里冲出，向爆炸中心跑去。跑了一段路程，他停了下来，从衣袋里拿出一把纸片，高举在手中向空中抛放，纸片随着冲击波流向翻滚飘飞，费米随即转身追逐飘飞的纸片，大约跑了 200 米，费米从地上拾到了其中一张纸片，便转身回道壕沟。他兴奋地告诉大家，已计算出的爆炸当量相当于 2 万吨 TNT 炸药。原来，费米事先作好了一系列准备，测量了扔放纸片的地点距爆炸中心的里程、抛放纸片的高度和自己的步长等，所以能很快地算出核试爆的当量。

丰富的经验智力使得费米能独出心裁地想出了简便易行的办法，创造性地解决了问题。

三、EI——情感智力

尽管人人都具有创造的潜力，况且创造本来就是人类与生俱来的宝贵天性，但是，人类历史的长河中涌现出来的杰出的创造性人物，毕竟还是少数。原因何在？这主要是因为个人创造力受到阻碍的缘故，而情感智力不良往往是其中的直接原因。

什么是情感智力呢？它是美国耶鲁大学心理学家彼德·塞拉维和新罕布什尔大学的约翰·梅耶于 1990 年提出的新智力理论，即"情绪是一种流淌的智慧——情感智力。"按照塞拉维和梅耶的观点，情感智力是指监控、感知自己和别人的情绪，区分它们，并使用这些信息去指导自己思考和行动的能力。《情感智力》一书的作者丹尼尔·葛尔曼博士 1995 年曾对"情感智力（EI，Emotional Intelligence）"概括了五个方面的内容：

（1）认识自身的情绪。能立刻察觉自己的情绪，了解产生情绪的原因。

（2）妥善管理情绪。能够安抚自己，摆脱强烈的焦虑忧郁以及控制刺激情绪的根源。

（3）自我激励。能够整顿情绪，让自己朝着一定的目标努力，增强注意力与创造力。

（4）认知他人情绪。理解别人的感觉。察觉别人的真正需要，具有同感心（葛尔曼认为，心理健康要有同感心，所谓"同感心"就是感觉别人的情绪、感受，这是人际交往的基本技巧）。

（5）人际关系的管理。就是管理他人情绪的艺术，维持融洽的人际关系。能够理解并适应别人的情绪。

上述的每个方面又有五六个胜任特征，其中包括：察觉情感、正确的自我评估、自信、自我控制、值得信赖、良知、创新、适应力、成就驱动力、承诺、主动、乐观、了解他人、服务导向、协助别人发展、善用多元资源、政治敏感、影响力、沟通、冲突管理、领导力、催化改变、建立关系、合作、团队能力等。

情感智力作为一种流淌的智慧，它是机体有组织的反应能力，是回忆创造经验、感知创造信息、激发创造欲望和推动创新活动的原始动力。事实上，情绪低劣，诸如过度的愤怒、紧张、不安、自卑或心烦意乱等，都会不同程度地扰乱人的观察、记忆、思维、判断，甚至使人根本无法有效地接受或处理创新所需要的信息，此时的观察是粗糙片面的，记忆是零散杂乱的，思维是紊乱迟钝的，判断是仓促草率的。当一个人处于激烈情绪状态时，他甚至无法思考，或不清楚自己在干什么，以致常常做出与创造需要完全背道而驰的事来。

塞拉维指出，积极的情感智力有助于创造性思考，把情感引入思维过程可以改变原有的注意方向，产生更有灵活性的计划，更有创造性的见解。丹尼尔·葛尔曼博士引用脑科学、行为科学的最新研究成果，证明了情感智力的重要性。他的研究小组引用了来自包括亚洲、欧洲和美洲的数百个大公司和政府部门的大量数据，对两组人员进行了比较，一组是一般的工作者，另一组是做出了杰出业绩的人，对比总结出杰出人士其胜任特征都与情感智力有关。数据表明，智商和技能，两者的作用加起来，还不如 EI 的作用大；而且人们的领导位置越高，其 EI 的作用越大。在高层领导中，EI 的作用差不多达到 85％。

我国学者韩武文认为，情感智力在创造活动中具体表现为以下五个方面的能力：

（1）从自己的生理状态、情感体验和自身与环境的交互作用中辨认、评估和调整情绪状况的能力。

（2）强化创新观念的组合、联想、类比、想象、推理、归纳等创造性思维方法所需要的情绪运用能力。

（3）化解创新过程中的冲突和矛盾情绪，保持注意力处于高度集中和兴奋状态的能力。

（4）以开放的心态和亲合力，形成有效率的工作群体的合作能力。

（5）勇于尝试和冒险，容忍和承受创新挫折与失败的能力。

总之，情感智力反映个体围绕创造需要进行有效地加工情绪信息的能力，是引导和促进个人的心智活动在多角度和突破性上进入一个新境界的力量源泉。

情感智力是一种心灵的动力。它能触景生情，激起创造的欲望，改善人的创造品质；它能抑制冲动，延迟欲望的满足，增强人的决策能力。情感智力又是一种心灵的鸡汤。它能调适情感需要，使感受更加敏锐、细腻，为创造提供良好的情感基础和背景；它能净化内心世界，凝聚人的全部智慧，变创造为自动自发的行为习惯。总而言之，情感智力可以改变创新思维，创新思维也能影响情感智力。整体来看，重视情感智力有利于打开创新思维的通道，重视智商又有利于增强人的情感智力。综合运用情感智力（EI）和智商（IQ），一个人的创造潜力必将更加容易开发出来。

四、知识与创造力

知识是人类在社会实践活动中所获得的认识和经验的总和，它具有如下特征：

（1）知识的形成一般起自人们感性的经验，然后上升为指导人们行动的理论。首先，知识一旦形成，便把智力因素物化到知识本身上，成为独立存在物保留于人脑中，人们运用这些知识时，潜伏的智力因素同时又表现出来。其次，知识的形态作为抽象的观念摆脱了客观存在，因而有较大的概括性和适用范围。第三，知识有较强的附着力，人们反复运用时，知识形态发生转化与使用者个性特点融为一体，成为能力。知识一旦转化为能力，便能使个体使用该知识适应更大范围，而这种反应是瞬时完成的。例如，修田种地时，为了搬动一块大石头，有人马上想到用橇棍搬走大石头；而在给汽车换轮胎时，有人同样想到撬棍抬起车身，甚至由此发明了液压千斤顶。这种有关杠杆原理的知识在人们身上发生了广泛的迁移，形成了一种个性特点，具有创造力。

（2）知识是创造力的一个基础。但知识量与创造力并不完全呈线性关系，研究表明，知识与创造力不一定成正比。虽然创造需要一定的专业领域知识——很难想象对量子物理一无所知的人能够在该领域有所发现和创造，但过多的专业知识，造成的僵化、固定观念同样也会阻碍创造力的发挥。例如，交流输电技术的发明，就曾遭到电器发明大王爱迪生的极力反对；释放原子能的技术则被打开原子奥秘的卢瑟福视为胡说八道；流体空气动力学的权威冯·卡门在评价喷气推进技术用于飞机发动机的发明时竟然投了反对票；等等。相反，20世纪初的许多科学上的重大发现和突破，如 DNA 双螺旋模型的认识（克里克）、分子生物学的建立（薛定锷）、控制论的创立（维纳）以及全息摄影术的发明（加波）等，都是由另一个领域的专家最先提出或完成的。我国环卫科研发明成果最多的张永江，就是一个只有小学六年级文化程度，整日与垃圾打交道的清洁工人（见案例四）。事实上，研究还发现某一领域的知识与创造力之间存在 U 形关系，即知识和操作的自动化将损伤知识运用的灵活性。许多知识渊博而终身未有发明创造者，比比皆是。

所以网上有人将"知识与创造力之间的关系"形象地比作为"数学中底数与指数的关系：底数再高，如果指数为 0，其幂值也永远为 1"。并指出"这就是发明创造的核心奥秘！"

知识在专家的创造中尤其显得重要。专家对各种情况有很强的驾驭能力，对他们所在领域的基本原则很了解，并且知晓其他专家的观点。从创造力的角度来讲，有两点是很重要的。第一，他们能很快地识别信息的重要性和意义并用它来综合形成新的知识，尤其是专家在处理意外事件时能运用想象力和类比推理从一个知识领域跨跃到另一个知识领域。第二，他们形成了发现新手无法发现的某些模式的能力，而且拥有解决该领域特有问题的"诀窍"。例如，在象棋界，顶级棋手能够立即看出初学者并不领略的格局。大师们正是凭借这一重要能力击败了在基本计算方面远远胜过他们的计算机。

另外，如果知识结构不合理，也不利于创造出新的知识。创造在某种意义上是信息的重新组合，但这种组合并不是知识简单的堆砌。所以，一个合理的知识结构，或者说优化的知识结构，对于发展创造力十分重要。

案例三　了解 EI——"情感智力"之父葛尔曼博士访谈

或许你对丹尼尔·葛尔曼这个名字还不太熟悉，但"EQ""情商"这些词你一定听说过。随便在书摊上翻翻，或在网上看看，什么"工作 EQ""爱情 EQ""亲子 EQ""EQ 自测"，铺天盖地，无所不在。你知道这些风靡全球的概念，与丹尼尔·葛尔曼博士的《情感智力》一书密切相关吗？

"情感智力"这个概念其实并不新，它与我们过去说的"非智力心理因素"十分接近。葛尔曼博士引用脑科学、行为科学的最新研究成果，证明了情感智力的重要性，使得这一概念因为有了科学的支撑而迅速普及。葛尔曼博士曾获得美国心理学会的职业成就奖，并当选为美国科学进步学会会员。近年来，葛尔曼博士和世界著名的人力资源咨询顾问公司 Hay Group 合作，用"情感智力"的理论在全球从事领导能力的开发工作。许多跨国公司，包括 IBM、联合利华，都是他们的客户。

日前，这位在美国一场讲演要价 5 万美元的心理学家，在北京贵宾楼饭店接受了本报的独家采访。午后的阳光透过巨大的玻璃窗照射在他的身上，他的目光温暖而深邃。

我们的采访，自然是从"EQ"这个词开始的。

是 EI，不是 EQ

记者：自从您 1995 年出版了《情感智力》一书后，EQ（情商）这个概念已经被普通接受。您认为，人的情感智力不仅关系到一个人事业的成功，而且还关系到家庭的和谐。

葛尔曼：还与人的健康有关。不过，我希望你使用 EI 这个词，而不用 EQ。EI 是 Emotional Intelligence 的缩写（中文译为"情感智力"，也有人译为"情绪智力"），EQ 是台湾在翻译时使用的，是从 IQ（智力商数）借过来的。情感智力目前还是难以测量的，所以较为确切的说法应该是 EI。

成功的秘密在 EI

记者：好吧，我们就说 EI。您认为 EI，也就是情感智力，对于人完成业绩来说，它的作用比智力和技能的总和还大。您有什么根据吗？

葛尔曼：智商（IQ）和技能，能决定你可以做什么事，比如你能不能做记者、工程师、医生、律师等。这些职业都对智商和技能有比较高的要求，它决定你是否能处理复杂多样的信息，应对复杂的概念。但是所有进入这个领域的人，一般都有这个职业所需要的基本能力。这时，区别一个人能否成功，IQ 就不起作用了，而 EI 则成为判断一个人能否成功的主要因素。

我在我的第二本书《工作情感智力》中，引用了大量数据。

这些数据来自数百个大公司和政府部门，它们包括亚洲、欧洲和美洲。这些数据都证明了 EI 的重要性。我们的研究把人分为两组，一组是一般的工作者，另一组是做出杰出业绩的人，然后进行比较。结果总结出杰出人士的一些胜任特征，我们发现，这些特征都与情感智力有关。数据表明，智商和技能，两者的作用加起来，还不如 EI 的作用大；而且其领导位置越高，EI 的作用越大。在高层领导中，EI 的作用差不多达到 85%。

认识到这点以后，现在相当一部分美国公司，特别是那些跨国公司，聘任领导人时不仅仅是看他的 IQ，还要看他的 EI，比如他的自制能力如何，他是否善于倾听，是否具备同感（Empathy）的能力。一般学校里不讲 EI，但成功的秘密在于 EI。美国在这方面的态度已经转变很多。我和哈佛大学商学院、斯坦福大学商学院的院长谈，这是美国两所最好的商学院，他们说以前对考试的分数看得太重，现在要有所转变。

EI 很难测量

记者：你提到越是高层的领导人，EI 的作用越重要。那怎么才能测出一个人 EI 的高低呢？

葛尔曼：EI 是很难直接测量的。讲 EI，首先就是人的自我意识。很多人都是没有自知之明的。另外，我们人人都想给他人一个好印象，就会装出一些东西来，因此测量 EI 就比较困难。行之有效的方法是"行为事件访谈"，用特殊的方法让受访者讲故事，一次四小时左右。然后我们会做编码，进行量化，看你有多少 EI 的胜任特征。

天才不一定能成功

记者：我知道您今天晚上要在北大做"情感智力与新经济中的管理"讲演。说到新经济，人们自然会想到网络。有网络高手写文章说，新经济为聪明的头脑提供了机遇；网络时代，高智商的人将拥有绝对的优势。您怎么看？

葛尔曼：如果你在研究发展部门工作，IQ 是重要的。但你的好想法、好点子，要进入市场，就不能靠你一个人，你得组织班子，说服别人，把它推向市场，这就与 EI 密切相关了。在美国，有好多非常聪明的、天才的工程师，但他们都没有成功，因为他们没法让人接受自己的想法，那需要另一套才能，这就是情感智力。

EI 是可以培养的

记者：人的智力在很大程度上取决于先天遗传，那么情感智力呢？

葛尔曼：EI 与 IQ 不一样。IQ 在一生中变化是很少的，从小差不多就定了。EI 最基本的技能是从父母那里学到的，它会随着人的自然成长而提高，EI 是可以学习的。最新脑科学研究证明，大脑中管情感的区域，到二十多岁才成熟，这就给年轻人提供了进一步发展自己 EI 的机会。人可以通过努力，在自我意识、自我控制、对他人的理解等方面做得更好，所以美国很多学校现在开了这方面的课程。

记者：越来越多的年轻人认识到，在追求成功的路上，情感智力是非常重要的。如果一个人想提高自己的情感智力，可以做些什么呢？

葛尔曼：首先要认清自己，看看自己在情感智力的哪个方面比较薄弱，比如你是不是容易被激怒？是不是做事不果断？是不是不敢站出来争取机会？然后要不断练习。开始时，可能会觉得很不自然，不舒服，觉得好像不是你，就像打保龄球一样，需要不断练习。

记者：如果用一句话来说明 EI 的重要性，您会怎么说？

葛尔曼：IQ 预测你能从事什么工作，EI 预测你在这个工作中能否成功。

——摘编自郭卜乐《今日心理》

第三节　创造力的非智力影响因素

创造力除了受到智力因素影响以外，在很大程度上还受到包括动机、个性、情绪、意志等许多非智力因素的影响。大量的实证研究也表明，在智力因素相近的情况下，非智力因素可能成为影响创造力的关键因素。

一、创造的动机

动机（Motivation）在现代心理学上是指引起个体活动，维持已引起的活动，并促使该活动朝向某一目标进行的内在作用。创造动机指创造者在创造需要刺激下产生的"兴奋"的心理状态所形成的内在驱动力。它能推动人不满足于已知，以探索未知为乐，把发现、创造看做自己应尽的职责。达尔文曾回忆说："我从很小的时候起，就有一种最强烈的要求去理解或解释我所观察到的事物。"

创造动机是多种多样的。如有的人是看到生产存在的问题，产生了解决问题的紧迫感；有的人是对工作本身感兴趣，受好奇心的驱使；有的人是受榜样力量的鼓舞；有的人是为了谋取个人物质利益，为提高声誉、威望等。创造动机可分两大类，一类是直接动机，俗话讲"天生爱好"，主要包括求知欲、好奇心、挑战心理、创造兴趣及对创造的自豪感。比如，大发明家爱迪生的创造动机多属于此类。另一类是间接动机，主要包括为社会进步、祖国昌盛、金钱、声誉等。比如，我国科学家两弹之父邓稼先，为了祖国的昌盛和强大，在极端困难的情况下，成功地设计和制造了原子弹和氢弹，并且使我国的氢弹试验成功与原子弹制成的相隔时间最短，是 2 年 8 个月。而美国间隔时间是 7 年，前苏联是 4 年，英国是 4 年 7 个月，法国是 8 年 6 个月。

我们知道，动机是由人的需求引起，当需求达到一定强度时产生的。美国著名的心理学家马斯洛将人的需求由低到高分为 5 个层次：生理需求、安全需求、社交需求、被尊重需求和自我实现的需求。一般来讲，每个层次的需求都可以产生创造动机。例如，中央电视台东方时空"实话实说"栏目采访报导的在地下 200 米水淹矿井中存活了 34 天的青年抗平。他为了生存（生理需求产生创造动机），于是打破自己眼镜，用眼镜片割那头和他困在一起的驴肉吃；为了安全，减少到坑边取水的次数和避免摔跤（安全需求产生创造动机），就用靴子装水，放在自己的头边，以节约体力，达到延长生命的目的。

只有渴望创造才有可能创造，没有创造的动机和欲望，任何创造活动都不可能发生，没有动机的维持，创造活动也无法进行下去。所以，强化创造动机尤其是积极的创造动机是提高创造力的先决条件。

二、创造的意识

意识（Consciousness）在现代心理学中的涵义是指个人运用感觉、知觉、思考、记忆等心理活动，对自己的身心状态（内在的）与环境中人、事、物变化（外在的）的综合察觉与认识。创造意识是指主动地想去创造的欲望和自觉性。一般来说，创造意识和创造力是线性关系，创造意识高则创造力也高，反之亦然。

在日常工作和生活中，会经常碰到许多问题。在解决这些问题时，我们都在自觉或不自觉地进行着创造，如果能够有创造的意识，积极地作出努力，坚持不懈，就能充分发挥自己的聪明才智，创造出新的财富，为社会作出贡献。

例如，美国青年菲力普，有一次他在硬木板上拧螺钉，螺钉头上的沟一会儿就滑扣了。他就用铁锯将沟锯深些，还有没有更好的办法呢？他拿着锯比量着，突然来了灵感，办法有了，他又锯了一条和原来的沟垂直的交叉的沟。一种新的螺钉—— 十字螺钉就此诞生了。而菲力普没有因自己方便就此满足，他很快就提出了生产这种螺钉的专利，还设计了拧这种螺钉的十字螺丝刀。

相反，德国画家海曼没有想到，一个本可以改变他的命运的发明竟在他的手心"溜"掉了。原来他作画时，曾经经常为找不到橡皮而烦恼。有一天，他索性将橡皮绑在铅笔上，潜心作画。过了几天，有位朋友来看望他，偶然间看到了这支绑着橡皮的铅笔，很受启发，回去便设计了带橡皮头的铅笔并申请了专利。几年后，海曼的这位朋友因此成了富翁，而海曼仍然是个清贫的画家。

这两个例子告诉我们，有没有创造意识是发挥创造力的关键。所以，要使自己成为创造性人才，首先就要从树立和培养创造意识着手。

三、自信心

所谓自信，是指人们对于自己的能力、才智、力量作出充分评估时的一种自我心理体验，是人们根据主客观条件的分析对自己的主观能动性的恰当肯定。

自信心也属于一种性格特征，之所以要把它单列出来，是因为它对创造力的影响举足轻重，常常在具体创造活动中表现出来。具有创造能力的人往往具有很强的自信心。国外一家石油公司发现其研究人员中有些极富创造力，有些则创新意识淡薄。于是公司请来一批心理学家，探其原因。经过 3 个月的分析研究，心理学家得出了一个既寻常也不寻常的结论，富有创造力者认为自己创造力强，而那些缺乏创造力者都认为自己本来在创新方面就属无能。两者的最大差别仅仅在于有无自信心。

教育心理学家尼思·哈伍德比较了创造成果高和低的两组年轻的科学家，结果发现前一组表现了相当高的自信和对抗"社会压力"的能力。后一组经常试图在周围人中建立良好印象，表现出相对较低的自信水平。

这种自信的效应，在"皮格马利翁效应"① 中表现得淋漓尽致——美国心理学家罗森塔尔和雅各布森曾在一所中学做的一个著名的实验，他们在一个班级进行了智力测验，然后将根据学生名单随机地抽取的 20％的学生名字抄出并告知班主任和任课教师，说这些学生是有潜力的，经过学习肯定会大有长进，结果果然如此。一学年下来，这部分学生的确获得了比班里其他同学更为显著的进步。为什么会有这种现象呢？显然，教师接受了心理学家们的暗示，对这部分学生抱有特殊的希望。教师的这种关怀期望通过各种方式与途径潜移默化地感染、影响了学生，转化成为充分肯定自己、激发上进的自信心和力求实现志向的渴望与行动，因而获得了较大进步。

四、个性

个性（Personality）是人的态度和行为方面比较稳定的心理特征，是一种经常性的、习惯化了的思维操作。心理学研究表明，人的个性对其创造力有着重要的影响。社会学家高夫（H. Gogh）在研究人的个性与创造性之间关系的时候，采用"形容词检查单"的方法来区分创造力的强弱。他抽取了不同领域的 12 个样本，共有 1 701 名被试者参与，其结果显示了大众对个性与创造力相关关系的看法（见表 3-1）。一些学者曾对 1982 年在上海举办的"第一届全国青少年科学创造发明比赛和科学讨论会"中获奖的 100 名青少年进行了调查，明显地发现他们至少在如下几个方面的个性特长：①喜欢找问题（占 95％）；②与别人看法

---

① 皮格马利翁是希腊神话中的一个人物，他深深爱上了一座完美的雕像，而最终使得雕像变成了活人。

往往不一致（占65％）；③喜欢一个人做功课（占75％）；④喜欢选择困难任务（占90％）；⑤喜欢抒发个人的独到见解以及与人争辩（占84％）。

表3-1 个性与创造力相关的形容词

与创造力关系	正相关关系	负相关关系
形容词	有能力的 聪明的 自信的 自我中心的 幽默的 个人主义 不拘礼节 有洞察力的 理智的 兴趣广泛的 有发明精神的 有独创性的 好色的 势利的 沉思的 随机应变的 自信的等	易受别人影响的 谨慎的 平凡的 保守的 抱怨的 老实的 兴趣狭窄的 有礼貌的 忠诚的 顺从的 多疑的等

国内外研究表明，有利于创造的个性特点主要有以下几个方面。

1. 强烈的好奇心

富于创造的人，往往有很强的好奇心和求知欲。大发明家爱迪生小时候看到母鸡能孵出小鸡来，便好奇地蹲在鸡窝里，看自己能不能将蛋变成鸡，直到家人发现，才把他拉了出来。科学巨匠爱因斯坦说："我没有特殊的天赋，我只有强烈的好奇心。"这种人们常说的童心般的好奇，促成了许许多多的重大发明。防震玻璃的发明就是一例。

1907年的一天，法国化学家贝奈第特斯在实验室里整理药品，不小心把一只药瓶碰掉在石板地上，拾起来看时，只见瓶体完好，只是药瓶上布满了裂纹，贝奈第特斯觉得很奇怪，因为通常这种瓶子一掉地就摔得粉碎。好奇心使他看了看药瓶上的标签，然后不加思索地放回原处。事隔不久，他接连在报纸上看到汽车车窗玻璃破碎伤人的报道，联想到瓶子裂而不碎的现象，很快产生了一个念头，他跑到实验室，仔细检查了保留下来的那个药瓶，发现药瓶里的化学药品经长期蒸发，在瓶子的内壁上沉积一层坚韧而又透明的薄膜，这种薄膜牢牢地粘在瓶子上，因此瓶子摔在地上，只震出裂纹而不破碎。贝奈第特斯由此制成了防震安全玻璃。

发现电磁原理的著名物理学家法拉第，开始摸索磁-电转化规律时纯粹出于好奇。他想："如果在马蹄形磁铁的两极间放上一个铜盘，使之回转，不知道会发生什么现象？"实验中，当他发现回转盘所产生的竟是电流时，还大吃了一惊。

一个名叫亨特的科学家，有一天在伦敦郊外的里士满公园看到一只鹿，对鹿角发生了兴趣。他想：如果将鹿的头部一侧的血液供给切断会怎样？于是，他动手试验，将鹿头部一侧外颈脉系住。顿时，相应的鹿角冷了下来，一段时间内不再生长。但过了一段时间，鹿角又暖了过来，继续生长。他查明，系带并未松，而是邻近的血管扩张了，输送了充足的血液。

侧支循环的存在及其扩张的可能性就是这样被发现的。这一发现，确立了今天外科上称为亨特氏法的手术。

强烈的好奇心之所以有利于创造，在于它能够使人们把心理活动集中到某一个特定的事物上来，观察细致敏锐，注意集中持久，情绪高涨饱满，为创造活动顺利进行保持着最佳状态。所以有人讲，好奇心是创造的"先知"。

2. 独创性

独创性是许多发明家、艺术家很突出的个性。这种独创性往往使其对创造有高度热情，思维相当的活跃，且较少地受思维定势的影响。美国发明家贝利在20世纪50年代初，曾参加了一个6AJ4射频放大管的发明小组工作。他们在接受任务的同时还接受了一条禁令：经理要求他们任何人不许查看和参阅任何书籍。结果他们试制成功了一种频率高达1 000兆赫的放大管，用在超高频（VHF）电视波段。成功后他们查看有关书籍，大吃一惊，因为书上写明玻璃管子的极限频率是250兆赫。贝利事后讲，如果我们事前看了书，一定会怀疑我们是否能造出这种放大管。

和独创性相反的个性是从众。从众是指自觉不自觉地总愿意与他人或多数人保持一致的性格特征。这是一个较普遍的个性，一般从10岁以后，人的心理发展开始出现求同心理。艾伦·芬特（Allen Funt）在他20世纪60年代所做的有关证实心理测验的电视剧《小照相机》（Candid Camera）里生动地拍摄了如下的一幕。

一位心理学家让几名合作者扮演成候诊室等候医生的病人，这些"病人"脱掉了外衣外裤，每个人只穿内衣裤坐着等候，穿着内衣裤阅读报纸，穿着内衣裤聊天。这时观察真正的患者来到这里的表现。一个人最先来到，他先是非常惊奇地看了这些人一会儿，接着也脱掉外衣外裤，拿一张报纸阅读起来。一共7个人，全都无一例外地重复了这个人的行为。这种行为就是受到从众心理的支配而产生的。从众心理使人与别人一致时，感到安全；而不一致时，则感到恐慌。

显然，创造中"从众"是不可取的，它要么使创意无从产生，要么使创意的萌芽被扼杀在摇篮里或藏在内心深处永不见天日。所以，一个人要想创造，就首先要有克服从众的勇气，打破从众的精神枷锁，让创意无拘无束地自由生长。

3. 喜欢怀疑

巴甫洛夫曾说："怀疑，是发现的设想，是探索的动力，是创造的前提。"创造力强的人尊重的是事实而不是权威，对传统见解、权威结论或他人观点常具有怀疑精神。

蒸汽机车车轮的发明，就是史蒂芬森"喜欢怀疑"的一例。1804年，世界上第一辆沿铁轨行驶的蒸汽机车在英国诞生。创造者是33岁的机械技术专家特里维西克。他制造的机车依靠齿轮啮合轨道前进，运行时发出吱吱的声音，而且速度不快，很难投入使用。当时年仅23岁的史蒂芬森是个喜欢发明的司炉工，他做了许多试验，想找个办法提高机车的速度，但总不见效。当时的专家们一致认为，机车在铁轨上前进，要想不打滑或者脱轨，就必须通过齿轮和轨道啮合。受此理论的影响，史蒂芬森做试验时都安着齿轮。然而，不论他采用什么方法，车速都提不高。几年的光阴过去了，他开始怀疑起来，"莫非专家们的话有错误？"一天，他横下心把齿轮取下来试验。结果，令人惊奇的事出现了，机车飞快地奔向前方，车速一下子提高了 5 至 10 倍，车轮既没有打滑也没有脱轨，而且还消除了吱吱的响声，无齿轮机车车轮终于成功了。

据说牛顿曾请瓦匠砌围墙，要求在墙上开一大一小两个猫洞，好让大猫小猫分别从各自的洞中穿行。但瓦匠觉得开两个洞很不美观，只开了一个大洞。牛顿很不满意。瓦匠说，小猫也可以从大洞进出。牛顿这才恍然大悟。瓦匠的做法可以说是尊重事实而不是权威的"典范"。

五、意志

意志（Will）是人们决定达到某种目的而产生的心理状态，它往往由语言和行动表现出来。显然，顽强的意志、坚韧不拔的精神、成功的信念，有助于创造力的发挥，是发明创造成功的先决条件。

我们知道，居里夫人发现的元素镭，是与她丈夫从数吨重的铀沥青矿渣中一公斤一公斤地经过 4 年艰苦不懈的努力提炼出来的。发明"木工安全刨"的李林森在发明过程中，也经历了意志的考验。他从构思到最后完成用了 7 年时间，耗资 1 万多元人民币。这对当时尚未脱贫的李林森来说，简直是一笔倾家荡产的支出。他攒下的大量木料成了一堆堆刨花，甚至连住房的楼板都被刨床吃掉了，后来发展到每当他要抽一块木料做实验时，岳母、爱人就"誓死保卫"一场；两个大孩子工作后，工资的一半用来支持父亲的事业；他打零工的钱全部投入了试验；亲戚、朋友都被求遍了。村里人说他是败家子。确实，全家人吃不饱、穿不上、衣服补丁摞补丁，可院子里却堆满了废角铁、皮带轮、三角带、柴油机之类"没用的东西"。李林森说："说我败家，这个家我败到底了，没有钱，我领着小孩去街上讨饭，也要把机子搞成。"李林森正是凭着这种顽强的精神，终于搞成了有重大创新的发明"木工安全刨"。

不仅科学创新、技术发明需要坚强的意志，文学创作同样如此。刘斯奋是一位用 16 年写一部长篇小说的业余作家，他写的长篇小说《白门柳》获 1998 年茅盾文学奖。中国最大的文学奖颁给了业余作家，而许多专业作家终身以求却未能如愿。当中央电视台"东方之子"栏目采访他，问起此原因时，他说："也许专业作家太为了写作而写作。因为有出书获奖的压力，而缺少了创意的激情。"《白门柳》是一部长篇历史小说，反映的是明末清初中国知识分子在历史变革、社会动荡中的命运。刘斯奋认为，古典诗歌、古典文章是最易理解中国古代知识分子的情操，最能体现中国传统文化的文体。他本人从小就喜欢唐诗、宋词等，并且中学时还写过诗。16 年来他坚持不懈地努力，工作之余每天要写几千字，甚至有时一天都不出门，最终完成了小说并获得成功。他告诉记者做到此，要有几个控制：目标控制

（目标要始终如一）、知识控制（调动一切知识基础为目标而努力）、道德控制（人格低下的人是写不出好书的）。刘斯奋是广东省委宣传部长，别人说他是官员作家，而他本人则定位自己为"文化人"。无论是定位"文化人"，还是做到几个控制，我们从中都深深感到了刘斯奋文学创作过程中的顽强意志。

六、环境

环境（Environment）是指围绕在个体之外的客观存在。一切有利于创造的包括物质的、精神的、社会的环境我们称之为正环境，反之为负环境。正环境下，个体的创造力能得到极大的发挥，创造发明硕果累累。

让我们看看爱迪生时代的正环境。

19世纪50年代，当十几岁的爱迪生，正怀着满腔探索新事物的热情拥抱世界的时候，关于电的科学理论刚刚取得突破性的进展——继安培、欧姆、法拉弟等人在电磁和电场方面的研究之后，麦克斯韦完成了经典电磁理论，为电力的广泛应用开拓了广阔前景。但各项与电有关的应用技术还未来得及开发。不仅电学方面，化学、光学等诸多科学领域都存在着许多类似未开发的"新大陆"。爱迪生是幸运的，他生逢其时。在19世纪60年代以后的那几十年里，他只须找出人们已经发现的某种科学理论，并加以理解和观察，然后通过实验操作解决新发现的理论与生活广泛应用之间的联结方式和难点，他就会获得一次发明的成功。而当时资本主义世界工业化的快速步伐、生产力的发展都给他的发明提供了广泛的市场，几乎每一项发明专利都可以给他带来眼前的收益，这也极大地刺激了他的发明热情。另外，爱迪生处在一个技术比较原始而且社会各个方面的管理也相对粗放的时代，这能给他那些奇思异想以极大自由发挥的可能性。后来有人断言，假设爱迪生生在20世纪初的美国，那么"他会成为某工学院的教授，或是一个托拉斯里的技术人员"。在那里，他要受到规章条例和资金依附的限制，必然妨碍他的发明热情。

社会大环境如此，一个单位、一个公司的小环境也一样。美国的3M公司[①]长期遵循鼓励和支持创新的管理程序，结果使3M公司能够不断地开发出新产品，成为世界著名公司。在世界经济发展日趋全球化的今天，为了保持产品、技术的竞争力，鼓励创新、营造创造的正环境，已成为越来越多公司追求的管理目标。

---

① 3M公司：它的全名是明尼苏达矿务及制造公司（Minnesota Mining and Manufacturing）。3M公司成立于1902年，目前在全球62个国家和地区设有359个办事处和191家工厂，职员8.6万多人，产品有6万多种，涉及航天、航空、化工、电子通信、交通、医疗等领域。1993年，3M公司的销售额在美国500家大企业中排名第31位，盈利排名第19位。1994年，3M公司的销售额达150亿美元。3M公司曾多次被美国《幸福》杂志评为美国十家最受尊崇的国际公司之一。1985年3M公司在上海设立分公司——3M中国有限公司，成为中国除特区外第一家外资独资企业。到1994年，3M中国有限公司已有500多名职工，营业额达7亿多元人民币。

从我们中国的历史和社会发展的进程也可以看出，创造的正环境对科技发展和发明创造所起的重要作用。古代的中国因三大发明而享誉文明世界，近代的中国则由于封建锁国、体制腐败等众所周知的原因，创造发明几乎销声匿迹。然而，新中国成立后，新颜换旧貌，原子弹、氢弹相继试验成功，人造卫星升上天空，牛胰岛素合成等，一大批发明创造成果在华夏大地上争奇斗艳，中国人的创造力焕发出勃勃生机。尤其是改革开放以来，我国人民的创造力随着改革开放的深入又获得了一次大的解放。杂交水稻、超导研究和低温核反应堆的研制成功，世界瞩目的"高峡出平湖"的人类奇迹——三峡水库等，所有这些向世界表明，勤劳智慧的中国人丰富多彩的创造时代已经到来。我国群众性的发明创造活动进入了一个崭新的历史时期。

案例四　捡垃圾的发明家——环卫工人张永江的创造历程

到 2002 年为止，中国环卫科研发明成果最多的人，是一个只有小学 6 年级文化程度，曾经整日与垃圾打交道的清洁工人。他在没有理论指导、没有资料参考、没有大师赐教的情况下，研制出一件又一件革新成果，创造出一件又一件奇迹，把一批又一批环卫工人从垃圾堆里解放出来。他自己的传奇故事当然也是从垃圾堆开始的。

逃不出垃圾堆就打垃圾的主意

46 岁的张永江，是地道的北京人。18 岁时，张永江就开始在北京市东城区环卫局做清洁工。那时环卫清洁工的社会地位特别低，大人哄小孩时常说：如果你不好好学习，以后只能去扫马路，捡垃圾……

刚参加工作张永江也觉得干这事低人一等。特别是看到他左邻右舍街坊的孩子和以前的同学，都分到了好工作，他心里产生了很大的自卑。

当时的北京，环卫工作很落后。白天老百姓把垃圾倒在路灯下，晚上，环卫工人就用大铁锹把垃圾铲到汽车上运走。张永江的工作就是用铁锹铲垃圾。每天路灯一亮，一个组的几个人就扒在垃圾车车厢后出发了。每到一个垃圾点，大家就迅速下车用大铁锹拼命往车上装垃圾。堆放了一天的垃圾，经铁锹翻动后冒出的那股臭味儿令人作呕。每晚如此的周而复始，使刚参加工作的张永江简直难以忍受，一到上班，就觉得时间特别漫长；尤其是怕遇到熟人难为情，即使是晚上，他干活时也是畏畏缩缩的，看到远处有人过来，就忙转过身或低下头去；他情绪低落，心理不平衡，此时别人都下班了在家休息，或是逛公园看电影，我却拎着大铁锹四处捡垃圾，世事太不公平！

慢慢地，有点门路的同事都调走了，或重新找工作了。张永江也想哪天有个出头之日找个好工作。他虽然个子高，有一身傻力气，可文化低、知识少、没门路、没关系，能往哪儿调？后来他也想开了：动不了，就把自己这份工作干好吧。于是在清洁队捡垃圾一干就是四年。20世纪70年代末、80年代初，北京的老百姓结束了露天倒垃圾的历史，用上了垃圾桶。也就是这垃圾桶，改变了张永江以后的人生轨迹。

垃圾桶的普及推广，使环卫工人扔下了大铁锹，改善了他们的劳动环境和劳动强度。可没想到已有数年工龄的张永江因工作踏实，能吃苦耐劳，领导让他带着几个工人负责维修垃圾桶。这工作比撮垃圾还脏还累。那一个个近一米高的铁垃圾桶用一段时间后就生锈了，必须进行除锈。以前铲垃圾是站在垃圾边上，现在除锈人得哈着腰把头扎到垃圾桶里，手里拿着铁砂纸打磨桶壁，都快要亲吻垃圾了，你说脏不脏？垃圾的恶臭和磨擦下的粉尘，都随着呼吸进入口腔、鼻腔里，吐一口痰就是一团污泥浆。中途休息时，工人一个个钻出垃圾桶直起身，满脸的铁锈粉和灰尘被汗水冲出一道道的沟壑，那真不是人干的活儿。工作的苦累辛酸，使张永江每天下班后洗完澡回家，连饭都吃不下去，嗅觉里都是垃圾的味道，脑子里充满垃圾的印象，哪还有食欲？

张永江想，这垃圾桶机械化倒把我们给害了。长此以往，谁受得了？艰苦的工作逼着张永江想办法，要改变这种状况。他向领导请示，自己搞一台机器，代替他们工作。领导没有阻拦他。

大老粗搞科研出手就失败

为了改善自己的劳动环境，提高工作效率，让除锈脱离人工操作，实现机械化，张永江开始着手进行垃圾桶自动除锈设备的研究。一时间，人们对只有小学六年级文化水平的张永江议论纷纷，冷嘲热讽地进行挖苦，说什么的都有，而且非常难听，就你们几个还弄机器？手工能把锈擦干净就不错了……几乎没人相信他能成功。大家看不起他，更激发了他的斗志，我非得把它搞成不可！

可光有动力不行，关键还要有专业技术和实践经验。文化低、底子薄的张永江，既没技术也无经验，连机械制图常识都不懂，要把设想和构思变成现实，对他来说压力很大。他既不会画又不会算，更谈不上设计了。他凭着想象中的机器结构模样，到废品站去，用略高于废铁的价格，今天买个齿轮，明天买个皮带轮，后天再去买个轴承座……为了买个合适的零部件，他要翻一大堆废铁。好多次，他的手脚被垮塌下来的废铁砸压得皮开肉绽，磕碰得青紫红肿是常有的事。实在买不到的就加工定做。

要做机器，设计图是非画不可的。于是，22岁的张永江，开始了艰苦的自学。低起点的他必须付出更多的时间和精力。那阵子他就像着了魔，一下了班，就捧起书看。他当时的工资很低，除了正常的生活开销外，基本上就所剩无几了，但他紧衣缩食地抠出钱来买了一大堆机械设计、机械制图等方面的书籍。可买回后，像看天书一样全看不懂。于是他四处拜师求教，一点一点地学。不料学了一段时间后，却因一知半解误入了歧途。

张永江给垃圾桶除锈机设计了一个传动系统：一套链轮、一根轴加上两个轴承。如此简单设计，那时对张永江来说，却困难极了。当张永江按他所自学的知识搞完了设计，拿着他觉得非常满意的图纸去加工时，加工方拿着图纸横过来竖过去，看了半天都没看懂，说：你拿回去弄懂后重画了再来。加工师傅露出一脸的不屑和鄙视。努力几个月的成果，就这样成了人家的笑柄，大个头的张永江红着脸，真有点无地自容。

失败后的张永江，身后传来更多的风凉话：见他跑废品站翻废铁买零件，说他吃饱了撑的；见他买书学制图，说他癞蛤蟆想吃天鹅肉……张永江含羞忍辱，坚守一个信念，把机器造出来。

一个趔趄蹿出一个伟大的灵感

功夫不负有心人。1978年，张永江的垃圾桶自动除锈机，终于研制成功了。当时一个工人一天处理一个垃圾桶的铁锈，这台机器一小时就可以处理好几十个。

除锈机的研制成功，张永江激动得狂呼大叫，他想哭，想笑，但任何一种方式也难以抒发他当时的心情。他用成功的事实给了那些看不起他的人一个回敬，重要的是：他证明了撮垃圾的大老粗，照样能造出机器来！也论证了没有知识可以通过自学来掌握。铁的事实使人们心服口服，那些当初说闲话的人纷纷对张永江伸出大拇指。

验证了自己的能力，张永江觉得他还是有作为的，就算这辈子他就是撮垃圾的，他也能体现出自身价值，他发现他的人生之路一下宽了很多。当初他想过：如果除锈机研制不成功，我就调走，绝不能在这里再待下去了。自动除锈机的研制成功，给了张永江很大的动力，使他决心在环卫系统继续干下去，继续为改善环卫工人的工作条件，研制出更多先进的环卫机械。

始终工作在第一线的张永江，从第一台垃圾桶自动除锈机成功开始，靠着一股钻研精神，又陆续设计出了垃圾桶自动喷漆机、垃圾桶生产流水线等，这些发明都在不同程度上，解决了环卫工作中的难题。

1990年，城市垃圾中转站得到逐步推广，张永江带着一班人负责中转站的维修工作。通过每天的工作实践，他发现其中有个最大的问题，就是吊垃圾的集装箱，吊起装车时会来回晃荡摇摆，得好一会儿稳定后，才能对准了放到车上，既不方便又降低了工作效率。怎样才能减轻或者免除起吊后集装箱的晃荡摆动呢？那段时间，张永江心里总琢磨着怎么解决这个问题，他绞尽脑汁地想办法和查阅资料，可资料上也查不着解决的办法。此问题迟迟没有进展。一个夏日，他在家中院子里坐在一个马扎上吃饭，突然想起了一件事站了起来，心不在焉地走动中一下绊在了马扎上，马扎给踢翻了，张永江一个趔趄，差点摔了个跟头，气得他举起马扎要摔下去——可马扎上的杠杆作用，给了他一个灵感：能不能将此用到垃圾中转站的起重设备上，用它来抵消摆动晃荡呢？经过试验，小马扎引发的灵感，最终帮张永江完成了起重设备减摆机构的设计制作。

只有小学六年级的文化水平的张永江，通过坚持不懈地自学，结合自己最熟悉的清洁工的工作，不断摸索和研究，搞出了一项项有关环卫工作机械的发明创造，解决了一个又一个的工作难题。正当张永江踌躇满志时，一组又一组触目惊心的数据资料，使张永江下决心向着更高的目标发起了挑战！

从车底部拽出的竟是一个发明家

据北京市有关部门统计：1992 年，有 68 名环卫工人在马路上作业时惨遭车撞，其中死亡 2 人，重残 23 人；1993 年，被撞人数升至 90 人，其中重残 28 人……城市建设的飞速发展，快速道路日益增多，而道路清扫手段却严重滞后，环卫工人的人身安全受到严重威胁。

1992 年，张永江就想针对人工扫马路易出工伤事故，工作效率低的问题，设计研制自动清扫车。此项目的难度很大，这与他当初搞的垃圾桶除锈机是截然不同的。它要求设计者要有较为高深的专业知识，这就需要他继续充电、继续学习。为了尽快实现自己的梦想，张永江每天一下班就扎在屋里思考、研究。当时条件太差，要什么没什么，连参考资料都没有。

为了尽可能减小清扫车的体积，张永江需要了解不同车型的汽车底盘尺寸，可一时到哪去找这么多的汽车底盘资料呢？他只好拿着尺到处找合适的汽车现量尺寸。一次，张永江需了解某车型底盘的几个参数尺寸，当时手边没有资料，他心里又放不下事，事没做完他就不罢休。当时已是凌晨二点了，他拿着尺子笔纸出了门，转了几条街道，都没找到那种车型。后来在一个停车场里找到了，他赶紧钻到车底下去量尺寸。他正在车底翻来覆去地捣腾着，忽然一声吆喝把他惊起。灰头垢面地从车底钻出来，才发现是一群巡逻的联防队员，其中一个对他吼道：你鬼鬼祟祟的行为我们早就发现了，走，跟我们一起走！说着几个五大三粗的手就过来拽他。张永江一时急得说不出话来，只好把手中握的一张图纸递给他们。联防队员看了图纸，便觉得丈二和尚摸不着头脑，但显然不再对他有那种同仇敌忾的态度了。这时张永江才平静下来向联防队员解释了半夜钻车底的意图。联防队员听了他的叙述，一个个激动不已，最后都一一向他握手道别。他就是这样锲而不舍、孜孜不倦地研制着，朝着他的奋斗目标一步一步地向前迈进。

1993 年，张永江经过近一年时间的努力，他设计开发的道路清扫车终于试车成功！这项辉煌的科技成果，不仅大大地解放了环卫工人的生产力，而且也保障了环卫工人的生命安全。当道路清扫车上街的那一天，张永江流泪了，与他一起同甘苦共患难的同事们都流泪了。这时，人们不仅不嘲笑张永江，他的成功反而引起了人们一些深层次的思考：很多直接涉及生产一线的技术革新和技术革命，直接生产在一线的工人更有理由参与。

道路清扫车研制成功，使张永江的环卫产品科研进入了一个新的技术层次，他搞创造发明的灵感更多了，技术操作的理论知识和实践经验都相对丰富了，他的创造成果连连不断。随着城市道路交通的迅速发展，道路上不仅车辆多了，各种道路设施也多了。结合这些不断出现的新问题，张永江又先后设计开发了道路养护车、扫雪车、护栏清洗车等各种道路清扫维护设备。

从最初的清洁工，到今天的工程师，张永江用自己的亲身实践再次证明了行行出状元的道理。如今张永江不再亲手撮垃圾了，他现为北京东城星火环卫设备厂厂长。我们祝愿张永江为减轻环卫工人的劳动强度，改善他们的工作环境，研制出更多更先进的机械来！

——摘编自凤凰卫视《鲁豫有约》（2002 年 11 月 13 日）

实习二　创造个性及创造力测试

此处选编的九套国内外通俗、实用的创造力及创造个性的自我测试题，供同学们作为参考，目的是使大家对自己的创造力有个初步的了解。做题时，请根据自己的实际情况，客观地回答或选择，然后对照其后的评分标准，作出评定。需要指出的是，该评定值仅仅是一个相对值，它只能说明现在，而不能定论被测试者终身。因为创造力的开发是一个变量，只要有心，经过科学的训练，有利于创造的个性及自身的创造力是会不断增强和完善的。

（一）

本组试题是根据美国著名心理学家托拉斯的研究成果编制的。对于每一道题，如果与你的情况符合，请在题后括号里打"√"，不符合者则打"×"。

1. 在做事、观察事物和听人说话时，我能专心一致。（　　）
2. 我说话、作文时经常用类比的方法。（　　）
3. 能全神贯注地读书、书写和绘画。（　　）
4. 完成了老师布置的作业后，我总有一种兴奋感。（　　）
5. 我不大迷信权威，常向他们提出挑战。（　　）
6. 我很喜欢（或习惯）寻找事物的各种原因。（　　）
7. 观察事物时，我向来很细心。（　　）
8. 我常从别人的谈话中发现问题。（　　）
9. 在进行常有创造性的工作时，我经常忘记时间。（　　）
10. 我总能主动地发现一些问题，并能发现和问题有关的各种关系。（　　）
11. 除了日常生活，我平时差不多都在研究学问。（　　）
12. 我总对周围的事物保持着好奇心。（　　）
13. 对某一些问题有新发现时，我精神上总能感到异常兴奋。（　　）
14. 通常，我对事物能预测其结果。并能正确地验证这一结果。（　　）

15. 即使遇到困难和挫折，我也不会气馁。（　　　）

16. 我经常思考事物的新答案和新结果。（　　　）

17. 我有很敏锐的观察能力和提出问题的能力。（　　　）

18. 在学习中，我有自己选定的课题，并能采取自己独有的发现方法和研究方法。（　　　）

19. 遇到问题，我常能从多方面来探索它的可能性，而不是固定在一种思路上或局限在某一方面。（　　　）

20. 我总有些新的设想在脑子里涌现，即使在游玩时也常能产生新的设想。（　　　）

（二）

美国普林斯顿创造才能研究公司总经理，心理学家尤金·劳德赛，根据几年来对善于思考，富有创造力的男女科学家、工程师和企业经理的个性和品质的研究，设计了下面这套简单的测验。测验者只要几分钟左右的时间，就可测出自己的创造心理是否具有创造才能。当然，如果你需要慎重考虑一下，适当延长测验时间也不会影响测试效果。

测验时，只要在每一句话后面，用一个字母表示你同意或不同意。"A"表示同意，"B"表示吃不准或不知道，"C"表示不同意。记住，回答必须准确、忠实，不要猜测。

1. 我不做盲目的事，也就是说总是有的放矢用正确的步骤来解决每一个具体问题。（　　　）

2. 我认为，只提出问题而不想获得答案，无疑是浪费时间。（　　　）

3. 无论什么事情，要我发生兴趣，总比别人困难。（　　　）

4. 我认为，合乎逻辑的，循序渐进的方法，是解决问题的最好方法。（　　　）

5. 有时，我在小组里发表的意见，似乎使一些人感到厌烦。（　　　）

6. 我花费大量时间来考虑别人是怎样看待我的。（　　　）

7. 做自认为是正确的事情，比力求博得别人的赞同，要重要得多。（　　　）

8. 我不尊重那些做事似乎没把握的人。（　　　）

9. 我需要的刺激和兴趣比别人多。（　　　）

10. 我知道如何在考验面前，保持自己的内心镇定。（　　　）

11. 我能坚持很长一段时间解决难题。（　　　）

12. 有时我对事情过于热心。（　　　）

13. 在特别无事可做时，我倒常常想出好主意。（　　　）

14. 在解决问题时，我常常凭直觉来判断"正确"或"错误"。（　　　）

15. 在解决问题时，我分析问题较快，而综合所收集的资料较慢。（　　　）

16. 有时我打破常规去做我原来并未想到要做的事。（　　　）

17. 我有收集东西的癖好。（   ）

18. 幻想促进了我许多重要计划的提出。（   ）

19. 我喜欢客观而又有理性的人。（   ）

20. 如果要我在本职工作之外的两种职业中选择一种，宁愿当一个实际工作者，而不当探索者。（   ）

21. 我能与自己的同事或同行很好的相处。（   ）

22. 我有较高的审美能力。（   ）

23. 在我的一生中，我一直在追求着名利和地位。（   ）

24. 我喜欢坚信自己的结论的人。（   ）

25. 灵感与获得成功无关。（   ）

26. 争论时，使我感到最高兴的是，原来与我观点不一的人变成了我的朋友，即使牺牲我原先的观点也在所不惜。（   ）

27. 我更大的兴趣在于提出新建议，而不在于设法说服别人接受这些建议。（   ）

28. 我乐意独自一个人整天"深思熟虑"。（   ）

29. 我往往避免做那种使我感到低下的工作。（   ）

30. 在评价资料时，我觉得资料的来源比其内容更为重要。（   ）

31. 我不满意那些不确定和不可预言的事。（   ）

32. 我喜欢一门心思苦干的人。（   ）

33. 一个人的自尊比得到他人敬慕更为重要。（   ）

34. 我觉得那些力求完美的人是不明智的。（   ）

35. 我宁愿和大家一起努力工作，而不愿意单独工作。（   ）

36. 我喜欢那种对别人产生影响的工作。（   ）

37. 在生活中，我经常碰到不能用"正确"或"错误"来加以判断的问题。（   ）

38. 对我来说，"各得其所""各在其位"，是很重要的。（   ）

39. 那些使用古怪和不常见的语词的作家，纯粹是为了炫耀自己。（   ）

40. 许多人之所以感到苦恼，是因为他们把事情看得太认真了。（   ）

41. 即使遭到不幸、挫折和反对，我仍然能够对我的工作，保持原来的精神状态和热情。（   ）

42. 我认为想入非非的人是不切实际的。（   ）

43. 我对"我不知道的事"比"我知道的事"印象更深刻。（   ）

44. 我对"这可能是什么"比"这是什么"更感兴趣。（   ）

45. 我经常为自己在无意之中说话伤人而闷闷不乐。（   ）

46. 即便没有报答，我也乐意为新颖的想法而花费大量时间。（   ）

47. 我认为"出主意无甚了不起"这种说法是中肯的。（   ）

48. 我不喜欢提出那种显得无知的问题。

49. 一旦任务在肩，即使受到挫折，我也要坚决完成。（　　）

50. 从下面描述人物性格的形容词中，挑选出 10 个你认为最能说明你性格的词。

精神饱满的	有说服力的	实事求是	虚心的
观察力敏锐的	谨慎的	束手束脚的	足智多谋的
自高自大的	有主见的	有献身精神的	有独创性的
性急的	高效的	乐意助人的	坚强的
老练的	有克制力的	热情的	时髦的
自信的	不屈不挠的	有远见的	机灵的
好奇的	有组织力的	铁石心肠的	思路清晰的
脾气温顺的	可预言的	拘泥形式的	不拘礼节的
有理解力的	有朝气的	严于律己的	精干的
讲实惠的	感觉灵敏的	无畏的	严格的
一丝不苟的	谦逊的	复杂的	漫不经心的
柔顺的	创新的	泰然自若的	渴求知识的
实干的	好交际的	善良的	孤独的
不满足的	易动感情的		

（三）

美国心理学家拉克塞尔经多年考察一些有成就的男性科学家的个性及品质后，精心设计了一套简单的创造力自我测试的基础测试题。你可以一边阅读题目，一边迅速在每一句话的后面作出自己的回答（答案选择为"是"或者"不是"）。

1. 我的兴趣总比别人发生得慢。（　　）

2. 我有相当的审美能力。（　　）

3. 有时我对事情过于热心。（　　）

4. 我喜欢客观而有理性的人。（　　）

5. "天才"与成功无关。（　　）

6. 我喜欢有强烈个性的人。（　　）

7. 我很注重别人对我的看法和议论。（　　）

8. 我喜欢一个人独自深思熟虑。（　　）

9. 我从不害怕时间紧迫，困难重重。（　　）

10. 我认为自信很重要。（　　）

11. 我认为既然提出问题，也就要彻底解决。（　　）

12. 对我来说，作家使用艳词只是为了自我表现。（　　）

13. 我尊重现实，不轻想那些预言中的事情。（　　）

14. 我喜欢埋头苦干的人。（　　）

15. 我喜欢收藏家的性格。（　　）

16. 有时，我的意见常常令别人厌恶。（　　）

17. 无聊时节，正是我某个主意产生之时。（　　）

18. 我坚决反对无的放矢。（　　）

19. 我的工作丝毫不带有任何的私欲。（　　）

20. 我常常在生活中碰到一些不能单纯以是或否来判断的问题。（　　）

21. 挫折或不幸并不会使我对热衷的工作有所放弃。（　　）

22. 一旦责任在肩，我会排除困难争取完成。（　　）

23. 我知道保持内心镇定是关键的一步棋。（　　）

24. 幻想常给我提出许多新问题、新计划。（　　）

25. 我只是提出新建议，而不是说服别人接受我的这种建议。（　　）

（四）

本组测试有 2 套题，取自德国大众汽车有限公司及可口可乐中国饮料公司"现代管理研讨班"研修材料。

（Ⅰ）针对下列 18 个陈述，找出符合你的情况。记住没有什么对或错。用下列符号回答：

"A"表示非常同意；"B"表示 同意；"C"表示不确定；"D"表示同意；"E"表示很不同意。

1. 我尝试新的观点和新的方法解决问题。（　　）

2. 我处理事情或情况时将发现的现存设备的新用法搁在一边。（　　）

3. 我的朋友可以依靠我发现现存设备的新用法。（　　）

4. 在我的朋友中间，我通常是第一个尝试新观点和新方法的人。（　　）

5. 我是创新的模范。（　　）

6. 我喜欢更大挑战的工作。（　　）

7. 我计划和其他不同公司或部门的专家接触。（　　）

8. 我计划预算时间和金钱用于追逐新奇的想法。（　　）

9. 在会议上我会就做事的新方式提出意见。（　　）

10. 假如有人向我的朋友询问我，他们会说我是机智的。（　　）

11. 我很少坚持原则或遵守条约。（　　）

12. 我很反对正式的会议讨论。（　　）

13. 我一般会支持朋友们的建议。（　　）

14. 我想尝试意义不明朗的工作。（　　）

15. 不接受一个组织例行公事的人不应该被惩罚。（　　）

16. 当开始一个新项目时，我希望更多了解工作的数量而非工作的质量。（　　）

17. 在工作中我必须有能力找到足够的工作的多样性。（　　）

18. 我打算离开一个对我来说没有挑战性的工作。（　　）

（Ⅱ）下面有 30 道题，每题有 5 个预备选择的答案，请根据自己的实际情况，在题目后面圈出相应字母，每题只能选择一个答案。

"A"很符合自己的情况；"B"比较符合自己的情况；"C"很难回答；"D"较不符合自己的情况；"E"很不符合自己的情况。

1. 性情开朗。	A	B	C	D	E
2. 思考问题深思熟虑。	A	B	C	D	E
3. 不容易受事物左右。	A	B	C	D	E
4. 对将发生的事有预见性。	A	B	C	D	E
5. 人际关系好。	A	B	C	D	E
6. 学习成绩优异。	A	B	C	D	E
7. 思维敏捷。	A	B	C	D	E
8. 健谈。	A	B	C	D	E
9. 能不断提出新想法。	A	B	C	D	E
10. 好奇心强。	A	B	C	D	E
11. 记忆事物牢固。	A	B	C	D	E
12. 身体健康。	A	B	C	D	E
13. 对问题敏感。	A	B	C	D	E
14. 有洞察力。	A	B	C	D	E
15. 有幽默感。	A	B	C	D	E
16. 喜爱智力活动。	A	B	C	D	E
17. 推理能力强。	A	B	C	D	E
18. 顽强地对待难题。	A	B	C	D	E
19. 喜欢提出假设。	A	B	C	D	E
20. 爱好新事物。	A	B	C	D	E
21. 受到人们信赖。	A	B	C	D	E
22. 有灵活应用的能力。	A	B	C	D	E
23. 办事努力。	A	B	C	D	E

24. 喜欢打破砂锅问到底。　　　　　A　　　B　　　C　　　D　　　E
25. 喜欢活动。　　　　　　　　　　A　　　B　　　C　　　D　　　E
26. 说话有逻辑性。　　　　　　　　A　　　B　　　C　　　D　　　E
27. 能监督、指导别人的工作。　　　A　　　B　　　C　　　D　　　E
28. 通晓自己活动领域的最新动向。　A　　　B　　　C　　　D　　　E
29. 独立性强。　　　　　　　　　　A　　　B　　　C　　　D　　　E
30. 喜欢从多种角度看问题。　　　　A　　　B　　　C　　　D　　　E

（五）

仔细阅读下列各题，选择你认为最符合自身情况的选项。

1. 与别人发生意见分歧时，你是（　　　）。
   A. 考虑别人意见的合理性　　　　　　B. 怀疑自己的观点
   C. 千方百计维护自己的观点

2. 对老师、领导和长者的意见，你是（　　　）。
   A. 同自己原先的想法结合起来　　　　B. 有些疑问和想法
   C. 原封不动地接受

3. 闲暇时你喜欢（　　　）。
   A. 打桥牌、下围棋、下象棋　　　　　B. 看侦探小说、惊险影片
   C. 看滑稽有趣的闹剧，同别人聊天

4. 星期天上公园，你喜欢（　　　）。
   A. 经常变换场所　　　　　　　　　　B. 听听爱人孩子的意见
   C. 总是上某个公园

5. 你对智力游戏的态度是（　　　）。
   A. 很喜欢　　　　　B. 无所谓　　　　　C. 不喜欢

6. 针对眼前的某件东西（例如茶杯），你能想出它的新用途有（　　　）。
   A. 15 个以上　　　　B. 8~14 个　　　　C. 7 个以下

7. 假若刷牙时发现出血，你是（　　　）。
   A. 设法使牙不出血　　　　　　　　　B. 担心是牙周炎
   C. 怨牙刷不好

8. 当有人向你提没有用的建议时，你是（　　　）。
   A. 问他还有没有别的建设，鼓励他多提
   B. 看看有没有可取之处
   C. 不予置理

9. 做错了事情以后，你是（　　　）。

    A. 找客观原因　　　　B. 寄希望于下次　　　　C. 长久懊悔

10. 你买了比较贵重的东西后，常常是（　　　）。

    A. 为了方便，不惜稍作改变　　　　　　B. 直接使用

    C. 舍不得用

（六）

选择你认为最贴切自己的答案。

1. 你宁愿别人认为你（　　　）。

    A. 实际　　　　　　　　B. 巧俐

2. 按部就班或循规蹈距（　　　）。

    A. 对你有吸引力　　　　B. 使你感到拘束

3. 你是否经常不能如期完成工作？（　　　）。

    A. 是　　　　　　　　　B. 否

4. 在即将入睡时你会灵机一闪吗？（　　　）。

    A. 是　　　　　　　　　B. 否

5. 日常事务或俗事，时常令你烦恼吗？（　　　）。

    A. 是　　　　　　　　　B. 否

6. 你喜欢在集会上介绍讲演人吗？（　　　）。

    A. 喜欢　　　　　　　　B. 不喜欢

7. 你偶尔会担心你的努力能否成功吗？（　　　）。

    A. 会　　　　　　　　　B. 不会

8. 你是否喜欢从事做说服别人不能进行的工作？（　　　）。

    A. 是　　　　　　　　　B. 否

9. 你是否基本上心满意足？（　　　）。

    A. 是　　　　　　　　　B. 否

10. 傍晚无事，你是否经常和朋友在一起？（　　　）。

    A. 是　　　　　　　　　B. 否

11. 你喜欢幻想吗？（　　　）。

    A. 喜欢　　　　　　　　B. 不喜欢

12. 你是否记得住你所遇到的人的姓名？（　　　）。

    A. 是　　　　　　　　　B. 否

（七）

下面有 50 个句子，请根据你本人的实际情况，实事求是地填写。"A"表示非常同意，"B"表示同意，"C"为中间态度，"D"表示反对，"E"为坚决反对。

1. 在解决某一特定问题时，我总是很有把握地认为我是按正确的步骤工作的。（　　）

2. 我认为如果无望得到回答，提问题就是浪费时间。（　　）

3. 我觉得没有条理地一步步做是解决问题的最好方法。（　　）

4. 我也偶尔在集体内发表一些似乎叫人扫兴的意见。（　　）

5. 我花大量时间考虑别人对我的看法。（　　）

6. 我觉得我可能对人类作出特殊贡献。（　　）

7. 我认为做自己认为正确的事比努力争取别人赞成更重要些。（　　）

8. 那些看上去做事没把握，缺乏自信心的人得不到我的尊重。（　　）

9. 我能长时间盯住个难题不放。（　　）

10. 偶尔我对事情变得过于热心。（　　）

11. 我常常在不具体做什么时想出最好的主意。（　　）

12. 在解决问题的过程中，我是凭直觉、凭"是非"感。（　　）

13. 解决问题中，分析问题时，我干得较快，而综合所获信息时，工作较慢。（　　）

14. 我喜欢收集性的嗜好。（　　）

15. 幻想为我执行许多较重要的计划提供了动力。（　　）

16. 假若放弃现在的职业，要我在两个职业中选择一个。我宁愿当医生而不愿当探险家。（　　）

17. 和社会职业阶层与我大致相同的人在一起，我会相处的好一些。（　　）

18. 我有较高的审美能力。（　　）

19. 直觉不是解决问题的可靠向导。（　　）

20. 与其说我热衷于向别人介绍新思想还不如说的兴趣在于拿出新思想。（　　）

21. 我往往避开自己不如他人的场合。（　　）

22. 在估价信息时，我觉得它的来源比它的内容重要些。（　　）

23. 我喜欢那些遵循"先工作后享乐"规则的人。（　　）

24. 一个人的自尊比受别人尊重重要得多。（　　）

25. 我认为那些追求至善至美的人是不明智的。（　　）

26. 我喜欢那种能从中影响他人的工作。（　　）

27. 我认为凡物必有其位，凡物必在其位。（　　）

28. 那些抱着"怪诞"思想的人是不实际的。（　　）

29. 即使我的新思想没有实际效用，却甘愿去想。（　　）

30. 当某一个解决问题的办法行不通时，我能很快改变思考问题的方向。（　　）

31. 我不愿意问显得无知的问题。（　　）

32. 我宁可为了从事某一工作或职业而改变自己的爱好，而不会为了适合自己的爱好而变换工作。（　　）

33. 问题无法解决往往在于提了错误的问题。（　　）

34. 我经常能预感到解决问题的办法。（　　）

35. 分析失败是浪费时间。（　　）

36. 只有思路模糊的人，才会借用隐喻和类比。（　　）

37. 有时我非常欣赏一个骗子的技巧，以至于希望他能安然逃脱惩罚。（　　）

38. 经常面对一个只是隐隐约约感受到了的但又说不清楚的问题，我就开始去解决它。（　　）

39. 我往往易于忘记像人、街道、公路、小城镇的名称这类东西。（　　）

40. 我觉得勤奋是成功的基础。（　　）

41. 对我来说，被别人看做是集体的好成员是很重要的。（　　）

42. 我知道怎样控制自己的内心活动。（　　）

43. 我是个完全可靠，责任心强的人。（　　）

44. 我不喜欢干没把握、不可预见的事情。（　　）

45. 我宁愿和集体共同努力而不愿单枪匹马。（　　）

46. 许多人的问题在于他们对事情过于认真。（　　）

47. 我经常被要解决的问题困扰，但却又无法撒手不管。（　　）

48. 为了达到自己树立的目标，我很容易放弃眼前的利益和舒适。（　　）

49. 假若我是大学教授，我宁愿教实践课而不愿教理论课。（　　）

50. 我为生命之谜所吸引。（　　）

（八）

选择你认为正确的答案。

1. 我是一个男人，假如你的儿子是我儿子的父亲，那么我是（　　）。

    A. 你的祖父　　　　B. 你的父亲　　　　C. 你的儿子

    D. 你的孙子　　　　E. 你本人　　　　　F. 你的叔叔

2. 下面的一组词中，词性不合群的是（　　）。

    A. 刀　　　　　　　B. 天鹅　　　　　　C. 笑容

    D. 羽毛　　　　　　E. 美女　　　　　　F. 想

3. 就如"可能"是相对"肯定"而言，"将来"则可相对（ ）而言。

  A. 以前   B. 目前   C. 今天   D. 以后

4. 如果"高山"相对"大地"的话，则"旋涡"相对（ ）。

  A. 森林   B. 水分   C. 海洋

  D. 天空   E. 冰雹

5. 请接在下组数学排列的后面，选出一个合适的数字（ ）。

  2，3，5，9，17，…

  A. 18   B. 19   C. 33   D. 35

6. 资料表明，男司机出的事故比女司机要多，由此可得出唯一的结论是（ ）。

  A. 在涉及妇女能力时，大男子主义是错误的

  B. 男、女司机开车都好，只是男司机开车总里程数更多

  C. 实际上男司机比女司机强，只因为他们出车多

  D. 大多数卡车司机是男司机

  E. 缺乏足够的资料作出结论

7. 假如，$A \times B = 24$，$C \times D = 32$，$B \times D = 28$，$B \times C = 24$，那么 $A \times B \times C \times D = ($ $)$。

  A. 480   B. 576   C. 744

  D. 768   E. 824

8. 如图 3-6 所示，第二排图案中，（ ）最适宜接在第一排图案的后面。

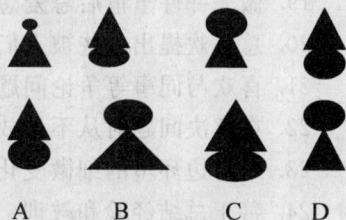

9. 下面一组东西中，两个性质上最相近的是（ ）和（ ）。

  A. 日光   B. 电灯   C. 傻笑

  D. 射线   E. 灯笼

图 3-6   找最合适的图形

10. 用相似比较法来完成以下的符号表示式。则＋，－，0 要等于（ ）。

  A. ＋－0   B. 0＋－   C. －＋0

  D. 0－＋   E. ＋＋0

（九）

此项测试共有 30 项，仔细阅读完每项后，分析这一特点在自己身上的体现是否明显。用下列符号回答："A"表示很明显，"B"表示比较明显，"C"表示不太明显。

1. 常爱反复思考一个问题。（   ）

2. 在讨论问题时能很快地吸取别人的优点。（   ）

3. 口头或书面表达时逻辑性很强。（   ）

4. 常常运用类比法论证问题。（　　　）

5. 在工作或完成任务过程中总显得很自信。（　　　）

6. 常常对名人的言行提出疑问。（　　　）

7. 在观察事物时总特别注意事物间细微的差别。（　　　）

8. 兴趣广泛，精力充沛。（　　　）

9. 在解决问题时，常常能够发现与问题相关的各种关系。（　　　）

10. 善于拜人为师，广泛征求不同意见。（　　　）

11. 喜欢探究事物的根底。（　　　）

12. 在做同一件事时总能想出与别人不同的办法。（　　　）

13. 在自己有所发现或成功时有很强烈的兴奋感。（　　　）

14. 做事之前总爱先进行一番分析、思考。（　　　）

15. 在干扰较大的情况下也能集中注意力做事情。（　　　）

16. 做起感兴趣的事情来常常废寝忘食。（　　　）

17. 喜欢预测活动的结果，且往往准确。（　　　）

18. 做事失败后很少气馁或灰心。（　　　）

19. 做完一件事情后总爱想一想"要是……该怎么办"。（　　　）

20. 总喜欢提出一些被人们忽视的问题。（　　　）

21. 喜欢与同事等争论问题，且自信心很强。（　　　）

22. 在解决问题时从不肯放过任何一种可能性。（　　　）

23. 对身边环境的细微变化很敏感。（　　　）

24. 善于总结经验和教训。（　　　）

25. 很喜欢拆装或修理一些物件。（　　　）

26. 对一些单调反复的工作不感到厌烦。（　　　）

27. 遇事总能保持冷静，往往身处逆境而不消沉。（　　　）

28. 对听到或见到的内容能很快正确地记住。（　　　）

29. 在杂乱的事务中头脑总能保持清醒，且能很快理出头序。（　　　）

30. 善于想象，吃苦耐劳。（　　　）

评分标准

（一）

这里列出的20道题是一个创造型学生所具有的个性心理特征。如果你的情况符合上述的条数越多（即打"√"的题目越多），则你的创造心理特征越好，也就说明你创造力可能很高。如果你打"√"的数目占总数（20题）的90％以上，说明你的创造心理特征很好；在80％左右（打"√"的有14～17题）则为良好；在50％左右（打"√"的有10～13题），属于一般性；30％以下（打"√"的在7题以下）则比较差些。

（二）

表3-2 评分表

得分选项序号	A	B	C	得分选项序号	A	B	C	得分选项序号	A	B	C
1	0	1	2	2	0	1	2	3	4	1	0
4	−2	0	3	5	2	1	0	6	−1	0	3
7	3	0	−1	8	0	1	2	9	3	0	−1
10	1	0	3	11	4	1	0	12	3	0	−1
13	2	1	0	14	4	0	−2	15	−1	0	2
16	2	1	0	17	0	1	2	18	2	0	−1
19	0	1	2	20	0	1	2	21	0	1	2
22	3	0	−1	23	0	1	2	24	−1	0	2
25	0	1	2	26	−1	0	2	27	2	1	0
28	2	0	−1	29	0	1	2	30	−2	0	3
31	0	1	2	32	0	1	2	33	3	0	−1
34	−1	0	2	35	0	1	2	36	1	2	3
37	2	1	0	38	0	1	2	39	0	1	2
40	2	1	0	41	3	1	0	42	−1	0	2
43	2	1	0	44	2	1	0	45	−1	0	2
46	1	2	0	47	0	1	2	48	0	1	3
49	3	1	0								

50. 下列每个形容词得2分：

精神饱满的	观察力敏锐的	不屈不挠的	柔顺的
足智多谋的	有主见的	有献身精神的	有独创性的
感觉灵敏的	无畏的	创新的	好奇的

有朝气的　　　　　热情的　　　　　　严于律己的

下列每个形容词得 1 分：

自信的　　　　　有远见的　　　　　不拘礼节的　　　　不满足的

一丝不苟的　　　虚心的　　　　　　机灵的　　　　　　坚强的

其余得 0 分。

累计 1 至 50 题的分数：

如果得分在 110～140 分之间，说明你的创造力非凡；

如果得分在 85～109 分之间，说明你的创造力很强；

如果得分在 56～84 分之间，说明你的创造力强；

如果得分在 30～55 分之间，说明你的创造力一般；

如果得分在 15～29 分之间，说明你的创造力弱；

如果得分在 14 分以下，说明你基本没有创造力。

（三）

答完这 25 道题，如果答"是"的题目有 20 道以上，那么你是一位极富有创造力的青年。

（四）

（I）记分方法。A 记 5 分，B 记 4 分，C 记 3 分，D 记 2 分，E 记 1 分，将分数填入记分表 3-3，并求出总分。

表 3-3　记分表

题　号	A	B	C	D	E
1					
2					
3					
4					
5					
6					
7					

续 表

题 号	A	B	C	D	E
8					
9					
10					
11					
12					
13					
14					
15					
16					
17					
18					
总 分					

　　计算结果，如果总分在54分以上，说明具有创造性的人格特征；反之，低于54分，则说明不具有创造性的人格。得分较低的读者，也不必气馁，上述列举的18条特征，你可以逐条对照，评估自己并向高分靠拢。

　　（Ⅱ）记分方法。A得5分，B得4分，C得3分，D得2分，E得1分，将自己所得分数相加后，求出总分。

　　结合下列评分表3-4，找出自己所在的领域。

表3-4　评分表

总　　分	评　　价
125分以上	很符合创造性的人格特征
106～124分	比较符合创造性的人格特征
70～105分	人格特征不明确
51～69分	不大符合创造性的人格特征
50分以下	很不符合创造性的人格特征

　　如果你的得分在125分以上，那要恭喜你，你的性格已完全符合创造性人才的人格特征，你已经在性格上、人格上做好了创造的准备；

如果你的得分在 106～124 分之间，你已经具备了很大潜力，离创造性人才的人格要求仅一步之遥；

如果你的得分在 70～105 分之间，说明你应加强对自己的进一步了解和认识，培养自己独特的个性；

如果你的得分在 51～69 分之间，则说明你的个性和行为不具有创造特征，与创造性人才的人格要求相差较远，将会阻碍创造力的发展，不利于从事创造性的活动，你应加强对自己性格的培养；

如果你的得分在 50 分以下，则你要警惕了，它不仅影响你的创造性，还会影响你的社会适应性及人际关系。

（五）

这 10 道自测题中，如果选 A 多最好，说明你的创造力不错；如果 B 多也可以；如果 C 多，就不理想了，说明你的创造力不怎么样。当然，各人的情况千差万别，而且测试的问题难免有些提一漏万。因此上述问题结果只能作为参考。

（六）

有创造力的人往往选择下面这些反应。
1. B　2. B　3. A　4. A　5. A　6. B　7. A　8. B　9. B　10. B　11. A　12. B

（七）

下列为两种记分方式。

（Ⅰ）

A	B	C	D	E
−2	−1	0	1	2

（Ⅱ）

A	B	C	D	E
+2	+1	0	−1	−2

题 1，2，3，5，8，13，14，16，17，19，21，22，23，26，27，28，31，32，35，36，41，42，43，44，45，48，49 按表Ⅰ评分，其余各题均按表Ⅱ评分。

计算结果，如果得分在 80～100 分之间，说明你具有非常高的创造力；得分在 60～79 分之间则说明你的创造力高于平均值；得分在 40～59 分之间则说明你的创造力一般；20～39 分之间则说明你的创造力低于平均值；得分在 19 分以下则说明你的创造力水平较低。

（八）

1. C。

2. F。其他词都是名词。

3. B。而"以前"则不妥，因为同"目前"相对的应该算是"将来"。

4. C。旋涡是海洋的一部分，就像高山是大地的一部分。

5. C。每个数的不同在于前一个数乘上2再减去1。

6. E。

7. D。心算就可得 24×32 的个位数是8，而选择中末位数是8的只有768一个数。

8. D。图案中球形逐个增大，而三角形大小不变，并且球和三角的位置依次变动。

9. A 和 D。日光的成分有射线，如红外线和紫外线。

10. C。因为＋，－要改变位置，零保留在原来的位置上。

（九）

记分方式：选择 A 项得3分，选择 B 项得2分，选择 C 项得1分。

测出每项的得分后，请统计出总分。

若你的得分在82分以上，说明你具有很高的创造性心理品质；

若你的得分在73～81分之间，说明你有较高的创造性心理品质；

若你的得分在64～72分之间，说明你的创造性心理品质还比较突出；

若你的得分在55～63分之间，说明你有一定的创造性心理品质，但不明显；

若你的得分低于54分，表明你比较缺乏或很缺乏创造性心理品质。

需要指出的是：一个人创造性心理品质的高低，不是先天的，而是在后天环境与教育的影响下逐渐形成的。在了解到自己这方面的情况后，请不要沾沾自喜，也不要悲观自卑，应在工作、学习与生活中有目的、有意识地进行培养，并且持之以恒。请记住，信心本身就是一种"创造"！

第四章 创造性思维及其方式

我之所以比别人看得更远些，是因为我站在巨人的肩膀上。（牛顿）

第一节 创造性思维的特征

思维是人类特有的一种精神活动，它是在表象、概念的基础上进行分析、综合、判断、推理等认识活动的过程。创造性思维特指人们在创造中或在解决问题时产生独创性效果的认识活动过程。它既是非逻辑思维，又与逻辑思维、多维思维相通，是一个辩证的思维统一体。创造性思维和常规性思维不同，后者是"复制"性的，在思考问题时多没有创见，缺乏新的东西，只是沿用现成的模式和程序。创造性思维是非"复制"性的，甚至是"独一无二"的，其特征在于思维的流畅性、弹性、独特性和精密性。

1. 流畅性

流畅性指的是针对某一问题能够顺畅和快速地想出很多解决方案，也就是说思维"发射"出来的数量。例如，有人在几分钟内报出 30 种"砖头的用途"，而另外一个人只能说出几种。显然，前者的流畅性高，其创造性思维能力要比后者强。

流畅性表征的是发散思维过程中的连贯性，通过设想的数量来衡量，可表示为

$$M = \frac{\sum_{i=1}^{\,} T_i}{t} \tag{4-1}$$

式中，M——Mobility 流畅性；

T——Thought 设想；

i——以 1 为起点的自然数；

t——时间。

发明大王爱迪生的思维流畅性就非常高，在发明电灯的过程中，为了找到合适的灯丝，他想到一种，马上试验，不成功，再想一种……前前后后分别用过 1 600 多种矿物和金属，以及 4 400 多种植物，最后终于找到了竹丝，将它烧成碳丝来做成理想的灯丝材料。从而使电灯走进了千家万户。

2. 弹性

又叫灵活性，指的是针对某一问题能发现多种多样不同类的解答方法，即思维的多角度

"跳跃性"，思维"折射"的量。例如，善长弹性思维的人，对于"夹子"可以想出除了"夹"之外的其他用法。"荷塘挖藕机"的发明，就是一个弹性思维的例子。日本有一个人在池塘挖藕，无意中放了一个响屁，于是忙向旁边的人致歉，说"哎呀，请原谅！"旁边有人开玩笑说："你这种响屁朝池底放上两三个，那藕恐怕也要被吓得蹦出来。"不料，身旁另一个人听到此话后，灵机一动，闪现出一个想法，用导管把压缩空气输送到池底喷放出来，也许能把藕给吹出来。最后，经过试验，用压缩空气不行，改为沿管道喷高压水则成功了。藕不但被水顶出来，而且又不损伤皮肉，个个被洗得干干净净。对于弹性思维的人，生活中一些不起眼的琐事，也许都能成为激发其创新的亮点。

弹性是发散思维过程中的多角度转换，通过设想的方式数量来衡量，可表示为

$$F = \sum_{i=1} T\alpha_i \qquad (4-2)$$

式中，F ——Flexibility 弹性（灵活性）；

　　　T ——Thought 设想；

　　　α ——思维变换角度，一种角度代表一种方式；

　　　i ——以 1 为起点的自然数。

一个能很快想出一只纸杯多种用途的人其创造性思维是具有流畅性的。但如果这些用途的全部或大部分都只是将纸杯作为容器，那么此人的弹性（灵活性）则不强。对此具有弹性思维的人会产生截然不同的想法，比如用纸杯作为小甜点的切割器或在杯底戳几个洞，把它变成洒水器等。

3. 独特性

独特性是指想出的有关解决问题的办法是与众不同的，独一无二的。独特性是发散思维过程中"独一无二"的设想比，用其在全部设想中所占的比例来衡量，可表示为

$$S = \sum_{i=1} \frac{Ts}{T} \qquad (4-3)$$

式中，　S ——Singularity 独特性；

　　　Ts ——Thought Singularity 独一无二的设想；

　　　T ——Thought 设想；

　　　i ——以 1 为起点的自然数。

传说有位国画先生收了几个徒弟，为了考考徒弟的天赋，先生给了每个徒弟一张纸，出了一道题，让大家用最简练的笔墨画出最多的骆驼。大徒弟用细笔密密麻麻地在纸上画满了很小很小的骆驼；二徒弟只画了无数骆驼的头；三徒弟在纸上画了无数圆点，用圆点表示骆驼。但这些画都未被先生选中，因为纸上无论画多少骆驼，都是可以数出来的，而笔墨则不是最简练的。惟有小徒弟的画最独特，他画了一条弯弯曲曲的线表示山峰，画面上只画了一只骆驼从山谷中走出来，另一只骆驼只露出一个头和半截脖子。它表明，谁也不知道会从山谷里走出多少只骆驼！笔墨简练，骆驼最多。

4. 精密性

精密性是指解决问题的方法完善周密。

如前所述的物理学家费米在测量核爆炸当量时，事先做好了周密准备，测量了抛放纸片的地点距爆炸中心的里程，抛放纸片的高度和步长等，所以能在爆炸后极短时间内很快算出核试爆的当量，反映了费米创造性思维中高精密性。

第二节 大脑与创造性思维

一、人脑的构造

人脑的构造主要包括脑干、小脑与大脑三部分（见图4-1）。

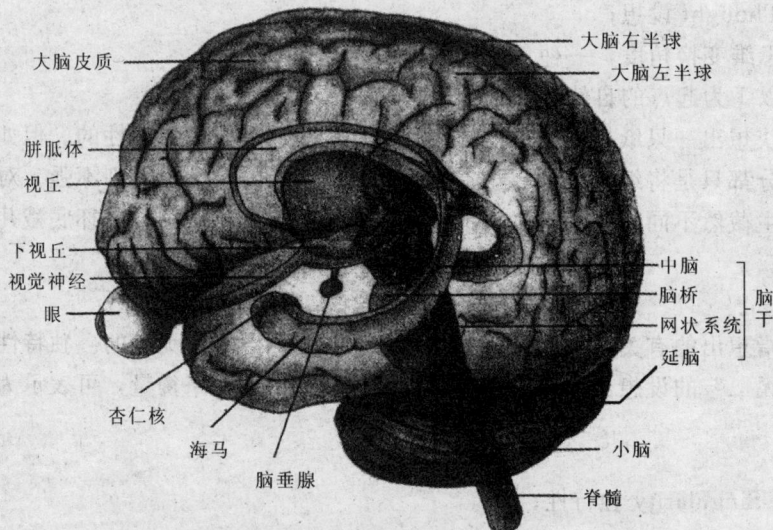

图4-1 脑部透视略图

1. 脑干

脑干上承大脑半球，下连脊髓，呈不规则的柱状形。脑干的功能主要是维持人体生命，凡心跳、呼吸、消化、体温、睡眠等重要生理运作，均与脑干的功能有关。脑干部位包括以下四个主要构造。

（1）延脑。延脑居于脑的最下部位，与脊髓相连，其主要功能为控制呼吸、心跳、消化等。

（2）脑桥。脑桥居于中脑延脑之间，脑桥的白质神经纤维通到小脑皮质，可将神经冲动自小脑一半球传至另一半球，使之发挥协调身体两侧肌肉活动之功能。

（3）中脑。中脑位于脑桥之上，恰好是整个脑的中点。中脑是视觉与听觉的反射中枢，凡瞳孔、眼球、肌肉、虹彩以及毛状肌等活动均受中脑的控制。

（4）网状系统。网状系统居于脑干之中央，是由许多错综复杂的神经元集合而成的网状结构。网状系统的主要功能为控制觉醒、注意、睡眠等不同层次的意识状态。

2. 小脑

小脑为脑的第二大部分，位于大脑及枕叶的下方，恰在脑干之后。小脑由左右两半球所构成，且灰质在外，白质在内。在功能方面，小脑和大脑皮质运动区共同控制肌肉的运动，借以调节姿势与身体的平衡。

3. 大脑

居脑的最高部分，也是人脑中最复杂最重要的神经中枢。人体的整个神经系统是指脑的各部分和脊髓组成的中枢神经系统，以及遍布全身的外周围神经系统。

人的大脑是人类一切创造性活动的源泉。人类真正的思维是在组成大脑主要部分被称为皮质层的部位进行的。

人的大脑皮层约由140亿个神经元组成。神经元的主要构造（见图4-2）包括细胞体、树状突与轴突三部分。树状突是从细胞体周围发出的分支，多而短，呈树枝状。轴突是从细胞体发出的一根较长的分支。从细胞体发出的分支通常称为神经纤维。细胞体与轴突两者的主要功能是与其他神经元合作，接受并传导神经冲动。神经冲动是指由刺激引起而沿神经系统传导的电位活动；信息传导即经此活动而达成。轴突的周围包以髓鞘，具绝缘作用，以防止神经冲动向周围扩散。轴突的末端有分支状的小突起，为终纽。终纽的功能是将神经冲动传至另一神经元。

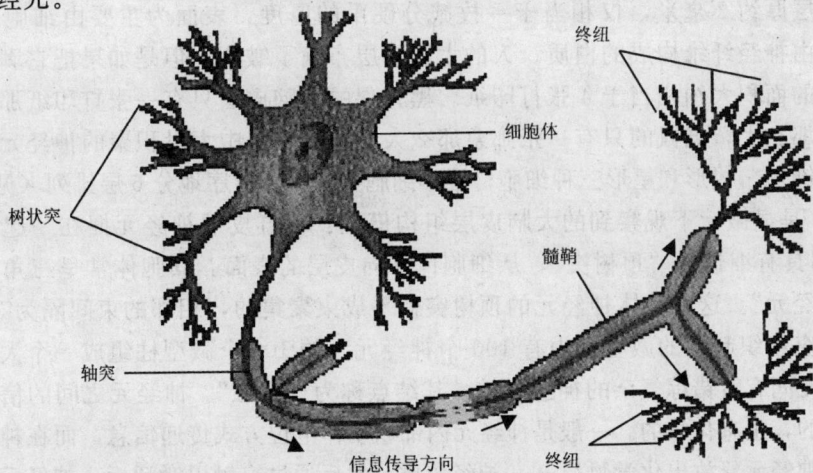

图4-2 神经元略图

神经元的细胞体与轴突在传导神经冲动时，只能将之传送至终纽，而终纽与另一神经元的传导则是靠突触部分所发生的极为复杂的生理化学作用（见图 4-3）。

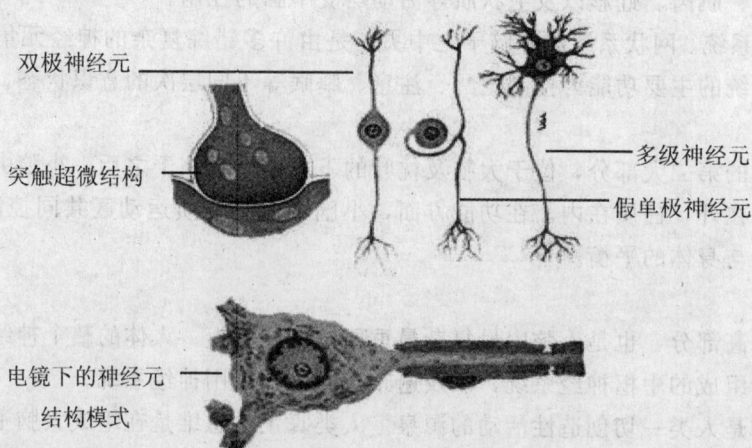

双极神经元

突触超微结构

多级神经元

假单极神经元

电镜下的神经元

结构模式

图 4-3　神经元之间的突触关系

突触是介于终纽与另一神经元细胞体之间的一个小空隙。终纽内的细胞质中含有极复杂的化学物质，当神经冲动传到终纽时，细胞质中的化学物质即产生变化，导致终纽的外膜移动，最后使其表面的小泡破裂，而将神经传导的化学物质注入突触的空隙中，相当一种放电作用，从而激动另一神经元的兴奋，立即连续传导神经冲动。平均每一神经元有数千个突触联结，人脑全部突触数目约达 10^{15}（1 000 万亿）数量级。

大脑皮层厚约 2 毫米，仅相当于一枚贰分硬币的厚度，表面为主要由细胞体组成的灰质，深部是由神经纤维构成的白质。人的大脑皮层布满了皱褶，但是如果把它剥离下来并将它展平，它的面积大约相当于 4 张打印纸。黑猩猩的大脑皮层只有一张打印纸那么大，猴子的像明信片那么大，老鼠的只有一张邮票那么大。大脑皮层中大量积聚的神经元是按不同形状（主要有锥形、梭形和星形三种细胞，锥形细胞数量大）有序地分 6 层排列（见图 4-4）。

图 4-5 是显微镜下观察到的大脑皮层组构模型：一群皮层神经元捆在一起，像一束束芹菜 。它们具有细长的"顶树突"，从细胞体伸向皮层的表面。其胞体常呈三角形，因此称为"椎体神经元"。这些椎体神经元的顶树突似乎成束聚集的，相邻的束间隔为 30 微米。环绕一束顶树突组织起来的微型柱内有 100 个神经元，约 100 个微型柱组成一个大型柱。大脑上千亿神经元间有着错综复杂的神经联结，其结点称为"突触"。神经元之间的信息传递机制既有生物电的，也有化学的。一般是神经元内部以动作电位方式传递信息，而在神经元之间则是先由前一神经元释放出化学物质——神经传质，然后通过突触以激活后一神经元产生动作电位来传递信息。科学家发现。在任何一瞬间，大脑中有 10～100 万次化学反应在进行着。

大脑皮层
皮层表面

椎体神经元

I

II

III

顶树突

IV

V

VI

细胞体

输
入
通
常
散
布
在
神
经
元
的
树
突
丛
上

白质

基底树突

分叉的轴突是神经元
的输出（接头处是突触）

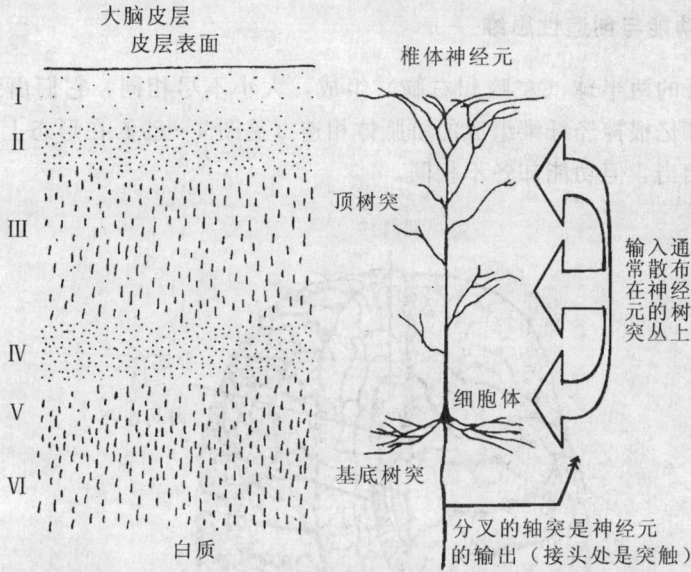

图 4-4　大脑皮层与椎体神经元

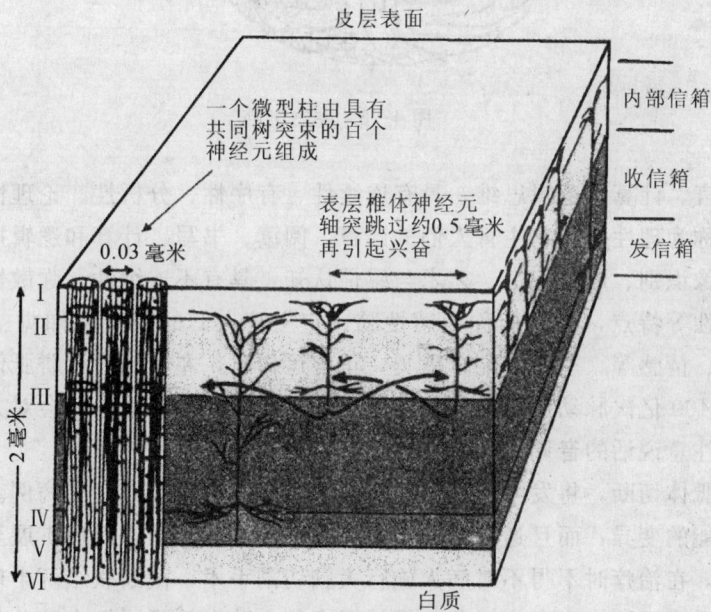

皮层表面

一个微型柱由具有
共同树突束的百个
神经元组成

内部信箱

收信箱

表层椎体神经元
轴突跳过约0.5毫米
再引起兴奋

发信箱

0.03毫米

I

II

III

2
毫
米

IV

V

VI

白质

图 4-5　大脑皮层组构

二、左右脑功能与创造性思维

大脑是由分开的两半球（左脑和右脑）组成，大小不尽相同，它们由强大的神经纤维束，主要是由约 2 亿根神经纤维组成的胼胝体相连（见图 4-6）。在形态上，左脑和右脑基本对称，结构也相当，但功能却各不相同。

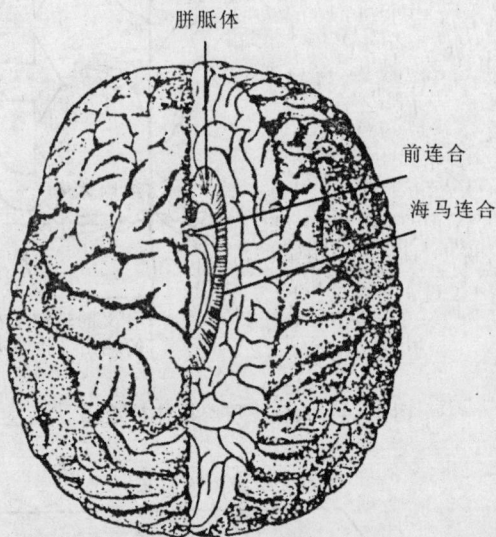

胼胝体

前连合

海马连合

图 4-6 左右半脑

左脑司语言、计算、逻辑思维，具有连续性、有序性、分析性、论理性和时间依赖性等特点，被人们称为理性脑。它主管人们的语言、阅读、书写、计算和逻辑推论等。

右脑司图像识别、形象记忆、艺术与感情认知，具有不连续性、弥散性、整体性、操作性和空间依赖性等特点，被人们称为感性脑。它主管人们的视—空知觉、想象、做梦、模仿、音乐欣赏、情感等。左右脑配合默契，正常运作时，左右脑通过胼胝体每秒钟可由一侧向另一侧传送 400 亿次脉动信息。当你和朋友交谈时，左脑在细心领会对方语言和行为的含义，右脑却在注意说话的音调、表情、举止、姿势和情感。

如果将胼胝体切断，将发生何种影响？医学上有一种叫癫痫症的病例。其主要病因是缘于大脑皮质功能的变异，而且通常是先由在大脑某一半球开始，而后扩展至另一半球。为了防止病情恶化，在治疗时不得不对病人施行大脑切割手术，截断联结两半球的胼胝体。心理学家曾以这种手术后的病患者为对象，设计了多种实验，希望了解大脑分割后对行为表现或心理运作的影响。实验表明，两半球分割后，右半球的功能陷入孤立，缺少左半球的语言区的合作，故而在行为上失去了统合作用。

有关胼胝体分割后的视觉现象实验如图4-7所示。实验时，受试者坐于实验桌前，下腭固定在一个支架上，两眼注视正前方银幕上的一点。如此设计皆在固定受试者的视野范围。然后在左视野出现一个钉锤图形，在右视野出现一个玫瑰花图形。由钉锤刺激所引起的视觉，经两眼的右半边传送至大脑右半球的视觉区；由玫瑰刺激所引起的视觉，经两眼左半边传送至大脑左半球的视觉区。

实验发现：受试者回答只看见玫瑰，而看不见钉锤。原因是由于语言区只在左半球的缘故。

大部分科学家的思维活动，并不像人们所认为的那样纯属左脑思维。美国学者詹姆斯·沃森所著的《双螺旋线》一书中，认为遗传生物学家发现DNA结构的思维过程，就是一个典型的右脑思维过程，是依靠视觉和灵感的结果，并不是逻辑推导的结果，因为当时并没有充分的试验材料来供他们推理。

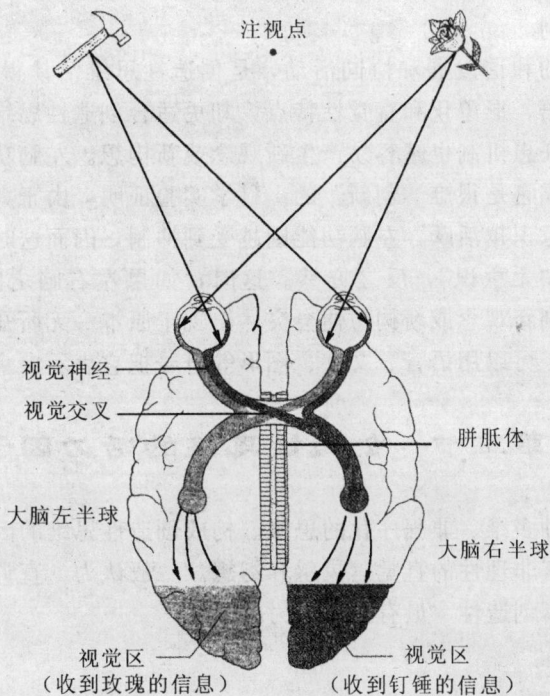

注视点

视觉神经
视觉交叉
胼胝体
大脑左半球
大脑右半球
视觉区
（收到玫瑰的信息）
视觉区
（收到钉锤的信息）

图4-7　胼胝体分割后的视觉现象

在航天科学中许多重大的科学决策也都是靠右脑思维的方式来解决的。因为宇宙空间对于整个人类是一个完全陌生的领域，科学家只能凭想象和直觉进行探索。这里经常显示出人类思维"不可思议的艺术性"：像是否携带测试物理量的仪器，携带什么样的电视摄像镜头之类的问题，都是靠根据这种"艺术性"思维，才获得最终解决。

大脑是如何决定一个手的动作？如图4-8所示，大脑会在各种手的运动间作选择，包含先找到一种候选的运动程序（可能是大脑皮层神经元的一种特有的放电模式），然后找到另一些程序。这种情况在人脑中是如何发生的人们目前还所知甚少。脑科学家认为，一种简单的模型是：每种运动程序有几种复制，每一种复制在大脑中竞争空间。对于一种手的运动，有三种不同的候选者可能通过复制其时空模式来竞争前运动皮层的空间。只有当一种模式形成足够的复制后，运动才可能开始。把手掌展开的程序可能比作 V 形手势或精细的夹指手势的程序更易进行复制。

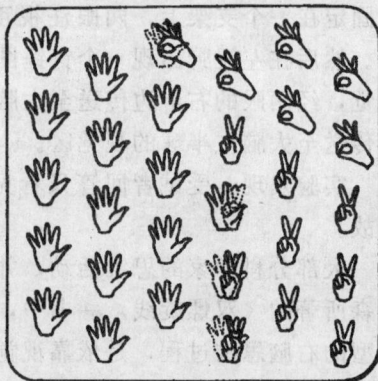

图 4-8 大脑决定一个动作

大脑左右两半球的和谐发展和协同活动，是创造性思维活动得以正常进行的前提。但是，右脑功能的非言语、形象化和直觉性特点，却更适合创造性思维。右脑越活跃，形象越丰富，形象之间通过联想机制也越容易产生新观念或新构想。左脑功能的逻辑、言语、抽象的特点表明，仅仅依靠它是很难"创新"的。科学实验证明，由于大脑中竞争机制——达尔文机制的作用，右脑意识越活跃，左脑功能则越受到抑制，因而这时右脑的活动便完全不为左脑所知，以致成了"无意识"，反之亦然。这时，如果左右脑之间具有良好的传递机制（这是可以训练的），则新观念或新构想便会突然出现于原本一无所知的左脑，成为我们常说的直觉、灵感或顿悟，可以用语言、文字、图形等符号把它表示出来。

第三节 创造性思维的活力因子

创造性思维是一种多维、非程序化的思维。构成创造性思维的因素很多，既有理性的判断、推理、想象，也有非理性的直觉、灵感和幻想。一般认为，直觉、想象和灵感是创造性思维中最具活力、最富创造性、最有挖掘潜力的因素。

一、直觉思维

直觉是未经充分逻辑推理的直观，是以已经获得的知识和累积的经验为依据的。直觉具有非逻辑性和整体把握性的特征。生活中农夫识牛，骑手相马，工人听音判断机器的故障，大夫诊断，棋手对弈，以及情人之间所谓一见钟情等，都含有直觉的因素。爱因斯坦认为，直觉依敕于"对经验共鸣的理解"。直觉与灵感的一个很大的区别就在于这种"共鸣"状态。灵感常常是在苦思冥想后得到的顿悟，而直觉则是一遇到问题就自然地想出了答案，瞬间完成的。美籍物理学家丁肇中在从事基本粒子研究时，凭直觉判断出，重光子没有理由一定比质子轻，很可能存在许多有光的特性而又有比较大质量的粒子。随后，他经过几年的苦心研究，终于发现了使他荣获诺贝尔物理奖的比质子重的光特性粒子——J 粒子。1972—1973年，在长江葛洲坝工程中，已开工的设计是保留一个江中岛，于是大家都围绕此解决各种复杂的技术问题。水利专家张光斗教授到了现场，凭直觉当下提出挖掉江中岛。随后的科学论证表明，这个想法是正确的。

有时候直觉思维中的顿悟，是由观察中连续性量变导致间断突发性的质变而产生的。

例如，英国物理学家卢瑟福在思考 α 射线时，忽然想到它可能是氦原子流引起的。如果真是这样，问题就弄清楚了。尽管已经深更半夜，他不顾一切地打电话叫醒了他的助手索弟，并把这看法告诉了索弟。这时索弟反问卢瑟福是什么理由。卢瑟福回答说："理由嘛，没有，只是个感觉。"接着进行实验，证明了卢瑟福这个直觉是正确的。由此在原子核物理方面做出了重大贡献，并且在 1908 年获得诺贝尔物理学奖。因此，玻尔说："卢瑟福很早就以他深遂的直觉认识到复杂的原子核的存在性和它的稳定性，以及它所带来的一些奇异的和新颖的问题。"

二、想象思维

想象是指大脑在有意识和清醒的状态下，在原有信息的基础上，经过新的配合，产生或再现多种符号的思维过程。比如没有去过大草原的人，当读到"天苍苍，野茫茫，风吹草低见牛羊"的诗句时，头脑中立刻会浮现出一幅草原牧区的美丽图画，蓝蓝的天空下，一望无垠的大草原，风儿吹过，掀起阵阵绿色的波浪，草原深处，不时显露出牛羊。

想象是人人都具有的主观行为。达尔文认为，想象力是"人类所拥有的最高特权之一"。两岁的孩童会对含着的奶嘴作出想象，认为是他喜欢的奶油巧克力，或者是一块非常好吃的蛋糕。创造性想象是思维高度流畅性和弹性的集大成者，在科学技术和艺术的发明创造中起着关键的作用。爱因斯坦说："想象力比知识更重要，因为知识是有限的，而想象力概括世界上一切，推动着进步，并且是知识进化的源泉，严格地讲，想象力是科学研究中的实在因素。"爱因斯坦本人就是从"如果一个人以光的速度追赶一条光线运动"的想象出发，最后建立了轰动世界的"相对论"。想象是人类探索自然、认识自然的重要创造性思维形式，可以说，没有想象就不会有创造。

广义的想象还包括幻想。被誉为"科幻小说之父"的 18 世纪法国著名作家儒勒·凡尔纳有着非凡的想象力。他一生几乎没离开家门，但却写出了 80 多部科幻作品，在 100 多年前对潜艇、飞机、电视、雷达、导弹等当时根本不存在的东西进行了形象具体的描写，使当时的读者在想象中经历了 100 多年后超时代的生活。更使人难以置信的是，他曾在一部科幻小说中预言，在美国的佛罗里达州将设立火箭发射站，发射飞往月球的火箭，并细致生动地描写了宇航员在星际旅行中失重的状况。而在一个世纪后的 1961 年，美国果真在佛罗里达州发射了第一艘载人飞船。

三、灵感思维

灵感原意指神的或吸入神赐的灵气，用来解释那些不可思异的"突发奇想"的发生原因。古希腊哲学家德漠克利特最早用灵感来描述诗人创作时出现的痴迷疯狂状态。随后人们发现，灵感广泛存在于科学、文学和艺术的活动中。

所谓灵感，是指文学、艺术、科学、技术等创造活动中，经过研究、探索和实践积累后，思维高度集中时突然产生的富有创意的思路。它是一种思维潜在意识的被激发态，有"山穷水复疑无路，柳暗花明又一村"的奇特效果。

灵感产生的条件是：第一，首先对问题抱有浓厚的兴趣，并对解决问题有强烈的欲望。第二，往往是在对问题和资料进行长时间的思考，甚至达到思维的"饱和"状态。阿基米德在洗澡时，受水盆水溢出来的启示，发现了浮力定律的灵感，是他在当前一段时间内，终日苦思如何区分纯金真王冠和金银合金假王冠束手无策时产生的。第三，注意力高度集中，无任何琐事的烦恼。第四，灵感多发生在身体处于轻松的状态，比如散步、骑车郊游、沐浴，甚至在睡梦中。德国化学家凯库勒烤火打盹，朦朦胧胧看到炉壁内火苗在窜动，好像是一些原子在他眼前跳舞，接成几条长链像蛇一样盘绕和旋转，突然一条蛇咬住它自己的尾巴，形成环在他眼前旋转，他立即醒来，而后完成了苯分子结构——苯环的发现。科学研究表明，人脑每分钟可接受 6 000 万个信息，其中 2 400 万个来自视觉，3 000 万个来自触觉，600 万个来自听、嗅、味觉。科学家们发现，人处于朦胧状态时脑电波节律变缓，从每秒 8～13 周的 α 节律转变为每秒 4～8 周的 θ 节律，其结果导致了脑细胞间的随机沟通和联接，"唤醒了"潜意识。这时，人的想象力非常丰富，并容易产生幻想，爆发灵感。

第四节　创造性思维的方式

创造性思维方式有许多形式，较常用的有多向思维、侧向思维、合向思维和逆向思维。它们各有特色（见图 4-9）。

一、多向思维

多向思维（见图 4-9（a））也叫辐射思维，形象地说就是"一点到多点的思维"，它是对同一问题探求不同的甚至是奇异答案的一种思维形式；思考中，从仅有的信息中尽可能向多方向扩展，特点是多角度辐射。多向思维犹如一盏电灯，打开时，光芒四射，照亮四面八方。

例如，将激光原理和激光技术为基点，作为辐射源，思维辐射到哪里，哪里就出现新技术发明，哪里就有新技术产生（见图 4-10）。将激光用于材料加工，产生了激光打孔技术、激光切割技术、激光焊接技术等；在医学领域，利用激光的高温高压作用切割组织，产生了激光手术刀，与普通手术刀相比，激光手术刀具有自动止血、伤口基本无菌、感染率小等优点；将激光用于通信，产生的激光通信技术使古老的通信技术焕发青春……此外，人们先后发明的激光核裂变技术、激光高能武器、激光测距和制导、激光精密计量等都是人类以激光为圆点多向思维发明创造的种种表现。

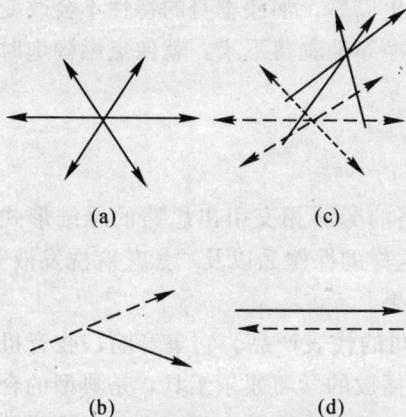

图 4-9　创造性思维向量示意图

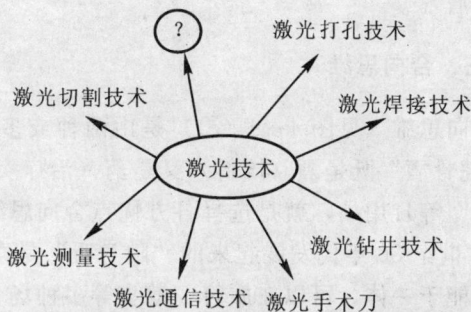

图 4-10　激光技术的多向思维

二、侧向思维

侧向思维（见图 4-9（b））是利用与本身"无关的"信息而找到解决问题的途径的思维形式。侧向思维不是向各方向发散，而是沿与正向思路某点上有偏差的侧向思路发散。形象地说，就是"另辟蹊径"或是"搂草打兔子——捎带的"。传说，航海家哥伦布发现美洲大陆后，在一次宴会上，有人贬低他的功绩，说什么发现新大陆其实没有什么了不起。哥伦布没有直接与那些人争辩，而是拿起一个煮熟的鸡蛋，让在场的人竖立在桌子上，谁也办不到，而他却出人意料地把鸡蛋敲破竖在了桌子上。这是一个侧向思维出奇制胜的例子。

19 世纪中叶，美国加州出现一股淘金热。17 岁的小农夫亚默尔也准备去碰碰运气。他穷得买不起船票，跟着大篷车风餐露宿奔向加州。到了那里，他发现矿山里气候干燥，水源奇缺，找金子的人最痛苦的是没水喝。他想，如果卖水给找金人喝，也许比找金子赚钱更快（侧向思维）。于是，他毅然放弃了找金矿的目标，而是挖水渠引水，经过过滤，变成清凉可口的饮用水，装进桶里、壶里出卖。当时有不少人嘲笑他，说上这儿来是挖金子，发大财的，干这种蝇头小利的生意，何必背井离乡跑到加州来。亚默尔却不在意，继续卖他的饮用水，在很短的时间里赚了 6 000 美元。这笔钱在当时是很可观的，他算得上是位小小富翁了。

美国一家化学公司的科技人员开会研究讨论，用什么方法去掉旧家具和墙壁上的油漆。其中一个工程师在思考这个问题时，走了神。思想开了个小差，回忆起儿时的情景，每逢过节或有喜庆的时候，小伙伴们一起燃放鞭炮，噼哩叭啦一通震天响，裹鞭炮的纸屑炸得漫天飞扬。这时他的脑子里突然冒出一个想法，是不是也可以在油漆里放点炸药，当需要油漆剥落时，用炸药将油漆炸掉呢？后来他沿着这条思路不断地探索、研究，终于发明了一种可以加入到油漆中的特殊物质，把这种特殊物质加在油漆里以后，油漆本身的特性不会改变，可当它与另一种试剂接触后，油漆马上从附着物上干干净净地剥落下来，就像点燃鞭炮时"炸飞的纸屑"。

三、合向思维

合向思维（见图 4-9（c））是由两种或多种思路的旁路相交引出思路的思维形式。例如，"虎骨酒"既是酒（饮料）又是药（治疗疾病）这样的保健品以及"黑芝麻洗发液""竹盐牙膏"等日用品，就是选择各方优点合向思维的结果。

20 世纪 80 年代发展起来的"随身听"是索尼公司的代表产品。它集音响、收音机、行走的功能于一体，可以在旅行、散步等多种场合随时播放的学习娱乐工具，是典型的合向思维产物。人们可以花上几万元在房间里装上一套音响，欣赏高雅的音乐，也可以腰系数百元的小玩意儿——随身听，新潮一番，潇洒走一回。这种既不影响别人，又可满足当代人类文化的基本需求——自娱的新产品，一问世就受到消费者的青睐，很快风靡全球。

日本青山学院秋光纯教授运用合向思维合成了不含铜的新型超导体。它是锶和铌的氧化物，在绝对温度 12K（-261℃）时，电阻开始下降，出现麦纳斯效应，是现今研制的数种不含铜的超导体中超导温度较高的一种。

四、逆向思维

逆向思维（见图 4-9（d））是从对立相反的方向进行思维的形式。圆珠笔是 20 世纪 30 年代美国比罗兄弟发明的，这种不用吸墨水，又能书写的小玩意投放市场后，很受欢迎。遗憾的是，圆珠笔写到 2 万字左右时，笔尖上的圆珠由于磨损变小，色油外浸，弄得到处都是色油。于是制造商投入了大量人力、物力在如何延长圆珠的寿命上想办法、找出路，但是问题始终未能解决，研究陷入一筹莫展的困境。后来有位叫中田滕三郎的日本青年，发现圆珠笔市场很好，就另辟蹊径，从控制油量以缩短笔芯使用寿命来达到圆珠不坏油先尽的目的，一举成功。中田滕三郎的笔芯写到 15 000 字左右时，色油正好用完。这是一个巧妙利用逆向思维（从油多逆向为油少）与侧向思维（不从圆珠而从笔芯解决问题）获得成功的例子。

逆向思维的形式可从原理、性能、方向、温度、形状、方法等方面进行。

1829 年，奥斯特发现电流产生磁效应的消息传遍欧洲，许多人都局限于此方面的研究，而法拉弟却逆向思考，"磁是否可以产生电呢？"1831 年，法拉弟把一块条形磁石缓缓地插入一个缠绕线圈两端连接电流计的空心圆筒里，这时电流计的指针向前摆动；当磁石抽去，电流计的指针又回复到零的位置。据此原理，法拉弟发明了世界上第一台发电机。这是逆向思维原理的典型例子。

性能逆向是指与事物性能相对立的方面，如固体与液体、空心与实心、冷与热、干燥与湿润、金属与非金属等进行反向思维创新。发明充气电灯泡的兰米尔的逆向思维堪称一绝。当时的电灯泡有个致命弱点：钨丝通电后容易发脆，使用不久灯泡壁就会变黑。一般人都认为要克服这个毛病必须大大提高灯泡的真空度。兰米尔则是采用性能反向思维，他不是忙于提高灯泡的真空度，而是分别将氢气、氮气、二氧化碳、氧气和水蒸气等充入灯泡，将空心变"实心"，研究它们在高温低压下与钨丝的作用，最终发现氮气有减少钨丝蒸发的作用。1928 年，他由于充气灯泡的发明和对高温低压下化学反应的研究等突出贡献而荣获帕金奖。

引起了"穿地手段"革命的钻地火箭就是运用方向逆向思维的发明。火箭本来是"往上发射"的，可前苏联工程师米哈依尔却倒过来想，在 1968 年设计、研制成功了"往下发射"的钻井火箭。随后在此基础上他又与人合作，研制出了穿冰层火箭、穿岩石火箭等。这些向下发射的火箭被人们统称为钻地火箭。这些钻地火箭的重量，只有一般起同样作用的钻地机械重量的 1/17，相对同样作用的钻地机械，钻地火箭的能耗可减少 2/3，效率能提高 5～8 倍。

第五节　创造性思维固化——思维定势

生活中，人们由于经验的积累、知识的增加，会对常见的事物或问题有一种熟悉的认识和解法，形成个人一种固定的思考模式。心理学称之为"功能的固着"（Functional Fixed），形容很难摆脱传统习惯方式的思维现象，又称思维定势，或思维惯性。

一方面，思维定势有着巨大好处，它使得人们的学习、生活、工作简洁和明快，社会高度有序化。另一方面，思维定势的固定、程序化等模式又阻碍科技的发展，尤其是在创造中，思维定势往往形成了创造性思维的障碍，极大影响着人们创造力的发挥。

卢钦斯（A. S. Luchins）在研究思维定势对解决问题的影响时做了一个很有名的量水实验，实验非常简单，只是要求用给定的一定量容器 A，B，C 三者中，量出定量的水 D（见表 4-1）。

他首先给被试者作一示范，用给定的 29 夸脱和 3 夸脱的容器量出 20 夸脱的水，即先将 29 夸脱的容器盛满水，后从中倒出灌满 3 夸脱的容器三次，这便求得了 20 夸脱的水。随后要求一部分人从第一题开始起直到最后一题，而让另一部分人直接从第六题做起。观察结果，由于前五题的解法一致，均可用 D＝B－A－2C 求得，使得第一部分人员约有 33％一直沿用老办法求解，甚至在第八题上卡壳，而后一部分人中 99％的都用更简便的方法求解。

表 4 - 1　卢钦斯量水实验

问　题	给定容器容量/夸脱			D/夸脱	一般解法	更简便解法
	A	B	C			
1	21	127	3	100	D=B−A−2C	
2	14	163	25	99	D=B−A−2C	
3	18	43	10	5	D=B−A−2C	
4	9	42	6	21	D=B−A−2C	
5	20	59	4	31	D=B−A−2C	
6	23	49	3	20	D=B−A−2C	D=A−C
7	15	39	3	18	D=B−A−2C	D=A+C
8	28	76	3	25	D=A−C	
9	18	48	4	22	D=B−A−2C	D=A+C
10	14	36	6	6	D=B−A−2C	D=A−C

注：1 夸脱＝1.136 5 L（升），夸脱为英国的计量单位。

　　由此实验看出，由于前五题的影响，导致了人们在有更简便方法求解时，也放弃探索而套用老办法，明显地表现出用三容器量法的思维定势。

　　一般而言，思维定势具有两个特点，一是它的形式化结构，二是它的强大惯性。思维定势是一种纯"形式化"的东西，就是说，它是空洞无物的模型。只有当被思考的对象填充进来，只有当实际的思维过程发生以后，才会显示出思维定势的存在，显示出不同定势之间的差异。思维定势强大的惯性表现在两个方面，一是新定势的建立，二是旧定势的消亡。多数情况下，某种思维定势的建立要经过长期的过程，而一旦建立之后，它就能够不加思索地支配人们的思维过程、心理状态乃至实践行为，具有很强的稳固性甚至顽固性。

　　思维定势有许多种表现，其中与创新思维、创造活动有关联，影响较为普遍的主要有以下几种：迷信权威、盲目从众、唯经验、唯书本、非理性、自我中心等定势。

　　世界著名的科普作家、美籍俄国人阿西莫夫曾经讲过一个关于自己的思维定势的笑话。

盲人怎样买剪刀？

　　阿西莫夫从小就很聪明，在年轻时多次参加"智商测试"，得分总在160分左右，属于"天赋极高"之列。有一次，他遇到一位汽车修理工，是他的老熟人。修理工对阿西莫夫说："嗨，博士！我来考考你的智力，出一道思考题，看你能不能回答正确。"

　　阿西莫夫点头同意。修理工便开始说思考题："有一位聋哑人，想买几根钉子，就来到五金商店，对售货员做了这样一个手势：左手食指立在柜台上，右手握拳做出敲击的样子。

售货员见状，先给他拿来一把锤子，聋哑人摇摇头。于是售货员就明白了，他想买的是钉子。聋哑人买好钉子，刚走出商店，接着进来一位盲人。这位盲人想买一把剪刀，请问：盲人将会怎样做？"

阿西莫夫顺口答道："盲人肯定会这样——"他伸出食指和中指，做出剪刀的形状。听了阿西莫夫的回答，汽车修理工开心地笑起来："哈哈，答错了吧！盲人想买剪刀，只需要开口说'我买剪刀'就行了，他干嘛要做手势呀？"

阿西莫夫只得承认自己的回答很愚蠢。而那位修理工在考问他之前就认定他肯定要答错，因为阿西莫夫"所受的教育太多了，不可能很聪明"。

显然，思维定势形成的"心理障碍"在解决问题中是不可取的，尤其是在创造中，它极大地影响和抑制了创意的产生。经常做一些克服思维定势的练习，开展创造性思维方法训练及应用有助于破除思维的禁锢，增强创造力。

案例五　天才们的创造性思维方法

天才的见解是如何产生的？创造出《蒙娜·丽莎》和相对论的思维方式有哪些共同之处？爱因斯坦、爱迪生、达·芬奇、达尔文、毕加索、米开朗琪罗、伽利略、弗洛伊德和莫扎特这样的天才们的思维方式有哪些特点？我们能从他们身上学到些什么？

创造性思维与复制性思维

我们的思维方式通常是复制性的，也就是说，以过去遇到的相似问题为基础。遇到问题的时候，我们就会这样想："我在生活、教育及工作中学到的知识是怎样教我解决这个问题的？"然后，我们就会选择出以经验为基准的最有希望的方法，排除其他一切方法，并且沿着这个明确界定的方向去解决问题。这些以经验为基准而采取的步骤的可靠性使我们对于结论的正确性非常自负。

相比之下，天才的思维则是创造性的。遇到问题的时候，他们会问："能有多少种方式看待这个问题？""怎样反思这些方法？""有多少种解决问题的方法？"他们常常能对问题提出多种解决方法；有些方法是非传统的，甚至可能是独特的。

运用创造性的思维，你就会找到尽可能多的可供选择的解决方法。你在考虑可能性最大的方法时也考虑了可能性最小的方法。重要的是乐意挖掘所有方法，即使你已经发现了一种很有希望的方法。曾经有人问爱因斯坦，他与普通人的区别在哪里。爱因斯坦回答说，如果让一位普通人在一个干草垛里寻找一根针，那个人在找到一根针以后就会停下来；他则会把整个草垛掀开，把可能散落在草垛里的针全都找出来。

诺贝尔奖获得者理查德·费因曼在遇到难题的时候总会萌发出新的思考方法。他觉得，自己成为天才的秘密就是不理会过去的思想家们如何思考问题，而是创造出新的思考方法。

复制性的思维方式会使思想僵化。如果你永远按照惯常的思路去思考，你得到的也将永远是惯常的东西。

天才的思维策略

之所以说天才的思维与生物进化相似，是因为天才需要对事物作出多种多样的无法预知的选择和推测。天才在众多的选择中保留下最佳的思路，以便于进一步的发展和交流。这种理论的一个重要方面是，你需要掌握某些创造不同思路的方法；而且，要使创造不同思路的方法确实有效，它必须是"盲目的"。盲目的变化意味着脱离已经获得的复制性知识。

越来越多的学者试图总结天才们的思维方式。这些学者在研究了世界上最伟大的思想家的笔记、信件、谈话和思想之后，归纳出天才们具体采用的思维方式和思维策略，这些方式与策略使天才们产生了无数种新奇而独到的见解。

八种策略

下面简要介绍历史上在科学、艺术和工业等领域富有独创性的天才们常用的思维方式。

（1）天才们从多种角度考虑问题。天才往往产生于发现某个他人没有采取过的新角度。达·芬奇认为，为了获得有关某个问题构成的知识，首先要学会如何从许多不同的角度重新构建这个问题。他觉得，他看待某个问题的第一种角度太偏向于自己看待事物的通常方式。他就会不停地从一个角度转向另一个角度，重新构建这个问题。他对问题的理解随着视角的每一次转换而逐渐加深，最终他便抓住了问题的实质。

事实上，爱因斯坦的相对论就是对不同视角之间的关系的一种解释。弗洛伊德的精神分析法旨在找到与传统方法不符的细节，以便发现一个全新的视角。

（2）天才使自己的思想形象化。文艺复兴时期，人类的创造性得到了迅速发展。这种发展与图画和图表对大量知识的记录和传播密切相关。比如，伽利略用图表形象地体现出自己的思想，从而在科学上取得了革命性的突破，而与他同时代的人使用的还是传统的数学表达方法和文字表达方法。

天才们一旦具备了某种独特的文字能力，似乎就会在视觉和空间能力方面形成某种技能，使他们得以通过不同途径灵活地展现知识。当爱因斯坦对一个问题做过全面思考以后，他往往会发现，用尽可能多的方式（包括图表）描述思考对象是必要的。他表达思想的方式是非常直观的；他运用直观和空间的方式思考，而不是沿着纯数学或文字的推理方式思考。爱因斯坦认为，文字和数字在他的思维过程中发挥的作用并不重要。

（3）天才善于创造。天才的一个突出特点就是具有无限的创造力。托马斯·爱迪生拥有1 093项专利，这个记录迄今仍然无人打破。他给自己和助手确立了提出新想法的定额，以此来保证创造力。他的个人定额是每10天一项小发明，每半年一项大发明。

巴赫每星期都要创作一首大合唱，即使在他生病或疲倦的时候也不例外。莫扎特一生中作了 600 多首乐曲。爱因斯坦最著名的作品是关于相对论的论文，同时他还发表了另外 248 篇论文。

（4）**天才进行独创性的组合。** 西蒙顿在他撰写的《科学天才》一书中提出，天才们进行的新颖组合比仅仅称得上有才的人要多。就像面对着一桶积木的顽皮儿童一样，天才会在意识和潜意识中不断地把想法、形象和见解组合并重新组合成不同的形式。

想一想爱因斯坦的方程式。爱因斯坦并未发明关于光的能量、质量或速度的概念，而是以一种新颖的方式把这些概念重新组合起来。面对着与其他人一样的世界，他却能够看到不同的东西。而构成现代遗传学基础的遗传学法则是由奥地利僧侣格雷戈尔·孟德尔在综合了数学和生物学之后提出来的。

（5）**天才设法在事物之间建立联系。** 如果说天才身上突出体现了一种特殊的思想风格，那就是把不同的对象放在一起进行比较的能力。这种在没有关联的事物之间建立关联的能力使他们得以看到其他人看不到的东西。

达·芬奇在铃声与石头入水时的声音之间建立了联系，这使他得出了声音以波的形式传播的结论。德国化学家弗里德里希·凯库勒梦到一条蛇咬住自己的尾巴，从而凭直觉理解了苯分子的环状结构。塞缪尔·莫尔斯在设法制造出强大的足以越过大洲大洋的电报信号时一筹莫展。一天，他看到拉车的马匹在驿站被换下来，于是，他由更换马匹的驿站联想到了电报信号的中继站。他终于找到了解决办法：每隔一段距离就把电报信号放大。

（6）**天才从相对立的角度思考问题。** 物理学家和哲学家戴维·博姆认为，天才之所以能够提出各种不同的见解，因为他们可以容纳相对立的观点或两种互不相容的观点。研究创造过程的著名学者艾伯特·斯滕伯格指出，许多天才——包括爱因斯坦、莫扎特、爱迪生、巴斯德、康拉德和毕加索等——都有这种能力。

物理学家尼尔斯·玻尔认为，如果你把两种对立的思想结合到一起，你的思想就会暂时处于一个不定的状态，然后发展到一个新的水平。这种思想的"悬念"使思考能力之上的智力活跃起来并创造出一种新的思维方式。对立的思想的纠结缠绕为新观点的奔涌而出创造了条件。玻尔创造光谱原理的成功来源于他把光想象成一种粒子和一种波。托马斯·爱迪生发明的实用照明装置就是在灯泡中把并联线路与高电阻细金属丝相结合。而持传统观点的人认为，这两样东西根本不可能结合。因为爱迪生能够允许两种互不相容的事物同时存在，他就能够看到一种他人看不到的联系，从而有所突破。

（7）**天才善于比喻。** 亚里士多德把比喻看做天才的一个标志。他认为，那些能够在两种不同类事物之间发现相似之处并把它们联系起来的人具有特殊的才能。如果相异的东西从某种角度看上去确实是相似的，那么，它们从其他角度看上去可能也是相似的。亚历山大·格雷厄姆·贝尔把耳朵的内部构造比作一块极薄的能够振动的钢片，并由此发明了电话。

（8）**天才对变化有所准备。** 当我们试图做某一样事情而失败的时候，就会去做另一样事情。这就是在不经意之中有所创造的第一个原则。我们可能会自问，为什么自己会失败？这样问很有道理。但是，使人发挥创造性的偶然因素却提出了一个不同的问题：我们做了什么？以一种新颖而意外的方式回答这个问题是能否有所创造的关键。这不是运气，而是在最高层次上富有创造性的洞察力。

亚历山大·弗莱明不是第一位研究致命的细菌并注意到暴露在空气中的培养基上会生出霉菌的医生。一个天分不如他的医生会忽视这种看似无关的现象，而弗莱明却认为这很有趣，并且想知道这种现象是否有利用的可能。对这种有趣现象的观察最终产生了青霉素。

在思考如何制作碳丝的时候，爱迪生无意中把一块泥子在手指间绕来绕去。当他低头看手的时候，顿时眼前一亮：把碳像绳子一样缠绕起来。美国心理学家伯尔休斯·斯金纳强调，科学方法论学者的一个重要原则是：当你发现某样有趣的事物时，放弃所有其他的事情，专心研究这个事物。太多的人没能理睬机会的敲门，因为他们不得不完成事先做好的计划。天才们不会等待时机的馈赠，而是主动地寻求偶然的发现。

学会运用这些方法

富有创造性的天才们知道如何运用这些思维方法，并且教其他人使用这些方法。社会学家哈丽雅特·朱克曼发现，恩里科·费米培养出 6 名像他一样获得诺贝尔奖的学生。欧内斯特·劳伦斯和尼尔斯·玻尔各有 4 名学生获得诺贝尔奖。英国物理学家约瑟夫·汤姆森和欧内斯特·卢瑟福一共培养出 17 位诺贝尔奖获得者。上述这些诺贝尔奖得主不仅自己富有创造力，而且能够教授其他人如何创造性地思考问题。

认识到天才们共同采用的思想方法并且运用这些方法可以帮助你提高在工作和个人生活中的创造力。

——摘编自《像天才那样思考》（美），《未来学家》1998 年 5 月号

实习三　创造性思维能力检测

（一）你是哪一种（左脑型、右脑型、中间型）思维方式

1. 在礼堂、影剧院或演讲厅里，你愿意坐在（　　）。
   A. 右边　　　　　B. 左边　　　　　C. 中间
2. 当你回答一个需要想一下的问题时，你喜欢看（　　）。
   A. 左边　　　　　B. 右边　　　　　C. 提问人

3. 你的性格是（　　）。

A. 外向的　　　　　B. 内向的

4. 你喜欢（　　）。

A. 白天学习或工作　B. 晚上学习或工作　C. 白天晚上都行

5. 从下面挑出 4 件你善于做的事情，4 件做起来困难的事件（在你善于做的题号上标上 G，在你做起来困难的题号上标上 D）：

(1) 安排时间　　　　　(2) 组织工程项目　　　(3) 作计划

(4) 创造性地解决问题　(5) 劝说别人　　　　　(6) 积极锻炼身体

(7) 管理监督别人　　　(8) 使事物概念化　　　(9) 控制自己

(10) 具有动机性　　　　(11) 锻炼自我约束能力　(12) 研究过程

(13) 遵守规则　　　　　(14) 预算　　　　　　　(15) 积累

(16) 鼓动别人　　　　　(17) 询问　　　　　　　(18) 谦恭

(19) 对问题反应敏感　　(20) 负责任　　　　　　(21) 预见事物

(22) 可依靠　　　　　　(23) 有洞察力　　　　　(24) 是实际的

(25) 精力旺盛　　　　　(26) 凭直觉办事

6. 从下面选出 5 个能最恰当地说明你的词：

(1) 分析的　　　　　　(2) 逻辑的　　　　　　(3) 音乐的

(4) 艺术的　　　　　　(5) 数学的　　　　　　(6) 语词的

(7) 改革的　　　　　　(8) 直觉的　　　　　　(9) 自我控制的

(10) 细心的　　　　　　(11) 激动的　　　　　　(12) 能够掌握全盘的

(13) 支配的　　　　　　(14) 理智的　　　　　　(15) 能综合的

(16) 能空间定位的　　　(17) 能线性定位的　　　(18) 能点定位的

(19) 能选择类型的　　　(20) 能用类比法的

7. 从下面选择 4 个最适合于你的句子：

(1) 我有很强的领导能力。　　(2) 我情愿单独工作。

(3) 我倾向于与外部世界和社会紧密联系。

(4) 我非常热爱艺术。　　　　(5) 我是认真负责的。

(6) 我认为自己是非常敏感的。　(7) 我喜欢参加集体活动。

(8) 我不好打交道。　　　　　(9) 我对社会有清醒的认识。

(10) 我经常批评自己。　　　　(11) 我关心社会活动和自我社会价值。

(12) 我有时担心自己的智力不行。

（二）综合测试题

请在 10 分钟内完成下列各题。

1. 桌上放着一只盛满咖啡的杯子，小李解手表时不小心把手表掉进去了。小李的手表是不防水的，还好，拿出来时手表上一点没沾水，这是怎么回事呢？

2. 有一瓶酒是用软木塞盖紧的。如果你想喝这瓶中的美酒，偏偏又找不到起子，假若不许把酒瓶打破，也不许在木塞中开孔，你有办法喝到这瓶美酒吗？

3. 你站在水泥地上，让鸡蛋从你手中自由掉落 1 m（米）距离而不打破蛋壳，能办到吗？

4. 1＝？（请你尽自己的想象列出所有可能的答案）

5. 某小学办理新生入学手续时，有两个孩子来报名。他俩脸形、身材长得一样，出生年月日一样；父母姓名也一样；"你们是双胞胎吧？"老师问。"不是"他俩异口同声地回答。老师感到奇怪了，怎么不是双胞胎呢，那会是什么关系呢？

6. 电灯开关，拉一次，灯亮，再拉一次灯灭，你能否做到连拉两次而使灯不亮？

7. 在很陡的山坡上，两个人前后推拉着一大板车煤慢慢地往上爬。一个过路人问拉车的说："后面推车的是你的儿子吧？"拉车的说："是啊"。可是那个儿子却说前面拉车的不是他的父亲。请你说说，这两个人到底是什么关系？

8. 有个阿拉伯大财主，有一天把他的两个儿子叫到面前，对他们说："你们赛马跑到沙漠里的绿洲去吧。谁的马胜了，我就把全部财产给谁。但这次不是比快，而是比慢，我到绿洲去等你们，看谁的马到得迟。"兄弟俩照父亲的意思，骑着各自的马开始慢吞吞地赛马了。可是，在赤日酷似火的大沙漠里慢吞吞地走怎么受得了啊！正当俩兄弟痛苦难熬而下马休息时，哥哥突然想到了一个好办法，等弟弟醒悟过来后已经来不及了，哥哥终于赢得了这场特别的比赛。请问：哥哥想到的是什么办法？

图 4-11 移动硬币图

9. 夜晚，一间房屋里坐着几个人在聚精会神地读书，突然停电了，看书的人一一到另外一间备有灯光的房间里去读书了，惟独老张仍然留在原来的房间里津津有味地读着书，他难道有"特异功能"吗？

10. 如图 4-11 所示，请你只移动其中两枚硬币，组成"正十字"形，并且纵横都是六枚硬币。

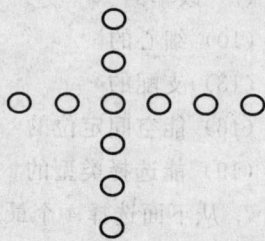

（三）多项选择题

1. 布莱希特·丢勒曾是德国文艺复兴时期最伟大的画家，多才多艺，他不仅是位油画大家、版画家、雕塑家，他同时也是一位数学家、机械师，还是一位著名的建筑大师。他和宗教改革者马丁·路德是好朋友。他的作品总是带有人文色彩，反映了人文主义的思想，反映了德国人民同罗马天主教会合作坚决斗争的精神。恩格斯曾将他和达·芬奇相提并论。丢勒和芬奇现象说明了（　　　）。

　　A. 科学艺术携手共进

　　B. 科学创造与艺术创造殊途同归

　　C. 科学创造能力与艺术创造天才共存于一人之身

　　D. 科学与艺术互相对立，截然分离

　　2. 朱载育是我国近代科学和艺术的先驱。他的成就涉及科学、艺术等广阔领域。他既有天文、历算、数学等自然科学方面的伟大贡献，又有东学、律学、舞蹈等艺术科学方面的巨大成就。他曾发现、发明、改革、创造了六个世界第一：第一个提出十二平均律的理论原理——比欧洲早了半个世纪；第一个创造出按照十二平均律原理发音的乐器——弦准；第一个发现了"异经管律"的科学规律；第一个创立了"舞学"理论的框架；第一个在算盘上进行开方计算；第一个得出求解等比数列的方法。他的科学成就和艺术理论在公元 1580 年以前就传到西方，引起了东西方学术界的轰动，世界上称他是"东方文艺复兴式的人物"、"上帝赐予人类的骄子"。朱载育在科学创造与艺术创造方面对人类作出的贡献，印证了（　　　）。

　　A. 科学创造规律与艺术创造机制并不绝对对立

　　B. "两者（科学与艺术）从山下分手，又在山顶汇合"

　　C. 艺术家的自由和科学家的严谨，只是相对而言的

　　D. 科学创造与艺术创造不一定有内在的联系

　　3. 爱因斯坦曾经说过："音乐和物理学领域里的研究工作，虽然不属于一个族系，但它们彼此之间却有着相同的目的——力求反映出未知的东西，在这方面它们是相辅相成的。"爱因斯坦的话意味着（　　　）。

　　A. 科学与艺术都要探索真理

　　B. 科学与艺术都应起到推动人类历史文明进步的作用

　　C. 科学与艺术都应造福于人类、社会、子孙后代

　　D. 科学的目的是理解、说明现实；艺术的目的是再现、重塑现实

　　4. 毛泽东曾在《蝶恋花·答李淑一》一词中写道：

　　"借问吴刚何所有，吴刚捧出桂花酒。寂寞嫦娥舒广袖，万里长空且为忠魂舞。"吴刚、嫦娥本是神话传说中的故事人物，他们常年累月住在遥远的月球上面的月宫之中……这则神话故事是一个充满浪漫主义色彩的文学作品，它说明了艺术与科学的关系是（　　　）。

　　A. 艺术创造有时也有深刻地洞察现实、预言未来的力量

　　B. 文艺作品中有时也包含着科学发现

　　C. 艺术创造中的幻想有时也能在科学创造中实现

D. 艺术创造中的预言甚至走到了科学的前面

5. 在所有的乐器中，钢琴最像一部机器。它简直就是一部人用手操作、发现音响的精密仪器。然而只有当它遇到了高明的操作师，才会通灵，它能表达贝多芬的哲学思辨，也能抒发肖邦的诗人吟诵，还能描绘德彪西绘画大师般的对印象的临摹。这说明（　　　）。

A. 科学创造的成果能为艺术创作所借鉴和采用

B. 科学技术的进步可能会带来艺术创造领域的拓展和手段的丰富

C. 艺术创造的丰富多彩、发达进步可以促进科学文明、创造的加速更新与发展

D. 艺术创造的进步一般对科学创造不会产生影响

6. 计算机渗透进入音乐，冲破了传统的对音乐的认识，赋音乐以更广阔的天地。自然界有各种音响，人也可以发出各种音响，音乐只是其中的一小部分，而计算机的产生，可能重现自然界的一切已有的声响，并且可以制造出自然界前所未有的音响。过去对音乐的理解常常是以传统的乐器或人的歌声为依据。而利用计算机的数学合成，已经出现根本无法用语言描述的无数种的音乐的组合，使音色趋于无限。音律上也已经冲破了传统的五声、七声音阶和十二律、二十四律等，给实现无限的、任意变化的音律以充分自由的天地。许多自然声，如波涛声、流水声、蝉鸣声、鸟叫声、山崩地裂声等，以及其他非自然的效果声，由于可以方便地制作、储存，已大量地运用于音乐。对于这个科学技术与音乐艺术结合的事实，你的理解是（　　　）。

A. 科学的进步，使创造思维可以更自由

B. 艺术的自由，是建立在科学发展基础之上的

C. 计算机音乐、绘画，要求科学家和艺术家都必须遵循一定的规律和法则，从"必然王国"走向"自由王国"

D. 计算机音乐的产生，限制了音乐艺术家的创造能力的开拓与发展

7. 科学幻想小说、科学幻想电影，对培养青少年起到了一定作用，其作用主要表现为（　　　）。

A. 启发青少年想象力的发展

B. 培养青少年对科学知识的兴趣

C. 使青少年误入歧途，想入非非

D. 使青少年对小说、电影产生不信任感

8. 意大利人达·芬奇，是一位数学家、工程师，也是一位画家、雕塑家，他在西方艺术史上留下了第一幅刻画人物心理与面部丰富表情与内涵的肖像画《蒙娜·丽莎》，人物原型蒙娜·丽莎是佛罗伦萨银行家乔孔达的妻子。那是在1503年3月的一天早晨，画家漫步在林阴大街上。忽然，路旁一幢住宅二楼阳台上的一位妇女引起了他的注意。她那端庄、娴静而安然自得、文雅慈祥的风度、模样、表情、气质深深地吸引了达·芬奇，画家立即产生了创作的欲望，一定要把这种美好的感觉、印象记录下来，把她画进油画。达·芬奇为她那

神秘的微笑、难忘的表情所倾倒，曾花了整整 4 年时间去研究、揣度她的心理变化和性格脾气，仅仅素描底稿就画了上千张，他充分运用他的科学知识技能、精心计算、仔细设计，为了让蒙娜·丽莎保持住她那迷人的微笑，还专门请来音乐家和喜剧大师为她演奏音乐、进行表演，使她始终保持着愉快轻松的心情和令人着迷的微笑。经过几年呕心沥血的创作，这幅惊世之作终于诞生了，这在西方艺术史上树立了一座里程碑。如果你欣赏过这幅作品，你会产生一种的感觉是（　　　）。

　　A. 艺术的和谐美　　　　B. 艺术的崇高美

　　C. 科学的智慧美　　　　D. 科学的技巧美

（四）动机选择题

　　美国心理学家克雷奇把人类动机划分为缺乏性动机（生存与安全）、丰富性动机（满足与兴趣）两大类，四个方面，试对下面每个题中给出的内容作出正确分类。

　　1. 属于身体方面的缺乏性动机（生存与安全）、丰富性动机（满足与兴趣）的分类。

　　A. 排除饥渴感　　B. 渴望视、听觉愉悦　　C. 解除疲劳、疼痛

　　D. 欲求性快感　　E. 寻求排泄　　　　　　F. 有节奏的身体运动

　　2. 属于周围环境关系的缺乏性动机（生存与安全）、丰富性动机（满足与兴趣）的分类。

　　A. 逃避危险与丑恶　　B. 获得快乐与幸福　　　C. 寻求住所与食物

　　D. 创造、发明工具　　E. 保持周围清洁工具　　F. 参加各种文体比赛

　　3. 属于与别人关系的缺乏性动机（生存与安全）、丰富性动机（满足与兴趣）的分类。

　　A. 回避与别人的矛盾冲突　　　　B. 维护领导的地位与威信

　　C. 遵守集体的规章制度　　　　　D. 受别人的尊敬和承认

　　E. 得到朋友的帮助　　　　　　　F. 犯了错误，受到别人谅解

　　4. 属于自我方面的缺乏性动机（生存与安全）、丰富性动机（满足与兴趣）的分类。

　　A. 自尊、自重、自爱　　　　　　B. 获得自信心和成就感

　　C. 树立道德观和价值观　　　　　D. 摆脱自卑、失败的情感

　　E. 回避有失身份的事情与场合　　F. 排遣羞怯、焦虑感

（五）发散思维训练题

　　（1）请你在尽可能短的时间里说出砖的用途，越多越好。（至少 6 种以上）

　　（2）帽子是常用之物，你能说出它其他的多种用途吗？（至少 8 种）

　　（3）轮船主要用于运输货物、载人。除这 2 种功能外，你还能说出它其他的至少 4 种功

能吗?

（4）请说出图4-12中各图形代表的意义，至少3个。

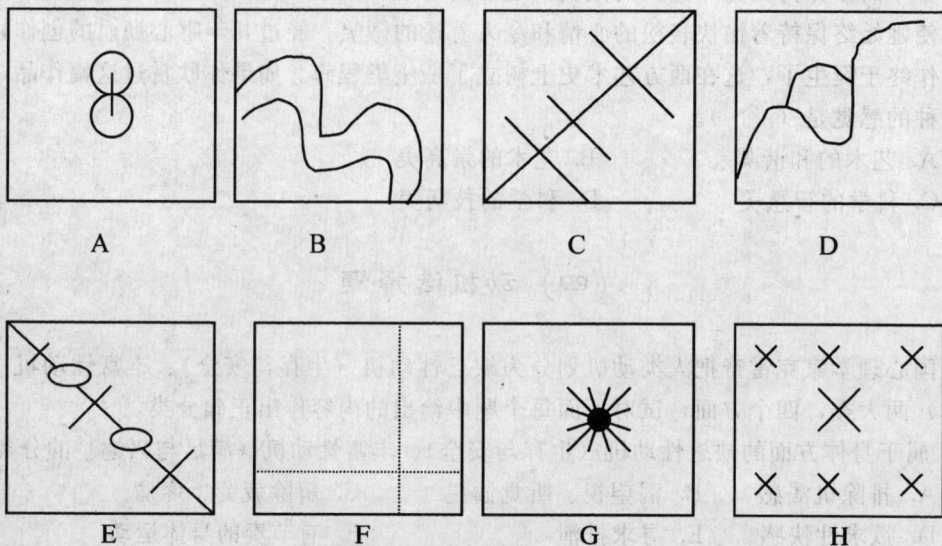

A　　**B**　　**C**　　**D**

E　　**F**　　**G**　　**H**

图4-12　代表意义的图形

（5）请将图4-13中的标志发展成完整的图画。

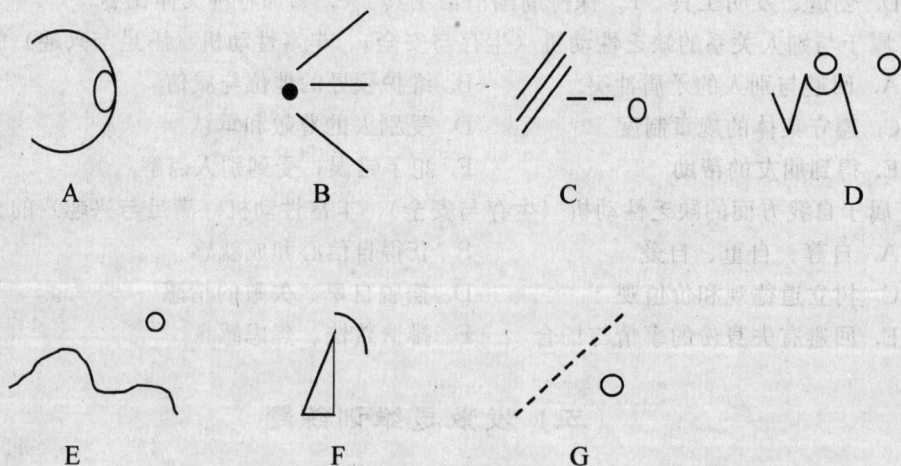

A　　　　**B**　　　　**C**　　　　**D**

E　　　　**F**　　　　**G**

图4-13　完形图元

（六）利用赫尔曼脑优势侧面图

（见附录1）测试绘制自己的脑思维模式

答案与解释

（一）你是哪一种思维方式评分标准（均以分计）

1. A：1；B：10；C：5　　　　2. A：10；B：1；C：5
3. A：2；B：8　　　　　　　4. A：2；B：8；C：5
5. (1) G：2；D：7　　　(2) G：7；D：2　　　(3) G：2；D：7
　 (4) G：8；D：2　　　(5) G：2；D：7　　　(6) G：7；D：2
　 (7) G：2；D：7　　　(8) G：7；D：2　　　(9) G：2；D：8
　 (10) G：7；D：2　　 (11) G：2；D：7　　 (12) G：7；D：2
　 (13) G：1；D：8　　 (14) G：2；D：7　　 (15) G：7；D：2
　 (16) G：2；D：7　　 (17) G：7；D：2　　 (18) G：1；D：8
　 (19) G：8；D：2　　 (20) G：2；D：7　　 (21) G：7；D：3
　 (22) G：2；D：7　　 (23) G：8；D：3　　 (24) G：2；D：8
　 (25) G：7；D：3　　 (26) G：8；D：2
6. (1) 3　　 (2) 2　　 (3) 9　　 (4) 9　　 (5) 3
　 (6) 4　　 (7) 8　　 (8) 8　　 (9) 2　　 (10) 3
　 (11) 7　 (12) 8　 (13) 3　 (14) 3　 (15) 8
　 (16) 8　 (17) 2　 (18) 5　 (19) 8　 (20) 8
7. (1) 2　　 (2) 2　　 (3) 2　　 (4) 8　　 (5) 2
　 (6) 7　　 (7) 3　　 (8) 7　　 (9) 3　　 (10) 7
　 (11) 3　 (12) 7

对照以上评分统计你的得分。把你的总分相加，如果分数在 41～84 分之间，说明你是左半脑型；85～128 分之间为中间型；129～172 分之间为右半脑型。

了解了自己的用脑习惯，可针对性地加强脑功能的训练，以更好地激发大脑的灵活性。

（二）综合测试题

1. 原来，杯子里的咖啡是固体咖啡，还未冲上水。这道题之所以让有些人想不到，原因是因为咖啡是一种饮料。固体咖啡只有冲上水方能饮用。所以一听说一杯咖啡，人们自然而然地想到这是液体饮料，于是对本题的结果就感到难以理解了。

2. 办法很简单，把软木塞压进瓶子里去不就行了嘛。说起来这个办法不算高明，又极简单，可为什么很多人却一时想不到呢？这是因为人们习惯于用"打开"的办法来喝饮料，所以一旦失去了"打开"的条件，"习惯性思维"就会感到束手无策。

3. 从距离水泥地高于 1 米的高度松手，等鸡蛋降落 1 米距离而还未着地时，再用手接住。

4. $1=0+1$，$1=5-4$，$1=1\times1$，$1=99\div99$，$1=5+3-7$，$1=5\times5-48\div2$，$1=\dfrac{1}{1}$，$1=\dfrac{8}{5}-\dfrac{3}{5}$，$1=1^2$，$1=1^3$，$1=1^k$（$k$ 为任何实数），$1=\sqrt{1}$，$1=n+1-n$（n 代表任何数）……事实上答案无尽无穷。

5. 他俩是三胞胎（或三胞胎以上）中的两个。日常生活中，人们见的多的是双胞胎，三胞胎则很少见，四胞胎就更罕见了。因此，当人们看到两个相貌、年龄、父母姓名一样的孩子，就很容易想到这是一对双胞胎。而当他们说"不是双胞胎"时，人们就会感到纳闷，以至于一时难以确定他们到底是怎么回事。

6. 当然可以，断电源或取掉灯泡，连拉两次开关电灯当然不会亮。显然这又是一道同你的习惯思维开玩笑的试题。

7. 他俩是母子关系。多数情况下，人们总是把干重活与男人联系在一起。于是在这道试题面前有可能感到茫然。

8. 哥哥想到的办法是，跳上弟弟的马狂奔。父亲要求儿子比赛谁的马跑的慢。其实，慢与快是相对而言的，对方的马快了，也就意味着自己的马慢了。哥哥在休息时悟出了这一点，终于靠智力得到了全部财产。

9. 老张是个盲人，他读的盲文，根本不需要灯光。生活中盲人远比正常人少，说到晚上读书，自然要有灯光，没有灯光在黑暗中怎么看书，沿着这条思路去考虑问题，当然对老张不可思议了。

10. 将最右面一枚向左移动重叠放置，最下面一枚向上移动重叠放置，关键是要想到中间重叠两枚（见图 4－14）。

在上述的 10 道题中，你若能在规定的时间内做对一半以上，说明你已具有一定的克服习惯性思维，进行发散性创造思维的能力。当然这种能力还只是初步的，要让它在创造性工作和学习中开花结果，还需要自己有意识地锻炼和培养。如果你连一半都答不对，或者要花超出许多时间才能答上，那就意味着在你的日常生活中很少发挥非常规的创造性思维，思维的灵活性不够，有意识地培养这方面的思维能力，会增强自己的创造力。

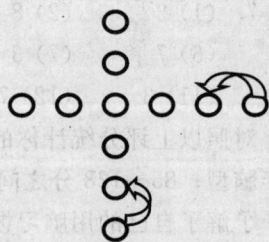

图 4－14　移动硬币图答案

（三）多项选择题

1. A B C
2. A B C
3. A B C D
4. A B C D
5. A B C
6. A B C
7. A B
8. A B C D

（四）动机题

1. 缺乏性动机：A，C，E；丰富性动机：B，D，F
2. 缺乏性动机：A，C，E；丰富性动机：B，D，F
3. 缺乏性动机：A，B，C；丰富性动机：D，E，F
4. 缺乏性动机：D，E，F；丰富性动机：A，B，C

（五）发散思维训练题

（1）砖的用途有：砖墙、铺路、搭灶台、垫床铺、压纸、锤钉子、放车轮下稳住斜坡上的车辆……

（2）帽子的用途有：当抹布、当标记、放东西、当信物、当果盘、扎拖布、当道具、做扇子……

（3）轮船的功能还有：

① 夏天，装有空调的轮船里可避暑。

② 冬天轮船里可避寒。

③ 轮船旅馆。

④ 轮船餐厅。

⑤ 轮船影院。

……

（4）西安石油大学创造学课堂部分研究生、大学生的参考答案：

A ＊机械制图样　　＊冰糖葫芦　　＊杂技车轮　　＊滑轮组

　　＊二个鸡蛋　　＊管道　　　　＊皮带轮　　　＊猫头鹰眼

　　＊平衡　　　　＊两个铜锣　　＊同心协力　　＊新型眼镜

　　＊沟通　　　　＊眼镜　　　　＊玩具　　　　＊心连心

B *盘山路　　　　*麦当劳"M"　　*胡子　　　　*河流

　*耳朵　　　　　*数字"3"　　　*蛇　　　　　*小溪

　*飘带　　　　　*虫子　　　　　*彩带　　　　*波浪

　*帽子　　　　　*鹰　　　　　　*彩虹　　　　*小桥

C *衣服架　　　　*灌水渠道　　　*丰收　　　　*游行的队伍

　*艺术字　　　　*交通要道　　　*避雷针　　　*飞行

　*帮助　　　　　*水库大坝　　　*"丰"字　　　*电线

　*蜘蛛网　　　　*十字路口　　　*电路　　　　*构思

D *山峦　　　　　*面包卷　　　　*草帽　　　　*金元宝

　*曲线　　　　　*大鸟　　　　　*山峰　　　　*花

　*驼峰　　　　　*向往　　　　　*佛　　　　　*大人和小孩

　*彩云　　　　　*口舌　　　　　*休息　　　　*老鹰

E *新式眼镜　　　*生物学符号　　*电源　　　　*绿化树

　*球队比赛方案　*技巧　　　　　*风筝　　　　*天线

　*死板的生活　　*糖葫芦　　　　*眼镜蛇　　　*棋盘

　*雷达屏幕　　　*物品的排列　　*篮球场　　　*轰炸机

F *手绢　　　　　*交通图　　　　*规则　　　　*方联邮票

　*十字架　　　　*坐标线　　　　*电工线路　　*礼品盒包装

　*瞄准镜　　　　*桌布　　　　　*逆反心理　　*晾衣杆

　*矛盾　　　　　*斑马线　　　　*交通标志　　*铁路线

G *小鸟　　　　　*太阳　　　　　*蝌蚪　　　　*瞄准线

　*蜘蛛　　　　　*花朵　　　　　*纸巾上的墨水　*弹孔

　*新星　　　　　*人造卫星　　　*洞　　　　　*热源

* 电灯　　　　* 甲壳虫　　　　* 星火　　　　* 霜花

‥‥‥‥‥‥‥‥‥‥‥‥‥‥‥‥‥‥‥‥‥‥‥‥‥‥‥‥‥‥‥

H * 台布　　　　* 磁场　　　　* 安全网　　　　* 琐碎

* 月夜星空　　* 花布　　　　* 棋盘　　　　* 天线

* 宇宙线　　　* 麻线织物　　* 花纹　　　　* 中心

* 禁止通行　　* 电网　　　　* 墓地　　　　* 导弹发射场

‥‥‥‥‥‥‥‥‥‥‥‥‥‥‥‥‥‥‥‥‥‥‥‥‥‥‥‥‥‥‥

（5）西安电子科技大学创造学课堂部分大学生的参考答案（见图 4-15）：

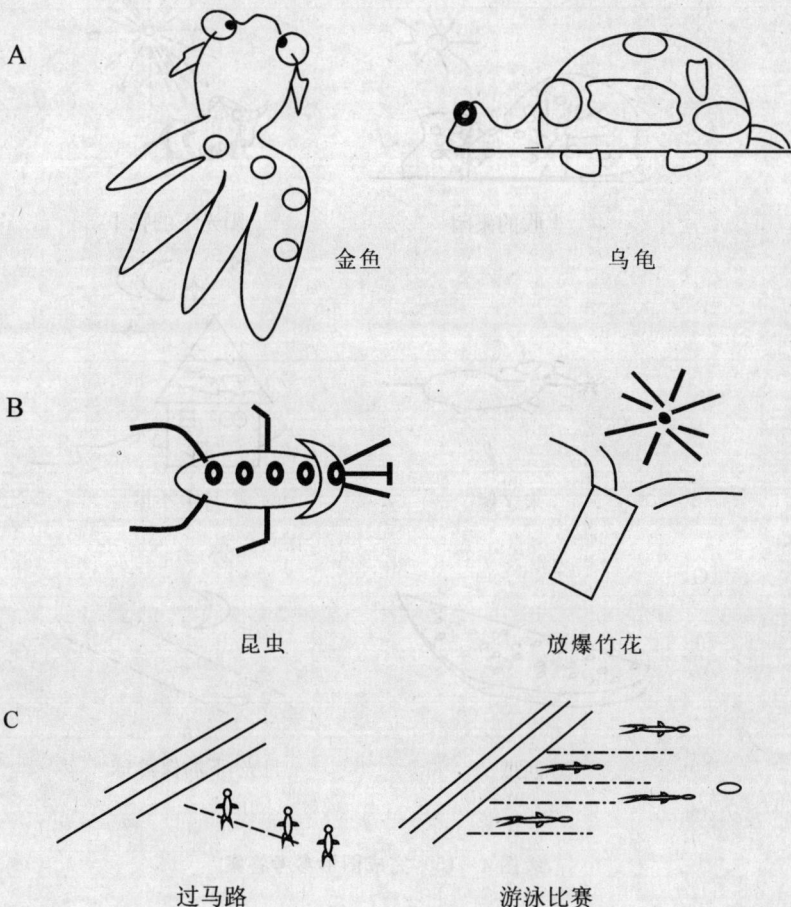

A

金鱼　　　　　　　　　乌龟

B

昆虫　　　　　　　　　放爆竹花

C

过马路　　　　　　　　游泳比赛

图 4-15　完成图形参考答案

D

 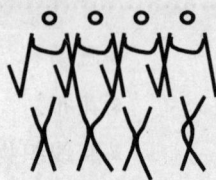

影院看电影 　　　　　　跳集体舞

E

丰收的果园 　　　　　　阳光下的牦牛

F

米老鼠 　　　　　　　　月中小屋

G

西瓜 　　　　　　　　月光 下的保龄球

续图 4－15 完成图形参考答案

第五章　创造技法

究天人之际，通古今之变，成一家之言。（司马迁）

所谓创造技法，就是指创造性思维方法与创造经验、技巧的总和所表现出的方法与手段。它是创造学家根据创造思维规律，从大量的发明创造活动、过程和成果中总结出的具有普遍规律的创造发明的技术与方法。创造技法在指导创造者从事发明创造活动方面，具有十分重要的作用，应用的领域十分广阔。它的主要作用是：① 提高创造者的创新能力；② 指导创造者的发明创造活动。目前国内外创造技法已发展到 300 多种，如奥斯本智力激励法、组合法、联想法、列举法等。表 5-1 列出了世界各国在探索新技术方案中的主要创造技法。

表 5-1　世界各国创造技法一览

方　法　名　称	作　者	发表年代
中　国		
信息交合法（魔球法）	许国泰	1982
灰色系统	邓聚龙	1982
相似论发明法	张光鉴	1984
四环假说法	孙武	1985
美　国		
形态分析法	F. 茨维金	1942
类比法	W. 戈登	1944
稽核问题表法	G. 波拉	1945
工程价值分析法	L. 麦尔兹 等	1947
稽核问题表法	R. 克劳伍德	1954
特征列举法	R. 克劳伍德	1954
智力激励法	A. 奥斯本	1957
稽核问题表法	S. 皮尔逊	1957
焦点法	C. 怀亭	1958
消耗与结果分析法	J. 花格	1959
创造工程设计法（六步法）	L. 贝利	1961
德尔菲法	兰德公司	1964

续表

方 法 名 称	作 者	发表年代
稽核表法	A. 奥斯本	1964
合理设计法	R. 马克-克罗里	1966
任务与分段解决法	A. 弗莱泽尔	1969
博物馆实验法	集体	1970
英 国		
基础设计法（FDM 法）	E. 马切特	1960
稽核问题表法	T. 艾利奥特	1969
功能发明法	K. 约翰斯	1970
分解设计法	K. 约翰斯	1972
绝境消除法	K. 约翰斯	1972
系统转换法	K. 约翰斯	1972
法 国		
发现矩阵法	A. 莫里	1955
创造法	集体	1970
米积分法	I. 布文 等	1972
日 本		
等价变换论	市川龟九弥	1944，1955
KJ 法	川喜田二郎	1965
NM 法	中山正和	1970
德 国		
目录法	F. 昆茨	1926
前民主德国		
组织概念法	F. 汉森	1953
设想会议法	W. 吉利德 等	1970
系统创造法	I. 缪列尔 等	1970
使用价值消耗分析法	C. 艾伯尔特，K. 托马斯	1971
前 苏 联		
设计方案经济分析与要素演练法	Ю. 索波列夫	1950
解决发明任务程序法（AРиз）	Г. 阿利特苏列尔	1956
指向思维法	H. 谢列达	1961
七步探求法	Г. 布什	1964
心理创造程序法（ипиД）	B. 恰夫恰尼泽 等	1968

续表

方 法 名 称	作 者	发表年代
创造学作法库利用法	A. 波洛文金	1969
解决发明任务的系统逻辑法	B. 舒宾	1972
偶然性联想链法	Г. 布什	1972
综合创造程序法	A. 波洛文金 等	1976
十进位探求矩阵法	P. 波维列依柯	1976
分析发明说明书揭示综合做法的方法	M. 扎利波夫 等	1978
物场分析法	Г. 阿利特苏列尔	1978
性能分析与技术方案综合法（ACCTP）	A. 邱斯	1979
概念公理法	B. 斯科莫洛霍夫	1980
捷克斯洛伐克		
课题综合解决法	S. 维特	1967

学习创造技法，在创造过程中有意识地借鉴使用，能大大提高我们的创造力及创造成功的概率。

第一节　智力激励法

智力激励法就是发挥集体智慧，营造一种激发鼓励的氛围，以提供丰富的信息刺激，从而强化个体创造动机，产生联想，引起思维"共振"的一种创造技法。智力激励法以头脑风暴法为基本原型，包括有 635 法、KJ 法、戈登法、卡片法等。

一、头脑风暴法

头脑风暴法是美国创造学家奥斯本首创的一种从心理上激励群体创新活动的方法，是目前世界上应用广泛的智力激励法。

头脑风暴（Brain Storming）原是精神病理学的一个术语，是指精神病人在失控状态下的胡思乱想。奥斯本借此形容创造性思维自由奔放、打破常规、无拘无束，创新设想如暴风雨般激烈涌现。头脑风暴法作为一种创造技法，韦氏国际大字典定义其为：一组人员通过开会方式对某一特定问题出谋献策，群策群力，解决问题。国外有人对 38 次智力激励会提出的 4 356 条设想进行分析，结果表明，有 1 400 条设想是在别人启发下获得的。科学家测试证实，在集体联想时，人的心理活动效应增强，成年人的自由联想可提高 65%～93%；而在集体竞争时，人的心理活动效应可以增强 50% 或更多。

1. 头脑风暴法的原则

（1）自由畅想原则（想入非非）。要求与会者敞开思想，自由畅谈，任意想象，不受任何条条框框的限制尽情发挥，想法越新奇越好。

有一段相声，讽刺一位粗心的外科大夫。他在做完手术后，发现将纱布忘在患者肚里了。于是他不得不用剪刀拆开伤口的缝合线，取出遗忘的那块纱布并重新缝好。忽然，又想起剪刀忘在患者肚里了，于是他又拆线取出剪刀。当他再次缝合伤口时，患者嚷了起来："大夫！别缝了，咱干脆安个拉锁得啦!"肚皮上安拉锁，这个听来荒唐可笑的说法，却正是发明者的新奇想法——对于需要临时缝合或需多次缝拆的伤口，不妨安装一条拉锁——现在，该发明已用于医疗上。

英国一家食品公司的经理针对不少英国人贪杯，喝得似醉非醉，瞎吹一气，有损绅士风度的现象，要研制一种"不醉杯"。经历数百次的失败后，科研人员最终研制成功了神奇的"不醉杯"——只要肚子容得下，喝多少杯酒也不会醉。这种杯采用了特殊的化学材料，盛酒时化学反应降低了酒精的浓度，且外观典雅，产品制成后供不应求。

想入非非的事例很多，比如直升机上安装大锯，以修理影响穿越山林的通信线路上的树枝；高射炮打蚊子——点射式空中灭蚊器等。

（2）严禁评判原则（金口难开）。不允许任何人批评或评论他人的任何设想，即便是幼稚的、错误的、荒诞的都不行。不仅不允许公开的口头批评，就连以怀疑的笑容、神态、手势等形式的隐蔽的批评行为也不允许。要给与会者以内心安全和内心自由的保障。为了保持集中精力、创新畅想的氛围，该原则还要求会议主持人禁用"这根本行不通!""我们根本没有时间按你说的去做!""真是妙极了!"等扼杀创造力的语句。

日本创造学家丰泽丰雄假设了100年前一场关于"人类翱翔于天空"的对话，谈话者是一个发明能力强的人和另一个评判能力强的人。用以说明过早地判断对创造的危害。

发明者：如果人也能像鸟一样在天上飞行，那该有多好啊！

评判者：别异想天开了，人没有翅膀怎么飞？

发明者：不可以造个翅膀吗？像鸟翼一样的。

评判者：人那么重，翅膀要造多大才好呢？翅膀太大，手和脚都扑不动它，怎么飞得起来？你不懂动物学吧？鸟类有强韧的胸肌来扑动翅膀，人哪有那么大的胸肌？

发明者：难道不能用发动机代替胸肌吗？

评判者：发动机哪怕只有2马力，也重达40公斤，你学点物理学和机械学就会知道，越重越飞不上去。

发明者：不会造一台质量轻、功率大的发动机吗？

评判者：只要是金属就轻不了。再说用汽油来发动，万一着火，救都救不了！

发明者：铝不是很轻吗？汽油可以在油箱里嘛？

评判者：你真是一个幻想家、诡辩家，你的想法太幼稚了，稍有常识的人都不会说出这种蠢话来!

这个对话听来是好笑的,但足以说明过早评判对创造性的危害之大。

(3) 谋求数量原则(多多益善)。有限时间内提出的数量越多越好。因为理想答案的获得是一个逐渐逼近的过程。创造和创新活动中,后期提出的设想,其中有实用价值的所占比重要比初期提出的高,这也就是"质量递进效应"。谋求数量原则的目的就在于"以数量保证质量"。

1952年,由于大风雪形成的树挂使华盛顿州1 000多公里的电话线发生了通信故障,必须在最短的时间内恢复通信。为此举行的紧急讨论会上提出了35个设想。第36个设想是后期补充的,采用直升飞机沿通信线路飞行,利用其螺旋桨的垂直气流吹落电线树挂,此设想实施后,很短时间就恢复了通信。

(4) 综合改善原则(移花接木)。该原则依据的就是"综合就是创造"。鼓励与会者在他人所提设想的基础上加以改进、发展,提出更新奇的设想;或者对他人所提出的若干设想进行广泛联想、综合,从而形成新的设想。

2. 头脑风暴法的程序

头脑风暴法的程序分为:准备、热身、明确问题、联想畅谈及评价筛选。

(1) 准备。准备工作包括选择小组成员、主持人及准备会议必要的用品、发通知等。

参加头脑风暴会议的人数以5~10人为宜。人员筛选的原则是:① 专业构成合理,多数是熟悉专业和有经验的内行,少数是来自其他专业的"外行";② 成员之间的知识水平和职务不应相差太悬殊;③ 成员之间年龄差距不宜过大;④ 注意选择平时相互关系融洽者;⑤ 有适当的表达能力,对问题感兴趣。

选出的会议主持人应熟悉头脑风暴法的原则、程序和操作机制,有民主作风,平易近人,反应机敏,有幽默感,并且有较宽的知识面。

选择较僻静的、光线柔和、座位舒适的会议场所很重要,最好有一块黑板供表达设想用。

(2) 热身。此阶段的目的和作用是要使与会人员进入"角色",形成轻松、热烈的气氛。可以做一些智力游戏、猜谜语、讲幽默故事等。

(3) 明确问题。首先由主持人扼要介绍问题,简单讨论一下,全体与会人员对问题理解准确一致后,再把问题分解成不同因素从多角度提出问题。

假定要解决的问题是:怎样提高商店的营业额?此问题可分解为"怎样赢得更多的顾客?""怎样战胜竞争者?""怎样使那些犹豫不决的人下定购物的决心?""怎样使顾客多买高档货?"等等。

(4) 联想畅谈。该阶段是头脑风暴法的核心步骤,要求与会者通过联想和想象提出大量的创造性设想。联想要考虑所有的可能性,不管是多么的奇怪或者多么的"不可能",都应在联想之列。科学上许多伟大的革命都是因为质疑大家视为理所当然的假设才产生的。例如，哥白尼用其丰富的联想猜测太阳而非地球才是太阳系中心；达尔文猜想人类是从较低生命演化而来的；爱因斯想象空间的结构不遵行欧氏几何。

联想畅谈阶段必须严格遵守头脑风暴法的四项原则，尤其是"严禁评判"的原则。除此以外，畅谈时与会人员不许私下交谈和代表他人发言，始终保持会议只有一个中心。畅谈的时间以不超过1小时为宜。需要指出的是，会议持续时间只须主持人心中有数和灵活掌握，切忌在会议开始时间向与会人员宣布。

（5）评价筛选。会议提出的设想大都未经仔细考虑和评价，有待进一步完善。一般在会后的第二天，向组员再一次收集设想。这是不可忽视的一步，因为通过会后的休息，与会者的思路往往会有新的转换、发展，产生一些更有价值的设想。奥斯本曾发现：有一次会议提出了100多条设想；第二天人们又增补了20多条设想，其中有4条比第一天提出的所有设想更有实用价值。

接下来便根据一些指标对设想进行评价。评论人员可以是也可以不是原设想提问者，但应是本问题"内行"的人，一般5～7人为好。

上述头脑风暴法的程序，具体操作时可视情况灵活运用。

下面介绍一个有关头脑风暴法会议的例子。

主持人：我们的任务是砸核桃，要求砸得多、快、好，大家有什么好办法？

甲：平常在家里是用牙嗑，用手掰，用门挤，用榔头砸，用钳子夹。

主持人：几十个核桃用这些办法可以，但核桃多了怎么办？

乙：应该把核桃按大小分类，各类核桃分别放在压力机上砸。

丙：可以把核桃粘上某种物质、粉末，使它们变成一般大的圆球，放在压力机上砸，用不着分类（发展了上一设想）。

丁：核桃粘上粉末可能成为铁磁性的，经过压力机砸或经过粉碎机压！可能由于磁场作用，核桃壳脱掉，只剩下核桃仁（发展了上一设想并应用了物理效应）。

主持人：大家再想一想，用什么样的力才能把核桃砸开，用什么办法才能得到这些力？

甲：需要加一个集中挤压力，用某种东西冲击核桃，就能产生这种力或者相反，用核桃冲击某种东西（逆向思维）！

乙：可用气动机枪往墙上射核桃，比如说可以用装泡沫塑料弹的儿童汽枪射。

丙：当核桃落地时，可以利用地球引力产生的力——重力。

丁：核桃壳很硬，应该先用溶剂加工，使它们软化、溶解，或者使它们变得较脆，要使核桃变脆，可以冷冻。

主持人：动物是怎样解决这一任务的，比如说鸟儿？

甲：鸟儿用嘴啄或者飞得高高的，把核桃扔到硬地上。我们应该将核桃装在袋子里，从高处（例如在气球上、直升机上、电梯上，等等）往硬的东西（例如水泥板）上扔，然后把摔破的核桃拾起来（类比）。

乙：可以把核桃放在液体容器里，借助水电冲击力把它们破开（应用物理效应）。

主持人：如果我们运用逆向思维或其他创造学方法来解决问题，又会怎样？

丙：不应该从外面，应该从里面把核桃破开。把核桃钻个小孔，往里面加压打气（逆向思维）。

丁：可以把核桃放在空气室里，往里加高压打气，然后使空气室里压力锐减，这时，内部气压使核桃破裂，因为内部压力不能立即降低（发展了上一个设想）。或者使空气里的压力交替地剧增与锐减，使核桃壳处于变负荷状态下。

戊：我是核桃，准确的说是核桃仁，外部是核桃壳。我用手脚对它加压，核桃壳破裂（类比）。应该不让核桃壳长，只让核桃仁长，自身就会是核桃壳破裂（理想结果）。为此，例如可以对核桃壳照射等。

乙：我也是核桃。我用手抓住树枝，当成熟时就撒手掉在硬地上摔破。应该把核桃种在悬崖峭壁上或种在陡坡上，他们掉下来就摔破。

甲：应该掘口深井，井底放一块钢板，在核桃树与深井之间开几道槽沟。核桃自己从树上摔下来，顺着槽沟滚到井里，摔在钢板上就会破裂。

……

在头脑风暴法进程中，只用十几分钟就得到 40 个设想，其中一个方案（在空气压力超过大气压力并随即降到大气压力的条件下，核桃壳破裂，核桃仁保持完好）获发明专利（前苏联发明证书 340400）。

二、635 法

德国人鲁尔巴赫根据德意志民族习惯于沉思的性格提出了"默写式"头脑风暴法——"635"法，其基本原则与头脑风暴法相同，不同点是把设想记在卡片上，而不是说出来。头脑风暴法虽规定严禁评判，鼓励自由奔放地提出设想，但毕竟也有缺憾。比如，有的人不习惯于当众说出见解，常犹豫不决；有的人不善言词，"满肚子蝴蝶飞不出来"；有的人见别人已发表与自己的设想相似的意见时就不发言了。而"635"法可弥补这种缺点。具体做法如下：

每次会议仅 6 人参加，围坐一圈，每人发一张表格。明确议题之后，在第一个 5 分钟内每人在自己的表格上写出 3 个设想（故名"635"法），然后由左向右传递给相邻的人。每个人接到卡片后，在第二个 5 分钟再写 3 个设想，然后再传递给右邻。如此传递 6 次，半小时即可进行完毕，可产生 108 个设想。

三、KJ 法

KJ 法的创始人是日本筑波大学的川喜田二郎教授，KJ 是他的姓名的英文缩写。他在多年的野外考察中总结出一套科学发现的方法，即把乍看上去根本不想收集的大量事实如实地捕捉下来，通过对这些事实进行有机的组合和归纳，发现问题的全貌，建立假说或创立新学说。后来他把这套方法与头脑风暴法相结合，发展成包括提出设想和整理设想两种功能的方法，这就是KJ法。该法自1964年发表以后，作为一种有效的创造技法，很快成为日本最流行的一种方法。KJ法的主要特点是在比较分类的基础上由综合求创新。其程序如图5-1所示。在对卡片进行综合整理时，既可由个人进行，也可以集体讨论。

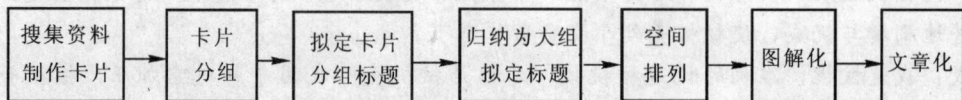

搜集资料 制作卡片 → 卡片 分组 → 拟定卡片 分组标题 → 归纳为大组 拟定标题 → 空间 排列 → 图解化 → 文章化

图5-1 KJ法程序图

KJ法的步骤如下：

（1）准备。主持人和与会者4～7人，准备好黑板、粉笔、卡片、大张白纸、文具等。

（2）头脑风暴法会议。主持人请与会者提出30～50条设想，将设想依次写到黑板上。

（3）制作卡片。主持人同与会者商量，将提出的设想概括2～3行的短句，写到卡片上，每人写一套。这些卡片称为"基础卡片"。

（4）分成小组。让与会者按自己的思路各自进行卡片分组，把内容在某点上相同的卡片归在一起，并加一个适当的标题，用绿色笔写在一张卡片上，称为"小组标题卡"。不能归类的卡片，每张自成一组。

（5）并成中组。将每个人所写的小组标题卡和自成一组的卡片都放在一起。经与会者共同讨论，将内容相似的小组卡片归在一起，再给一个适当标题，用黄色笔写在一张卡片上，称为"中组标题卡"。不能归类的自成一组。

（6）归成大组。经讨论再把中组标题卡和自成一组的卡片中内容相似的归纳成大组，加一个适当的标题，用红色笔写在一张卡片上，称为"大组标题卡"。

（7）编排卡片。将所有分门别类的卡片，以其隶属关系，按适当的空间位置贴到事先准备好的大纸上，并用线条把彼此有联系的连接起来。如果编排后发现不了任何联系，可以重新分组和排列，直到找到联系。

（8）确定方案。将卡片分类后，就能分别地暗示出解决问题的方案或显示出最佳设想。经会上讨论或会后专家评判确定方案或最佳设想。

四、戈登法

戈登法是由美国创造学家威廉·戈登创始的。会议的原则及人选的要求与头脑风暴法相同，只是运用上有差别，即主持人不直接提出要解决的问题，不让与会者知道真正的意图和目的，而是把问题适当加以抽象，让与会者讨论一个更普遍的问题，然后根据进展情况逐渐把问题具体化。

下面是运用戈登法开发"新型剪草机"的一个实例。

(1)确定议题。主持人的真正目的是要开发新型剪草机,但是不让与会人知道。剪草机的功能可抽象为"切断"或"分离",可选"切断"或"分离"为议题。但是如果定为"切断",则使人自然想到需要使用刀具,对打开思路不利,于是就选定"分离"为议题。

(2)主持人引导讨论。

主持人:这次会议的议题是"分离"。请考虑能够把某种东西从其他东西上分离出来的各种方法。

甲:用离子树脂和电能法能够把盐从盐水中分离出来。

主持人:您的意思是利用电化学反应进行分离。

乙:可以使用筛子将大小不同的东西分开。

丙:利用离心力可以把固体从液体中分离出来。

主持人:换句话说,就是旋转的方式吧,就像把奶油从牛奶中分离出来那样。

(3)主持人得到启发。例如,使用离心力就暗示使滚筒高速旋转,从这个暗示中,主持人就得到这样的启发,剪草机是否可以使用高速旋转的带锯齿的滚筒,或者电动剃须刀式的东西。主持人把似乎可以成功的解决措施记到笔记本上。

(4)说明真实意图。当讨论的议题获得了满意的答案后,主持人把真实的意图向与会者说明,可以与已提出的设想结合起来研究最佳方案。

五、卡片法

卡片法是日本人提出的一种智力激励法,包括日本创造开发研究所高桥诚提出的 CBS 法、日本广播公司提出的 NBS 法及三菱公司提出的 MBS 法。

CBS 法的具体做法是:会前明确会议讨论的发明目标。每次发明小组会议由 3～8 人参加,每人发几十张卡片,桌上另放一些备用卡片,会议时间为 1 小时。最初 10 分钟各人在卡片上填写构想出来解决问题的设想,每张卡片上定一个设想。接下来的 30 分钟,每个人轮流宣读自己的设想,一个人只读一张。宣读之时,其他人可提出质询,若受到启发产生新设想可填入桌上备用卡片中。最后 20 分钟,让与会者相互交流和探讨各自提出的设想,从中再诱发出新的设想。

NBS 法的具体做法是:会前明确发明战略,发明小组会议由 5～8 人参加,每人必须提出 5 个以上的设想,每个设想填写在一张卡片上。会议开始时,各人出示自己的卡片,并依次给予说明。在别人宣读设想时,如果自己发生"思维共振"产生新的设想,就立即写在卡片上,等会议发言完毕,将所有卡片集中起来,按内容进行分类,横排在桌子上,并在分类卡上加标题,然后再进行讨论挑选出最好的方案。

MBS 法的具体做法是:会前明确发明新产品主题,会议由 10～15 人参加。最初 15 分钟各人把自己的设想写在记录纸上，随后宣读1～5个；在别人宣读时自己受到的启发，可随时补写到记录纸上，待轮流发言结束后，进行补充；在进一步的说明并相互质疑修订后，记录员把发言要点分门别类写到卡片上；待卡片分析、整理、图解后，与会者看着图解进行补充、讨论和修改、完善。

第二节　联想法

联想（Association）就是由一事物（概念、现象）想到另一事物（概念、现象）的心理过程。它在心里活动中具有重要的作用。所谓联想法，就是在创造过程中，对不同事物运用概念、模式、外形、机理等的相似性来激发创造性思维的一种创造技法。

联想既可以在特定的对象中进行，也可在特定的空间中进行，还可以进行无限的自由联想。所有这些联想都可以产生出新的创造性设想，获得创造的成功。联想的方法一般为对比联想、相似联想、接近联想和强制联想等（见图5-2）。

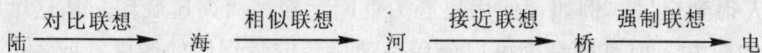

陆 ──对比联想──→ 海 ──相似联想──→ 河 ──接近联想──→ 桥 ──强制联想──→ 电

图5-2　联想法类型示意图

一、接近联想法

发明者在时间、空间上联想到比较接近的事物，从而激发产生新创意、设计出新发明项目的过程，叫做接近联想。例如：

足球运动→ 生产新的足球、足球鞋、球迷彩衣等。

风吹纸屑飞扬→ 利用风力推动装置、防止倒烟等。

德法战争期间，德国侦察兵发现法军阵地后方的空地上有一只家猫经常出没，它每天早晨八九点时总在晒太阳。该空地是一片坟地，而坟地周围又没有村庄和房舍。这位善于联想的侦察兵从空间接近位置想到，里面很可能有个掩蔽体，而且还可能住有高级军官，因为法军中，高级军官可以有家猫。（接近联想）于是向总部发出通知，德军用六个炮兵营集中轰击。事后查明，这里的确是法军的一个高级指挥部，掩蔽体内人员全部丧生。

二、对比联想法

发明者由某一事物的感知和回忆引起跟它具有相反特点的事物的回忆、想象，从而设计出新的发明项目，这就是对比联想。

例如，大—小；黑—白；水—火；温暖—寒冷；黑暗—光明；有毒—无毒。对比联想属于逆向思维，常具有挑战性和异想不到的效果。

对比联想又分为下列几种：

（1）从性质属性进行对比联想。例如，卡介苗的诞生。20世纪初，法国细菌学家卡默德和介兰，有一天一起来到一个农场。他俩看见地里长着一片低矮的玉米，穗小叶黄，便向农场主问道：

"这玉米为什么长得这么差呀，是缺肥料吗？"

农场主回答说："不是。这种玉米引种到这里，已经十几代了，已经有些退化了。"

卡默德和介兰听后不约而同地陷入了沉思，他们都马上联想到了自己正在研究的结核杆菌。他们想，毒性强烈给人类带来了巨大危害的结核杆菌，如果将它一代一代地定向培育下去，它的毒性是不是也会退化呢？如果也会退化的话，将这种退化了的结核杆菌注射到人体内，那它不是就能使人体产生免疫力了吗？（有毒—无毒的属性对比）

正是以这样的对比联想为基础，他们两人花费了13年时间反复研究，培育了230代结核杆菌，最终培育出了对人类作出巨大贡献的人工疫苗。为了纪念这两位功勋卓著的生物科学家——卡默德和介兰，世人便将他们所培育出来的人工疫苗称为"卡介苗"。

（2）从结构颠倒进行对比联想。从空间考虑，前后、左右、上下、大小的结构，颠倒着进行联想。例如，日本有一位家庭主妇，常为煎鱼感到恼火，一是鱼老是要粘在锅上；二是煎好的鱼，常常东缺西烂的，令人没有胃口。她发现这是由于锅底加热后，鱼油滴在热锅底上造成的。有一天，她在煎鱼时突然产生了一个"上下倒过来煎"的念头，能不能不在锅的下面加热，而在锅的上面加热呢？在经过好几种"从上面烧火"的做法尝试之后，最后她想到了在锅盖里安装电炉丝而从上面加热的办法，终于制成了令人满意的"煎鱼不糊的锅"。这种锅不仅煎鱼不糊、不烂，而且还能既省油又不冒烟。

再如，由大摄像机对比联想到发明制作袖珍摄像机，由大电视机到微型电视机，等等。

（3）从优缺点角度进行对比联想。复印资料不清楚，甚至印不上显然是个大缺点。然而，加拿大一家公司的普通职员格德约却从优缺点角度进行对比联想，成功研制了销路很好的"防盗影印纸"。

事情起因是，有一天，他在办公室里不小心碰翻一个瓶子，瓶子里的液体泼在了一份正待复印的重要文件上。文件上被液体污染的部分，其字迹还清晰可见，但当他拿去复印时，被液体污染过而字迹依然清晰的那部分，却变成了一团一团的黑斑，什么也看不见了。正当他由喜转忧，为如何消除文件上的黑斑一筹莫展时，他头脑里突然冒出了一个倒过来想法，是不是可以以这种"液体"为基础，变不利为有利，研制出一种特殊的能防止盗印文件的特殊的液体来呢？经过不懈努力，格德约最后推向市场一种深红色的防盗影印纸。这种纸不仅可以写字或打印，而且最主要的是，它能吸收复印机里的灯光，使复印出来的文件一片漆黑，什么也看不清。1983年，格德约在蒙特利尔市开办了一家"加拿大无拷贝国际公司"，专门生产这种价格昂贵防盗影印纸，销路一直很好。

（4）从物态变化进行对比联想。即看到从一种状态变为另一种状态时，联想与之相反的变化。

法国的生物学家巴土德发现食物的腐败是由于细菌繁殖的结果，只要将食物煮沸就能妥善保存，于是产生了热藏法。英国开耳芬则从相反方法进行思考，在冷冻条件下，细菌是否也会停止活动？经试验，果然取得了很好的效果，他由此发明了冷藏法。"热"和"冷"是对立的，但"热"和"冷"在保存食物方面取得了同样的效果。

再如，英国物理学家戴维根据化学能可以转换电能，倒过来联想而最终发现了电能也可以转换为化学能。英国物理学家法拉第根据电能生磁，倒过来联想最终发现磁也能生电。18世纪，拉瓦锡把金刚石煅烧成二氧化碳的实验，证明了金刚石的成分是碳。1799年，摩尔沃成功地把金刚石转化为石墨。金刚石既然能够转变为石墨，那么反过来石墨能不能转变成金刚石呢？后来人们终于用石墨制成了人造金刚石。

三、相似联想法

这是对相似事物的联想，又可称类似联想，这种联想也常常被用到创造发明中。钓鱼钓出来的发明——定点海洋气象观测船的诞生，就是从钓鱼的浮标相似联想的结果。

1805年，英国海军大将蒲福把风力分成13个等级（0～12级）。如果参照物（比如船）在海面上一动不动，海面一片死寂，这时的风力被定为0级；虽然有风，但不能把帆船推行，这是最懒惰的风，定为1级；一旦风把海水吹起10多米高的巨浪，帆船不能行驶，风速在24.5至28.4m/s之间，定为10级；海浪滔天，风速在32.7至36.9m/s之间，风像狂暴的巨人一样拔起大树，吹倒房屋，甚至吹翻汽车，把海中小型船吹沉或刮到岸上，这时的风力被定为12级。后来，科学发展了，后人对较大的风速又进行了分极，把蒲福风级扩展到17级。

定点观测船是海洋气象观测的重要工具。它观测任务的危险性很大——必须钻进狂风暴雨中进行定点观测，船不但不能翻，还要稳，以确保观测狂风的风级。美国加里福尼亚大学的海洋研究所接受了建造定点观测船的任务。研究人员绞尽脑汁，拿出各种不同的方案，建造了各种实验模型，可就是过不了大风这一关。干脆去钓鱼放松一下。于是，一位研究人员来到湖边，他把细长的浮标抛到水中，看着浮标的下端垂直地静立在水面上，湖光山色倒映在水中，凉风习习，白云蓝天，紧绷的脑神经顿觉轻松。这时，忽然一个汽艇从远处驶来，激起水波向岸边扩散，水面开始剧烈地晃荡起来。可是，尽管水面上下晃动，但浮标好像没受影响，随着水波上下，但始终保持垂直的姿态，没有倒下。"哎呀！就是它！这就我们要做的观测船。"研究人员双眼放光，大声喊了起来。

一艘600吨重的定点观测船就这样诞生了。观测船的船体由钢板制成，内部全空，后尾船舱装备着观测仪器和船员生活舱。平时，这艘船也能像普通船只一样航行。到达观测点后，打开船头进水口，让海水进入，船头因海水质量而下沉，船尾的指挥舱、生活舱和观测仪器竖立在海面上，观测工作就开始了。由于观测船的浮力中心与船的重心在一条垂直线上，而且重心又在浮力中心的正下方。这样，任凭海上风急浪高，船也不会晃动。

四、自由联想法

这是在人们的心理活动中，一种不受任何限制的联想。这种不经意的联想成功的概率不是很高，但有时会收到意想不到的效果。如荷兰生物学家列文·虎克就曾从自由联想中，发现了微生物。那是 1675 年的一天，细雨濛濛，列文·虎克在显微镜下观察了很长一段时间，眼睛累得酸痛，便走到屋檐下休息。他看着那淅淅沥沥下个不停的雨，突然想起一个问题，在这清洁透明的雨水里，会不会有什么东西呢？于是，他拿起滴管取来一些水，放在显微镜下观察。没想到，竟有许许多多的"小动物"在显微镜下游动。他兴奋极了，又在露天下接了几次雨水，这回却没有发现那些"小动物"。过了几天，他继续接雨水观察，同样发现了许多"小动物"。于是，他又广泛地观察，发现"小动物"在地上、房间里、空气中比比皆是，处处可见，只是"小动物"的形状不一、活动方式各种各样。列文·虎克将这些"小动物"称为微生物。微生物的发现打开了自然界又一扇神秘的大门，揭开了生命的新篇章。

五、强制联想法

强制联想法就是把乍看起来无关联的事物强制地揉合在一起，则有可能找到转换想法的机遇，获得意想不到的成功。

例如，1992 年市场上出现的悬挂式多功能组合书柜就是发明者张宝钢采用"书柜"与"壁挂"的强制联想设计成功的。壁挂是装饰手段较丰富的室内装饰物。书柜与壁挂强制联想，把书柜按照装饰的方式做成像壁挂那样的外观形式，挂在墙上。

须要指出是，在运用强制联想法时，联想构思的结果可能是已有的发明项目（见表 5-2），也可能是有意义的新发明项目，还可能是暂时无意义的联想。须要进行进一步的评价和筛选。

表 5-2 强制联想构思

	灯	钥匙	螺纹	雨	脚踏	冲击	笔	钻
浆糊	×	×	×	×	×	×	△	
电	○	△		△	○	○	○	○
折叠				×	×	×		
过滤				×	△			
罩	○					×		
记数	△	△		×		○	△	○
网					×	×		
绳	○	○				×	△	×

注：○ 为已有的发明；× 为无意义的联想；△ 为有意义的联想。

六、焦点法

"焦点法"（Focused Object Technique）是以特定的问题作为焦点，强制地把随机选出的要素结合在一起，以促使新的创意思路产生的创造技法。它是由英国 C.S. 惠廷（C. S. Whiting）等人在综合强制联想和自由联想的基础上所形成和发明的。焦点法的实质在于把几个偶然选择的对象的特征用于所要改进的对象，即焦点对象，从而摆脱心理惰性的束缚，形成新的组合结果。例如，如果偶然选择对象为虎，而所要改进的对象（焦点对象）为毛笔，那么把虎的特征与毛笔结合起来，就形成新的组合："条纹状毛笔"（指虎皮的特征），"凶猛的毛笔"（指虎的本性特征），"巨齿獠牙的毛笔"（指虎的牙齿特征），等等。

焦点法有两个要点：

第一是要以人们所感兴趣的问题——"焦点"为突破口，激发联想，来解决陷于困境的创造、设计等思路，开拓工作。

例如，在设计有关某一商品的广告时，往往会出现很难从该商品的形象和联想中萌发出独辟蹊径的设想的困境。这时，可以考虑一下人们所感兴趣的问题，诸如，"当前的话题""自己的希望""家庭琐事""季节感""博得人缘者""适合时势的事件"等，然后以此为突破口，把它们全都与商品联系起来，就可以构思出某一商品的精彩的广告。

第二是要从各个方面随机挑选与主体无关的因素，强制联想，如果需要，可进一步联想扩展，以引导创造思路。

焦点法的特点就是无限地进行联想，并且与特定的要素相结合。焦点法的应用领域很广，从新产品的开发到设计广告乃至随笔和小说的写作等。

1. 焦点法的程序

焦点法具体的做法，主要是持续地进行自由联想，并且巧妙地使联想与主题发生联系。至于联系的要素，应该选择能够使人们感兴趣的要素。

（1）决定可以成为焦点的商品或主题（输出）。

（2）任意寻找一个好像可以作为结合点（输入）的线索。

（3）通过联想，使商品或主题与输入发生联系，进而考虑设想。

（4）如果与预期目标相差甚远，甚至不理想时，进一步自由联想，然后再使之与输入发生联系。

（5）归纳成简明易懂的表格，得出结果。

2. 运用焦点法的实例

焦点法是推敲具有某种特定要素的问题的方法，它可以形成千姿百态的设想。

在新产品的开发、广告制作等方面，只要针对主题决定各种要素，就可以开始进行自由联想，相当有效。

运用焦点法的实例介绍如下：

（1）"椅子的设计"的焦点法思路。选择"电灯泡"作为输入的要素。首先根据电灯泡所具备的属性进行考虑，并且产生下列设想：① 玻璃的椅子；② 薄型的椅子；③ 球状的椅子；④ 螺旋式插入结构的椅子；⑤ 电气保温的椅子；⑥ 电动椅子。

强制地把以上各种设想结合在一起，进行自由联想。

在进一步的联想扩展中，可以选其中任一设想进行。例如，从"球状的椅子"中产生出"球""形"之类的联想。

从"球"中产生下列程序扩展联想：球根→花→考虑到饰有鲜花图案的椅子→花的香味→有香味的椅子→花茎→设计出花茎或花叶式的椅脚→花名→玫瑰坐椅。

从有关"形"的联想中，则可以考虑适合人体的椅子以及印有明星签名的椅子等。如果再从"电灯泡"这一要素进行考虑，还可得到意想不到的飞跃性的设想。

（2）"追求照明器具新功能的设计"的焦点法思路。环视房间，从偶然注意到的时钟开始考虑。把根据时钟联想到的各种设想全部记录下来。① 四角的框架；② 针；③ 石；④ 方角；⑤ 起源；⑥ 猫；⑦ 困倦。

这样，无限地联想到各种事物后，就把它们与照明器具这一主题结合起来进行考虑（见图 5-3）。

例如，就"针"这个因素而言，可以考虑是否能设计出像针那样发出细束光线的自动铅笔型的照明器具，或者是像针那样有穿透力光线的救急灯。就"磁石"这个因素而言可以设想把磁石安装在台灯上，为从事精细工作的人提供方便。就"猫"这个因素而言，则考虑使照明器具的灯光像猫眼那样可以自动调节，并且能保持恒定光束。

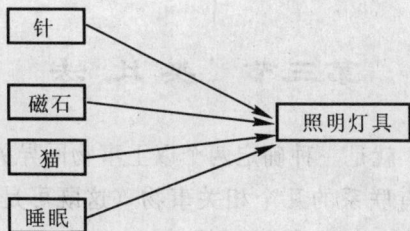

图 5-3　照明灯具新功能焦点

（3）"葡萄酒的电视广告"的焦点法思路。把在电车中看到的"鞋"作为结合点（输入）进行联想，如表 5-3 所示。

表5-3 鞋的"葡萄酒的电视广告"的焦点思路

鞋 的 属 性	与葡萄酒的联系	在广告剧形象上的应用
有各种尺码	与年代相称的葡萄酒	在大尺码鞋子上配上小尺码的儿童鞋；学习华尔兹舞；"爸爸的葡萄酒"
材料各不相同（皮革、乙烯树脂、人造革） 有鞋带 有鞋跟	上等的葡萄 瓶底 了解饮量	
有失去原形的情况	溶解了的葡萄酒	在公寓居室的入口脱下的各种轻便运 动鞋。年轻人的各种喧闹声，年轻人的 宴会，抱着葡萄酒酒瓶的年轻人
在日本，要先脱鞋再进入室内 保暖的——长统靴 风凉的——凉鞋 轻便的——轻便运动	畅饮的葡萄酒	就寝前的短暂时间，畅饮葡萄酒的女人，轻轻的叹息和长叹，马上又露出微笑。明天用的葡萄酒
重的——安全靴 防雨的——长靴 保护脚部的——登山鞋	热的葡萄酒 冰山上的葡萄酒 佐餐用的葡萄酒 派对上的的葡萄酒	从冰山上往下注的葡萄酒，旁边是沉没的"巨人号"轮船，乘客们从正在沉没的轮船上悔恨地注视着巨大的酒瓶。应急葡萄酒

第三节 类 比 法

所谓类比发明创造技法，就是一种确定两个以上事物同异关系的思维过程和方法。即根据一定的标准尺度，把与此有联系的几个相关事物（这既可是同类事物，也可是不同类事物）加以对照，把握住事物的内在联系进行创造。

瑞士著名的科学家奥·皮卡德（Auguste Piccard）就运用类比法发明创造了世界上第一只自由行动的深潜器。皮卡德是位研究大气平流层的专家，他曾设计的平流层气球飞到15 690米的高空。后来他又把兴趣转到了海洋，研究海洋深潜器。尽管海和天是两个完全不同的世界，然而海水和空气都是流体，因此，皮卡德在研究海洋深潜器时，首先就想到利用平流层气球的原理改进深潜器。在这以前的深潜器，既不能自行浮出水面，又不能在海底自由行动，而且还要靠钢缆吊入水中。这样，潜水深度将受钢缆强度的限制，钢缆越长，自身重量就越大，也就容易断裂，所以过去的深潜器一直无法突破 2 000 m 大关。皮卡德由平流层气球联想到海洋深潜器。平流层气球由两部分组成，充满比空气轻的气体的气球和吊在气球下面的载人舱。利用气球的浮力，使载人舱升上高空，如果在深潜器上加一只浮筒，不也就像一只"气球"一样可以在海水中自行上浮了吗？皮卡德和他的儿子小皮卡德设计了一只由钢制潜水球和外形像船一样的浮筒组成的深潜器，在浮筒中充满比海水轻的汽油，为深潜器提供浮力，同时，又在潜水球中放入铁砂作为压舱物，使深潜器沉入海底。如果深潜器要浮上来，只要将压舱的铁砂抛入海中，就可借助浮筒的浮力升至海上，再配上动力，深潜器就可以在任何深度的海洋中自由行动。这样就不需要拖上一根钢缆了。第一次试验，就下潜到了 1 380 m 深的海底，后来又下潜到 4 042 m 深的海底。皮卡德父子设计的另一艘深潜器"里亚斯特号"下潜到世界上最深的洋底——10 911 m，成为世界上潜得最深的深潜器（见图 5-4），皮卡德父子也因此被誉为"能上天入海的科学家"。

图 5-4 "里亚斯特号"深海探测潜水器

类比法可以分为直接类比、幻想类比、仿生类比和综摄类比等。

一、直接类比

直接类比就是将思考对象直接比较相类似的事物。上述皮卡德父子设计的海洋"深潜器"，就是直接类比的结果。

最初的洗衣机还很不完善。日本有一位叫喜美贺的家庭妇女，和很多人一样，为洗衣机洗衣服时衣服常常沾上小棉团而苦恼。怎样才能使洗衣机不让衣服沾上棉团呢？喜美贺开始了思考。一天她正在遐想时，幼年时的情景忽然浮现在脑海，小伙伴们在田野里捉蜻蜓，手握一根长木棍，棍子的另一端是个圆圈，圆圈上罩着蜘蛛网，大家在田埂上撒欢地跑，见到蜻蜓后便将木棍一挥，蜻蜓便沾在网上了。这时，她眼前一亮，在洗衣机内放一个小网是不是也可以罩住小棉团呢（直接类比）？喜美贺用了三年时间，做了许许多多各样的小网，最后终于获得了满意的效果，将小网挂在洗衣机内，水使衣服和小网不停地旋转，小棉团之类的纤细物就落入网中，搜集线絮的洗衣机小网就这样被成功地发明了。

又如泌尿科医生在治疗病人肾结石的时候，想到开矿石时要用炸药爆炸，那么消除肾脏内的结石是否也能引入爆破技术，把结石炸碎而排出体外呢？目前世界上第一流的爆破技术，能将一幢高层建筑炸成粉末，而不影响四周的街面和其他建筑物。于是，聪明的医生们经过精确的计算，把炸药的份量用到只能炸碎肾脏里的结石，而不影响肾脏本身，直接类比成功创造了医学上的"微爆破技术"，给肾结石病人带来了福音。

另外，引进某些幻想手段进行类比、分析，从中找出合理的部分，也可达到发明创造的目的，有人称此为幻想类比法。例如，1942 年，美国的阿塔纳索夫教授和他的学生贝利，运用此法，发明设计出电脑，并制成了阿塔纳索夫-贝利计算机（世界上第一台电脑）。幻想类比有助于产生新颖独特的设想，激励创造性思维，但它没有精确的定义。因而后来不再把幻想类比单独区分出来，而应用直接类比即可探求各种类比的实例。

二、仿生类比

模仿生物的结构和功能等进行创造发明的类比方法，称为仿生类比法。

"尼龙搭扣"的发明是仿生类比一个生动的例子。大约在 1948 年，一位名叫乔治·德梅斯·特拉尔的工程师发现，他每次打猎回来后，总有一种大蓟花植物粘在他的裤子上。他用显微镜一看，发现每朵花上都长有许多很小的钩子，能紧紧钩住布料的纤维。于是他就想，如果将布带表面也布满这样的钩子，那么，两条布带不就能互相粘在一起代替扣子、拉锁或系带了吗？经过 8 年的研制，他终于制成定型产品，并于 1957 年前后在许多国家获得了专利。

再如，通过模仿荷叶表面纳米结构，可以制造出永远洁净的衣服。荷叶的这种极强的疏水性能和自清洁功能缘自其表面奇特的纳米结构，在荷叶的表面分布着无数纳米（1 nm（纳米）$= 10^{-9}$ m，即十亿分之一米）尺度的"小山"，这些"小山"使得滴落在荷叶表面的水滴无法与荷叶表面"亲密接触"。研究表明，荷叶表面和水滴底部的正切线之间形成的夹角往往会超过 140°，有时甚至可达到 170°。由于有了这层纳米保护膜，荷叶与水滴接触面积就会减少到最低限度。这些水滴在荷叶上变成一个个自由滚动的水珠，在滚动中会带走荷叶表面的尘埃。现在，研究人员正在利用"荷叶效应"来制造一种超疏水性喷雾材料。这些喷雾材料中溶入了纳米粒子，一旦喷出就会在物体表面形成一层很特殊的薄膜。在电子显微镜下观察这种薄膜，就会发现薄膜的表面密密麻麻地分布着无数的"小山"，"小山"与"小山"之间的山谷是如此之窄，再小的水滴也休想钻进去，只能在"山头"间跑来跑去。现在，这种喷雾材料有望运用到我们生活的方方面面用来生产各种各样的防雨防水产品。

三、综摄类比

综摄类比法是指发明者首先通过分析设法把要解决的问题变陌生为熟悉，进而再变熟悉为陌生，运用直接类比、亲自类比和象征类比等综合类比手段进行发明创造的一种创造技法。

综摄法源自希腊文"Synecdocho"，意为"表面上无关而实际上有联系的事物的强行结合"。国内有人将其译为提喻法、类比法、集思法、分合法、产业操作法等。它是美国创造学家威廉·戈登提出的，始于 20 世纪 40 年代，成熟于 60 年代的一种较完善的创造技法。

综摄法的理论依据是心理学一种称为"垃圾箱理论"。该理论认为，人的大脑对反映进来的形形色色的事物分别对待并储存在不同地方。一类是经常反映进大脑的东西，由于反映次数多，熟悉了的结果在大脑中形成相互间有联系的有序的排列状态。大脑中的另一类东西，是那些反映次数少，不熟悉、陌生的事物，形不成有序的排列，因而只能将它们堆放在大脑一角，像垃圾箱中的垃圾一样。

戈登认为，创造发明是找未知的联系，所以才要去翻"垃圾箱"，把似乎无关的东西联系起来。他发现创造过程明显地分为两个阶段，变陌生为熟悉的第一阶段和变熟悉为陌生的第二阶段。

变陌生为熟悉阶段主要是"把自己初次接触到的事物或新的发现运用到自己早已熟悉的事物中去"，通过分析、了解，把"未知"或"少知"转换成"已知"和"多知"。例如，日本的石桥正二郎（布里奇斯顿轮胎公司的经理）在经营日本式的布袜子店时，第一次乘上东京的电车，他从车费一律 5 分这件事中受到启示，一举改革了自江户时代以来布袜按长度论价的办法，实行了统一的价格。

变熟悉为陌生阶段主要考虑"是否可以通过新的见解来找出自己非常熟悉的事物中不同之点"。它就像一个弯下腰来从两腿内看世界的孩子，突然发现整个世界都倒过来，变了样子。将"已知"转换成"未知"，熟悉的事物变成不熟悉的，这样就会从更新的角度来分析解决问题，从而有利于新的创造。该阶段的思维已跳出已有的习惯，通过直接、亲身和象征类比使得发明成功。

1. 综摄类比法的操作步骤

综摄类比法的操作步骤可以用下面的流程表示（见图 5-5）。

（1）给定问题。该步骤是指对要解决问题的陈述。问题可以由外部提供，也可以是综摄类比法发明小组成员自己提出，主要是用来确定发明课题。

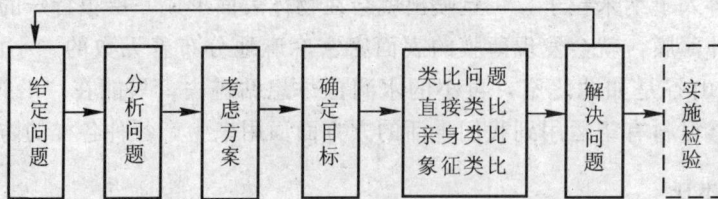

图 5-5　综摄类比法操作步骤流程图

（2）分析问题。该步骤是指由科技专家对给定的问题进行解释，使陌生问题变为熟悉。

（3）考虑方案。该阶段是指综合类比发明小组成员，在听到给定问题和科技专家的辅导解释后，立刻提出一些建设性想法。如果这些方案很好，将有利于解决问题，即使想法不够恰当，科技专家将解释为什么这种建议行不通，以帮助成员更好地理解问题。

（4）确定目标。该阶段是指在斟酌问题之后，各位成员都要根据其对问题的理解，复述或写出达到目标的各种形式的关键叙述词，从中选出适当的有利因素，以确定目标。例如，假设问题是"任何场合都可使用能随意加油的容器"，解决目标可以确定为"每次使用时不必取下或安上盖子"等。这种复述应当是多角度的，可以不受任何已知定律和事实的约束。

（5）类比问题。该阶段是指将目标问题进行隐喻类比，提出更新、更好的创意和方案。类比问题可以有直接类比、亲身类比、象征类比三种不同的提问方式。① 直接类比就是直接找出相似的东西，由此获得启示萌发创意的方法。这里多采用从大自然中获得灵感，直接类比。② 亲身类比的最简单的形式是"如果我们是他（它）……"这种角色扮演的亲身类比，常常被用来解决与人有关的问题。当人们把自己看做特定情景中一个假想人物时，他会更精确地感受和行动。例如，贝尔发明电话就是亲身类比把钢片比作了人的耳膜，触类旁通，获得成功的。事后他回忆道："它吸引我注意到，与控制耳骨的灵敏的薄膜相比，人的耳骨的确很大。这使我想到，如果一种薄膜也是这样灵敏，以至于能够振动几倍于它大的骨状物，那么问题就解决了。这就是较厚而又粗糙的膜片（钢片）不能振动的原因。由此，电话被构思出来了。"③ 象征类比是用具体的事物表现某种特殊意义，如用火炬象征光明等。象征类比就尽可能地采用象征性的东西，使关键问题简化，把问题中提炼出来的关键词进一步推敲，从中获得启发的类比方法。

例如，要解决开罐头的难题，利用象征类比在概念"开"字上做文章。

"开罐头可以放一个自动构件在罐头中，同时自动开启。"

"开就是原来关着，现在把它打开，关→开。如夹子，夹子是可逆的，关→开→关，夹子不能封死，贝壳闭合得很好。"

……

126

通过摆弄"开"这个动词，从原有的开罐头刀具的观点中超脱出来，想出一大堆关于"开"的不同形象，如夹子、火山口、书本、豆角皮儿、贝壳等。其中豆角皮儿的"开"很有趣，它是先从中间开缝，然后一分两瓣。受此形象启发，人们把原有的罐头陌生化，将它想象为豆角皮儿，于是就有了带切割痕的方便开启罐头的发明。

(6) 解决问题。该阶段是指最后制定解决问题的方案。该阶段要把通过直接、亲身和象征类比所得到的想法与前面解决的问题结合起来，最终归结形成新颖的、有效的发明方案。这一阶段要尽可能地发挥专家的作用，以达到最佳效果。

(7) 实施检验。该阶段是对发明方案的实施和检验。由于各项具体方案（或发明）的真正完成受制于多种相关的条件，故该阶段可视为辅助备用阶段，其操作视具体情况而定。

综摄类比法既可用于个人，也可以小组集体采用。小组讨论的方式与头脑风暴法大致相同，差别在于综摄法研究问题时比较深入，可以解决难度较大的技术问题。

2. 综摄类比法发明小组建立

(1) 挑选人员的原则。当受委托要在某校、某工厂或某公司组建综摄类比法发明小组时，应本着下列 6 条原则来考虑和选择人员，并且负责人应当和候选人面谈。① 代表性。选择候选人时应考虑到要解决的问题所涉及的各方面、各部门、各班组。一个典型的综摄类比发明小组，最好由 3 名发明尖子（或技术革新尖子）和 2 名发明爱好者组成。② 年龄要求。即对候选人的年龄要求，工人应在 18 岁至 35 岁之间；学生应在 13 岁至 28 岁之间。因为他们的思维活跃、精力充沛。③ 思维能力。所选的人员应有较强的创造思维能力。④ 创造精神。所选的人员应具有发明家的创造精神。⑤ 发明背景。把曾经搞过一些发明或改进的人吸收到发明小组来，有利于新的发明项目。⑥ 教育程度。对候选人的教育背景有一定要求，因为发明小组成员受的教育，能够为他考虑较广阔的领域的问题打下基础。

(2) 综摄类比发明小组成员应具备下列能力和品质：① 隐喻（包括比喻、拟人、象征等）能力；② 概括能力；③ 敢冒风险；④ 敢作敢为；⑤ 不重视身份；⑥ 乐于帮助别人；⑦ 愿意补充别人。

(3) 发明小组组长应具备以下几个条件。① 具有乐观坚定的信念，对存在可能性有极大的热情。② 具有广泛的生活、发明和工业生产的经验。③ 对综摄类比法有深刻的理解。④ 同其他成员相比，对会议讨论的问题能保持一定的心理距离，也决不轻意使自己陷入别问题中，以便把握会议的方向。

3. 综摄类比法实例

现以改编戈登所进行的"石油矿床中原油含量的调查"为例。

(1) 给定问题——怎样调查石油矿床中原油含量？

(2) 分析问题——专家分析"最好的方法是采用开孔的钻井机，从岩心中提取标本……"

(3) 考虑方案——没有特别的设想和规定。

（4）确定目标——查清石油是如何混挤在矿床岩石中的。

（5）类比问题——找出呈混挤状态的实例。

直接类比：停在牛尾巴上的苍蝇；为了战胜其他生物而繁殖的病毒。

亲身类比：变成病毒，我是很小的生物；我像螺丝、丝锥那样呈螺旋形。

象征类比：漫天飘荡随风挤入房间的花粉；成群的蜜蜂搬家。

……

（6）解决问题——提出"如果用某种方法使石油凝聚起来，石油就会发生反应"；"如果石油中混入类似于病毒或花粉等的某种元素就可测量原有的含量"；等等。与解决问题的方案联系起来，最终编制解决问题的方案。

四、NM 法

NM 法是日本创造学家中山正和于 1970 年提出的一种发明方法。此法既具有综摄类比法那种思维灵活、思路开阔的特点，又具有卡片整理法那种直观性和逻辑性强的特点。它是把综摄类比法和 KJ 法结合起来的一种创造技法。

该法是先探讨创造对象的本质属性或特有属性，抓住一些关键词句，以形象思维类比推理的方式，一环紧扣一环地提出问题，最后寻找解决问题的方法。

NM 法的具体步骤如下（程序见图 5-6）：

（1）搜索"点的记忆"，横向排列。

（2）连成"线的记忆"，纵向排列。

（3）选取与联想。

（4）确定设计方案。

确定主题 → 抓关键词 → 问题类推 → 背景提问 → 概念提问 → 形成概念

图 5-6　NM 法基本程序图

以开发洗衣机为例，其操作的步骤如下：

（1）确定主题。主题为洗衣机。

（2）抓关键词。洗衣机的关键词为洗、清洁、安全等词。

（3）问题类推。通过联想、类比，列举洗涤的各种相关方式。如用刷子、棒打、揉搓、水冲、干吹等洗法。

（4）背景提问。即对类推出来的各种方式的功能、背景、实施条件进行提问，并作可行性研究。如将洗衣机的控制装置、动力与传动装置、容器装置、外观设计和保护装置等——提出，在目前的背景下是否可行等。

（5）概念提问。经过上述研究后，对创造出来的方案进行评价，如对提出来的几种洗衣机的图纸或试样技术、经济和社会意义方面的评价。

（6）形成概念。从几个洗衣机的创新方案中选出最佳方案。

NM 法常与卡片法、KJ 法和综摄法结合起来，在日本运用较广。

第四节　组　合　法

组合法是通过组合而产生创新设想的创造技法，是当代很重要的一种创造技法。日本创造学家菊池城博士说过："我认为发明有两条路，第一条是全新的发现，第二条是把已知其原理的事实进行组合。"有人对 1900 年以来的 480 项重大创新成果进行分析，发现 50 年代前原理突破型发明占比重较大；20 世纪 50 年代后，现代技术开发的组合型成果已占全部发明的 60％～70％以上。所以有人认为，由"组合"求发展，以"组合"带动创新，已成为当今世界知识与技术创新一种基本形式。

组合发明的特点是以已有的成熟技术为基础，因此，组合法应用非常的广泛。首先，利用组合法不像科学发现或原理突破那样必须具备专深的理论基础，很容易在不很高的知识基础上做出较高水平的发明。如 CT 扫描仪的发明者就是一个没有读过大学的普通技术员。其次，由于成熟的或传统的技术，虽然掌握的人多，熟练程度高，生产成本低，但其产品往往受到新技术的排挤，缺乏竞争力；通过组合法可以将老技术组合，集中各方优点，开辟新的市场。

铁心铜线电缆的发明就是利用多方优势组合而成。一个好的电缆或电线应当同时满足下列要求：① 导电性好；② 机械强度高；③ 容易焊接；④ 耐腐蚀；⑤ 成本低。铜线具有满足①，②，④三项特性；而铁线满足②，⑤两项要求。显然，选择其中任一种材料制成电缆或电线，都不够理想。但是，若把两者组合起来，研制成的铁心铜线电缆，效果非常之好。其结构为芯部用铁制，主传导体的铜则包容铁芯，最外面是绝缘材料（见图5-7）。实际检测表明，这种结构和材料组合的电缆，不但满足了相关要求，还充分适应了电流的趋附效应，是一种非常合理的结构形式。

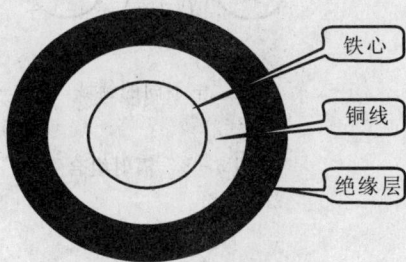

图 5-7　铁心铜线电缆

再如，铝壶是一种老产品，20 世纪 70 年代天津铝壶厂生产的一种铝壶，壶盖上有一个哨子，水一开，哨子就响，呼唤主人来提水。由于这一附加功能，大大提高了产品的身价，市场的销路很好。

总的来说，组合是任意的，各种各样的事物要素都可以进行组合。例如，不同的功能或目的可以进行组合；不同的组织或系统可以进行组合；不同的机构或结构可以进行组合；不同的物品可以进行组合；不同的材料可以进行组合；不同的技术或原理可以进行组合；不同的方法或步骤可以进行组合；不同的颜色、形状、声音或味道可以进行组合；不同的状态可以进行组合；不同领域不同性能的东西也可以进行组合；两种事物可以进行组合；多种事物也可以进行组合。

组合法可以分为辐射组合、辐辏组合、正交组合、强制组合、信息交合法、形态分析法等。

一、辐射组合法

如图 5-8 所示，这种方法就是以某一事物（新技术）为组合出发点，向四周发射，看它都能与哪些事物（领域）组合在一起。

例如，超声波是一种技术，这种技术与各个领域广泛组合产生了超声波研磨，超声波焊接，超声波切削，超声波理疗，超声波清洗零件，超声波洗衣。你可以将这种技术进一步辐射组合，如超声波洗澡，超声波煮饭，超声波养鱼，超声波储粮等。

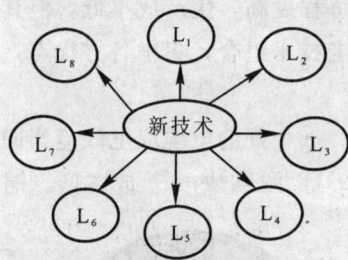

$L_{1\sim8}$—不同的领域

图 5-8　辐射组合

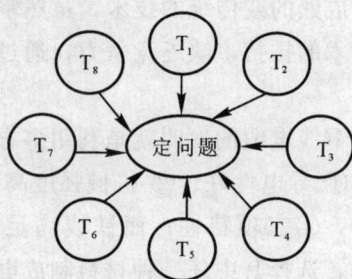

$T_{1\sim8}$　各种技术

图 5-9　辐辏组合

二、辐辏组合法

如图 5-9 所示，这种方法就是以解决特定的技术问题为目标，广泛寻求与解决问题有关的多种技术，像车辐集中于车毂一样聚焦于问题上，形成综合解决方案。

例如，西班牙著名的门泽乃斯气流发电厂（原理见图 5-10），就是围绕"如何提高太阳能利用技术？"这一事物，把温室技术、风力发电技术、排烟技术、建筑技术等多种技术向太阳能利用这一问题聚焦辐辏，修建而成的。其结构简单，就一个宽大的太阳能温室，一个高大的风筒耸立中央，其下安装风力发电机。所有要素都是人们早已熟悉的技术，然而经组合却形成一种最新式的利用太阳能发电技术。

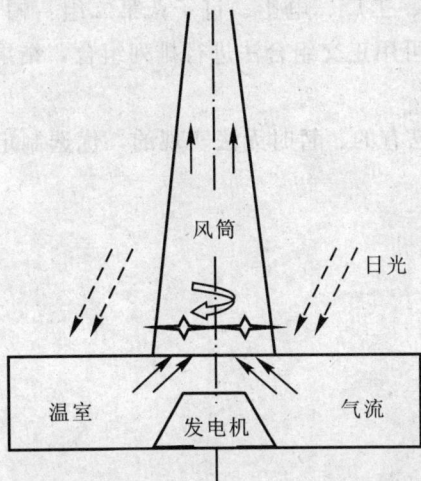

图 5-10 门泽乃斯气流发电厂原理

	a	b	c
d	da	db	dc
e	ea	eb	ec
f	fa	fb	fc
g	ga	gb	gc

图 5-11 两组正交组合

三、正交组合法

将两组或多组信息元素结合排列、相交组合在一起构成新产品的创造技法。图 5-11 为分两组事物（信息元素）进行排列组合的情况。也有分三组进行组合的情况，若各组分别具有 5，4，3 个事物，那么就有 $5 \times 4 \times 3 = 60$ 个组合方案，即每一个正交结合代表 1 种组合方案。

例如北京某创造学家为一食品厂的火腿肠进行新产品开发。组成火腿肠的主要因素有 3 个：① 主要原料；② 形状；③ 味道。采用正交组合，变换这 3 个主要因素进行不同的组合。如图 5-12 所示，仅粗略想到的 3 种因素（原料 6 种、形状 5 种、味道 8 种）的各种变换就可以有 240 种组合方式，也就是说有 240 个品种，其中大部分是新品种。

四、强制组合法

强制组合就是随便地拿来两项或更多的事物，不论其是否相关，强制把它们组合到一块，从中发现创新的思路。

最简单的强制组合法形式就是翻阅属于资料的目录（故又称"目录法"）。步骤如下：

（1）打开产品目录、书籍、杂志或字典，从中任意选择一组单词、条目或题目若干个，排成一行作为第一组。

（2）再从产品目录、书籍、杂志或字典中，任意选择一组单词、条目或题目若干个，排成一行作为第二组。

（3）将两组中的单词、条目或目录依次相互结合，即会给人以很好的启迪。例如，从字典里随意翻出下列两组词。第一组：太阳、动物、水、工厂、电影、钉子；第二组：帽子、电动机、自行车、实验室、催化剂。强制组合的时候可用正交组合法进行排列组合，结果可以得出很多很有意义的组合。

（4）评价筛选。将组合成的方案进行筛选，排除已有的、暂时无法实现的，优选制定出现实可能实现的方案。

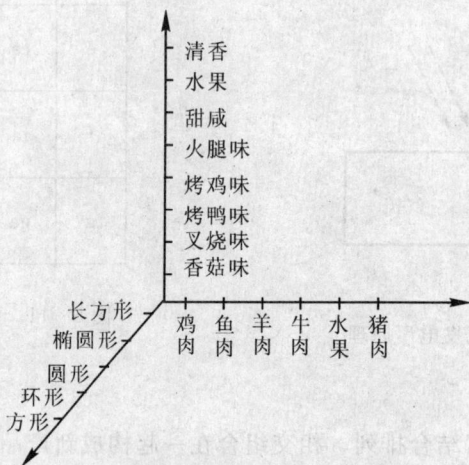

图 5-12　火腿肠新产品开发

五、信息交合法

信息交合法，又称魔球法，是我国创造学家许国泰教授发明的利用信息（已有的和引进的）进行交合而获得新设想的一种创造技法。其做法是把若干种信息排列在各自的线性标轴上，再进行交合形成"信息反应场"，每轴各点上的信息依次与另轴各点上的信息交合而产生一种新的信息。

信息交合法的产生初期，有一个有趣的故事，1983 年在广西南宁召开全国创造学会上，日本专家村上幸雄受邀讲课，一次，他提出以"曲别针用途"为题进行讨论，会上大家说了10 多种，村上很称道。有人问村上有多少种？他伸出 3 个手指，大家认为是 30 种，村上说"300 种"，并用幻灯片放映出了曲别针用途图。大家很受启发。当时许国泰写了个条子，说是 3 000 种，30 000 种。第二天他利用魔球法，自如地把曲别针多种用途列了出来。

只见许国泰先把曲别针的总体信息分解成体积、长度、颜色、弹性、硬度、直边、弧这七个要素，把这些要素用直线连成信息坐标——X 轴（见图 5 - 13）。

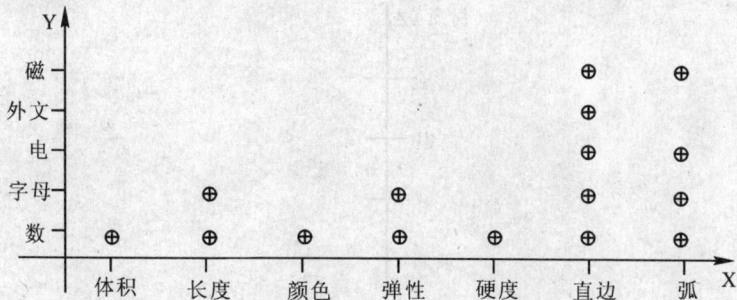

图 5 - 13　曲别针信息交合坐标图

　　再把曲别针各种用途因素分解为数、字母、电、外文、磁等要素。把这些要素用直线连成信息坐标 Y 轴，Y 轴上的"数"标跟 X 轴上的"弧"的要素相交合，曲别针可弯成 1，2，3，4，5，6，7，8，9 等数字，也可弯成＋，－，×，÷等符号。

　　Y 轴上的"字母"标与 X 轴上的"弧"要素相交合，曲别针可弯成 A，B，C，D，E 等英文字母，也可弯成俄文、拉丁文、希腊文等其他许多文字的字母。

　　Y 轴上的"电"标与 X 轴上的"直边"或"弧"要素相交合，曲别针可用作导线或线圈。

　　Y 轴上的"磁"标与 X 轴上的"直边"要素相交合，曲别针可做成指南针。

　　交交合合，合合交交，信息交合法就像一个变换的魔球，一时间把曲别针的用途增加了无数倍。村上幸雄和全场大受鼓舞。

　　信息交合法的程序，可分为 4 个步骤：

　　（1）把要加工的信息群落，用不同的轴线串成不同系统的信息群落，用不同轴线串成不同序的信息轴，并去寻找轴线与轴线的"交合点"。

　　（2）在交合点上相交的若干轴线连结成信息反应场。

　　（3）把信息按层次连成一种为主题服务的顺序进行交合。

　　（4）进行筛选，寻找出最佳结构。

　　这 4 个步骤实际上是分类、交合和筛选的综合。

　　信息可以"繁殖"，不同性质"交合"可生成新信息。信息交合原则如下：

　　（1）本体交合原则。本体交合是自身分裂，原信息轴系和中因子依次"相乘"，能给人以改革性的设想。如图 5 - 14 所示，有 X（杯体），Y（盛液体）和 Z（金属）。

　　如搪磁杯内壁裸露出一片薄银，能知液体（酒等）是否有毒掺入；若是铜内壁与酸性果汁接触会有化学反应；等等。这种本体交合一定要注意整个系统必须有 X，Y，Z，缺一不可。

　　（2）拓展功能原则。人们的思想常被习惯约束，打破习惯，任何产品的功能都可拓宽。

例如喝水杯内壁刻上刻度可当量具；用鸡蛋面粉做杯子，内盛冰激淋等广泛用途。

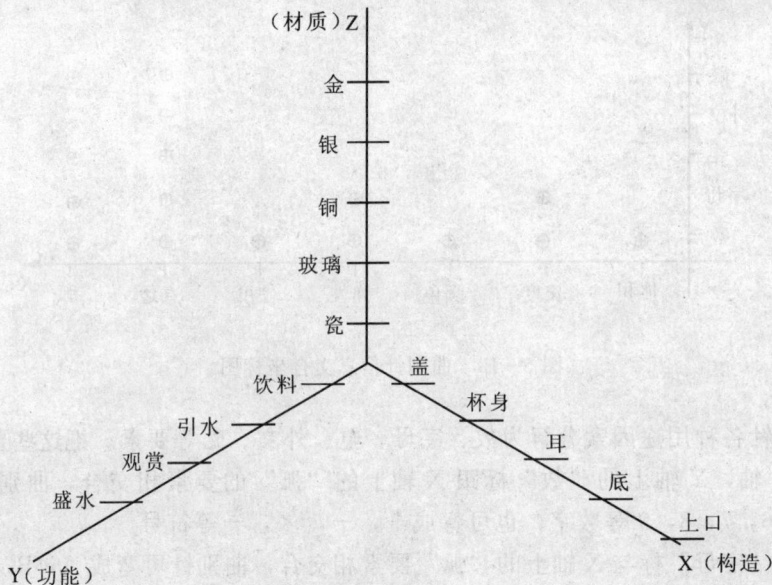

图 5-14　杯子信息交合（魔球）图

（3）整体交合原则。各轴的每个要素逐一地与别轴的各个要素相交合。例如引进温度计，杯上加温度计可测液温。再与 X 轴相交，可想出温度计放于杯体上、杯耳上、盖上，结果是放于杯耳上最好。

（4）立体动态原则。把空间方位轴、时间轴引入反应场，杯盖上嵌入指北针，盖上画出方位，这样的旅行杯可使人知道方向、经度和时间变更。再利用杯盖可旋转引进数学标，可制成函数杯、对数杯等。把磁引入可制磁化水杯，可延寿祛病；引入人生坐标，可产生生辰杯；等等。

信息交合法应用范围很广，它不但用于新产品开发，而且还可用于管理和指导设计等方面。例如，1990 年 5 月，天津市一轻

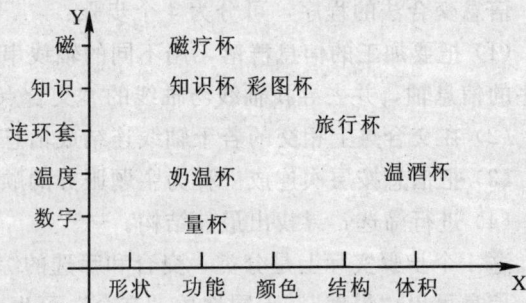

图 5-15　杯子信息交合坐标

局新产品开发训练班上 18 项发明中绝大多数是利用信息交合法创造的。图 5-15 是信息交合法指导杯子的设计的实例。

杯子的功能与温度交合，可在杯上加温度计，便可知道杯中物体的温度；与数字交合，

可在杯上划上刻度，可作量具用；与知识交合，可在杯上绘上地图、九九表、历史年代表等，成为知识杯；等等。

同理，杯子形状与各种要素交合，杯子结构与各种要素交合，都会产生许多构思和创意，例如带连环套的旅行杯等。

六、形态分析法

形态分析法是美籍瑞士科学家茨维基（F. Zwicky）于 1942 年提出来的。形态分析法是一种探求一切可能性的组合方法。其原理是将发明课题分解为若干相互独立的基本因素，找出实现每个因素功能要求的所有可能的技术手段（形态），然后将每个因素的各个手段进行各种各样的组合，从而得到各种总体方案，最后评选出最优秀的方案。茨维基在研究火箭结构方案时，运用此法根据当时可能的技术水平，一共得到了 576 种不同的火箭构造方案，其中很多方案对美国火箭事业发展做出了重大贡献，在他的各种方案中已经包括了当时德国正在研制并严加保密的带脉冲发动机的"F-1型"巡航导弹和"F-2型"火箭。

形态分析法的步骤如下：

（1）明确研究对象。主要包括研究对象的要求，性能要求，使用要求，可靠性要求，成本要求，寿命要求，尺寸要求，外观要求和产量要求。

（2）组成因素分析。主要是确定研究对象各种主要因素（可能是各个部分、装置、成分、过程、状态等）。在确定因素的时候必须注意：① 列出全部必须的因素；② 这些因素在逻辑上是彼此独立的。

（3）形态分析。依据研究对象整体对各因素所提出的功能及性能等要求，详细列举出能满足这种要求的各种方法和手段（每一种方法或手段即因素的一个形态）。在完成这一步的时候，既要有广阔的知识面和丰富的经验，又要有较强的创造思维能力。也就是说，不但现有的方法或手段应全面地尽可能无遗漏地列举出来，还应该发挥创造力，想象出更多的有创造性的方法或手段。

为了便于分析和组合下一步形态，这一步往往要采取列表的形式，把各组成因素的各种可能形态列出一目了然的表中，表的一边为全部的组成因素，一边为各种形态。每个组成因素的每一形态用符号 P_n^i 表示，其中 n 代表因素，i 代表一种形态。

（4）形态组合。按照确定的研究对象的各种要求，分别把各组成因素的各种形态进行排列组合，以获得所有可能的组合方案。

（5）方案初评。由于所得方案的数量往往很大，眼花缭乱，所以评选工作量也很大，须经几次筛选，每次评选都要有一定的评定标准，不能只凭感觉行事。

（6）选择最佳方案。对初步评选出的较优方案，要进一步下功夫分析、评价、计算和实验，找出最佳方案。

现用茨维基本人提出的简单、直观的具体事例来说明形态分析法的实质。1951 年，茨维基详细地研究了在均匀介质中（真空中、空气中、水中、地下）以化学燃料作动力的各种喷气发动机总体情况。形态分析程序如下：

（1）准确表述任务。需要设计新型有效喷气发动机。

（2）编制技术对象全部形态特征，即用以解决课题的特性参量表：

P_1——燃料来源（化学媒介体）；

P_2——牵引力产生方式；

P_3——牵引力调节类型；

P_4——牵引力调节方式；

……

P_7——介质聚集状态；

……

P_9——燃料聚集状态；

……

总共运用了 11 个特征。

（3）揭示每一形态特征的可能方案并编制形态矩阵。

P_1——燃料来源：P_1^1——在火箭舱中储存，P_1^2——从外部介质取得；

P_2——牵引力产生方式：P_2^1——靠内源，P_2^2——靠外源；

P_3——引力调节类型：P_3^1——靠自身调节，P_3^2——靠外力调节；

P_4——引力调节方式：P_4^1——内部调节，P_4^2——外部调节；

……

P_7——介质聚集状态：P_7^1——真空中，P_7^2——空气中，P_7^3——水中，

P_7^4——地下；

……

P_9——料聚集状态：P_9^1——气体，P_9^2——液体，P_9^3——固体。

在编制选择方案表时要大胆地引进幻想的方案（例如，P_1^2 与 P_2^2）。这样能够大大扩大形态分析法的可行性，提高它的创造价值有利于增加原理上新的、独特的解决方案的数量。

最终得到的形态矩阵如图 5-16 所示。

（4）确定全部可能解决方案的功能价值。写出可能的解决方案并加以评价，例如，表示为 $P_1^1 P_2^1 P_3^1 P_4^1 P_5^1 P_6^1 P_7^1 P_8^1 P_9^1 P_{10}^1 P_{11}^1$；$P_1^2 P_2^1 P_3^1 P_4^1 P_5^1 P_6^1 P_7^1 P_8^1 P_9^1 P_{10}^1 P_{11}^1$；等等。

简单的选择就会得到大量解决方案。在我们的例子中假定选择发动机方案的数量为

$$2×3×4×2×4×2×2×4×3×2×2＝36\ 864$$

无疑，其中有些方案显然是自相矛盾的，而现有的内部限制就把初始数字减少到25 344。如果再把发动机在各种介质中工作的特征抛掉，就剩下约 10 000 个解决方案。茨维基 1943 年在较少参量基础上所作的初次评价，仅提供了 576 个可能解决方案，其中包括正确估计到了当时德国人尚在保密的导弹飞机与火箭飞机上装有的脉冲发动机。

(5) 选择最有前途的解决方案。在图 5－16 所示的形态矩阵中，圈定的特征方案的结合，就是州际冲压式空气喷气发动机。茨维基指出，矩阵中的 P_1^2 具有特殊意义，它表示化学能量完全来源于外界介质，喷气发动机不需要机舱内储备燃料。

图 5－16 化学燃料喷气发动机形态分析矩阵

再如，英国厄威克斯管理公司的威尔斯和雷索斯曾运用形态分析法探讨生产金属零件的新工艺。他们首先分析问题，确定出 7 种基本因素。然后，对每个因素列出 3～4 种形态（见表 5－4）。

表 5−4　金属零件新工艺形态分析表

形态 因　素	1	2	3	4
1. 过程	切削	变形	成形	
2. 能量	化学的	机械的	热	生物学的
3. 标度	原子	分子	颗粒	大块
4. 标料状态	气态	液态	固态	
5. 介质	真空	气体	液态	固体
6. 能源	材料内部的	材料外部的	混合的	
7. 能—时关系	稳定的	瞬变的	循环的	

进行形态组合，共得到 5 184 种可能的方案。通过分析比较，去掉已有技术，如 $P_1^1 P_2^2 P_3^4 P_4^3 P_5^3 P_6^2 P_7^1$ 即是冷轧等，得到了一些以前没有过的新工艺，如 $P_1^1 P_2^1 P_3^2 P_4^3 P_5^4 P_6^2 P_7^1$ 即是对悬浮在流体介质中的液体材料进行（电）化学加工，利用稳定的外部能源。

形态分析法应用的范围比较广。它既可以运用于新产品、新技术的开发和利用，又可应用于社会科学研究领域，还可运用于文学创作中。形态分析法是处理复杂问题行之有效的方法。

第五节　列举法

列举是指一个一个地提出来，列举法是将对象的相关要素逐个罗列，并加以改进、创新的一种创造技法。列举法包括特性列举、缺点列举、希望点列举。

一、特性列举法

特性列举是采用对所要创造发明对象特征进行详细分析（即将特征逐一列出）而后探讨能否实现的技法。

一般来说，要着手解决的问题越单一、越具体越好。例如，要改进一部人力车，虽然东西不大，但一下子也很难得出全新的设计方案，原因是它涉及的面太广。如果将人力车分解成若干部分，如车胎、钢圈、钢丝、轴承、链条、齿轮、车身、把手等，针对特性予以分别研究，相对来说就比较容易产生新的设想。

运用特性列举法制定方案的一般过程为：

第一，选择一个比较明确的课题，如果课题较大，则应先把其分解成若干小课题分别进行。课题选定以后，列举设计对象的特征。一般包括如下三个方面：

名词特征：性质、材料、整体、部分、制造方法等。

形容词特征：颜色、形状、大小等。

动词特征：有关机能及作用的性质，特别是那些使事物具有存在意义的功能。

例如，要改革一只煮茶用的水壶，初看起来这种水壶已经很不错了，想不出可以有什么改良的地方，这时可按照特性列举法将水壶的特征分别列出：

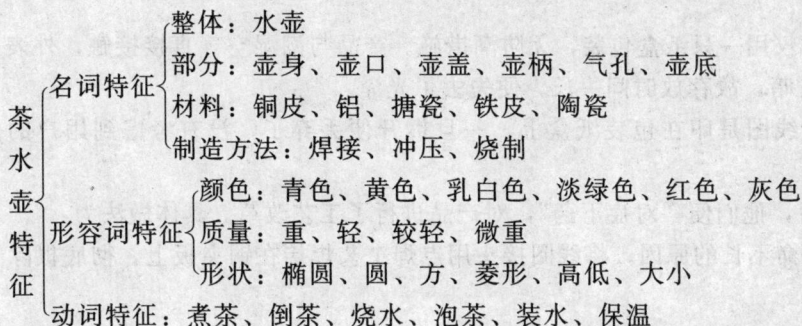

$$
茶水壶特征
\begin{cases}
名词特征
\begin{cases}
整体：水壶 \\
部分：壶身、壶口、壶盖、壶柄、气孔、壶底 \\
材料：铜皮、铝、搪瓷、铁皮、陶瓷 \\
制造方法：焊接、冲压、烧制
\end{cases} \\
形容词特征
\begin{cases}
颜色：青色、黄色、乳白色、淡绿色、红色、灰色 \\
质量：重、轻、较轻、微重 \\
形状：椭圆、圆、方、菱形、高低、大小
\end{cases} \\
动词特征：煮茶、倒茶、烧水、泡茶、装水、保温
\end{cases}
$$

第二，从各个特征出发，通过提问诱发出用于革新的创造性设想。可再用自由发挥法产生众多的设想。比如，通过名词特征出发可提出以下问题：壶柄能否改用塑胶？壶盖能否用冲膜压出，以免焊接的麻烦？壶口是否太长？怎样使焊接处更牢固？除了上述材料外，是否还有更廉价的材料？煮茶时，冒出的蒸汽太烫手，蒸汽孔能否移到别处？从形容词特征可以考虑以下问题：怎样使颜色更典雅？怎样使造型更美观？怎样使壶的自重减轻？在人多的情况下，壶煮茶最合适的型号是多少？在动词特征上，为了在使用上有更多的改进可提出以下问题：怎样更便捷地既煮茶又烧水？怎样倒茶更方便？是否可以增加煮咖啡的功能？是否可以增加晚上煮宵夜，例如汤圆等的功能？以上这些都能获得新的设想，制定出开辟市场的新产品设计方案。

二、缺点列举法

缺点列举就是通过列举事物的缺点方面，加以改进进行创造发明的一种创造技法。缺点列举由于是直接从社会需要的功能、审美、经济、实用等角度出发，研究对象的缺点，提出切实有效的改进方案，因而简便易行，常可以取得突出的效果。例如，苏州市汽车电器厂是一家只有几十个人的校办工厂，从事汽车喇叭继电器产品生产。由于厂小，产品销路一直不好。他们运用"缺点列举法"，组织技术人员和供销人员共同攻关，专门收集用户对大厂同类产品的意见，对产品的质量进行"会诊"，找产品的缺点。总括起来发现大厂产品有 3 个主要缺点有：

（1）使用寿命不长，经常要更换新的继电器。

（2）产品外表在销售部门存放期一长，镀锌面光泽明显暗淡。

（3）产品接线图印在包装纸盒上，驾驶员更换继电器后即将它抛掉，以后需要检修时就找不到接线图，给检修带来了不便。

针对以上缺点，他们顺藤摸瓜，找出了造成这3个缺点的原因是：

（1）大厂产品中的线圈接头是将漆包线用砂布打亮后直接夹在铜夹板上，再加上它是断续通电情况下工作，时间一长，易使接线头和夹板氧化，造成接触不良，以致断路，故而使用寿命不长。

（2）大厂产品的仅用一只纸盒包装，无防潮措施。产品与潮湿空气直接接触，外表的镀锌面被氧化而逐渐发暗，故存放时间一长，便失去了光泽。

（3）大厂产品接线图是印在包装纸盒上，一旦拆开便丢弃了，没有考虑到用户的使用方便。

找到上述原因后，他们便"对症下药"，对产品进行了工艺改革。具体做法为：

（1）针对造成寿命不长的原因，将线圈接头用点焊工艺焊接在铜夹板上，彻底根除了接触不良的可能性。

（2）针对造成产品外表镀锌面逐渐暗淡的原因，先将产品放入塑料袋内密封，然后再装入纸盒内，这样可以避免产品与潮湿空气接触，不会发黑，保证了产品的光亮度。

（3）针对造成用户保存接线图不便的原因，将接线图另印在一张精美、考究的说明书上，方便用户保存，可供检修时参考。

经过上述3项工艺改革后，该厂的喇叭继电器销售形势大变。产品销售量猛增一倍，产值利润翻番。

缺点列举法运用十分灵活，个人、集体都可运用，而且应用面十分广泛，它不仅有助于革新某项具体产品，解决属于"物"一类的硬技术问题，也可还运用于企业管理中属于"事"一类的"软"问题。

三、希望点列举法

希望点列举是通过事物被希望具有的特征，以寻找设计方案，创造发明的方法。与缺点列举不同，希望点列举是从正面、积极的因素出发考虑问题，所列举的希望点往往是旧事物的本质难以具备的。使用希望列举点的要求，就是凭借丰富的想象力、美好的愿望、大胆地提出希望。

实际上，许多产品都是根据人的希望研制出来的。例如，人们希望洗衣服更省心、更便捷，于是就有人发明全自动智能洗衣机；人们希望夜间开门能找到钥匙孔，有人就设计了带电珠的钥匙圈；人们希望电风扇能吹出一阵一阵的香风，于是产生了自然花香的阵风电扇；人们希望走路也能听音乐，于是就有了随身听；人们希望上高楼不用爬楼梯，于是就有了电梯的发明。另外，古今中外的许多重大发明创造，也都是人们希望所产生的结晶。如人们希望像鸟一样在天空翱翔，于是发明气球和飞机；人们希望像鱼一样在海里畅游，于是发明了轮船和潜艇；人们希望夜如白昼、冬暖夏凉，于是发明了电灯和空调；等等。

在电话刚产生的时候，美国创造学家艾可夫曾对电话罗列了下列希望点：

（1）不需要用手，即可使用电话。

（2）只要想用电话，就能在任何场合使用它。

（3）不会接到错拨号码的电话。

（4）听到铃声就能知道是谁，从何处打来的电话，这样便可以不去接那些不想接的电话。

（5）通话时，如果他人想打进来，主人能知道是谁打来的，可以请他稍候或略通数语后，再回顾原来的电话。如果拨电话给他人，遇到占线，也不必挂断，待对方通话完毕后即可自动接上线。

（6）当无暇接电话时，可以预告在电话里留口信给某人。

（7）能使三个人同时通话，而且不比两人通话难。

（8）可以选择使用声音或画面来通信息。

艾可夫的一位从事电信业的朋友告诉他，上述设想在技术上皆可行，如果把其中任何一项作为发明创造目标，都会制造出更能满足人们需要的新式电话。事实上，我们现在所用的各种各样新式电话，基本上实现了艾可夫早年的希望。

第六节　检核表法

检核表法是把提出的问题按一定的思路编制成表，供创造（设想）时参考使用的一种创造技法。检核表法之所以能开发人的创造力，帮助人们创造发明，原因就在于其突破了旧的框架，引导人们从各个方面去设想，使人闯入新的创造领域。常用的检核表法有奥斯本检核表法、十二思路法、5W2H 法。

一、奥斯本检核表法

此检核表由奥斯本提出，包括 9 类 76 个激励思维的问题，具体内容如下：

（1）可否改变功能、颜色、形状、运动、气味、音响、外形、外观？是否还有其他改变的可能性？

例如，手表盘由圆形改变为长方形、椭圆形；盘底色由白色变为蓝色、灰色或带有星光图案等；表内加入能发出声音的元件，可以像闹钟一样使用。

（2）可否增加些什么？可否附加些什么？可否增加使用时间？可否增加频率、尺寸、强度？可否提高性能？可否增加新成分？可否扩大若干倍？可否扩大或夸大？

例如，半导体材料的诞生。20 世纪 50 年代，世界各国在半导体材料的研制中面临的关键问题是要将锗提炼得很纯。日本新力公司的江崎博士和助手黑田百合子就此问题进行了多次探索和实验。尽管他们实验操作的十分谨慎，但是操作中总不免会混进一些杂质，导致实验一次次的无功而过。一天，黑田忍不住住了说："既然杂质不易清除，还不如增加一些杂质试试看，不知道能搞出什么样的锗晶体来？"江崎一听茅塞顿开，立即照此设想进行了一连串的实验，结果当锗的纯度降到原来的一半时，一种性能优异的半导体诞生了。此项发明一举轰动了世界，江崎也因"独创出添加杂质为过去数万倍的'隧道二极管'半导体"而获得诺贝尔物理奖。再如，在牙膏中加入药物就成为药物保健牙膏；在自行车增加伞成为带遮阳伞的"防晒自行车"。

（3）可否减少些什么？可否密集、压缩、浓缩、聚束？可否微型化？可否缩短、变窄、去掉、分割、减轻？可否变成流线型？

例如，蒸汽机车（火车）车轮的发明。世界上第一辆沿铁轨行驶的蒸汽机车（1804 年）是 33 岁的机械专家特里维西克发明的，它依靠齿轮啮合轨道前进的，运行时不但发出吱吱的声音，而且速度不快，很难投入使用。后来，23 岁的司炉工，史蒂芬森，把齿轮取下来去掉，机车的速度一下子提高了 5 至 10 倍，一种既不打滑也不脱轨，而且还消除了吱吱噪声的无齿蒸汽机车车轮从此诞生了。再如，去掉了电话线的无线电话、话筒线的麦克风；减少了对吸烟者的毒害的无尼古丁香烟；省掉镜框和镜架的隐形眼镜以及无土栽培、无人售货机等。

（4）可否代替？用什么代替？是否还有别的排列、别的成分、别的材料、别的过程、别的能源、别的颜色、别的音响、别的照明？

例如，"甜菜印泥"的发明。经过检验的猪肉（牛、羊肉）都要盖上蓝色印泥的检验通过章。人们对这种有毒印泥的做法是把盖章那部分的肉切下来扔掉。一个人扔掉一点肉无所谓，但是全国乃至全世界累计起来浪费就惊人了。能否有无毒的印泥呢？人们找道理一种代用材料——甜菜。甜菜能榨糖食用，用它作色素添加剂可做成无毒印泥。仅这一小小的材料取代，带来的经济效益就使得前苏联一年节省了 8 000 万卢布。再如用电台播音，代替扇子来驱赶蚊虫等。

（5）有无新用途？是否有新的使用方式？可否改变现有使用方式？

例如，自行车轮胎的发明。浇花的水龙头富有弹性，除了浇花还能有别的用途吗？邓禄是一名新西兰的医生，他常为儿子在坎坷不平的路上骑自行车担心，因为当时的自行车还没有充气的内胎。一天，邓禄在花园里浇花，水龙带在手中的晃来晃去，很有弹性。"要是将这种有弹性的东西做成自行车轮胎，也许儿子就不会受颠簸之苦了。"于是，他就用这浇花的水龙带做出了第一个自行车轮胎。

（6）有无类似的东西？利用类比能否产生新观念？过去有无类似问题？可否模仿？

例如，发明飞机 30 年以后，由于飞行速度的逐渐提高，飞行中出现了一种有害的机翼颤振现象。这种现象常常使机翼突然断裂，造成很多起惨重的飞行事故。后来，科学家认真研究了蜻蜓等昆虫的翅膀，发现在它们翅膀的末端前缘，有一个叫做"翅痣"的加厚区，这实际上就是昆虫的抗颤振结构。飞机的设计师模仿这一点，在机翼设计中也采用了类似的加厚区，解决了颤振问题。

（7）可否颠倒？可否颠倒正负？可否颠倒正反？可否头尾颠倒？可否上下颠倒？可否颠倒位置？可否颠倒作用？

例如，豪斯发明的缝纫机。普通的缝衣针都是针尖细，针尾粗有孔，这样缝衣服时，整个针穿过布才能把线带过去。可否颠倒一下，在细的一端（针尖处）开孔，这样针尖一穿过布，线也就随之被带过去了。颠倒的构思，简化了机器的操作，缝纫机的发明给人类文明增添了无穷的风采。

（8）可否重新组合？可否混合、合成、配合、协调、配套？可否把物体、目的、特性或观念组合？

例如，古腾堡活版印刷机的发明。硬币面上的图案是由硬币打印器打印的，而葡萄汁是由葡萄压榨机在大面积铺开的葡萄上压制而成的。能否将二者重新组合用于第三领域？有一天，古腾堡带着三分醉意自言自语说："为什么我不把硬币打印器放在葡萄压榨机下面压，让它在纸上留下印记呢？"根据这一醉想，他发明了活版印刷机。再如，我国浙江四年级小学生吴超发明的市场上受欢迎的"蚊香灰盘"，它合起来装蚊香，打开后作蚊香支架和接香灰的灰盘，巧妙地将相关的盒与盘组合在一起。

（9）可否变换？有无互换的成分？可否变换模式？可否变换布置、顺序？可否变换操作工序？可否变换因果关系？可否变换速度或频率？可否变换工作规范？

例如，水龙头的变换。水龙头防渗漏的内衬有橡胶的、铜制的、铁制的等，最新变换的陶瓷制心，因其耐磨、耐高温、密封性能好得到了广泛的应用。水龙头开启模式也是变换的多姿多彩的有手动的、脚动的、气动的、声控的、温控的等。

使用奥斯本核检表法解决设计方案，通常可以从几个问题中同时受到启发，经过综合形成最佳方案。例如，贵州水城钢铁厂汽车运输分厂为满足民用建筑用砂的需要，制作了一台打砂机，使用时发现存在着不少问题。后来，由于生产的需要，要用这台打砂机来加工白云石矿粉，而且加工任务大。因此，必须对这台打砂机进行改革。在奥斯本检核表启发下，他们提出了对这台打砂机作出以下两点改进：一是延长锤子和筛子的使用寿命，减少故障；二是使其维修方便。后来他们又派人去附近单位参观学习，根据类似的机器，提出几条改进打砂机的具体办法，新的打砂机比旧的打砂机的生产效率成倍提高。

在依据奥斯本检核表的内容进行检核时，需要注意的是：第一，要一条一条地去进行检核，不要有遗漏；第二，要多检核几遍，这样效果会更好一些，或许更能准确地选择出所需要改革、发明和创造的方面；第三，在检核每一项内容时，要尽可能地发挥出自己的想象力和创造力，这样就会产生出许多新的创造性设想。

二、十二思路法

十二思路法是我国上海的创造教育工作者在世界流行检核表的基础上，结合我国青少年小发明、小改革的特点提炼出来的创造技法，原名叫"十二个聪明的办法"，是一种有效的发明用检核表。具体内容如下：

（1）加一加。从添加、增加、附加、组合等角度考虑。如将吊灯和电扇组合，形成的灯扇，既增加了美观，又节省了空间，一举两得。

（2）减一减。从删除、减少、减小、拆散、去掉等角度考虑。例如为使建筑管道安装工人省力、安全和高效率，现在广泛采用了合成树脂制成的水管，这种水管的重量比原来水管的重量大大减轻。

（3）扩一扩。从加大、扩充、延长、放大等角度考虑。例如将彩色照片的版面扩大，这样可以更好的欣赏人物和风景。

（4）缩一缩。从改小、缩短、缩小等角度考虑。例如将大型电子管变为小的晶体管，制成丰富多彩的电器元件。

（5）变一变。从改变形状、颜色、音响、味道、顺序等角度考虑。例如，最初的电扇都是黑颜色的。1952年，日本东芝公司一度积压了大量的电扇卖不出去。七万多名职工为了打开销路，费尽心机地想了不少办法，依然进展不大。有一天，一个职员提出建议，将电扇的黑色改为浅色。公司采纳了这个建议。第二年夏天，东芝公司推出了一批浅蓝色电扇，大受顾客欢迎，市场上掀起了一股抢购热潮，几个月之内便卖出了几十万台。电扇从此也一改清一色的黑面孔，变为多姿多彩。

（6）改一改。对原有的事物进行修改，使它消除缺点，变得更方便、更合理、更新颖。例如以前的饮料大多是玻璃瓶装，运输、保管和使用都不方便。改变一下它的结构，使用塑料、纸制软包装极大的方便了人们的生活。

（7）联一联。寻找某个事物（事情）的结果和它的起因的联系，从事物的联系中找到解决办法或提出新方案。例如，20世纪70年代末，匈牙利的一位数学家发明了老少皆宜的玩具"魔方"，在欧洲广为流传。这一消息在香港的媒体上披露后，制造厂家立即意识到，尽快在香港生产该畅销产品是一个发财的大好机遇。于是，厂家纷纷派员工前往欧洲考察和学习"魔方"的制作技术。香港民生化学有限公司没有盲目派员，而是通过电话及时与公司经理的一个正在欧洲的哥哥取得联系后，很快便购得了一份生产"魔方"的技术资料电传回香港，并制成为大量的复印件；同时，他们在香港的几家电视台都播出了转让这种技术的广告。于是，上百家塑料厂纷纷登门争购，使正陷入萧条状态的该公司，一夜之间大赚了一笔，度过了难关而由衰转兴。

（8）学一学。学一学别人的做法，模仿现有事物的形状、结构、原理等。例如模仿海豚皮肤的特殊结构制成鱼雷的外壳，在航行中将阻力减到最小；模仿蛇的嘴巴能张大到超过它自己的头的特征，发明蛇口形晒衣夹。用这种衣夹可从上往下将衣物连竹竿一起夹住，更好的防止衣物被风吹脱。

（9）代一代。用一事物（材料、零件、方法等）代替另一事物。例如用激光这把纤细的"手术刀"代替原来的金属手术刀，在电子计算机的控制下对人眼的角膜作矫正近视的手术，获得了极大的成功。

（10）搬一搬。把一个事物搬到别的地方，将新事物移到别的领域，寻找新用途等。例如将电视上的拉杆天线"搬"到圆珠笔上去，成了可伸缩的"教棒"圆珠笔；再将它"搬"到口杯上去，可设计出可拉伸的旅行杯。再如，将医学的 CT 技术移植运用到地下探矿中等。

（11）反一反。把一种东西或事物的正反、上下、左右、前后、横竖、里外等颠倒一下。例如人们常用的泡茶方法是，把茶叶从袋子里取出来放到茶碗（茶杯或茶缸）里，用开水泡开，茶叶在水中四散漂开，喝茶时不小心茶叶还往嘴里钻。有人反其道想，把茶叶留在袋内一块儿泡！这样一来解决了常用喝茶方法的不便，于是袋泡茶的方法应运而生。

（12）定一定。为了解决某一问题或改造某件东西，为了提高学习、工作效率和防止可能发生的事故或疏漏等，而需要做出一些规定。

十二思路法可以列成表（见表 5 - 5），其简单明了的语句及其创造思维的思路一目了然。

表 5 - 5　十二思路法简表

内　容	大　意	同奥斯本检核表中的相当内容
加一加	增加、组合	第（2）条的前半部分与第（8）条
减一减	削减、分割	第（3）条的一部分
扩一扩	扩展、放大	第（2）条的后半部分
缩一缩	收缩、密集	第（3）条的另一部分
改一改	改进、完善	第（1）条
变一变	变革、重组	第（9）条
学一学	学来、移植	第（6）条
搬一搬	搬去、推广	第（5）条
代一代	替代、变换	第（4）条
联一联	插入、联结	
反一反	颠倒、反转	第（7）条
定一定	界定、限制	

三、5W2H 法

用 5 个以 W 开头的英语单词和 2 个以 H 开头的英语单词进行设问，发现解决问题的线索，寻找发明思路，进行设计构思，从而搞出新的发明项目的创造技法叫做 5W2H 法。

5W2H 是美国陆军首创的，后经其他人修改后流行于世的一种检核表法。它主要用于技术创新、事物处理、公共关系策划、广告创新、社会活动及推销活动的组织与管理等方面，普适性很强。5W2H 引导人们在创新活动时，以设问的形式从以下 7 个方面进行思考。

(1) 为什么（Why）？例如，为什么要做成这个形状？为什么发热？为什么不用机械代替人力？为什么产品的制造要经过这么多环节？为什么要办这件事？不做为什么不行？

(2) 什么（What）？例如，目的是什么？功能是什么？条件是什么？重点是什么？开发什么？以什么为主题？与什么有关系？送礼送什么？以什么为借口？

(3) 何时（When）？例如，何时要完成？何时安装？何时产量最高？何时销售？何时最佳？何时有利？何时可抓住时机？

(4) 何处（Where）？例如，从何处买？何处最经济？还有什么地方可卖？何地举办活动最好？何处有与众不同的特点？何处影响面最大？

(5) 何人（Who）？例如，谁来搞最稳妥？谁来办最方便？谁是顾客？谁是潜在用户？谁能够看到或听到这些信息？谁会支持？谁影响面大？谁是决策人？谁被忽视了？

(6) 怎样（How to）？例如，怎样做最快？怎样做最省力？怎样做效率最高？怎样得到？怎样改进？怎样避免？怎样求发展？怎样增加销路？怎样扩大知名度？怎样使产品让人人喜爱？

(7) 多少（How much）？例如，成本多少？效果如何？安全性如何？达到何种水平？活动费用多少？利弊如何？销售额如何？售价如何？

在应用 5W2H 法创新设计时，如果现行的做法或产品经过 7 个问题的审核已无懈可击，便可认为这一做法或产品可取。如果 7 个问题中有 1 个答复不能令人满意，则表示这方面有改进余地。如果哪方面的答复有独创性的优点，则可以扩大产品在这方面的效用。

第七节　物场分析法

物场分析法是前苏联发明家 Г.С. 阿列特舒列尔（Альтшуллер）1979 年《创造是一门精密的科学》的专著中提出的。该法主要是以解决课题中的各种矛盾为中心，提出一些变换原理、方法、工具和程序，使发明按有序方式进行。

一、物场分析原理

(1) 物场的概念。Г.С. 阿列特舒列尔提出的物场是一个新的概念，即"物质"和"场"

的人为组合、相互作用、联系和影响。应用物场分析原理可以解决生产与技术中的各种问题和矛盾。

例1：冷冻机密封不严，液体（氟里昂、润滑油、液氨等）从密封不严处渗漏，要迅速而准确地寻找到冷冻机渗漏的位置。问如何检查渗漏位置？

解法：把荧光粉与液体一起注入冷冻机（主要是家用电冰箱），在暗室和紫外线照射，根据渗漏液中的荧光粉发出的荧光确定渗漏位置。

从上例可知，原来只有渗漏液（物1），加入荧光粉（物2）用紫外线照射（场），产生了作用。所以，物场是指一般至少有两个"物质"和一个"场"，处于相互作用、联系和影响的任一时空模式。两个物质和一个场可能是各种各样的，但它们足以构成一个最小技术系统，该系统称为物场系统或简称物场。在这里，物质是指与复杂性程度无关的任何物体。如钥匙和锁、螺栓和螺母、一幢楼，一条船等都是"物质"，尽管它们的复杂程度不同。

"场"是个比较广泛的概念。它不仅包括物理学所定义的场（如电场、引力场等物质形成的场），而且还包括泛指一个空间的场（技术场），如温度场、机械场、声场、离心场、生物场等。技术场和物理学上的场在物场分析时，都应视为"合法的"物理场。

"相互作用、联系和影响"是物体和现象在互相变化时所表现出的一切联系的形式。实际上是指运动形式，如机械运动、热、光、电、磁等的相互转化和制约。物场分析时要着重注意起始场和终端场，因为所有场都在相互转变，互为条件，在此处是原因，在彼处是作用。

（2）物场是最小的技术体系。从例1可知，渗漏液 W_1、荧光粉 W_2 和场 C 这三个角色在数量上是足够的。为了产生相互作用，三个角色也是缺一不可的。

例2：聚合物在制造制品过程中，不能直接测量和触摸，如何确定聚合物的硬化程度？

解法：在聚合物中加入适量磁粉，通过用磁场测磁通量变化，则可测定聚合物质硬化程度（前苏联发明证书239633）。

例3：如何检查粒状材料假液化时的运动强度？

解法：在粒状材料中放入金属棒（声导），利用光-声效应，把声振动转换为电磁波的传感器，直接查颗粒运动的开始和其强度（前苏联发明证书318404）。

例4：如何制成易于拔出的楔子？

解法：由楔子和楔子衬垫组成楔子装置，其中衬垫由两部分组成，一部分是易熔的（前苏联发明证书428119）。

综上所述，物场至少包括三个要素，是一个最小的技术体系。

（3）物场表达式。如果用 C 表示场，用 W_1 表示第一种物质，用 W_2 表示第二种物质，用箭头表示它们之间的联系，物场一般表达式为

$$W_1 \Rightarrow W_1 \overset{C}{\longrightarrow} W_2 \qquad (7-1)$$

例 1 中 W_1 为液体，W_2 为荧光粉，C 为紫外辐射；

例 2 中 W_1 为聚合物，W_2 为铁磁粉，C 为磁场；

例 3 中 W_1 为颗粒物，W_2 为金属棒，C 为声场；

例 4 中 W_1 为楔子，W_2 为衬垫，C 热场。

$$W_1 \Rightarrow W_1 \xrightarrow{C} W_2 \tag{7-2}$$

物场表达式中的符号如下：

△　　　物场（一般形式）；

—　　　作用或相互作用（一般形式，没具体化）；

→　　　作用；

↔　　　相互作用；

……　　应引进的作用（相互作用）；

～～　　不满意的作用（或相互作用），需要改变；

C→　　起始场（作用的场）；

→C　　终端场（被改变、发现、测量等很好地承受作用的场）；

C′　　起始场状态；

C″　　同一场终端处状态（参量变化，但场性质未变）；

W_i　　物场中的物体，$i=1, 2, \cdots, n$；

W′　　起始端物质的状态；

W″　　终端物质的状态；

W′−W″　交变状态的物体，有时为 W′，有时为 W″（如在交变场作用下）；

$\tilde{C}$　　交变场；

⇒　　　表示从"给定"到"所得"。

物场式中，物质用横线表示，场用由上至下的斜线表示，这样便于直观地反映几个场对同一物质的作用。

二、物场变换规则

物场变换的目的是将物场改善，以利于物场分析。一般有以下五种规则：

（1）物场补充规则。非物场体系（或不完全物场体系）必须补充使其成为完全的物场体系。

这里非物场系统，即只有一个要素（场或物质）；不完整物场系统，即只有两个要素（场和一个物质或两个物质）；完整的物质系统有三个要素（两个物质和一个场）。

有时，给定两个物质后引进一个场，但是不发生互相作用。应该补充发生作用的物质，它和给定的两物质之一相混合，组成复合体（W_2，W_3）代替 W_2。

如例 1 中，冷冻机为 W_1，渗液为 W_2，引进的荧光粉为 W_3。W_2 和 W_3 形成复合体，引进的紫外辐射为 C'（起始场），荧光粉发荧光是 C''（终端场）。则表达式可写为

$$W_1 \leftarrow \sim \sim \rightarrow W_2 \Rightarrow W_1 \leftarrow \overset{C'}{\underset{C''}{\longleftrightarrow}} (W_2, W_3) \qquad (7-3)$$

（2）物场发展规则。发展原有的完全物场体系。可以用不同的方法发展物场体系，措施有：① W_2（工具）分散程度增加，物场有效性也增加；② 物场作用于工具（W_2）会比作用于制品（W_1）有效；③ 物场本身为电磁场（或磁场）比非电磁场（温度场、机械场、引力场等）更有效；④ W_2 的颗粒越小，控制工具越灵活；⑤ 改变 W_2（工具由人决定）比改变 W_1（制品不易作改动）有利。

例 5：为了清除燃气中的非磁性尘埃，使用多层金属网的过滤器，但清理过滤器费事且困难，怎么办？

根据上述规则，把 W_2（金属网）分散碎化为铁磁颗粒 W_3，场的作用指向工具 W_3，引进磁场，而不用原来的机械场。其表达式为

$$W_1 \overset{C_1}{\leftarrow} \sim \sim \sim \rightarrow W_2 \Rightarrow W_1 \overset{C_2}{\rightarrow} W_3 \qquad (7-4)$$

式中 W_1 是尘埃，W_2 是金属网，C_1 是空气流形成的力场，C_2 是磁场。

解法：利用铁磁颗粒为过滤器，在磁场中形成多孔结构。当磁场接通时孔变小，可捕捉尘埃；当磁场关闭时孔变大，可方便地清理尘埃。

（3）物场破坏规则。即排除两物质间的有害相互作用。可以用不同的方法"破坏"物场 △，措施有：① 除去一种元素；② 割断联系；③ 引进第三种物质代替场；④ 引进第三种物质，该物质是原物质之一的变种。实践表明，第④种措施最有效。

例 6：形状复杂的晒图机镜面被击碎，制新镜子花费时间太多，如果用有机玻璃代替镜子，会使描图纸移动时带电，并会贴在有机玻璃上，怎么办？

一般情况下，工程技术人员都想方设法排除电荷，但静电问题不易克服。如果掌握了破坏物场的规则，问题就很容易解决。在玻璃与描图纸之间加入第三种物质（描图纸或玻璃的变种）就可解决了。透明不遮光的描图纸（比玻璃便宜）为引入的第三种物质，被吸附在玻璃上，则带电的描图纸就不会被玻璃吸附了。

分析表明：这第三种物质必须是原来物质之一的变种，才能解决"既要第三种物质，又不要第三种物质的矛盾"。

（4）物场链锁规则。既保留原有物场，同时还需要引进新的相互作用，以发展成独立的物场。一般表达式为

$$\triangle \Rightarrow \triangle \triangle \qquad (7-5)$$

或
$$\triangle \Rightarrow \quad \triangle - W_3 \begin{array}{c} \nearrow C_2' \\ \searrow C_2'' \end{array}$$
(7-6)

例7：用砂轮在金属圆筒内加工。加工过程中不磨损砂轮，而且不允许中断加工，砂轮直径如何测量？

解法：机械场通过 W_2（砂轮）作用于 W_1（圆筒），是一个物场△，改变或破坏它均不利。课题对加工过程没有提出要求，可用△△方法解决。在砂轮上贴上应变片，通电后便可测砂轮直径（圆筒转，砂轮移动）。

该解法的本质是：① 把 W_2（砂轮）变换或与原物场相联的链锁式场。② 将 W_3 也变换成链锁场；③ 在测量或发现的课题中，应有易于测量或发现的终端场 C_3。其 $W_1—W_2$ 链的末节一般表达式为

$$W_1 \begin{array}{c} \nearrow C' \\ \searrow C'' \end{array} W_2 \begin{array}{c} \nearrow C_1 \\ \searrow C_2 \end{array} W_3 \searrow C_3$$
(7-7)

例8：由于地下岩石变形，有时钻杆被卡在钻孔中。解决的办法是在卡钻处放振动器以防止被卡，但不知深度怎么办？

解法1：用直线探测法，因为卡钻部位的长度最多几十米，而钻杆几千米长，无法探测，所以此办法不能解决问题。

解法2：利用钻杆受力后的变形进行测量，也解决不了问题。因为钻杆不是刚性杆，与孔壁的摩擦力没有办法计算。

利用链锁物场的规则可解。其表达式为

$$W_1 \overset{\nearrow C_1}{\longrightarrow} W_2 \Rightarrow W_1 \overset{\nearrow C_1}{\longrightarrow} W_2 \searrow C_2$$
(7-8)

式中 W_1 是岩石，W_2 是钻杆，C_1 是机械场（起始场），C_2 是磁场（终端场）。

具体做法是在终端最好有一个易于被发现和测量的电磁场。转换物质不宜取土壤，因为人们并不知道卡钻处是什么土壤。钻杆的性质已知，故取它为转换物质。由于钻杆（钢制，铁磁体）的磁场随其所受冲击载荷的张力大小而变化，利用这种磁弹性效应就可测钻杆的卡钻部位。在钻杆中放上一个仪器，每隔百米作一磁记号，然后用卷扬机向上提一下钻杆，由于提升力的冲击，卡钻部位以上磁记号消失，以下磁记号不变，再用测磁仪测量深度就容易了。

（5）效应结合规则。两个场结合起来形成一个物理效应。若有的物质需要把一种场转成另一种场（或改变场的参数），就可用结合规则。其表达式为

$$-W \begin{cases} \nearrow C_1 \\ \searrow C_2 \end{cases} \text{光—声效应（如例3）} \\ \text{（物理效应名称）} \quad (7-9)$$

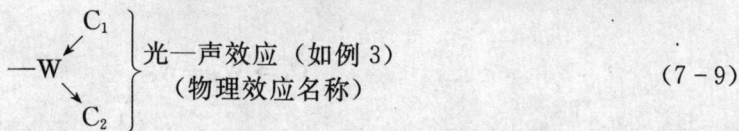

式中 C_1 为光效应场，C_2 为声效应场。

例1中加入荧光粉是改变光学场参数（把不可见的紫外线辐射改变成可见的辐射）。

三、物场分析的典型模式

1. 第一类典型模式，给定一个要素

模式1 对不易控制（测量、改变、发现）的物质，要求保证有效控制。

办法（1）：构成物场（引进 W_2 和场）。其表达式为

$$\leftarrow \sim W_1 \Rightarrow W_1 - W_2 \begin{cases} \nearrow C_1 \\ \searrow C_2 \end{cases} \quad (7-10)$$

办法（2）：对测量和发现的课题引进与外界电磁场相互作用的 W_2（荧光粉、铁磁体等）。其表达式为

$$\leftarrow \sim W_1 \Rightarrow W_1 - W_2 \begin{cases} \nearrow C_1' \\ \searrow C_1'' \end{cases} \quad (7-11)$$

办法（3）：对于移动、分离、表面加工、变形、改变粘度和强度等课题，引进磁粉 W_3 和磁场 C_3。其表达式为

$$\sim \sim \to W_1 \Rightarrow W_1 - W_3 \nearrow C_3 \quad (7-12)$$

办法（4）：如不能引进 W_2，可以用测量固有频率或用迂回的办法，引进场而不引进 W_2，引进外部的 W_2，暂时或小量地引进 W_2，利用部分 W_1 作为 W_2，不用该物而用它的复制品，以化学化合物的形式引进 W_2。

模式2 对不易控制（发现、测量、改变、转变为另外的场）的场，要求保证有效控制。

办法（1）：转变起始 C_1，借助物质改造剂或两个相互作用的物质。其表达式为

$$C_1 \Rightarrow W \begin{cases} \nearrow C_1' \\ \searrow C_1'' \end{cases} \quad (7-13a)$$

151

$$C_1 \Rightarrow W_1 \underset{\searrow C_1''}{\overset{\nearrow C_1'}{—W_2}} \qquad (7-13b)$$

$$C_1 \Rightarrow W \underset{\searrow C_2}{\overset{\nearrow C_1}{}} \qquad (7-13c)$$

$$C_1 \Rightarrow W_1 \underset{\searrow C_2}{\overset{\nearrow C_1}{—W_2}} \qquad (7-13d)$$

办法（2）：引进物质，在 C_1 作用下使其改变自己的性质，同时借助 C_2 作用于物质的帮助，易于发现这种变化。其表达式为

$$C_1 \Rightarrow C_1 \rightarrow W \underset{\searrow C_2''}{\overset{\nearrow C_2'}{}} \qquad (7-14a)$$

$$C_1 \Rightarrow C_1 \rightarrow W \underset{\searrow C_3}{\overset{\nearrow C_2}{}} \qquad (7-14b)$$

模式 3 场（或物质）具有两个相互冲突的共存性质，要求改善一个性质，另一性质不变化。

办法（1）：用 W'（或 C'）代替原物 W（或 C），代替前使 W' 具有两个相互冲突的共存性质中的一个性质，把此课题转化为第一类（一个元素）和第二类（两个元素）题。其表达式为

$$W_1 \xleftarrow{\sim\sim} \Rightarrow W_1' \xleftarrow{\sim} \Rightarrow W_1 \overset{C}{\underset{}{\triangle}} W_2 \qquad (7-15)$$

例如：把"应增高天线，而不增天线重量"转换为"高的天线应该像短天线一样轻"的课题。应该在两个共存的性质中，事先给物体一个能保证基本作用最有效的性质，应选高天线。

办法（2）：性质与反性质（冷—热，强—弱，磁—非磁）相冲突，则利用空间、时间和结构上把它们分开，消除冲突（整体具有一个性质，而部分具有另一性质）。若在时间上分开，应使物质自身实现从一个状态向另一个状态转变，使物质交替地具有不同形式（如聚合

态的变化，经过居里点的转变、分解、化合等）。

2. 第二类典型模式，给定两个要素

模式 4 两物质相互不作用（或作用很差），一种物质（或两种）可改变，要求保证好的互相作用。

W_2 转换为物场，与 W_1 形成链，就可保证 W_1 与 W_2 相互作用。可能的话，再将 W_2 转换成的物场变成磁场 C_3，即有磁粉 C_3 和磁粉 W_3（最后为小颗粒）的物场。其表达式为

$$W_1 \overset{\cdots}{\frown} W_2 \Rightarrow W_1 - W_2 \overset{\overset{C}{\wedge}}{} W_3 \Rightarrow W_1 - W_2 \overset{\overset{C_3}{\wedge}}{} W_3 \tag{7-16}$$

$$W_1 \overset{\cdots}{\frown} W_2 \Rightarrow W_1 - \triangle - W_2 \tag{7-17}$$

办法（1）：若 W_2 转换成物场，但在 W_1 和 W_2 间仍不能建立直接联系，可通过场建立之。其表达式为

$$\overset{C}{\underset{W_1 \quad \triangle}{\swarrow \quad \nwarrow}} \tag{7-18}$$

办法（2）：在测量和发现课题中，将 W_1 转换成终端有场的物场。其表达式为

$$W_1 - W_2 \Rightarrow W_1 - W_2 \overset{\nearrow C_1'}{\underset{\searrow C_1''}{}} \tag{7-19}$$

模式 5 两物质相互不作用，又不能改变每种物质，却要求保证相互作用。

办法（1）：转换成模式 4。

办法（2）：用它们的光学复制品代替物质。

模式 6 C_1 不能控制 C_2，要求保证有效控制。

引进物质（或两个相互联系的物质），使其能在 C_1 的作用下与 C_2 相互作用。其表达式为

$$C_1 - C_2 \Rightarrow C_1 - W \overset{\nearrow C_1'}{\underset{\searrow C_2''}{}} \tag{7-20}$$

在有些情况下，C_1 作用下物质发生相变（如过居里点的溶融等的转变）。

模式 7 场和物质相互不作用，要求保证互相作用。

引进 W_2 为媒介物，或物质的复合体（W_2，W_3），通过它们的 C_1 作用于 W_1。

模式 8 两物质相互作用，其中之一或两个物质，或相互作用不易控制（测量、发现、改变），这些物质又不能用其他物质代替，要求保证有效控制。

办法（1）：引进通过体系并携带该体系状态信息的场（主要是电场、磁场或光学场）。

办法（2）：引进不同方式作用于 W_1 和 W_2（或只作用于其一）的场。

办法（3）：建立有物质复合体（W_2，W_3）的物场，场作用于 W_3。

模式 9 场与物质相互作用，但有一个元素，或两个元素，或它们相互作用不易控制（测量、发现、改变），元素不能代替，要求保证有效控制。

办法（1）：引进 W_2 与物场和 W_1 相互作用。

办法（2）：W_2 把 C' 转换成 C''，建立由要素 W_1，W_2 和 C'' 构成的可控物场。

模式 10 两个物质（或物质与场）相互作用，一物质可改变，要求在不恶化第一个（已有的）作用条件下，建立（或改善）第二个（辅助的）相互作用。

办法（1）：建立能保证第二个相互作用的场，而且引进的场不应影响第一个相互作用。其表达式为

$$W_1 \longleftrightarrow W_2 \Rightarrow W_1 \overset{C}{\longleftrightarrow} W_2 \qquad (7-21)$$

$$W_1 \longleftrightarrow W_2 \Rightarrow W_1 \overset{C'}{\underset{C''}{\longleftrightarrow}} W_2 \qquad (7-22)$$

办法（2）：建立链锁物场。其表达式为

$$W_1 \longleftrightarrow W_2 \Rightarrow W_1 - W_2 \overset{C}{-} W_3 \Rightarrow W_1 - W_2 \overset{C_3}{-} W_3 \qquad (7-23)$$

$$C_1 \longleftrightarrow C_2 \Rightarrow C_1 \longleftrightarrow W_1 - W_2 \overset{C_2'}{\underset{C_2''}{}} \qquad (7-24)$$

模式 11 场与物质由两个相冲突的共存相互作用联系起来，要求保留一个互相作用，消除另外一个。

引进 W_2，使场通过 W_2 作用于 W_1，同时 W_2 应是 W_1 的一部分，或是 W_1 的变种。其表达式为

$$\tilde{C} \approx \approx W \Rightarrow W_1 \overset{C}{\leftarrow} W_2 \qquad (7-25)$$

W_1 放过一个作用，截留另一个作用。

模式 12 两个物质相互作用，要求消除这个作用。

引进第三种物质，这应是两个物质之一的变种。

3. 第三类典型模式，给定三个要素

模式 13　给定一个不易测量（或发现）的物场，又不能改变和代替，要求保证有效的测量（或发现）。

把给定的物场看成复合物质 W_2（实际上已转换为在一个较窄的专业技术范围内来解决），引进场。其表达式为

$$\triangle \rightarrow \Rightarrow \triangle \begin{array}{c} \nearrow C_2' \\ \searrow C_2'' \end{array} \qquad (7-26)$$

若物场中有磁性物质，引进磁场为宜。

模式 14　给定一个不易测量（或发现）的物场，但物场中的物可改变或代替。把 W_2 变换成引进 W_3 和原 C_1 组成的物场，形成链锁物场。其表达式为

$$\triangle \rightarrow \Rightarrow \triangle - C_2' \qquad (7-27)$$
$$\begin{array}{c} W_2 \searrow \\ C_2'' \end{array}$$

模式 15　给定一个不易控制或发现的物场，可替代 W_2 和场，要求保证有效的控制。

给定的物场改为磁场 C_3，课题转换。

舍弃 W_2 和场，只余下 W_1，引进磁粉 W_3 和磁场才构成完全的物场。

模式 16　物质能很好与 C_1 相互作用，但与 C_2 的相互作用差，不能引进新的物质和场，要求保留物质和 C_1 相互作用下，又保证和 C_2 互相作用。

把 W_1 分解为 W_1' 和 W_2''，C_1 作用于 W_1'，C_2 作用于 W_1''。若在时间上不同步作用，就把 W_1 分解为交变物质（时而是 W_1'，时而是 W_1''），一个作用在另一个作用的间歇期完成。

模式 17　C_1 和 W_1 很好地相互作用，但与 W_2 相互作用差，不能引进新的物质和场，要求保证 C_1 和 W_2 有效的相互作用下，保留 C_1 和 W_1 的相互作用。

办法（1）：C_1 分解为 C_1' 和 C_1''，C_1' 作用于 W_1，C_1'' 作用于 W_2，若时间上作用不同步，则把 C_1 分解为交替出现的场（过渡场），时而是 C_1'，时而是 C_1''，一个作用在另一个作用间歇期间完成。

办法（2）：引进 C_1''，其性质与 C_1' 相同，但方向相反（对立场）。其表达式为

$$\begin{array}{ccc} C_1 & & C_1' \\ \swarrow & & \nwarrow\nearrow \\ W_1 \quad W_2 \Rightarrow & W_1 \quad W_2 \\ & & \swarrow\searrow \\ & & C_1'' \end{array} \qquad (7-28)$$

模式 18　给定一个需要消除物质。

把课题转换为属于一个技术部门的技术来解决，引进第三种物质，这是两个给定物质之

一的变种。

四、"小人"建模法

"小人"建模法是物场分析的方法之一。它借用美国创造学家威廉·戈登的综摄类比法中（见第五章第三节）的亲身类比方法，即要求解决课题的人，作为角色（类似于一群小人）"进入"所要改进的对象（物体），"亲身"去解决问题。

"小人"建模法的实质是把解题的人成为课题整体的一部分，并从这一立场和观点去思考、去行动。亲身类比法的优点是把人看成某种机器（或机器的一部分）的同时，会自愿选择人能接受的东西，较快地构思出解法。但是必须去掉人本身不能接受的东西，如切割（人切割了就无法活）、碎化、酸中溶解等。在构思解法时，人本身不会去应用那些破坏自己身心健康的事或物。为了克服该缺点，特提出"小人"建模法。把物体以很多（一群）小人的形式表现出来。"小人"不怕各种打击和破坏，无所不能。于是，在解法创意时就克服了上述缺点。

例1：麦克斯韦的想象实验，建立气体动力学理论。在同一温度下有两个容器盛有气体，使一个容器中出现快速分子，另一个容器中出现慢速分子。他想，若能用一根有小门的管子把两个容器连接起来，有一些"小精灵（即小人）"负责小门的开关，让快速分子从这个容器快速的跑到那个容器中去，而不让慢速分子通过。这个想象实验实际上就是"小人"建模法的初型。

例2：用砂轮研磨形状复杂（如有凸凹部分、且很小）的制品，砂轮进不去凸凹面怎么办？是否可以用其他的加工方法呢？若不允许用其他的加工方法，怎么解决此问题？

构思：制品形状不能变，只能改变砂轮外形。为了研磨制品，砂轮外层应该是固体的。为了适用于制品曲面，砂轮外层不应该是固体的。怎么解决？

利用"小人"建模法，一些"小人"同加工表面接触，把金属颗粒、毛刺打掉，另一些"小人"用小手拉住那些工作的"小人"，支撑着他们，不让他们掉下来（见图5-17），若"小人"脱离砂轮掉下来就成为废物了。凹陷部分深度在变化，则"小人"也相应地重新组合，即砂轮中心部分由磁体制成，外层由磁铁颗粒（铁磁体）绕结在一起的磨料颗粒构成。这样，砂轮外层就一定顺应制品形状，同时还保持研磨时所需的刚性。

制品 W_1，砂轮 W_2 不能很好的相互作用，改变 W_2，转换为物场，与 W_1 形成链，可保证 W_1 和 W_2 相互作用。若可能，把 W_2 转换为磁场的物场，既有磁场 C_3 也有磁粉 W_3，其表达式为

$$W\sim\sim\sim W_2 \Rightarrow W_1 \text{———} W_2 \overset{C_3}{\text{———}} W_3 \tag{7-29}$$

例3：在圆筒中用砂轮进行内壁的磨削工作，随机测出砂轮半径的变化。

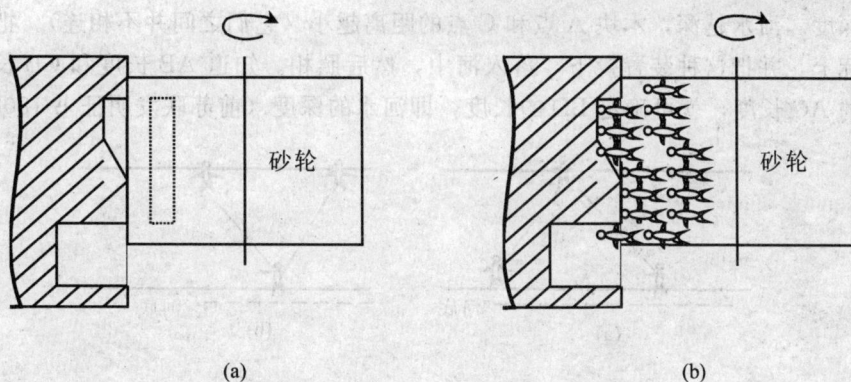

图 5-17　"小人"建模法

若在砂轮端面铺上应变片，通电后可以确定砂轮半径的变化，如图 5-18 所示。图（a）中的办法不能保证测量精度，因为应变片的电阻不仅与其长度有关，还与压紧力、接触状态、砂轮的温度等有关。把"小人"排列成间隔凸出物（像链一样），如图 5-18（b）所示。把"小人"通上电，可根据电流脉冲的数值确定砂轮半径的变化。看起来比上法有效，但给"小人"通电不那么简单。

用不规则的三角形测量行吗？如图 5-18（c）中不规则的三角形应变片贴在砂轮端面上，由于通过脉冲的多孔性，峰值信号与间隔比随半径的变化而变化，砂轮半径的测量既简单而且可靠。

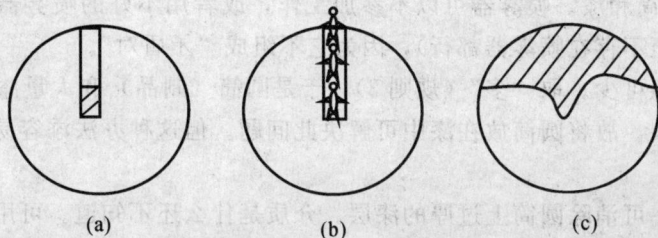

图 5-18　内壁的磨削工作中，随机测出砂轮半径的变化

例 4：从飞机上测河水深度，不准用直升机，不许人着陆，亦不许用某些电信号。飞机上有很坚固的长绳和想象的"小人"物件。

如图 5-19 所示，从飞机上引下未知"测深物"，是个不规则"三角形"。可想象有两种"小人"，能排列成图示的方案，形成这种"测深物"。上面的"小人"应该比水轻，否则，浮不上来，下面的"小人"应该比水重，否则，不能落河底。假设用钓丝把两种"小人"连接起来，那么"小人"是何物呢？很容易联想到上面的"小人"可用木块代替，下面的"小人"可用石块代替，则可形成图 5-19（c）中的三角形 ABC。事先测出两根钓丝长度必须超过河水深度。河水越深，木块 A 点和 C 点的距离越小（它们之间并不相连）。把米尺固定在一个浮标上，并把这种装置投下，落入河中，然后照相。知道 AB 长度和 CB 长度，并测定照片上的 AC 长度，就可确定 BD 的长度，即河水的深度（前苏联发明证书 180815）。

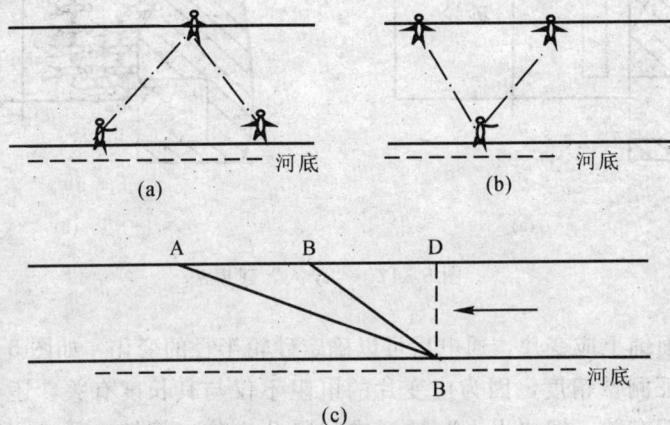

图 5-19 "小人"测河水深度

例5：对小型塑料圆筒制品进行外部喷漆，用喷雾器工作。当喷雾器高速运行时，喷的漆厚；当它低速运行时，时间长，产量低。工作要求：不许用静电喷漆法，也不许加入添加物。

"矛盾对"是圆筒和漆。喷雾器可以不参加工作，或者用不好的喷雾器也行（好用、不好用的喷雾器，甚至不存在喷雾器都行），因为它不组成"矛盾对"。

漆（工具）可多可少。取"多"（规则3），于是圆筒（制品）和大量漆成为"矛盾对"。漆多，易使圆筒着漆，故将圆筒放在漆中可解决此问题。但这种办法添容易厚，怎么解决漆厚的问题。

加入外部介质，可消除圆筒上过厚的漆层。介质是什么还不知道。可用"小人"表示对漆厚度的限制。如图 5-20 所示。其中，有益的"小人"抓住圆筒的表面，多余的"小人"互相抓住。其联系的方式是用"力"，再根据"力"的特性把两种"小人"分开，也就是需要加入一个非静电场或磁场。

存在的物理矛盾：加入的外部介质应该作用于多余的漆，把它去掉。而不应该作用于非多余的漆，以防止把有益的漆层附带去掉，即要求把矛盾性质在空间上分开。

解决的办法是引进一个场，对两个物质起不同作用。其物场表达式为

$$\cdots\cdots \rightarrow W_1 \sim\sim W_2 \Rightarrow W_1 \overset{C}{\leftrightarrow} W_2 \tag{7-30}$$

对问题进行分析，引进的场不能是电磁场，因为塑料圆筒不能磁化。如果用引力场，则

不能提供需要的相互作用。那么，只有热场和机械场了。而热场对漆有破坏作用。因此也不能用，最后的分析，只有机械场可用。即必须使漆运动，才能除去多余的漆。

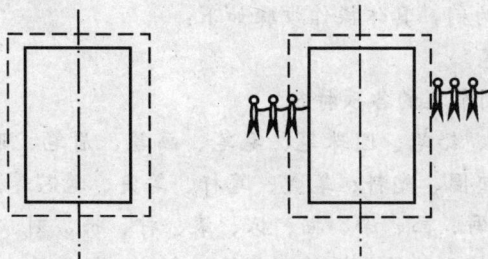

图 5-20 "小人"给圆筒喷漆

最终的解决办法是，把圆筒放在漆中旋转，利用离心力把多余的漆甩掉。调整圆筒的转速可以控制漆层甩掉的程度。

案例六 怎样运用创造技法构思新产品

有些新产品之所以能赢得市场，主要是由于它们选题独特、构思新颖，迎合了市场的需求。选题的独特性正表现出了选择新产品、确定发明目标方面的创造性。下面介绍运用创造技法提出更新颖、更独特、更适应市场需求的新产品构思的程序及操作。

1. 新产品构思的程序

（1）确定课题名称。

（2）应用特征列举法列出该物品的特征。

（3）应用缺点列举法对特征进行分析（最好不少于 50 条）。

（4）提出对新产品的初步设想。其数量最好在 20 种以上（整理思路时可应用卡片法）。

（5）从以上设想中综合出几种好方案。

（6）将上述设想中关键部件列出。分别应用信息交合法做出魔球图，并从中挑选出更完善的方案。

（7）通过应用信息交合法将（5）中所提出的新产品进一步完善化，并可提出系列产品设想。

（8）应用焦点法再次分析完善（5）中提出的新产品设想（尤其是在功能与造型方面）。

在使用以上程序时，应注意采用发散思维与集中思维结合的办法。发散思维时应注意打破思维定势；集中思维时可应用卡片整理的方法进行反复综合，努力将发散思维的结果往研究对象上聚焦。通过反复的发散与收敛形成新产品设想方案。这种方法可以个人操作，也可用于"头脑风暴法"小组活动。

2. 构思新产品的操作步骤

现以笔的新产品构思为例，具体操作步骤如下：

（1）确定发明课题：笔。

（2）应用特征列举法列举笔的各项特征。

1）名词性特征：钢笔、铅笔、圆珠笔、毛笔、画笔、眉笔、眼线笔、蜡笔、粉笔、木头、铅芯、墨水、石膏、垫圈、塑料、笔囊、笔杆、笔尖、笔芯等。

2）动词性特征：拿、写、画、涂、描、扒、滚、拧、挤、刻、握、吸水等。

3）形容词性特征：红的、蓝的、绿的、黄的、金的、轻便的、精致的等。

（3）应用希望点与缺点列举法对以上特征进行分析。

1）可将钢笔与铅笔，钢笔与圆珠笔，毛笔与钢笔，画笔与铅笔，铅笔与蜡笔，眉笔与眼线笔，粉笔与蜡笔等进行组合，形成多功能笔。

2）一些钢笔尖质量不好，容易把纸划破；钢笔摔在地上尖易断，一枝笔笔尖只能写一种字型，粗细不可变；笔尖歪了不易校正；钢笔写完字不易修改；希望钢笔有不同的尖，能同时满足绘画需要。

3）钢笔总是需要经常打墨水；刚灌墨水后钢笔写字迹的颜色浅，使用一段时间后字迹颜色变深；墨水打多了，钢笔容易漏水；墨水不便携带，希望有一种不用打墨水的钢笔，或者能使用固体墨水的钢笔。

4）钢笔的造型单一，握笔处太硬，使用时间长了手容易起茧；塑料杆脆，掉在地上容易裂；笔帽卡子不美观；女士夏季穿裙子无口袋，携带钢笔不方便。

5）希望钢笔能兼有尺的功能，或者兼有照明、报时、收放音、美容等多种功能。

6）希望笔的外观采用各种造型，手镯式、戒指笔、项链笔、胸花笔、十二属相笔、情侣笔、麦穗笔、根雕笔、袋鼠笔等。

（4）提出新产品设想。

1）设计一种软尖笔，不怕摔。

2）设计一种能写各种变色字迹的笔。

3）研制一种不易蒸发的固体墨水，封于笔内，吸入少量自来水后便可书写。

4）设计几种组合笔，如书写笔，可将毛笔、钢笔、圆珠笔、铅笔进行组合；又如绘画笔，可将毛笔、油画笔、铅笔进行组合；再如化妆笔，可将眉笔、眼线笔、唇笔进行组合。

5）设计一种能当发卡，或胸花、领带夹、钥匙链、项链等装饰品的装饰笔。

6）设计一种具有照明或收录、放音、报时、测量血压、测量心脏、计量、计时、计温等多功能笔。

7）改进笔杆的材料与造型，使书写更轻松，笔杆不易跌落。

8）设计一种纪念专用的礼品笔，如纪念自家父母等亲人，纪念某一古人、某一事件，或生日、婚礼、节日、赠亲友的笔。

9) 设计一种带音乐及能放出清新空气或香气的笔。

10) 设计一种带灯、计算器、收录音的多功能笔。

(5) 提出综合性方案。设计一种具有清香气味，带有能做领带夹的笔帽卡，异形笔杆并带有小灯、计算器、收录音功能的钢笔。

(6) 将上述设想中的关键部件列出，分别应用信息交合法做出魔球图（见图5-21），并从中挑出更完善的方案。

1) 对功能的分析。从以下魔球可得到以下设想：

① 为儿童们设计的双尖动画片中的造型、带香气、带音乐或带计时的塑料杆笔。

② 为庆祝"六一"赠送礼品用的软尖整体式可变形、具有收音功能的塑料笔。

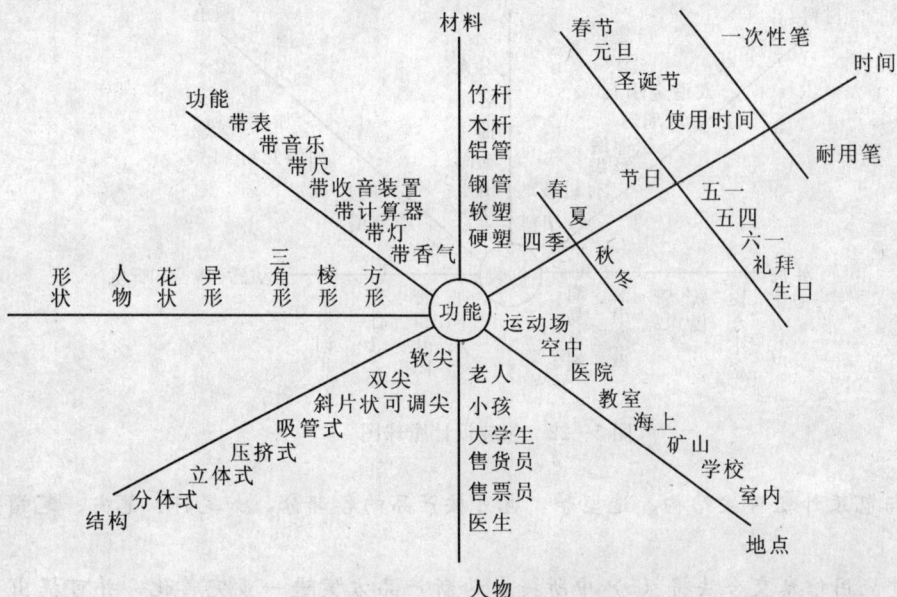

图5-21　笔的设计魔球图

③ 同时适用于冬、夏两季，出水流畅，又不漏水，适用于高低温及高低压情况下的带灯、带尺的工程用笔。

④ 能摆于室内，带各种装饰性插座的密封式、一次性使用、结构极简的异形笔。

⑤ 专供教师改作业、编辑人员改稿件使用的粗形、软尖、带灯与放大镜、可计时的软杆笔。

⑥ 专供医生及化验、测试人员使用的能测温，能计时，标日期及当日温度、湿度，带空气清洁剂的软杆笔。

⑦ 专供运动员使用的一种软形或套尖式小巧的一次性使用整体式带香味的笔。

2) 对包装的分析。从以上魔球可得到以下设想（见图5-22）：

① 简易的锡光纸加绸带的各色包装。

② 可当做家庭室内小摆设的各种动物、人物，雕塑形塑料，瓷制的带音乐或能存入香料的包装。

③ 可以当做儿童玩具或摆设的颜色鲜艳、动画人物造型，能自开、带音响的塑料包装。

④ 长方形的具有仿古图案、单色的古朴竹刻包装。

⑤ 华丽的、带荧光的、带香气的、嵌有珠宝的织锦缎制的软包式包装。

⑥ 长方形、仿珠宝盒式的带音乐、能自开闭的高档包装。

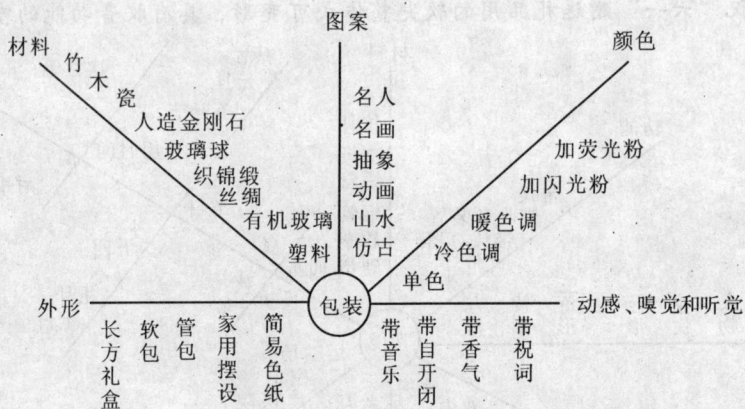

图5-22　包装设计魔球图

除功能与包装外还可按结构、造型等，也可按产品的各部分，如笔杆、笔尖、笔帽分别去做魔球。

(7) 通过应用信息交合法将（5）中所提出的新产品方案进一步完善化，并可提出系列产品设想。

综合（5），（6）可得如下设想：

1) 为儿童设计的双尖的、笔帽及帽卡为各种动画人物造型的、带香气、带音乐、带计时的色泽鲜艳、应用动画人物造型、能自开、硬盒包装的软杆笔。

2) 帽卡牢靠，握持合适，同时适用于冬、夏两季，出水流畅，又不漏水并适合于低温高温、低压高压的带灯、带尺、采用长方形、能自开及各种显示功能的单色现代金属盒包装的笔。

3) 供医生使用的以花式领带卡或帽卡的、能测温、计时、标日期、计湿度、计温度，能清新空气的异型杆软笔。

其他设想不再一一列出。

以上各种产品都可以通过在魔球上沿任一轴移动，选择相近的信息点，形成系列产品设想。

下面以设想儿童笔为例说明。

如选择时间系列，可选择功能魔球的时间轴，沿轴重选信息可得到儿童春天用的笔，夏天用的笔，秋天用的笔，生日礼品笔，六一礼品笔，圣诞礼物笔，一次性笔，生辰纪念笔，等等。

如选择外观中的人物系列，则可做一外观魔球，并从中选择人物轴，可得到古代名人、现代英雄、童话人物、少数民族等。其中任一项仍可展开，如白雪公主和七个小矮人套笔，三国人物套笔，水浒人物套笔，等等。

（6），（7）中也可结合形态分析法使用。程序如下：

1）在（5）中提出初步设想的基础上应用形态分析中选择要素的方法，选择出设想产品的要素。

2）将每一要素作为魔球的中心，作出魔球图。

3）由于形态分析中的组合过于机械，可改为从每个魔球上逐一选择信息，进行综合，即可得到更完善的产品设想。

4）将新产品设想系列化。例如，此题可选择结构、外观、功能、包装4个要素，分别作出魔球。然后综合分析每张魔球图上的信息，得到较完善的产品设想。

（8）应用焦点法做第3次展开，可进一步完善设想。这一步可以接着（7）所得到的结果继续下去；也可以返回（1）或（5）进行，最后将所得结果与（7）所得结果进行综合，提出进一步的设想。具体说明如下：

1）选择焦点：多功能笔。

2）选择参考物：香蕉。

3）列举参考物的特征，并由此进行联想。

① 带香味→兰花香→茉莉香→玫瑰香→苹果香→梨香→桃香。

② 甜的→酸的→苦的→辣的→咸的。

③ 带皮的→皮革→皮毛→果皮→核桃皮。

④ 长的→短的→方的→圆的→黄色的→红色→蓝色→绿色→五彩的。

⑤ 软的→糖→棉花→布→泡沫塑料→水。

⑥ 能吃的→饼干→馒头→鸡蛋→桔子→柿子→西瓜→萝卜→葡萄→杏→豆角→枣→药

4）提出笔的设想，具体如下：

① 玫瑰香型、玫瑰造型折叠笔，或玫瑰香嵌套式可用做头饰与胸饰的笔。

② 可套于指尖的指套形软笔。

③ 各类笔形糖果与水果外观笔。

④ 能装急救药的笔形外观药盒。

5）将上述结果与（7）所得综合，提出产品设想如下：

① 花枝笔。供女孩子或女同志使用的可用做头饰、胸饰、服饰的折叠式或嵌套式各种花枝造型，并带同种香气的可换杆芯的软杆水笔。包装可采取透明塑料简易包装。

② 卡通式动画笔，供儿童设计的双尖、笔帽或笔卡为各种动画人物造型的、带香气的、带音乐的、带计时的、系列套笔。包装可选用相适应的动画人物造型，并能自开的硬盒；或采用透明塑料简装。这种笔的各部分之间制成卡通式可互易的。

③ 野外作业笔（工作笔）。适用于在特殊环境中的工作人员，这种笔帽卡牢靠，握持舒适，适用于高低温、高低压等特殊工作环境，带照明、带刻度或卷尺的水笔。它的包装可采用能自开并有各种测量显示功能的单色金属包装。

④ 医务工作者专用笔。供医生、护士们使用的以花式领带卡或胸饰为帽卡的，能测温、计时、计湿、计温，能清新空气，具有一些急救功能的异形杆医务专用笔。

⑤ 各种不同颜色、能表示各种不同笔迹的指套笔。

当设想列出后，还应编制出每种产品的详细方案及外观设计图。

——摘编自孙家胜，《怎样构思新产品》，《发明与革新》，1998（5）

第六章 计算机创意设计

> 创造一切非凡事物的那种神圣的爽朗精神总是
> 与青年时代和创造力相联系在一起的。（歌德）

计算机创意设计就是利用计算机语言（主要是一些图像软件）来表达和描述创造性的构想，并把其以物化的形式真实、具体、生动地展现出来，从而使创意更加直观和完美。

计算机图像软件有很多，常用的有 AutoCAD，Photoshop，网页制作（Flash，Fireworks 和 Dreamweaver），3D MAX 等。本章主要介绍一种使用非常广泛的 PowerPoint（幻灯片制作）。

第一节 PowerPoint 操作简介

PowerPoint 2000 是微软公司推出的运行在 Windows 环境下的演示图形创作工具，其操作界面和操作方法与 Windows 的其他应用程序基本类似，简单易学。借助于 Windows 98 更为宽广流畅的平台，PowerPoint 2000 能够创建出集文本、图表、图形、绘画以及剪贴插图于一体的幻灯片演示，将想要表达的信息组合在一组图文并茂的造型里，赋于它们以强烈的感染力。

PowerPoint 2000 提供了功能强大的文字及图形的编辑能力。在文字处理方面，使用了 True Type 字体，可做到字体大小的任意变化而不会出现失真。在图形及图像的编辑创作方面，提供了大量的模板及剪辑艺术库图片，在这些图片的基础上，通过改变其大小及形状或者填加其他的文字或图形，就能达到非常好的视觉效果。对于演示创作一无所知的用户，PowerPoint 2000 能迅速建立演示的大体结构，用户只需将演示内容填到幻灯片中，即创作完成了一个专门设计的演示。

一、启动和退出

（1）启动 PowerPoint。打开你的计算机电源，在系统中加载 PowerPoint 软件之后，单击开始栏程序（P）中的 Microsoft PowerPoint。

（2）新建一个演示文稿：

① 在新建演示文稿对话框中，点击"设计模板"，选择一种你所喜欢的模板型式，单击确定。

② 在新幻灯片对话框中，选取一种你所喜欢的自动板式，单击确定。

③ 在左栏的幻灯片提示中，选中插入点，单击鼠标，按回车键创建多个幻灯片。

（3）用鼠标完成幻灯片之间的移动。为了移到下（上）一张幻灯片，可点击左栏中的箭头⬆（⬇）；为了往前或往后移动到一张以上的幻灯片，请拖曳垂直滚动条。

（4）用键盘完成幻灯片之间的移动。为了移到下一张幻灯片，请按下 PageDown；为了移到前一张幻灯片，请按下 PageUp；为了移到演示中的第一张幻灯片，请按下 Ctrl＋Home；为了移到最后一张幻灯片，请按下 Ctrl＋End。

（5）改变视图。单击视图（V），打开下拉式菜单，然后单击所要的视图（普通、幻灯片流览、幻灯片放映）。或者单击左下栏的视图按钮（见图 6－6 视图按钮中的幻灯片视图、普通视图、大纲视图、幻灯片浏览视图、幻灯片排序视图、幻灯片放映）。

（6）保存演示文稿。保存存演示文稿有下面两种方法：

① 单击文件（F），打开下拉菜单，然后单击保存，或另存，键入文件名，单击确定。

② 单击保存按钮，键入文件名，单击确定。

（7）关闭一个演示文稿。选择文件（F）菜单下拉列表中的关闭（C）选项。

（8）从 PowerPoint 中退出。选择文件（F）菜单下拉列表中的退出（X）选项，或直接单击右上角的退出按钮 X。

二、幻灯片的演示及创建

（1）以手工方式演示一套幻灯片。如果有必要，打开相应的演示文件；单击幻灯片放映（Slide Show）按钮；要想向前移一张幻灯片，可以单击鼠标左按钮、按下 Enter 或者按下 PageDown；要想往回移一张幻灯片，可以按 PageUp；要想结束这个演示，可以显示最后一张幻灯片并单击鼠标左按钮、按下 Enter 或按下 PageDown；你也可以通过在任何位置单击鼠标右按钮，然后用两个鼠标按钮中的任何一个单击结束放映（S）命令来结束相应的演示。

（2）创建一个幻灯片演示。打开一个新的空白演示；创建空白幻灯片并输入相应的文本；保存这个演示（每隔 10 分钟或者 15 分钟就保存它一次）；通过在幻灯片上绘画，给幻灯片添加图表（图形），给幻灯片添加剪贴插图以及编排幻灯片的页面布局来加入各种设计元素；通过演示一套幻灯片，打印幻灯片、注释或宣传材料、或把这个演示处理成 35 毫米的幻灯片来生成输出。

（3）打开一个新的演示。选择文件（F）菜单下拉列表中的新建（N）打开新建演示文稿对话框；从该对话框的常用标签中选定空演示文稿，单击确定；打开新幻灯片对话框；为第一张幻灯片选定你想要的自动页面布局，单击确定。作为一种更快速更简单的方法，可以在左上部的工具条中的新建按钮（见图 6－1）上单击。

（4）在幻灯片视图中创建一张新幻灯片。选择插入(I) 菜单下拉列表中的新幻灯片(N)；或者用鼠标选中图标后，按回车键；选定想要的自动页面布局；单击确定。

（5）在普通视图中输入文本。选定标题、副标题或具有圆点符号的文本对象；键入想要的文本。

（6）保存一个新演示。选择文件（F）菜单下拉列表中的保存（S）；如果有必要，改变当前驱动器和文件夹；输入你想要的文件名；单击确定。

（7）在大纲视图中创建一张新幻灯片。把插入点放到你打算在其后加入新幻灯片的那张幻灯片的文本中；选择插入（I）菜单下拉列表中的新幻灯片（N）。

（8）在大纲视图中输入文本。为了输入标题文本，请把插入点放到幻灯片图标的右边然后键入你所要的文本；为了输入圆点符号列表的文本，请把插入点放到你想在其后输入文本的那行的行尾，然后按下 Enter 建立一个新行，用 Tab 或 Shift＋Tab（如果有必要的话）把你的新行改变为所要的缩排层次，并键入你所要的文本。

（9）提升菜单下拉列表中的降级大纲的一行。为了提升一行，请把插入点放到这一行，然后单击？按钮或者按下 Shift＋Tab；为了降级一行，请把插入点放到这一行，然后单击？按钮或者按下 Tab。

（10）保存一个现有的演示。为了仅仅保留演示的当前版本，请选择文件（F）菜单下拉列表中的保存（S）、或者单击保存按钮（见图 6-1）、或者按下 Ctrl＋S；为了同时保留演示的当前版本和先前版本，请选择文件（F）菜单下拉列表中的另存（A）并输入你的新文件名，也可以加上驱动器或文件夹名称，然后单击确定。

三、图像加工

（1）绘制一条直线。选定线条工具（见图 6-4），在相应的幻灯片上拖曳或 Shift＋拖曳。

（2）绘制一个矩形或一个正方形。选定矩形工具（见图 6-4），在相应的幻灯片上拖曳或 Shift＋拖曳。

（3）绘制一个椭圆或一个圆。选定椭圆工具（见图6-4），在相应的幻灯片上拖曳或 Shift＋拖曳。

（4）绘制一条弧线。从自选图形（U）工具选项板中选定弧线工具（见图6-4），在相应的幻灯片上拖曳或 Shift＋拖曳。

（5）绘制一个自动形状。从自选图形工具（见图 6-4）选项板中选定所需要的工具，在相应的幻灯片上拖曳或 Shift＋拖曳。

（6）绘制一个形状不规则的图像。从自选图形（U）工具选项板中（见图6-4）选定不规则形状工具，通过拖曳绘制出你的形状不规则的对象；为了创建一个不封闭的对象，请在所希望的结束点上双击；为了创建一个封闭的对象，请在该对象的起始点上单击。

（7）在一个形状不规则的图像中绘制一条直线。沿着一条直线拖曳；或者松开鼠标按钮，通过移动鼠标指针绘制这条直线，然后按下并保持按下鼠标左按钮继续绘制不规则的形状或者通过单击来开始另一条直线的绘制。

（8）创建一个文本对象。选定文本工具（见图 6-4）；通过拖曳创建一个单词自动换行的文本对象或通过单击创建一个单词自动换行的文本对象；键入你所需要的文本；按下 Esc 或者在该幻灯片的任何空白区域单击，从而完成这个文本对象。

（9）选定一个绘制对象。选定选定工具（见图 6-4）并单击所要选的对象。

（10）选定多个对象。Shift＋单击所有你需要的对象。

（11）选定一个文本对象。如果在这个文本对象中有插入点，请按下 Esc；否则，请用 Shift＋单击这个对象。

（12）从一个多重选定中除去一个或多个对象。Shift＋单击一个或多个你想要除去的选定对象。

（13）撤销所有当前选定的对象。在该幻灯片的任何空白区域上单击，或按下 Esc。

（14）撤销你的上一个 PowerPoint 动作。选定编辑菜单下拉列表中的撤销，或者直接单击撤销按钮（见图 6-1）。

（15）重新设定一个对象的大小。选定这个对象，拖曳或 Shift＋拖曳所要的选定控制柄。

（16）移动一个对象。选定这个对象即对于一个图形对象，则单击它的内部，对于一个文本对象，则单击它的选定框轮廓，并把它拖曳到你所希望的新位置上；或者使用 Tab 键。

（17）利用引导线对齐对象。选择视图（V）下拉菜单列表中的辅助线（G）或者从快捷菜单中选择辅助线；把引导线移到你想要的位置；移动对象使它们的边缘或中心点与相应的引导线对齐。

（18）删除一个对象。选定这个对象的并按下 Delete 键。

（19）改变一个对象的填充颜色。选定所要的对象，单击填充颜色按钮（见图 6-4），从中选定所需要的填充颜色，单击确定。

（20）给一个对象增加阴影。选定所要的对象，单击阴影按钮（见图 6-4），从中选定所需要的阴影形式，单击确定。

（21）改变一个对象的线条样式。选定所要的对象，单击线条或虚线按钮（见图 6-4），从中选定所需要的线条样式。

（22）旋转一个对象。选定所要的对象，选择旋转工具（见图 6-4），拖曳或 Shift＋拖曳，该对象的任何一个选定控制柄。

以上各项也可单击插入（I）的下拉菜单中图片（P），从对话框中选定所需的各项操作。

四、剪贴插图和着色

（1）把剪贴插图添加到幻灯片上。在普通视图幻灯片中，单击剪贴画（C）（见图 6-

1)，选择所要的种类及图像。

（2）缩放剪贴插图对象。选定该对象；若是缩小该对象，请把选定控制柄朝该对象中心拖曳；若是放大该对象，请把选定控制柄拖离该对象中心；若是成比例缩放，请拖曳其中一个拐角的选定控制柄。

（3）裁切剪贴插图对象。选定该对象，出现一个对话框询问你是否将导入的图片转换为Microsoft Office 图形，单击是；然后点击其中想要裁剪或移动的部位，按 Delete 键（或按鼠标左键）拖曳到预定地点。

（4）为剪贴图对象重新着色。在普通视图幻灯片中，选定该对象，单击填充颜色工具（见图 6 - 4），选定所需的填充颜色和填充效果。

五、数据图表的引入及超级链接

（1）从 Microsoft Excel 中引入数据。选定你想要创建该图表的幻灯片，对幻灯片添加一个标题，单击插入（I）下拉菜单中的图表（H）或表格（B），清除数据表中的数据。选定将要从何处开始放置数据的单元格。或者单击插入（I）下拉菜单中的对象（O），选定所要引入的对象。

单击图表（C）下拉菜单中的图表类型，选择图形类型如柱形图、饼图等，或单击图表选项以确定图轴标的各项名称及数据。

（2）引入一幅图画。选定你想要添加该图画的幻灯片，单击插入（I）下拉菜单中的图片（P），选择包含你所要引入图画文件的文件夹并选定包含你想要引入的大纲，单击确定。

（3）将一个大纲引入到 PowerPoint 演示中。选定你想要在其后面插入该大纲的幻灯片，单击插入（I）下拉菜单中的幻灯片，或者从文件（F）选择幻灯片，选定文件名后，单击插入。

（4）超级链接。单击插入（I）下拉菜单中的超级链接，或者直接在选中的幻灯片图元中单击鼠标右键，出现下拉菜单，选择超级链接，键入所需链接的文件名或 Web 页名称；也可以列表中选取，单击确定。

（5）将一个 PowerPoint 演示保存为大纲。选择文件（F）下拉菜单列表中的保存（S）；为该大纲输入一个名称；选定相应的文件夹；单击保存。

（6）将一个幻灯片保存为 Windows 图元文件。移至你想要以图元文件保存的幻灯片中（你一次只能保存一个幻灯片）；选择文件（F）下拉菜单列表中的保存（S）；为该图元文件输入一个名称；选择相应的文件夹和目录；单击保存。

六、动画效果及放映

（1）动画效果设置。选定普通视图中幻灯片的图像，单击鼠标右键，在下拉菜单中选择自定义动画，对所有该幻灯片中的图像进行动画设置，单击确定。

（2）幻灯片放映。单击幻灯片放映（见图6-6），单击左键即可进行动画效果及幻灯片单张放映。

最后单击鼠标右键，选定结束放映。

第二节　PowerPoint工具条及击键查阅指南

一、工具条查阅指南

PowerPoint工具条共有标准工具条、用于格式处理的工具条、幻灯片演示格式处理工具条、用于绘图的工具条、大纲工具条、视图按钮等6种基本工具条。

1. 标准工具条（见图6-1）

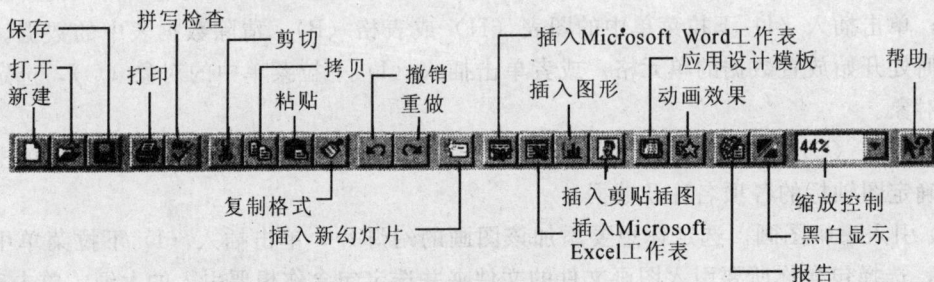

图6-1　标准工具条

按钮	功能
New（新建）	创建一个新演示
Open（打开）	打开一个现有的演示
Save（保存）	将活动的演示保存起来
Print（打印）	打印活动的演示
Spelling（拼写检查）	对一个活动的演示进行拼写检查
Cut（剪切）	将选定的对象移至Clipboard（剪贴板）中
Copy（拷贝）	将选定的对象复制到Clipboard（剪贴板）中
Paste（粘贴）	将Clipboard（剪贴板）中的内容粘贴到幻灯片中
Format Painter（复制格式）	复制所选定的格式
Undo（撤销）	撤销最后一次操作
Redo（重做）	重新执行已被撤销的最后一次操作

Insert New Slide （插入新幻灯片）	在当前幻灯片后面增添一个新幻灯片
Insert Microsoft Word Table （插入 Microsoft Word 表）	将一个 Microsoft Word 表添加到幻灯片中
Insert Microsoft Excel Wordsheet （插入 Micorsoft Excel 工作表）	将一个 Excel 工作表添加到幻灯片中
Insert Graph（插入图形）	将一个 Microsoft 图形添加到幻灯片中
Insetrt Clip Art （插入剪贴插图）	将剪贴插图添加到幻灯片中
Apply Design Template （应用设计模板）	打开 Apply Design Template（应用设计 模板）对话框
Animation Effects（动画效果）	显示 Animation Effects（动画效果）工具条
Report It（报告）	将活动演示的内容保存到一个 Microsoft Word 大纲中
B&W View（黑白显示）	以黑白形式显示活动的演示
Zoom Control（缩放控制）	改变你正在编辑对象的放大系数
Help（帮助）	提供上下文相关的帮助

2. 用于格式处理的工具条（见图 6-2）

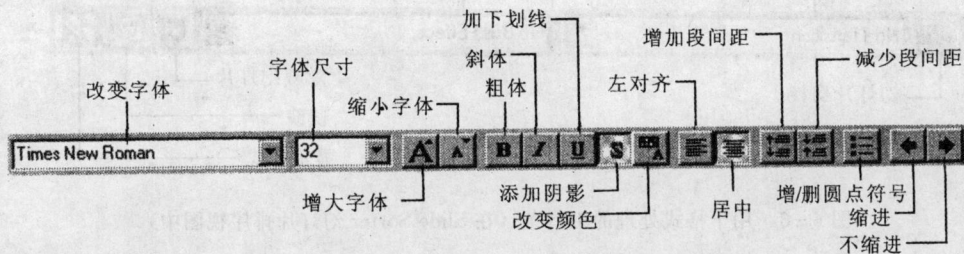

图 6-2　用于格式处理的工具条

按钮	功能
Font Face（改变字体）	改变所选定文本的字形
Font Size（字体尺寸）	改变所选定文本的字形尺寸
Increase Font Size（增大字体）	增大字形的尺寸

Decrease Font Size（缩小字体）缩小字形的尺寸

Bold（粗体）　　　　　　　使得所选定的文本加粗

Italic（斜体）　　　　　　　使得所选定的文本倾斜

Underline（加下划线）　　　对所选定的文本加下划线

Text Shadow（添加阴影）　　为所选定的文本添加阴影

Text Color（改变颜色）　　　改变所选定文本的颜色

Left Alignment（左对齐）　　左边对剂所选定的文本

Center Alignment（居中）　　使得所选定的文本居中

Increase Paragraph Spacing　增加被选定段落之间的间距

（增加段间矩）

Decrease Paragraph Spacing　减少被选定段落之间的间距

（减小段间距）

Bullet On / Off　　　　　　对被选定的段落增加(或删除)缺省的圆点符号

（增删圆点符号）

Promote（不缩进）　　　　　对被选定的段落去除一层缩排

Demote（缩进）　　　　　　对被选定的段落增加一层缩排

3. 用于格式处理的工具条（见图 6-3）

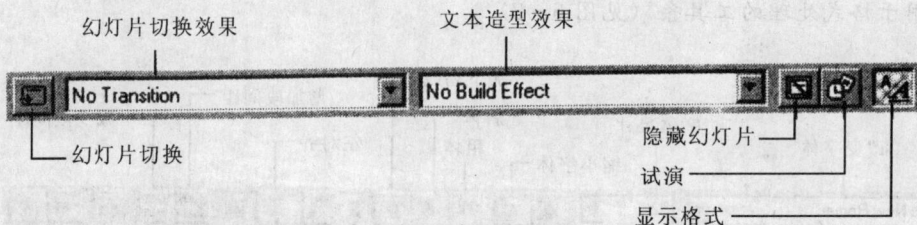

图 6-3　用于格式处理的工具条（在 Slide Sorter 幻灯片排序视图中）

按钮　　　　　　　　　　　功能

Slide Transition（幻灯片切换）　决定用于被选定幻灯片的切换属性

Slide Transition Effects　　　决定用于被选定幻灯片的切换效果

（幻灯片切换效果）

Text Build Effects（文本造形效果）决定用于被选定幻灯片的造形效果

Hide Slide（隐藏幻灯片）　　在放映一个幻灯片演示中跳过被选定的幻灯片

Rehearse Timings（试演）　　　　　演示或试演幻灯片

Show Formatting（显示格式）　　　 显示所有字符的格式（在 Outline 大纲视图中）或标
　　　　　　　　　　　　　　　　　 题（在 Slide 普通视图中）

4. 用于绘图的工具条（见图 6－4）

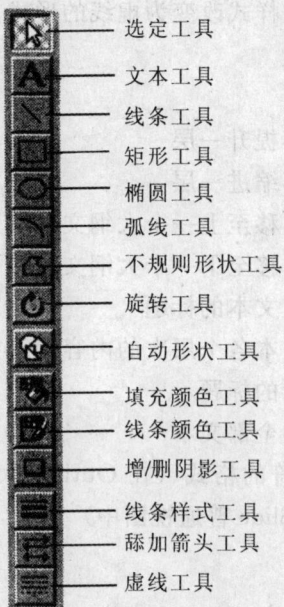

　　　　　　　　　　　　　　　　选定工具
　　　　　　　　　　　　　　　　文本工具
　　　　　　　　　　　　　　　　线条工具
　　　　　　　　　　　　　　　　矩形工具
　　　　　　　　　　　　　　　　椭圆工具
　　　　　　　　　　　　　　　　弧线工具
　　　　　　　　　　　　　　　　不规则形状工具
　　　　　　　　　　　　　　　　旋转工具
　　　　　　　　　　　　　　　　自动形状工具
　　　　　　　　　　　　　　　　填充颜色工具
　　　　　　　　　　　　　　　　线条颜色工具
　　　　　　　　　　　　　　　　增/删阴影工具
　　　　　　　　　　　　　　　　线条样式工具
　　　　　　　　　　　　　　　　添加箭头工具
　　　　　　　　　　　　　　　　虚线工具

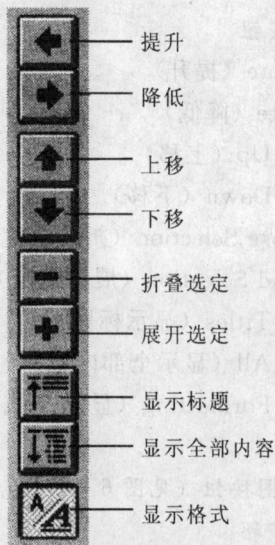

　　　　　　　提升
　　　　　　　降低
　　　　　　　上移
　　　　　　　下移
　　　　　　　折叠选定
　　　　　　　展开选定
　　　　　　　显示标题
　　　　　　　显示全部内容
　　　　　　　显示格式

图 6－4　用于绘图的工具条　　　　图 6－5　大纲工具条（在 Outline 大纲视图中）

按钮	功能
Selection tool（选定工具）	选定并编辑对象
Text tool（文本工具）	创建文本对象
Line tool（线条工具）	创建直线
Rectangle tool（矩形工具）	创建矩形
Ellipse tool（椭圆工具）	创建椭圆
Arc tool（弧线工具）	创建弧线
Freeform tool（不规则形状工具）	创建不规则形状对象
Free Rotate tool（旋转工具）	对选定的对象进行旋转
AutoShapes tool（自动形状工具）	创建自动形状
Fill Color tool（填充颜色）	增加（或删除）缺省的填充颜色

Line Color tool（线条颜色） 增加（或删除）缺省的线条颜色

Shadow On/Off tool（增/删阴影工具） 增加（或删除）缺省的阴影颜色

Line Style tool（线条样式工具） 改变线条宽度

Arrowheads tool（添加箭头工具） 对选定的线条、弧线或不封闭的不规则形状添加箭头

Dashed Lines tool（虚线工具） 将选定的线条样式改变为虚线的形式

5. 大纲工具（在大纲视图中）（见图 6-5）

按钮	功能
Promote（提升）	将选定的段落提升一层
Demote（降低）	将选定的段落缩进一层
Move Up（上移）	将选定的文本移至上一个大纲文本的上面
Move Down（下移）	将选定的文本移至下一个大纲文本的下面
Collapse Selection（折叠选定）	仅显示被选定文本的标题
Expand Selection（展开选定）	显示被选定文本各个层次的内容
Show Titles（显示标题）	仅显示幻灯片的标题
Show All（显示全部内容）	显示幻灯片的全部文本
Show Formatting（显示格式）	显示所有字符的格式（在 Outline 大纲视图中）或标题（在 Slide 普通视图中）

6. 视图按钮（见图 6-6）

按钮	功能
Slide View（幻灯片视图）	切换到 Slide（幻灯片）视图
Outline View（大纲视图）	切换到 Outline（大纲）视图
Slide Sorter View（幻灯片排序视图）	切换到 Slide Sorter（幻灯片排序）视图
Notes Pages View（幻灯片浏览视图）	切换到 Notes Pages（幻灯片浏览）视图
Slide Show（幻灯片放映）	演示激活演示的幻灯片

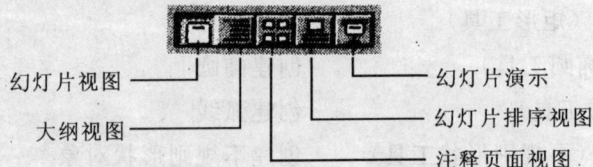

图 6-6 视图按钮

幻灯片视图
大纲视图
幻灯片演示
幻灯片排序视图
注释页面视图

二、击键查阅指南

在 PowerPoint 中，许多通过鼠标执行的操作同样也可以通过键盘来完成。

1. 删除与拷贝

操作	击键
删除左边的字符	Backspace
删除左边的单词	Ctrl+Backspace
删除右边的字符	Delete
删除右边的单词	Ctrl+Delete
剪切	Ctrl+X
拷贝	Ctrl+C
粘贴	Ctrl+V
撤销最后一次操作	Ctrl+Z

2. 格式处理

操作	击键
改变字形	Ctrl+Shift+F
改变磅值	Ctrl+Shift+P
增加字形的尺寸	Ctrl+Shift+>
减少字形的尺寸	Ctrl+Shift+<
加粗	Ctrl+B
加下划线	Ctrl+U
倾斜	Ctrl+I
变成下标	Alt+Ctrl+Shift+<
变成上标	Alt+Ctrl+Shift+>
变成无格式文本	Ctrl+Shift+Z
切换大小写	Shift+F3
格式化字符	Ctrl+T
使段落居中	Ctrl+E
两边对齐段落	Ctrl+J
使段落左边对齐	Ctrl+L
使段落右边对齐	Ctrl+R

3. 菜单命令

操作	击键

文件命令

创建新文件	Ctrl＋N
打开一个文件	Ctrl＋O 或 Ctrl＋F12
关闭一个文件	Ctrl＋W 或 Ctrl＋F4
保存一个文件	Ctrl＋S 或 Shift＋F12
打印文件	Ctrl＋P 或 Ctrl＋Shift＋F12
退出文件	Ctrl＋Q 或 Alt＋F4
替换	Ctrl＋H

编辑命令

撤销	Ctrl＋Z
重做	Ctrl＋Y
清除	Delete
剪切	Ctrl＋X 或 Shift＋Delete
拷贝	Ctrl＋C 或 Ctrl＋Insert
粘贴	Ctrl＋V 或 Shift＋Insert
选定全部	Ctrl＋A
查找	Ctrl＋F
复制	Ctrl＋D

查看命令

显示辅助线	Ctrl＋G
由一般视图进入 Master 视图	Shift＋单击 View 按钮

插入命令

插入日期	Alt＋Shift＋D
插入时间	Alt＋Shift＋T
插入页编号	Alt＋Shift＋P
插入新幻灯片	Ctrl＋M

工具

拼写检查	Ctrl＋Alt＋L 或 F7

编组命令

编组	Ctrl＋Shift＋G
拆组	Ctrl＋Shift＋H
重新编组	Ctrl＋Shift＋J

　　帮助

内容	F1
上下文相关帮助	Shift＋F1

4. 引导

操作	击键
移至右边的字符	Right Arrow
移至左边的字符	Left Arrow
上移一行	Up Arrow
下移一行	Down Arrow
移至一个单词的左边	Ctrl＋Left＋Arrow
移至一个单词的右边	Ctrl＋Right＋Arrow
移至行尾	End
移至行首	Home
将段落向上移动	Ctrl＋Up Arrow
将段落向下称动	Ctrl＋Down Arrow
移至页面对象结束处（Outline 视图中）	Ctrl＋End
移至页面对象开始处（Outline 视图中）	Ctrl＋Home
由标题移至文本	Ctrl＋Enter
进入幻灯片 1	Ctrl＋Home
进入最后一张幻灯片	Ctrl＋End

5. 大纲处理

操作	击键
提升一个段落的层次	Alt＋Shift＋Left Arrow
降低一个段落的层次	Alt＋Shift＋Right Arrow
将所选定的段落向上移动	Alt＋Shift＋Up Arrow
将所选定的段落向下移动	Alt＋Shift＋Down Arrow
显示第一层标题	Alt＋Shift＋1
展开某个标题下的文本	Alt＋Shift＋加号键（＋）
折叠某个标题下的文本	Alt＋Shift＋减号键（一）
显示所有的文本及标题	Alt＋Shift＋A
显示字符的格式化方式	／（数字键盘）

6. 选定

操作	击键
选定右边的字符	Shift＋Right Arrow

选定左边的字符	Shift＋Left Arrow
选定单词的最后一个字符	Ctrl＋Shift＋Right Arrow
选定单词的第一个字符	Ctrl＋Shift＋Left Arrow
选定上一行	Shift＋Up Arrow
选定下一行	Shift＋Down Arrow
选定所有的对象（在 Slide 视图中）	Ctrl＋A
选定所有的幻灯片（在 Slide Sorter 视图中）	Ctrl＋A
选定所有的文本（在 Outline 视图中）	Ctrl＋A
选定某段文本	通过按住鼠标左按钮拖曳该段文本
选定某个单词	双击该单词
选定某个段落	对准该段落连续单击三次
拖一放	选定并拖曳
拖一放复制	在按住 Ctrl 键的同时，选定并拖曳

7. 激活窗口与菜单

操作	击键
进入到前一个演示的窗口	Ctrl＋Shift＋F6
进入到下一个演示的窗口	Ctrl＋F6
最大化应用程序的窗口	Alt＋F10
显示快捷菜单	单击鼠标右按钮

8. 幻灯片放映

操作	击键
进入第 N 个幻灯片	＜键入该数字值＞＋回车键
黑化或撤销黑化屏幕	B 或圆点（·）
白化或撤销白化屏幕	W 或逗号（,）
显示或隐藏指针	A 或等号（＝）
停止或重新启动自动演示幻灯片	S 或加号（＋）
终止放映	Esc，Ctrl＋Break 或减号（－）
擦除屏幕注释	E
使用新时间	T
使用原来时间	O
以单击鼠标的方式进片	M
进入隐藏的幻灯片	H
进入下一个幻灯片	单击、按 Spacebar 键、键入 N、按 Right Arrow（→）键、按 Down Arrow（↓）或 PageDown 键

返回上一个幻灯片　　　　　按 Spacebar（空格）键、键入 P，按 Left Arrow（←），Up Arrow（↑）或 PageUp（PgUp）键

第三节　计算机创意设计训练

一、设计创意图

1. 创造性思维训练（任选一题）

（1）用所学过的计算机语言绘制关于"听"的想象力的创意图。

（2）用所学过的计算机语言绘制关于"看"的想象力的创意图。

（3）用所学过的计算机语言绘制关于"说"的想象力的创意图。

（4）用所学过的计算机语言绘制关于"做"的想象力的创意图。

……

2. 设计你最得意的创意作品一件，并作简要说明（请署上姓名、班级、日期）。

二、优秀学生优秀计算机创意作品选

（1）多功能手机（EGO 手机）（图 6 - 7）。西安石油大学机械工程学院 1998 级学生杨鹰创作。

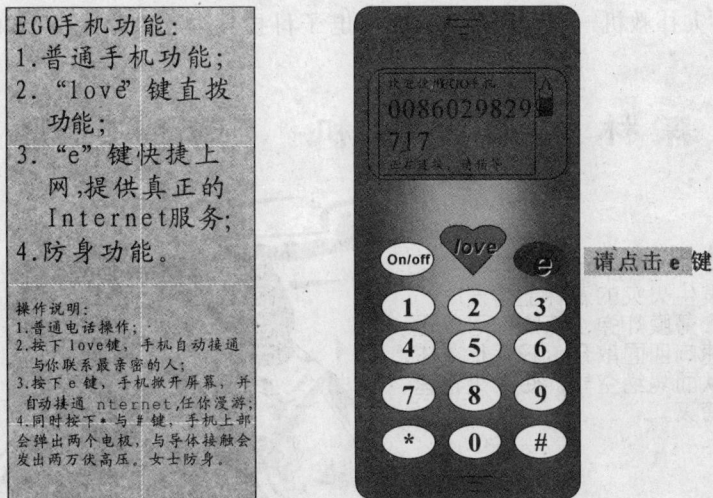

图 6-7　多功能手机

该手机具有普通手机的功能，"Love"键直拨功能、"e"键快捷上网功能和防身功能。杨鹰同学是西安石油大学创新学社社长，并且是西安石油大学第一届科创杯发明创造一等奖

得主，其设计发明的"环保筷子"获得国家专利。

（2）多功能脑电波传感鼠标，西安石油大学2007级研究生赵越创作（见图6-8）

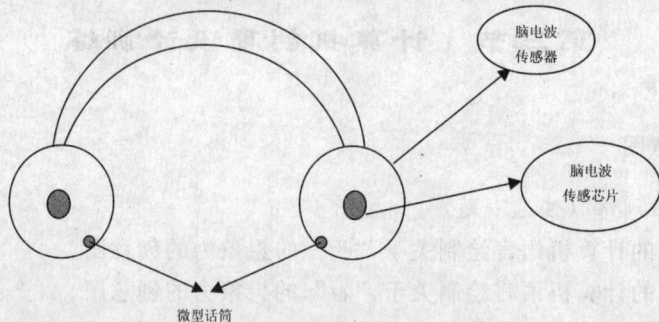

脑电波
传感器

脑电波
传感芯片

微型话筒

图6-8 多功能脑电波传感鼠标

随着科技的发展人们对鼠标功能的要求日趋多样化，为此我设计了一种基于生物技术的多功能脑电波传感鼠标来满足用户的需求。它是通过人体的生物电来做电源的，同时通过人的脑电波与电脑中脑电波接收器通信来完成普通鼠标的功能，即人们通过大脑意识来完成相应的操作，同时该鼠标具有立体声高保真耳机的功能，其可以使用户在操作电脑的同时享受音乐的快乐！同时增加了麦克风的功能可供用户聊天使用。

（3）森林火灾扑救机——薄膜炸弹。西安电子科技大学软件学院2000级学生王鑫创作（见图6-9）。

森林火灾扑救机　薄膜炸弹

森林火灾扑救机可以在发生火灾的森林上空发射一个薄膜炸弹，该炸弹可以迅速向四面散开，将森林罩住，从而隔绝空气，使大火迅速熄灭。

图6-9 森林火灾扑救机——薄膜炸弹

（4）会移动的房子。西安石油大学 2002 级学生创作（见图 6-10）。

当你想我时，
我就在你身边.

会移动的房子

为节省到房子的时间，将房子设计为可移动样式，方便且省时。

图 6-10　会移动的房子

（5）新型轮胎。西安石油大学 2004 级学生创作（见图 6-11）。

此创意是一种新式轮胎，具有如下功能：

1. 遇到下雨天或是地面有脏物时，可自动吸取雨水、脏物等垃圾。
2. 能耐高温，以防止汽车因长期行驶而使轮胎温度过高造成爆破。
3. 当天气很热时，还可自动洒水，为我们创造一个更美好的环境。

图 6-11　新型轮胎

（6）肥皂盒。西安石油大学计算机学院 1996 级学生段小琴创作（见图 6-12）。

类似固体胶的肥皂盒

肥皂盒的特点： 1. 参照图1，新的肥皂盒当然要配上新形象的肥皂，以后厂家生产的肥皂均是带小圆洞的圆柱形，可爱吧。

2. 参照图2，肥皂盒由盖子，盒身及盒底组成。

注： 盒底与旋转棒（带有旋转螺纹的塑料棒）是浑然一体的。底托是一个半空的带圆孔的小圆柱体，其中圆孔内带螺纹，与旋转棒相绞合，半空部分用于安装条形肥皂，底托外侧带有数道沟槽，与盒身内壁的突起条相嵌合，从而使旋转盒底时，底托带动肥皂向外/内平动。

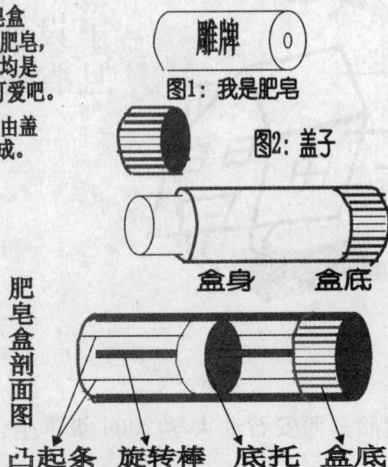

图1：我是肥皂　雕牌

图2：盖子

盒身　盒底

肥皂盒剖面图

凸起条　旋转棒　底托　盒底

图 6-12　肥皂盒

（7）墨水瓶。西安石油大学自动化系 200 级学生李广良创作（见图 6-13）。

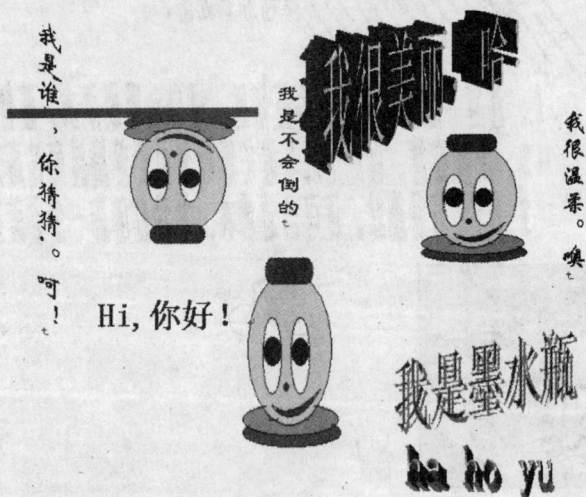

我是谁，你猜猜。呵！

我是不会倒的。

我很美丽。哈

我很温柔。噢。

Hi，你好！

我是墨水瓶

ha ho yu

图 6-13　墨水瓶

（8）多功能便携钥匙链。西安电子科技大学软件学院2008级学生张宏创作（见图6-14）。

多功能便携钥匙链

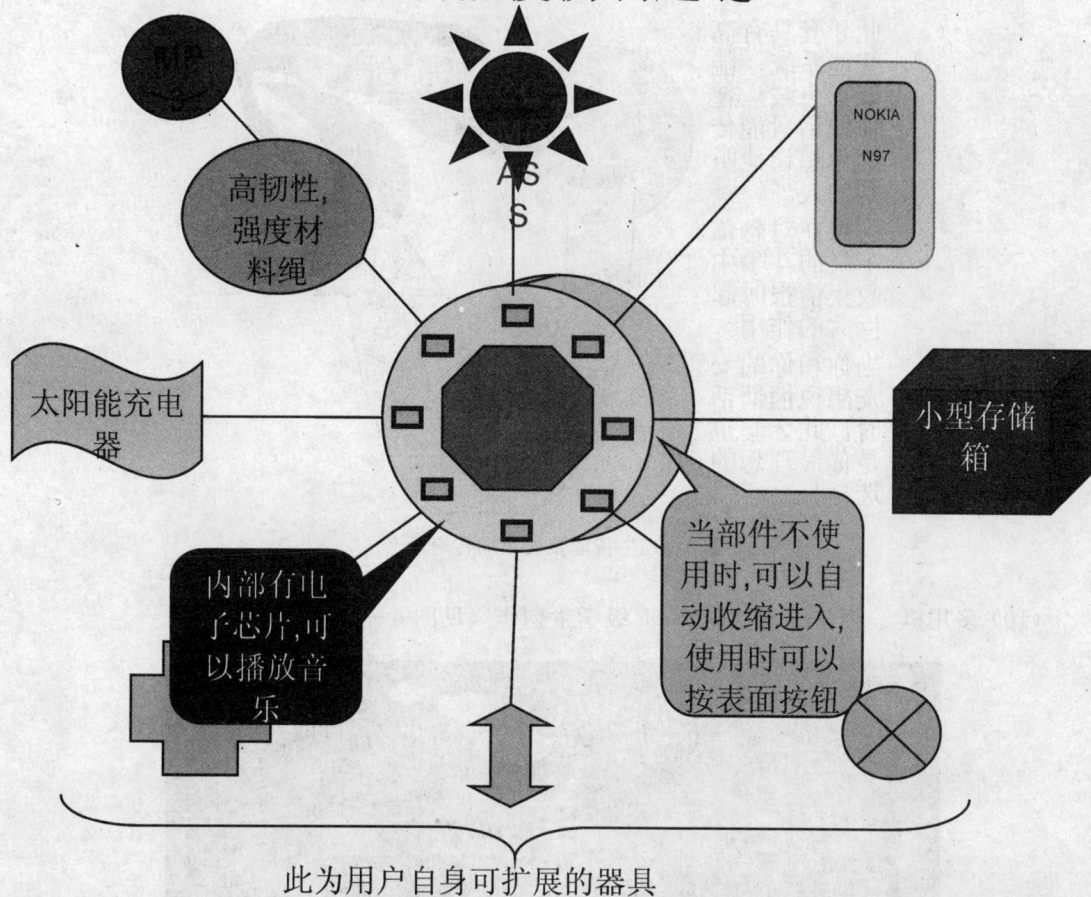

高韧性,强度材料绳

太阳能充电器

内部有电子芯片,可以播放音乐

小型存储箱

当部件不使用时,可以自动收缩进入,使用时可以按表面按钮

此为用户自身可扩展的器具

图6-14　多功能便携钥匙链

　　多功能便携钥匙链基于可伸缩钥匙链，将可伸缩的绳索扩展到各个方向，每个部件可以靠总板上的按钮自动收回，也可以伸出，且绳索材料是有高弹性及韧性材料，不易断中间总板上还集成了音乐及视频播放功能，可以将其中一个部件设计为耳机，方便听音乐，基础部件中的太阳能电池也可以为所连电器供电、照明等。作为电子产品，也可以进行功能扩展。

（9）智能聚波单向传声牙套。西安石油大学 2000 级学生创作（见图 6－15）。

智能聚波单向传声牙套

此牙套具有高智能系统，能聚集声波，使你的话只能传给你想让他听到的人。

它将在对恐怖主义的斗争中收集情报时起巨大的作用。

当你和你的女友想说悄悄话时，此牙套也是你最理想的选择！

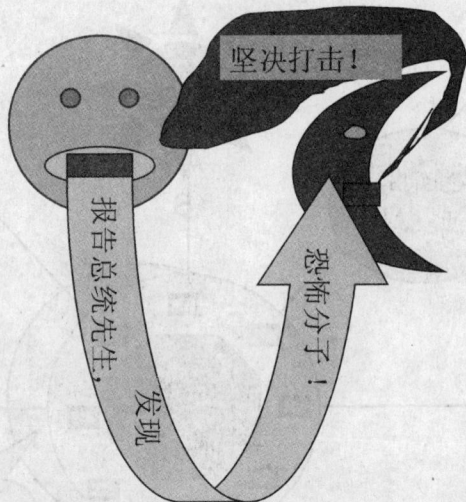

坚决打击！

报告总统先生，发现恐怖分子！

图 6－15　智能聚波单向传声牙套

（10）多用机。西安石油学院 2005 级学生创作（见图 6－16）。

新型多用机

多用机　入口赶入活鸭。一出口出烤鸭，另一出口出羽绒服成衣。

图 6－16　多用机

（11）家用风筝发电。西安电子科技大学软件学院 2008 级蒳婉婷创作（见图 6-17）。

家用风筝发电

风筝吸收太阳能和风能
并通过特殊装置将能量转化
成电能并通过风筝导线将
电能传到屋顶的接收装置中
便可以给屋内电器供电了

图 6-17　家用风筝发电

（12）思维控制的电脑。西安石油大学 2000 级研究生杨萌创作（见图 6-18）。

思维控制的电脑　婴儿都会使用的电脑

特点一：思维和操作同步，即想让电脑做什么就可以做什么；

特点二：可以通过电脑屏幕显示你在想什么，这样我们就可以搞懂婴儿和动物在需求了。

图 6-18　思维控制的电脑

（13）智能黑板擦。西安石油大学机械学院2000级学生李珠峰创作（见图6-19）。

改进型智能黑板擦

它不但具有原有黑板擦的一切功能，而且在老师上课时可以随心所欲擦掉此种黑板擦是在原作的设计基础上稍做改进的。在黑板擦内装有智能芯片，在黑板上装有感应器，只要把手指放在要擦的字上稍压一下即可。

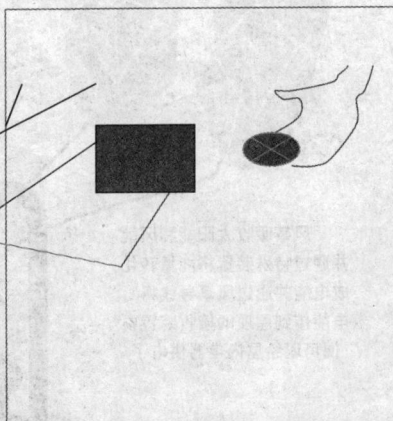

图6-19　智能黑板擦

（14）新型玻璃。西安石油大学电子自动化系1995级学生王凯创作（见图6-20）。

新型建筑玻璃

此种玻璃能依外界光线自动调节透光率，从而节约能源，且不会造成光污染。

图6-20　新型建筑玻璃

（15）宠物手机。西安电子科技大学软件学院 1999 级学生钟健朋创作（见图6－21）。

宠物的"手机"

什么？！
我的爱犬
吃了邻居
的

人-宠物语言翻译

测量宠物身体状况

追踪其活动的状态

强光照明灯

CD 随身听

现代人愈来愈依赖宠物，但由于宠物的野性难改，令主人爱恨交加。我们发明一种采用高新技术的宠物手机，主人凭它能感知宠物的喜怒哀乐，而宠物也能通过手机把其活动的信息传送给主人，这种交互式的手机若能推向市场，必将大受欢迎。

图 6－21　宠物手机

第二篇

创　业

创业是一个创造财富的艰苦奋斗的过程。

创业规划不宜好高骛远，应量体裁衣，实事求是。

第七章 创业的基本概念

创业的过程，实际上就是恒心和毅力坚持不懈的发展过程，其中并没有什么秘密，但要真正做到中国古老的格言所说的勤和俭也不太容易。而且，从产业之初开始，还要不断学习，把握时机。（李嘉诚）

创业，是人类最基本的生存方式。

创业是一门跨越多学科的综合学问，涉及变革、创新、技术与环境的变化、新产品开发、小企业管理、企业与创业者个体和产业发展等问题，其研究学科主要包括经济学、管理学、心理学、社会学以及诸多的科学技术学科。

第一节 创业及创业教育

一、创业

1. 创业的定义

"创业"，在《新华词典》里定义为"开创事业"；在《辞海》里定义为"开创基业"；在《现代汉语词典》的解释是"创办事业"。"创"，篆文从刀，仓声，是形声字。"业"，篆文像古代乐器架子横木上的大板，上面刻有锯齿，以便悬挂钟、鼓等乐器，后引申为所从事的学业、事业、职业、行业、就业、产业、创业、工作等。由此可见，创业是创字当头，业为基础，表征了产生基业或事业的一个由无到有、由小到大、由旧到新的创造过程。

20 世纪末至 21 世纪初，随着信息社会及全球经济的飞速发展，世界各国对创业现象和创业理论进行了广泛的研究。关于创业的定义，也有多种说法。

根据杰弗里·蒂蒙斯（Jeffry A．Timmosns）所著的创业教育的经典教科书《New Venture Creation》的定义，"创业是一种思考、推理和行为方式，这种行为方式是机会驱动、注重方法和与领导相平衡。创业导致价值的产生、增加、实现和更新，不只是为所有者，也为所有参与者和利益相关者。"

霍华德·斯蒂文森（Howard H. Stevenson）则认为："创业是一种管理方式，即对机会的追踪和捕获的过程，这一过程与其当时控制的资源无关。"并且进一步指出："创业可由七个方面的企业经营活动来理解：发现机会、战略导向、致力于机会、资源配置过程、资源控制的概念、管理的概念和回报政策。"

中国学者郁义鸿等人认为："创业是一个发现和捕捉机会并由此创造出新颖的产品或服

务和实现其潜在价值的复杂过程。"

而广义的创业，百森商学院的定义是"一种思维和行动方式，为机会着魔，全盘规划，具有良好的领导力"。是指具有开创意义的社会活动，除了指开办企业外，还包括能抓住机会，开创新的职业，开创新的工作业绩等各种社会活动。

其中比较具有代表性的定义是美国学者罗伯特·赫里斯提出的：创业就是通过付出必要的时间和努力，承担相应的经济、心理和社会风险，并得到最终的货币报酬、个人满足感和自主性，创造出有价值的新东西的过程。

综上所述，创业包括了以下几个方面的内容：

（1）创业是创业者创造具有"更多价值的"新事物的过程；

（2）创业需要创业者贡献必要的时间，付出极大的努力；

（3）创业需要创业者承担必然存在的包括财务、精神、社会领域及家庭诸方面的风险；

（4）创业使创业者获得金钱回报、独立自主以及个人满足等物质和精神两方面的创业报酬。

对于一个真正的创业者，创业过程不但充满了激情、艰辛、挫折、忧虑、痛苦和徘徊，而且还需要付出坚定、坚持不懈的努力，当然，渐进的成功也将带来无穷的欢乐与分享不尽的幸福。

2. 创业的类型

从创业的目的来看，人们的创业活动大致分为两类：生存型创业（即生存驱动型创业）和机会型创业（即机会驱动型创业）。

（1）生存型创业：一般是指创业者出于生存的目的，为获得个人基本生存条件不得已而选择创业的形态。换言之，所有的其他选择不是没有就是不满意，因此创业者，必须依靠创业为自己的生存与发展谋求出路。

比如，先后下岗的刘师傅和他的爱人，在经过劳动部门的审核后，获得了 2 万元的创业贷款。对于没有一技之长，又没有经商经验的他们夫妇俩来说，所能做的就是将自己那间10 平方米的临街小屋进行简单改装，开了一家名为"利民"的小食品店。

"利民"小店里经营的商品一半是帮厂家代销，可以先卖货后结款，而另一半则是必须先花钱购进。每天除去水电等固定开销外，小店每天平均有 100 到 120 元不等的纯收入。这些收入维持刘师傅夫妻的日常生活基本够用了，但他们实在无力去雇佣店员。

这间由刘师傅夫妻经营的个体小食品店的创办过程，就属于典型的生存型创业。

一般而言，生存型创业有如下的特点：

1）创业者属于被动创业，创业只为生存，即获得必要的生活来源。生存型创业一般可确保创业者及家人的生计，但绝无太大发展空间。

2）生存型创业主要解决的是创业者个人的就业问题，创业者一般不需要过多的劳动力，因而很难产生就业倍增现象。

（2）机会型创业：一般是指创业者通过发现或创造新的市场机会，为追求事业有较大发展空间而选择创业的形态。此创业只是作为其职业生涯中的一种选择。机会型创业对增加就业机会、促进经济增长的作用比较突出。同时创业机会是创业的核心要素，对创业机会的评价贯穿于机会识别与选择的整个动态过程中。

被誉为"中国最佳墙体广告公司"的河南地平线广告公司就是一个机会型创业的成功案例。地平线广告公司的老板叫文卫红，1996 年毕业于河南工艺美术学校。迈出校门的文卫红并没有像自己同学一样去四处求职找工作，而是一毕业就开始了创业生涯。原来，他发现了一个很大的市场！

当时，郑州市郊区北环一带是郑州的饲料生产基地和集散中心，大大小小的饲料厂一家挨着一家。别看地处郊区，这些小饲料厂的老板还是很有广告意识的——厂主们都会用石膏粉在自家工厂的围墙上书写厂名和联系电话，以为这样就算大功告成了。其实这样的"广告"不但内容简单、制作粗糙，而且没有丝毫的美感可言，再加上缺乏煽情的广告语，实际上宣传的效果并不理想。

文卫红一家一家地走访饲料厂，靠为饲料厂制作和发布广告白手起家。文卫红运用自己学过的专业知识为这些饲料厂重新设计并制作漂亮的墙体广告，而且价格出奇的便宜，每平方米还不到 10 元钱。

中国人都有很强的模仿和攀比心里，第一家饲料厂的墙体广告一亮相就给了其它厂家极大的震动。为了怕自己被比下去，所有饲料厂老板纷纷请文卫红给自己的饲料厂设计和制作墙体广告。文卫红的墙体广告由此火了一把，也就捞到了第一桶金。

1997 年，文卫红注册成立了河南地平线广告公司，专门承接制作各种墙体广告。同时开始瞄准国内大厂商的广告业务。从 1998 年开始，地平线把康佳电视的品牌广告做到了河南省每一个小城镇的每一条主干道上，甚至做进了小村庄。随后的几年里，地平线广告公司走遍了除港澳台和西藏之外的全国各大省市，由一家地方性的小公司跃升为拥有全国性墙体广告网络的大型专业公司。

二、创业教育

1. 创业教育的概念

"创业教育"（enterprise education）最早由联合国教科文组织在"面向 21 世纪教育国际研讨会"上提出，它强调培养受教育者的事业心、进取心、开拓精神和冒险精神，提高受教育者的自我谋职或就业能力。创业教育作为一种新的教育观念，不但体现了素质教育的内涵，而且突出了教育创新和学生实际能力的培养。同时，创业教育还具有终身教育特征，其教育过程是通过各种可利用的教育方式来培养受教育者的创业意识、创业思维、创业技能等，并最终使受教育者具有一定的创业素质和能力。

1989 年 11 月，联合国科教文组织在北京召开的"面向 21 世纪教育国际研讨会"，首次提出并讨论创业教育的概念，要求"把事业心和开拓能力教育提到目前学术性和职业性教育护照所享有的同等地位"，创业教育被视为未来的人们应掌握的"第三本教育护照"。

国际社会对高等教育领域创业教育的关注，始于 20 世纪 90 年代。1995 年，联合国教科文组织发表《关于高等教育的变革与发展的政策性文件》指出："……高等教育应通过发挥传统的作用和帮助确定各地有助于人类持续发展的新需要，对未来劳动市场的形成作出贡献。"这标志着创业教育正式引入高等教育领域的开始。

1998 年 10 月，世界高等教育大会宣言《21 世纪的高等教育：展望与行动》第 7 条进一步重申："高等学校，必须将创业技能和创业精神作为高等教育的基本目标，为了方便毕业生创业，高等教育应主要关心培养创业技能与主动精神"，要使高校毕业生"不仅只是求职者，而首先将成为工作岗位的创造者。"

1999 年，中国教育部颁发的《面向 21 世纪教育振兴计划》第 27 条也指出："……加强对教师和学生的创业教育，鼓励他们自主创办高新技术企业。"

创业教育有广义、狭义的理解之分，联合国教科文组织[①]指出："创业教育，从广义上来说是指培养具有开创性的个人，它对于拿薪水的人同样重要，因为用人机构或个人除了要求受雇者在事业上有所成就外，正在越来越重视受雇者的首创、冒险精神，创业和独立工作能力以及技术、社交、管理技能。"狭义的创业教育，则指进行创办企业所需要的创业意识、创业精神、创业知识创业能力及其相应实践活动的教育。

创业教育是个系统工程，其最终目的就是要以学生良好的专业知识和技能为基础，培养学生创业的综合素质，逐步使他们由"就业的一代"变为"创业的一代"。

从美国知名高校创业教育的实践看，当代大学高校创业教育的课程设置大致可分为创业意识类、创业知识类创业能力与素质类和创业实务操作类等四种类型（见表 7-1）。

表 7-1　美国高校创业教育课程设置的主要类型[②]

序号	课程设置类型	主要学习内容
1	创业意识类	创意激发、创造性开发、信息搜索、商业机会判断力和机会评估等
2	创业知识类	创新战略、组织设计、供应链管理，市场营销风险投资、资本市场、电子商务、税务制度、知识产权、合同与交易、国际贸易、市场竞争结构等
3	创业能力与素质类	将创意发展成创业流程、新公司的建立开办、信息搜索与处理、团队组织、应变能力、管理沟通、产品开发、市场营销等
4	创业实务操作类	商业机会选择、制定商业计划书、资本筹集、创业竞赛、组织创业团队、创业企业的建立、创业经验的积累、危机管理等

① 引自联合国教科文组织亚太地区办事处 1991 年东京会议报告。

② 常建坤，李时椿. 发达国家创业活动和创业教育的借鉴与启示. 山西财经大学学报（高等教育版），2007 年第 3 期。

2. 国内外的创业教育

（1）美国。

美国是最早开展创业教育的国家，创业教育体系较为完备。具体体现如下：

1）通过立法，动员全国力量加强就业、创业培训。以职业技术培训、税收政策优惠、创业资金支持和优惠培训等办法，培养和鼓励创业者，发展小企业。近几十年来，美国颁布了《人力开发与培训法》《职业教育法》《青年就业与示范教育计划法》《就业培训合作法》等数十个有关职业培训与创业教育的法律。通过这些法律，结合政府拨款，来调动州政府、私人机构的积极性，开展对求职者和失业人员的多种形式的培训。

2）采取优惠政策，加大基础建设投资等方式。吸引求职者和失业人员的流动，从落后地区到发达地区，从城市到农村，既服务了创业者，也加速了美国产业结构的调整和落后地区的发展。

3）充分发挥各州积极性，创立小企业开发中心，与政府的就业培训计划相结合，实行"小企业孵化"计划。以低价租赁场地、设备和工具，鼓励小企业之间互相学习、联合经营，以及由教育、科研、经济等部门联合对小企业提供技术支持、信息服务、经营管理和技术培训等帮助，减少小企业失败率。

4）创建创业教育教学、研究中心，实施创业计划。

美国也是较早在学校中进行创业教育的国家，小学、初中、高中、大学乃至研究生阶段，都普遍开设就业与创业教育课程。他们在基础教育中进行的创业教育是与职业教育紧密结合的，除了开设创业课程外，学生还按自己的兴趣选学某些职业技术技能。到了高中阶段，学生必修 10 个学分的职业教育课程。面对创业者日益年轻化的浪潮，美国早在 1998 年 1 月就开始实施了"金融扫盲 2001 年计划"，对中学生进行金融、投资、理财、营销、商务等方面的"超前教育"，积极培养"未来的经理人"。

截至 2005 年初，美国已有 1 600 多所高等院校开设有关创业课程，并且已经形成了一套比较科学、完整的创业教育教学和研究体系。这种创业教育体系不仅包括了创业学课程的普遍开设，同时也包括了本科、研究生创业管理专业的设立，以及各高校创业中心、创业教育研究会的建立，形成了较为完整的大学创业教育体系和浓厚的校园创业文化氛围，同时也形成了一个高校、社区、企业良性互动式发展的创业教育生态系统。

美国创业教育的内容有两个特点：一是注重学生就业观念的转变，引导学生把被动就业转变为主动创业，鼓励学生将创业作为自己的职业选择；二是注重创业教育通过模仿进行的感性体验，如设计商店店面、寻找商店地点、给商店取名、判断销售目标、讨论预算、开发广告等。

1983 年美国德州大学奥斯汀分校举办首届大学生创业计划竞赛。这项竞赛又被称为商业计划竞赛，其内容是鼓励一些大学生以一无所有的创业者的身份，就某一项具有市场前景的新产品或新服务做出具有可行性的计划报告，并向风险投资家游说，从而获得投资来创办公司。随后，包括麻省理工学院、斯坦福大学等世界一流大学在内的美国 20 多所大学每年举办这一竞赛，并且还扩展到其它国家的许多大学。在麻省理工学院，从 1990 年开始，每年都有几家新企业从大赛中诞生，并有相当数量的项目被附近的高新技术企业以上百万美元买走；由创业计划直接孵化出来的企业，有的短短几年就成长为年营业额达数十亿美元的大公司。

据麻省理工学院 1999 年的一项统计，该校的毕业生已经创办了 4 000 多家公司；自 1990 年以来，该学院毕业生和教师平均每年创办 150 家新公司，仅 1994 年这些公司就雇用 110 万人，创造了 2 320 亿美元的销售额，对美国特别是对麻省的经济发展做出了重要贡献。美国波士顿银行 1997 年发表了历时 7 年的研究报告《MIT：冲击创新》。该报告显示，如果把麻省理工学院的校友和教师创建的公司组成一个独立的国家，那么这个国家的经济实力将排在世界第 24 位。斯坦福大学则是另外一个典型，美国硅谷 60％～70％ 的企业是斯坦福大学学生和教师创办的，1986—1996 年硅谷总收入中至少有一半是斯坦福大学师生创办的企业贡献的。比尔·盖茨能成功地创办微软公司，与他在中学时就曾与他人合作开办过一家软件公司有直接关系。

（2）英国。

英国政府也较早认识到创业教育的重要性。早在 1987 年英国政府就已发起了"高等教育创业"计划，旨在培养大学生的可迁移性创业能力，要求将与工作相关的学习纳入到课程之中，并鼓励学生为自己的学习负责。1998 年政府启动大学生创业项目，该项目是专门为 18 至 25 岁在校大学生设计的。项目分两部分内容：一是开办公司。学生自己设计商业构思：组建创业团队、筹集资金、开拓市场、开发产品或提供服务，从而获得创建企业整个过程的经验，在开办企业过程中学生可得到志愿企业顾问和创业导师的咨询指导。二是创业课堂。课堂通常为半天或一天的研讨班，学生与企业家聚集一堂，听创业者演讲，参与一些活动和讨论，获得与创业者进行面对面交流的机会。英国财政部早在 1999 年 11 月就投资 7 000 万英镑给剑桥大学，让剑桥大学同 MIT 合作，把 MIT 创业的经验学过来，进一步推动英国大学的创业教育和创业活动的开展。21 世纪初英国财政部更是拨了几十亿欧元给剑桥大学，以加强和推进创业教育。2005 年，英国政府发起一项中学生创业计划，要求所有 12 至 18 岁的中学生必须参加为期两周的商业培训课程，以培养创业意识和能力。2006 年麦克翁等人对英国 102 所大学的调查显示，77％ 的大学在本科阶段开设了创业类课程，所有参与调查的大学在研究生阶段均开设了创业课程。

通过政府计划推动创业教育，大力支持新兴产业和中小企业的发展是英国创业教育中教育政策的显著特点。

（3）法国。

鼓励农村青年创业是法国创业政策的突出特点。

1）大力发展农业教育。在正规农业教育机构以外，还创办多种形式的农业技术培训班，增强农民职业能力，鼓励农民就地创业。1973 年法国政府曾规定：凡是具备条件的 25 至 35 岁的青年农民在落后地区创业，可获得调整农业结构社会行动基金会颁发的 2.5 万法郎的创业定居补助金，农业互助银行还为其提供各种低息创业贷款。

2）重视职业教育。除了学校职业教育、企业继续培训外，重视社会职业培训。通过全国职业培训协会（AFPA），地方工商、工会等专门机构，针对个人特点及其职业选择进行有效培训。

3）多种优惠措施鼓励创业。1997 年，法国对雇员不足 50 人，营业额低于 3 000 万法郎的中小企业免征企业所得税。通过转移社会保险费的负担，由政府施以财政补贴的形式，来降低雇主的劳动力成本。

4）大学生创业可领取补贴。2006 年初，法国政府施行新政策，规定所有创业之前，个人收入低于最低工资的创业申请人，均可得到失业创业补贴，因此很多大学生都可以申请到这项补贴。而且从 2007 年 1 月 1 日起，法国申请失业创业补贴的程序被大大简化。创业者不必像以前那样，提前申请以及亲自到相关部门办理繁琐的行政手续，而且不用再详细阐述自己的盈利计划，而只须在创业后三个月内提出即可。补贴申请表格也由原来的 12 页改为只有 1 页，直接在互联网上就可填写所有必要的表格，企业注册费用也可用信用卡支付。

（4）德国。

德国创业教育起步较晚，但发展很快。德国提出"高校要成为创业者的熔炉"的主张，定下创业教育发展的目标，每年要有 20％～ 30％的毕业生有能力自立创业。德国政府联手高校和企业，1999 年 6 月在德国斯图加特召开了主题为"创业家的独立性——欧洲教育的一个目标"的欧洲大会。大会形成了加强创业教育的几点共识：一是必须在中小学时期就开始鼓励创业家式的思维；二是学生和教师必须更好地了解创业家的独立性，与此同时，学生和教师也应有更多的机会创办企业；三是学生最好通过创业的实例来进行实习。

与此同时，就业开发策略是德国支持创业的特色政策。

1）立法保障达成系统完备的保护就业的政策及有效的运行机制。政府通过采取积极的劳动力市场政策，为失业者和重新工作者提供创业机会，取代通过提供现金或其它福利来资助失业者提高生活水平的消极政策。先后实施了《劳动促进法》《职业培训法》《联邦教育促进法》和《就业支持法》等法律，鼓励开发劳动力市场，提高创业者能力，增加就业机会。

2）加强职业教育，为创业者提供多种资助。进行免费职业培训与介绍、创业咨询，提供创业信息服务；为创业者提供补助，创业者在转换职业或新创企业遇到经济困难时，可向政府申请交通、搬家、工作装备等费用的补助；为职业恢复者提供帮助，针对残疾人的职业恢复和重新创业提供医疗费、职业培训费、社会保险费、家庭生活费等，多种补助及相关实习工厂实习和一定资助或创业贷款等；为企业提供开工不足补助，对于一些企业包括新创业企业因临时开工不足或工作量减少，政府财政发放一定的补助金，以弥补企业的损失和雇员的工资损失。

（5）瑞典。

瑞典的创业教育涵盖公民一生。瑞典是名副其实的创新之国。以相同的人口基数计算，瑞典是全世界专利及专利申请数最多的国家之一。宜家、伊莱克斯、沃尔沃、爱立信这些著名品牌都来自瑞典。这个富有创新精神的国家具有一套完备的创业教育体系，创业教育已纳入到国民教育体系之中，内容涵盖了从初中、高中、大学本科直到研究生的正规教育。瑞典的中小学开发了大量的创业教育课程和游戏，使学生们从小就对创新、竞争、成本及利润等重要概念产生兴趣。瑞典的大学不仅承担着为本校学生提供创业教育的任务，同时还大量开办了社会创业培训项目。这种全员参与式的创业教育体系，使创业精神成为社会推崇的一种价值理念，也为整个社会培养了数量极大的创业后备队。

创业教育体系中，不仅包括了普遍开设创业学课程、设立本科和研究生创业管理专业，还包括建立高校创业中心、创业教育研究会等，并通过创业中心与社会建立广泛的外部联系网络，如各种孵化器和科技园、风险投资机构、创业培训与资质评定机构、创业者校友会等等，形成了一个高校、社区、企业良性互动式发展的创业教育生态系统，有效地开发和整合了社会各类创业资源。同时，相当一部分社会机构以及不少瑞典大学都设有创业教育基金。这些基金有力地支撑了创业教育的开展。

（6）日本。

日本的创业教育遵从大众化教育理念，大致分为三个层次：一是面向本科生的创业教育。二是与当地政府及行业协会合作的创业培训。三是面向高中生的创业教育。为了使高等教育适应经济发展的需要，日本特别重视创业教育，在课程设置上把创业教育课程放了必修课位置。1998年，日本由国会通过了《大学技术转移促进法》，在高校大力倡导创业教育。随后从大学到国家层次的各种创业竞赛方兴未艾，而且通过把创业竞赛中的经验加以总结提炼融入到高校开设的创业教育"综合课程"中，并把创业竞赛和课程体系建设很好地结合起来以促进创业教育进一步发展。同时，从1998年起，日本文部省就和通产省合作在小学开始实施"就业与创业教育"，将创业教育正式纳入国民教育体系之中，从小培养孩子们创业的心理意识和意志品质，为他们将来有效解决自我的创业与再就业打下良好的基础。

（7）韩国。

韩国的大学生创业风险企业成为韩国高等教育领域的一股潮流。几乎在韩国的每一所大学里面，都有"创业支援中心"，大学生在此可以得到"一条龙"的服务。大学生创业所急需的人才、营业场地和资金，在创业支援中心都很容易找到。中心提供租金很低甚至免费的办公室，以及办公桌椅、电脑、上网线路等各种条件；帮助大学生联系各专业的指导教授，协助进行可行性调查和分析；向经验不足的大学生提供法律、税务、谈判等咨询服务；帮助大学生进行筹资。这些得到政府大力支持的"创业同友会"和"创业支援中心"，通过建立风险企业，学校为学生提供创业必要的设备、场地、"智囊团"等方式，并辅助校内风险企业获得政策或校外投资机构的资金和经营技术，协助大学生进行创业。另外，韩国的中小企业厅、产业资源部等许多政府部门为"创业同友会联合会"提供必要的活动经费。

如韩国针对大学生的创业，设立了一项创业基金、以奖励和扶持大学生进行创业，其创业基金由 2008 年的 2.5 亿韩元增加到 2009 年的 6 亿韩元，计划扶持 120 多个优秀大学生创业小组，平均每小组可获得 800 万韩元。

（8）印度。

印度的创业教育发展较早，首先表现在创业教育理念的提出。1966 年提出的"自我就业教育"理念，旨在鼓励学生毕业后自谋出路，并为此而教育和培养学生，使他们"不仅是求职者，还应是工作机会的创造者"。1986 年《国家教育政策》要求培养学生"自我就业所需的态度、知识和技能"。为了解决就业问题，印度政府提出创业教育注重培养大学生的创业技能、提升大学生综合素质和就业能力。在印度新德里大学、印度理工学院、印度管理学院等超过 100 所的大学开设了创业课程。很多大学还成立了创业中心，协调课程、活动、项目和资源。如印度管理学院创业中心每年举办国际商业计划书大赛，该项赛事为亚洲最大的商业计划书大赛之一。这些比赛对于促进创新、倡导创业很有好处。

3. 中国的创业教育

我国创业教育的起步相对较晚，还处于探索阶段，然而受注重程度高，发展迅速。

1997 年清华大学的"创业计划大赛"被公认为是我国高校创业教育的最早实践，此后我国高校的创业教育局面有了新的扩展之势。1999 年 1 月公布的《面向 21 世纪教育振兴行动计划》提出要"加强对教师和学生的创业教育，鼓励他们自主创办高新技术企业"。从1999 年开始我国每年举办全国性的"挑战杯大学生创业大赛"，这一活动促使创业教育的影响在全国高校进一步推广。2002 年教育部确立了中国人民大学、清华大学、北京航空航天大学、黑龙江大学、上海交通大学、南京经济学院、武汉大学、西安交通大学等 9 所高校率先进行创业教育的试点工作，这些高校有步骤、有层次地进行创业教育的探索，形成了"课堂式创业教育""实践式创业教育"以及"综合式创业教育"三种比较典型的创业教育模式。

2003 年下半年教育部举办了第一期创业教育骨干教师培训，来自全国 100 多所高校的 200 名教师参加了培训。

许多学校也都采取了相应措施，开展创业教育，支持创业活动。清华大学将写字楼半价出租给学生创办的公司；北京航天航空大学每年设立 300 万元的创业基金，对大学生的创业计划书经评估后进行种子期的融资；复旦大学专门拨出 100 万元，实施学生科技创新的行动计划，并与浦东张江高科技园区合作为学生设立了 1 000 万元的创业基金；华东师范大学开设了"创业教育课"；东华大学开设了"创业与风险投资"的选修课程。2003 年颁布的《中共中央关于完善社会主义市场经济体制若干问题的决定》，把"增强国民的就业能力、创新能力、创业能力，努力把人口压力转变为人力资源优势"纳入深化教育体制改革的重要目标，是我国创业教育迈上新台阶的重要标志。2008 年共青团中央、全国青联通过国际合作实施的大学生 KAB① 创业教育（中国）项目，为全国方兴未艾的创业教育推波助澜。截至 2008 年年底，KAB 项目已培训了来自全国 25 个省、318 所高校的 795 名教师，在清华大学、中国青年政治学院、浙江大学等百所高校开设了《大学生 KAB 创业基础》课程，上课学生超过 2 万人。

第二节　创业的条件

一、创业条件

创业条件是指影响创业成功发展的诸因素，从战略上讲，创业条件包括社会条件和自然条件。

1. 社会条件

社会条件主要是指创业主体所处的社会环境，包括政治经济、政策条件、家庭条件、工

---

① 大学生创业教育项目（Know About Business，简称 KAB，意思是"了解企业"）是国际劳工组织为培养大学生的创业意识和创业能力而专门开发的新项目。KAB 项目的核心内容是国际劳工组织为培养大中学生的创业意识和能力而研发、推广的创业教育课程，它与已经在各国广泛实施的"创办和改善你的企业"项目（SIYB）、"扩大你的企业"项目（EYB）共同构成一个完整的创业培训体系，目前已在全球 30 多个国家开展和实施。该项目一般以选修课的形式在大学开展，学生通过选修该课程可以获得相应的学分。围绕该课程，学生还可以参加 KAB 创业俱乐部、创业大讲堂等课外实践活动。了解和操练有关企业和创业的基本知识和技能。该项目帮助学生对创业树立全面认识和体验，切实提高创业意识和创业能力，培养具有创业和创新精神的青年人才。

大学生 KAB 创业教育（中国）项目是共青团中央、全国青联根据创新创业的时代要求，服务青年就业创业的现实需要，与国际劳工组织合作推广的青年创业教育项目，自 2005 年 8 月起在中国实施。

作学习条件、人际关系条件等。充分利用上述条件中的有利因素，是创业者打开创业局面，顺利进入创业角色的基础。比如人际关系条件，主要是指创业者在自己工作、学习以及生活的空间内，通过交往而逐步形成的相对稳定的联系，对创业者从事创业活动有促进和影响的各种有利条件。创业者在自己的周围逐步形成的相对稳定的关系网络，是一笔不可多得的财富。众所周知，三国时期的刘备早期只不过是一个卖草鞋的没落皇家后裔，之所以能够在后来成为三国鼎立的一方霸主，其主要原因是利用好几个关系。一是宗族关系。因为刘备自称是汉皇后裔，因此，世人及宗族中多予以同情，其中荆州避难就说明了这个道理。二是结盟关系。关、张二人为刘备赢得一方天下立了汗马功劳，二人之所以能做到舍命保刘备，是因为"桃园三结义"的原因。三是人情关系。三国局面的出现，诸葛亮功不可没，其之所以能做到"鞠躬尽瘁，死而后已"无非是为了报答其三顾茅庐之恩。因此，尽管刘备文不及孔明，武不如关、张，但由于他能充分利用各种关系，才使其建功立业。

2. 自然条件

自然条件主要包括创业者的客观生存条件和创业者自身条件。客观生存条件对创业者从事的行业往往影响较大，而创业者自身条件，在很大程度上决定着创业者的创业活动能否获得成功。

（1）客观生存条件。

客观生存条件指的是围绕在创业者周围的一定的自然地域、社会空间环境及能为其提供的能量与资源总和。例如，山东省曹县的青年农民林灵芝，在高考落榜后，回到家乡创办了一所养殖场，她从报上看到人们比较喜欢吃山珍野味，就想到了饲养鹌鹑。据《本草纲目》及祖国医学记载：鹌鹑肉性味甘、温，具有利五脏、开胃、益心神、补中、消痰的功效；主治胃病、失眠、下痢、小儿疳积、百日咳等病症。于是她进城拜访专家，通过学习，掌握了饲养要领，在家里办起了一个简单的鹌鹑养殖场。开始时由于缺乏经验，加之在管理和饲料配合方不够合理，养殖一度受到了挫折，但她没有灰心，通过半年多探索，终于取得了成功。不到一年时间，她就赚了18万元，并由单一养殖变为多元化综合经营，随后把鹌鹑系列产品推向了上海、济南、北京等地，成为全县乃至全省规模最大、效益最好的综合性集团公司。

（2）自身条件。

创业者自身条件包括其文化素质、身体素质和心理素质等智力因素和非智力因素。创业者的自身素质条件决定了创业者的创业活动性质和经营范围，也决定了创业者最终能否获得成功。在当今知识经济和信息化社会，一个成功的创业者首先要有具备一定的文化素质；其次是身体素质。创业的初期是艰难的，没有一个好的身体素质很难做好每一件事。同时，创业者的勇敢坚定的个性、阳光、正直的人品和良好的心理素质等非智力因素也很重要，意志薄弱、心理不健康者，一般都很难成就大事。

创业条件从战术上讲，一般应具备以下七个条件：

1）充分的资源（Resources）。包括人力和财力。创业者要具备充分的经验、学历、流动资金、时间、精神和毅力。

2）可行的概念（Ideas）。生意概念不怕旧，最重要的是可行，应具有长久性、可以持续开发和具有展性。

3）适当的基本技能（Skils）。不是行业中的一般技能，而是通常性的企业管理技能；

4）有关行业的知识（Knowledge）。不能只陶醉于自己的理想。

5）才智（Interlligence）。创业者不一定要有高智商，但要能够善于把握时机去作出明确的决定。

6）网络和关系（Network）。创业者需要有人帮助和支持，不断扩大朋友网络和搞好人际关系会带来不少方便。

7）确定的目标（God）。想要达到的境地或标准。

非常巧的是，将这七个条件的英语首字母串在一起，恰好是 RISKING（冒险）一词，这也反映出创业具有一定的风险性。

除此以外，为了保证创业获得成功，实施创业前创业者还要从以下几个方面细细考量，并进一步做好战术分析。

第一，我为什么要创业？方向是否明确？是否有足够的决心？过去的利益是否舍得放弃？

第二，我是否具备创业者应有的能力与素质？是否能承受挫折？是具有综合全面的素质，还是有专项技术特长？

第三，我创业成功的核心资源优势是什么？我具备的条件是：足够的资本？行业经验？客户资源？技术创新？商业运作能力？与即将面对的竞争对手相比是否有明显的优势？

第四，是否有足够的耐心与耐力度过创业期的消耗？估计通过多长时间会走过创业瓶颈阶段，自己有多长时间的准备？

第五，创业最大的风险是什么？最坏的结果是什么，我是否能承受？

对上述每一项设问都要回答清楚，有了解决的方案，就可以大胆的迈步创业了。

二、大学生创业条件

世界高等教育大会宣言《21世纪的高等教育：展望与行动》指出："高等学校，必须将创业技能和创业精神作为高等教育的基本目标，为了方便毕业生创业，高等教育应主要关心培养创业技能与主动精神"，要使高校毕业生"不仅只是求职者，而首先将成为工作岗位的创造者"。

从某种意义上来讲，21世纪的大学生进了大学就是创业的开始。一般而言，当代大学生创业应具备以下五个条件。

1. 拥有良好的心态

良好的心态是创业成功的关键。其中包括积极主动、自信坚持和自我激励等。

（1）积极主动。对于要创业的大学生来说，对人对事始终要保持一种积极主动的态度，这种积极首先应表现在头脑上，既要积极思考，主动表达自己的愿望和看法，又要积极提问，善于与人沟通交流；其次是积极主动地行动，实现想法。

（2）自信坚持。任何时候都要有信心，美国前总统里根在《成功》杂志上写文章说："创业者若能抱着无比的信心，就可以缔造一个美好的未来"，在遇到困难时，要坚信办法总比困难多，要坚持前进。

（3）自我激励。要学会控制、调整自己的情绪，学会自我激励。同时，还应进一步学会调整组织情绪，决不能以自我情绪影响或取代组织氛围。

2. 树立明确的目标

目标是个人、部门或整个组织所期望的成果。它同梦想、理想的区别在于：梦想比较虚幻，理想比较现实，而目标则更强调实践。大学生创业可以从兴趣爱好切入，但创业后应树立明确的目标。目标的确立应注意以下几点：

（1）目标的有效性。确定的目标应是有效的，必须明确达到目标后能得到些什么，并且这些都是我们所要的。

（2）目标的可执行性。确定目标后，目标应是可执行的，它包括时间、地点、方式、方法、执行人等。

（3）目标的阶段性。目标应分阶段，将大的目标分成几个阶段目标，阶段目标还可分成多个小目标。

3. 具备充足的能力

能力就是指顺利完成某一活动所必需的主观条件。能力是直接影响活动效率，并使活动顺利完成的个性心理特征。当代大学生创业条件具备的能力包括学习、规划、行动和感知能力等等。

（1）学习能力。这是大学生创业者所应具备的核心能力，它不仅指书本的学习能力，更重要的是指在社会生活中对人和事的感知、领悟、转化、提高的能力。

（2）规划能力。一个好的规划是成功的良好开端，大学生创业者在有了明确的目标后，就要有一个好的规划，并制订出一个可执行的方案。

（3）行动能力。无论再好的思想、再完整的方案，都要执行才能看到结果，因此，对大学生创业者来说，执行能力是创业最关键的能力之一。

（4）感知能力。大学生创业必须具备良好的商业感知能力。

4. 了解和掌握相应的知识

知识是创业的基础和能量，大学生创业应了解和掌握的知识包括技术生产中的专业知识、经济活动中的企业管理知识和创办企业的政策法规等知识。

（1）专业知识。在确立目标后，围绕目标方向所需要的专业知识，利用学校的资源进行积累和准备。

（2）企业管理知识。除专业知识外，创业者还要掌握企业管理方面的知识，如企业战略、市场营销、财务管理、人力资源、组织管理等等，特别还要了解企业的运作流程。

（3）创办企业的政策法规。大学生创业应充分了解当时、当地及国家的相应的法律法规，最大限度的利用政策的扶持[①]，更好地走上创业之路。

5. 进行有效的融资

融资是一个企业的资金筹集的行为与过程。它是公司根据自身的生产经营状况、资金拥有的状况，以及公司未来经营发展的需要，通过科学的预测和决策，采用一定的方式，从一定的渠道向公司的投资者和债权人去筹集资金，组织资金的供应，以保证公司正常生产需要，经营管理活动需要的理财行为。

创业资金是创业过程中不可缺少的重要条件之一，当前大学生创业融资主要有以下几条途径：

（1）自有资金。一些大学生从低年级便开始打工，个别学生利用自己的专长可以积累一笔创业资金。

（2）私人借款。大学生创业在征得家人及亲朋好友的同意后，可以向他们借款进行创业。

（3）合作经营。通过寻找合作者形成合伙人或股份合作，筹集创业资金。

（4）银行贷款。目前国家鼓励自主创业，各地银行以及相关的机构都有优惠的贷款政策。例如上海市劳动和社会保障局开业指导中心就有对创业贷款的担保政策，大学生创业可充分利用这些政策。

（5）风险投资。实践表明，近年来无数的科技、网络精英都通过风险投资开创了事业，随着我国经济的发展，风险投资将愈来愈多，覆盖面也将愈来愈广。

（6）创业基金。各级政府、各高校及相关机构都设有大学生创业基金。例如上海市政府

---

① 为鼓励大学生自主创业，国家和地方都相继出台了一些政策。例如，北京市，大学生毕业有创业要求的，在办理工商执照后，凭本人学历证明和北京户口即可申请小额担保贷款，贷款数额由原先的 2 万元提高到 5 万、20 万、50 元万不等。2005 年，劳动和社会保障部提出七条措施，鼓励大学生自主创业。另外，在辽宁、上海等地也出台了相应的政策鼓励大学生自主创业。

每年下拨有 5 000 万元的大学生科技创业基金。

创业条件并非是固定不变的，常常因人而异。在 2009 年 03 月 11 日 CCTV《对话》节目播出的"对话 Google 全球副总裁李开复：大学生如何创业"中，对"您认为在创业的过程当中最需要具备的要素是什么？"进行了全员投票，得票率最高的一个指标是激情，第二是市场的需求，第三是创业模式。而同样的问题在新浪网上做了调查（见表 7-2），可以看出，无论是现场的，还是网上的调查，一个好的创业模式以及创业的激情都是排在前三位的。

表 7-2　创业的过程最需要具备的要素——新浪网调查汇总

优先排序	创业的过程当中最需要具备的要素（创业条件）	占网上投票人员比例
1	一个很好的盈利模式	34.1%
2	吃苦精神	24.9%
3	创业的激情	15.8%
4	一定的资金	13.7%
5	好的合作伙伴及外界的支持	<11.5%

（新浪网 http：//news. sina. com. cn/c/2009-03-11/154717386163. shtml）

创业是一个梦想，只要具备相应的条件，就能使创业者梦想成真！实践证明，妨碍创业的除了各种客观条件外，最大的障碍是自己。在创业最困难、最黑暗的时候，应该是创业者最坚强、最需要激情的时候——不轻言放弃，永不言败。

只用了一年多的时间，5 个大学生所创办的专做 DM 广告的《校园消费》杂志，就在成都 10 多所高校风行起来，杂志发行量从 1 万份猛增至 4 万份，还进入了多所大学的图书馆，大大方方地跟一些财经杂志摆在了一起。

5 名大学生，在为学弟学妹们指导生活小细节的过程中找到了商机：哪里的面最好吃啦，哪里的衣服最便宜……为何不向商店拉拉赞助，同时给学弟学妹们提供一些优惠？靠着学校附近多家商店出的 2 万多块的广告资金，印刷了 1 万份的"川大地图"，在这张 3 开纸上，勾勒出了川大附近好吃的、好玩的、好看的小店，所有学生们的衣食住行都一网打尽。没想到，"地图"一炮走红，许多商家纷纷找上门来。去年底，一份名为《校园消费》的免费杂志诞生了，杂志刊登的高校周边详尽的消费指南和令人动心的"代金券""折扣券"迅速风靡成都各高校。杂志从最初的 1 万份印到了 4 万份，杂志覆盖了成都 26 个校区，几名创业者也从寝室搬到了校外某商业楼中，拥有了 200 多名专职或兼职的职员。

三、大学生初期创业的基本原则

机遇与挑战并存是创业环境的典型特征。对于没有创业经验和创业资金匮乏的创业大学生应把握以下三个基本原则：

1. 行业要稳当

虽然创业有风险，创业也要冒险，但是相对条件而言的，不要被误导。要选择最稳当的项目，有发展扩大的前景又比较保险的行业，譬如衣、食、住、行这类循环消费较多的行业，也可以利用自己的技术进行一些高新技术的创业。

2. 成本要低

缺少资金千万别选择高档消费品来经营，否则后续追加的投入以及随之增加的经营成本、费用等会把你压得喘不过气来，步入恶性循环。中国还有相当一部分人没有富裕起来，瞄准这些人，经营廉价商品，薄利多销，成本低，对运营条件要求不高，是可以达到赚钱目的的。你看看做小商品、便宜货、废品回收的都是哪些人？他们已经发得流油。

3. 资金周转要快

无论做什么生意，原材料或者货都要有一定的库存，再小的库存都需要科学管理。进货不求多、要精，好销的适当多进，主流的货品走量，搭配的走利润。不要一味求价格低而盲目大量进货，否则，周转不灵，犹如背上大石跑步，别人早已回来背第二块，而你却还在半路，速度把你打败。

创业的道路不是平坦的，创业者总是在曲折中前进的。因此，大学生在创业初期一定要在艰苦奋斗、开拓创新中前进。

第八章 创业模式

古之立大事者，需要决心、能力、组织和责任感。（易卜生）

创业模式是在特定区域、特定环境中形成的，在创业动机、创业方式、产业进入、创新力度、政府扶持等方面具有典型特征的创业行为。例如，从创业动机来看，创业模式可以分为个人成就驱动型、资源驱动型、社会驱动型；从创新层次来看，创业可以分为基于新产品的创业、基于市场营销模式创新的创业和基于企业组织管理体系创新的创业；根据创业企业进入的产业不同，可以把产业大致分为资源密集型产业、劳动密集型产业、资本密集型产业、技术密集型产业和资金技术密集型产业等；而政府奉行不同的扶持政策，孕育出不同的创业模式。

第一节 国际上的几种创业模式

一、民间驱动模式

民间驱动是指创业企业的主要创业资金来源是民间风险投资，不仅如此，风险投资也决定了企业在成长过程中所遵循的市场规律与成长路径。这类创业模式的典型代表是美国。风险投资的最大特点是，由风险资本提供企业发展的动力，由市场决定企业的发展的存亡。

二、政府推动模式

与民间风险投资模式不同，政府推动模式是指在企业创业的过程中，从创业资金来源到企业经营成长，政府政策起到了突出的推动作用。这种推动作用具体表现为：①政府直接参与创立投资基金，或以政府财政作为支持进行创业风险投资。②除政府之外，风险投资主要来自大型银行、证券机构。③在企业成长过程中，政府对企业给予大量政策上的优惠与扶持，力保企业生存和发展。

政府推动模式的代表国家是日本。第二次世界大战后的日本由于民间资本不足，日本政府以国家财政为支持，进行风险投资活动，鼓励民间创业。另一个政府推动创业的国家是韩国。韩国同日本一样，是一个大企业林立的国家，这在一定程度上制约了中小企业的发展，而另一方面，政府也更关注大企业的生存与发展问题。为了确保国民经济支柱产业和企业的发展，政府也不惜一切代价对其进行支持，对大企业创业也给予了大量政策扶持。

政府推动模式与民间驱动模式比较（见表 8-1）。政府推动模式与民间驱动模式的形成，往往是不同经济条件与文化条件的产物。在一个创业文化浓厚的国家中，民间往往对创业活动存在极大热情。相应地，民间资本也会大量集聚到创业活动中去。而在一个创业活动并不十分积极的国家中，政府就被迫承担起激励创业，甚至一手扶持创业的责任。

从发展阶段来看，当今世界上民间创业驱动力较强的国家，往往是在创业、经济建设、金融制度建设方面起步较早，条件较为成熟的国家。经过几十年的发展，已经形成了成熟有利的创业环境，使得民间力量能够顺利地进入创业领域。而反过来，一个经济有待发展或是复兴的国家，由于其创业环境、市场条件、金融体系等各方面有待完善，政府往往需要较多地对创业活动进行支持和监控。

表 8-1　政府推动模式与民间驱动模式的对比

模式　　内容	政府推动	民间驱动
创业资金来源	政府、大银行、证券	民间风险投资
投资对象	成长稳定的企业	高成长、高风险企业
企业生存发展	政府政策支撑	市场竞争
政策焦点	对企业直接激励	消除市场与金融体系的障碍
创业文化	弱势	强势

三、技术创业模式

技术创业模式，以技术创新与发展为主动力，以此推动以技术型企业创业。根据技术的来源，又可以分为引入技术创业与研发技术创业两类。从国外引入技术进行创业的代表是日本。日本自 20 世纪 60 年代开始走上"技术强国"之路，一直将科技发展作为本国经济的主动力。根据日本当时的经济、科技条件，日本并未将目光局限在自主研发上，而是积极从国外引进技术进行创业。

研发技术创业，指自行研发获得技术成果，并对此项技术进行投资创业。研发技术创业的活跃不仅取决于研发活动本身，更有赖于其强大的资金来源：风险投资或是国家政策性扶持。研发技术型创业可能是由于风险投资业对高技术产业的看好与全力投入，也可能是由于国家产业结构的建设需要，得到了国家倾向性支持。这两种方式在结果上都使得研发活动及成果的市场转化得到了充分资金支持，但其出发点却完全不同。风险投资业始终对高技术行业情有独钟，这是因为风险投资本身就偏好创新力强、风险大、成长空间大、预期未来收益惊人的企业，高科技企业就是最佳的选择。而国家政府对高技术行业的支持，却多半是出于国家经济建设与产业结构建设的需要，致力于将高技术产业建设成国家的支柱产业。

四、普通创业模式

普通创业模式不同于科技创业强烈的产业导向，强调创业主体，特别是中小企业进行广泛创业，其创业行为遍及各行各业但并不强调科技在创业中的主导和带头作用。意大利是著名的中小企业创业国家。在意大利，生产体系是建立在中小企业制度上的。在这些中小企业中，并非强调高技术产业创业，而是专注于意大利的各类优势产业，甚至是传统手工业。由于创业门槛低，对科技水平的初始要求不高，使得创业企业较易进入市场，同时易于吸纳大量劳动力。

科技创业与普通创业模式比较（见表8－2）。科技创业与普通创业这两种模式的形成，更多是国家产业政策导向的结果。由于高新技术产业对与国家的经济、政治等各项战略发展有着极其重要的影响，所以许多追求技术兴国的国家必然对科技创业大为青睐，纷纷进行政策倾斜。另一方面，由于高新技术行业进入门槛较高，高新技术经营风险较高，也往往需要以政府力量对创业企业进行扶持。而相反，普通创业面对的行业选择更为广泛，门槛较低。由于创业者范围较广，层次不一，政府支持的条件往往界定于中小企业这一概念，而事实上一般都以自有资金启动创业的现象更为普遍。

表8－2　科技创业模式与普通创业模式的对比

内容 ＼ 创业模式	科技创业	普通创业
相关行业	高新技术	各行各业
创业资金来源	风险投资、政府基金	自有资金、政府基金
创新力度	很高	较低
人员素质要求	很高	较低
经营风险	较高	不确定
行业门槛	很高	较低

第二节　国内流行的创业模式

一、网络创业

利用现成的网络资源进行创业。它有太多的优势是传统产业所无法逾越的。目前网络创业主要有两种形式：一是网上开店，在网上注册成立网络商店；二是网上加盟，以某个电子商务网站门店的形式经营，利用母体网站的货源和销售渠道。

另外还有博客、开发自己的购物网站、制作网上销售和服务平台等形式。

博客的赚钱方法很简单，通过写博客聚集人气，然后在自己博客页面出售广告位和商家链接位置从而赚钱。

开发自己的购物网站，在上面进行产品服务销售。这种模式即 B2C[①] 模式，是国际上大部分电子商务公司使用的模式，如亚马逊。B2C 模式根据网站出售实体产品或服务不同而有两种流程，分别是：选产品—订购—线上付款—配送；选服务—进行交易及付款—交易确认成交。

制作网上销售和服务平台，国内外知名的网站有淘宝、ebay。这种网站模式可以归类为C2C（Consumer to Consumer）模式。这类模式的流程是：寻找分类及产品项目—出价（竞拍）—截止成交—配送—好评。

网络创业的优势在于创业门槛较低、成本少、风险小、方式灵活、利润丰厚等，特别适合初涉商海的创业者。如果不是开展很大的项目，网络创业者起初所需要的资金并不是很多。也许一台电脑＋ADSL＋虚拟主机＋一间小屋，创业就可以开始了。像易趣、阿里巴巴、淘宝等知名商务网站，都有较完善的交易系统、交易规则、支付方式和成熟的客户群，每年还会投入大量的宣传费用。同时，以阿里巴巴、腾讯、盛大等"平台开放，增值赢利"为代表的开放模式日益主流化。加盟这些网站，创业者可近水楼台先得月。同时，网上创业受到各地政府的重视，给予诸多的优惠政策和措施，例如，上海现已在普陀、静安两区建立了电子商务创业园，为创业者提供优质的创业环境和服务。

一般来说，网络创业适宜人群包括技术人员、海归人员、在校大学生、上班族等。在第二届中国大学生"明日网商"挑战（2009年3月，杭州）大赛中，获得网络经纪人大奖的广东工业大学的学生王达其，承包了旅行社网上推广业务，一个月内，王达其网点访问量就超过了 10 000 人次，个人获利超过 1 000 元，两个月后，"收益已经足够支付下学年的学费了"。金奖得主中山大学国际商学院经济学专业大二学生林少慧，是位富有灵气的女生，已

---

① B2C（Business to Customer）是电子商务按交易对象分类中的一种，即表示商业机构对消费者的电子商务。企业通过互联网为消费者提供一个新型的购物环境——网上商店，消费者通过网络在网上购物、在网上支付。这种形式的电子商务一般以网络零售业为主，例如经营各种书籍、鲜花、计算机、通信用品等商品。著名的亚马逊（www. amazon. com）就是属于这种站点。B2C 模式是我国最早产生的电子商务模式，以早期的 8848 网上商城正式运营为标志。B2C（Business to Customer），Business 意思是企业，2 则是 to 的谐音，Customer 意思是消费者，其他还有：B2B（Business to Business）企业与企业之间的电子商务；C2C（Customer to Customer）消费者对消费者之间的交易；G2B（Government to Business）政府与企业之间的电子商务等种类。

有3年的网上创业经历，在学校有"美女CEO"之称。她的创业内容是整合美食信息：把当地各个餐厅最好吃的东西都搜集起来，挂到网上推介，交易完成，就向商家收取一定费用。在她的带动下，学校1 000多名同学也开始参与网络创业。而来自哈尔滨工业大学的大三学生程万云，通过帮助淘宝卖家推广商品，从而获得卖家支付的佣金，参赛期间，平均月收入可达7 000元，最高的时候达到过13 000元。

二、加盟创业

连锁加盟是指主导企业把自己开发的产品，服务的营业系统（包括商标，商号等企业形象，经营技术，营业场合和区域），以营业合同的形式，授予加盟店的规定区域内的经销权或营业权。最初的加盟连锁来源于19世纪80年代，美国胜家（SINGER）缝纫机公司建立了第一个经销商网络，经销人付费给胜家公司以换取在一定区域内出售的权利。

连锁加盟具有以下主要特点：

（1）有一个特许权拥有者，即为加盟连锁的盟主。

（2）盟主拥有特许权，特许权可以是产品、服务、营业技术、商号、标示以及其他可带来经营利益的特别力量。

（3）盟主和加盟者以合同为主要联结纽带。

（4）加盟者对其店铺拥有所有权，店铺经营者是店铺的主人。

（5）经营权盟主的总部，加盟者必须完全按照盟主总部的一系列规定经营，自己没有经营自主权。

（6）总部有义务教给加盟者完成事业的信息、知识、技术等一整套经营系统，同时授予加盟店使用店名、商号、商标、服务标记等一定的区域的垄断使用权，并在合同期内，不断进行经营指导。

（7）加盟者要向盟主交付一定的有偿费用，通常包括一次性加盟费，销售额或毛利提成等。

（8）盟主和加盟者是纵向关系，各加盟者之间无横向关系。

连锁加盟凭借分享品牌金矿、分享经营诀窍、分享资源支持等诸多的优势，而成为备受青睐的创业模式。目前，连锁加盟有直营、委托加盟、特许加盟等形式，投资金额根据商品种类、店铺要求、技术设备的不同从6 000元～250万元不等，可满足不同需求的创业者。

连锁加盟创业的优势在于加盟创业的最大特点是利益共享、风险共担。创业者只需支付一定的加盟费，就能借用加盟商的金字招牌，并利用现成的商品和市场资源，还能长期得到专业指导和配套服务，而不必摸着石头过河，创业风险也有所降低。

加盟创业适宜人群广泛，各类创业者均可。

三、兼职创业

在本职业之外兼任其他工作或职务进行创业。由于许多城市和地方都允许兼职，兼职创业使个人创业又多了一种选择模式。特别对白领族来说，如果头脑灵活，具有一定的资本或技术，兼职做老板或其他应该是不错的选择。该类创业的优势：对上班族来说，兼职创业，无需放弃本职工作，又能充分利用在工作中积累的商业资源和人脉关系创业，可实现鱼和熊掌兼得的梦想，而且能够进退自如，大大减少了创业风险。但政府官员和一些具有特殊身份的人员不能利用自己的特殊权力和身份进行兼职创业。

兼职创业适宜人群：白领族、有一定商业资源的在职人士等。

四、团队创业

依靠团队的力量，而不是一个人单枪匹马创业的模式。在硅谷①流传着这样一条"规则"：由两个 MBA 和 MIT 博士组成的创业团队，几乎就是获得风险投资的保证。虽然，这有些夸大其词，却蕴含这样一个不争的事实：团队创业成功的几率要远高于个人独自创业。一个由研发、技术、市场、融资等各方面组成，优势互补的创业团队，是创业成功的法宝，对高科技创业企业来说，更是如此。一般来说，团队成员的知识、能力结构越合理，团队创业的成功性就越大。团队创业的优势在于集合了各方的优势，汇集了共同创业，其产生的群体智慧和能量，将远远大于个体。

五、无店铺经营

这是一个全新的创业模式。无店铺经营泛指创业者在没有固定的或者是不属于自己的店面里的经营活动，包括以下几种形式：

1. 收购

收购现有的企业，也是一种很好的模式。收购跟加盟连锁有类似之处，就是说人家本身是一个已经经营的企业，有一个相对比较成熟的项目，只要你的经营能力以及其他的资源条件许可，一般都可能成功的。只是，要找到理想的收购对象不太容易。

2. 承包经营

合伙经营除此之外还有其他的一些更多的方式，承包经营也是比较好的常见模式，跟他

---

① 硅谷位于美国加利福尼亚州旧金山以南圣克拉拉县帕洛阿尔托到圣荷塞市之间，长约 50 公里，宽约 16 公里，共 70 余平方公里的一个谷地。因这里的半导体工业特别发达，而半导体的主要材料是硅，故称为"硅谷"。它是世界上第一个高技术区。硅谷的迅速崛起仅仅是近几十年的事情。它所开创的高技术区已成为高技术研究开发的一种重要形式，被称做硅谷模式。

人合作，所谓跟他人合作就是，他人有项目的也有想找合作伙伴，自己没有项目但有资金，那就可以协商合作了，合作成了就可以开始创业。

3. 产品代理

直接拿他人的产品做代理，可以注册一个个人独资公司，进行创业。

六、其他创业模式

1. 边打工边创业

这种方式一般是利用自己的专业经验和在自身的厂商资源在上班时间外进行创业尝试和增加收入，好处是没有任何风险，但应该处理好本职工作与创业的关系。例如，刘小姐是某服装企业采购，从事了几年的采购工作后颇有心得，对服装有了一定的敏感并熟悉各种服装加工企业。闲暇时间，在首先保证公司利益的情况下，刘小姐也经常接一些"私活"，客户提供样式，然后刘小姐负责采购面料和找加工厂，最后交付成衣。"搂草打兔子——带捎的"，一单下来少的几千，多则几万元，的确非常惬意。

2. 依靠商品市场创业

专业的商品市场都会为租户代办个体工商执照，只需一次性投入半年或一年租金，以及店内货品的进货费，投入在3～5万元以内。只要依靠人气旺盛的商品市场，风险也比较小。例如，王小姐以前是服装设计师，后来从服装公司辞职后自己创业，转租别人的带照商户，在一家服装市场中经营批发零售业务，凭借自身的设计能力和多年的行业经验，王小姐自己设计，找服装厂加工成衣后在自己的店铺内销售。目前销售状况良好，她已经开出了自己的第二家分店。

3. 在大卖场租个场地创业

这种方式有点类似代理销售，不过必须眼光独到，风险比较大一点，但是回报也是非常可观。这种方式比较适合有营销经验的人员采用。例如欧阳先生出差某市发现松子在当地价格比较便宜，回来后就经过简单调查就发现本地松子很少有人销售，而且价格昂贵，因此他在春节前很早就到该市订购了一批松子，并且在本地人流最大的商场争取到了进门的一块场地，春节期间开始用大缸装着松子进行销售，一个月下来就有了30万利润。

4. 加盟连锁创业

一个加盟总部，把各个环节都做好了，你只要交一笔加盟费，就全盘接过来了，用他设计的品牌，你就开盘经营就行了。现在有很多小的饰品店，冷饮店等加盟的费用不高，只要选对的店铺和产品，效益是很不错的。例如姜小姐在某市加盟石头记饰品连锁店，由于当时此类产品市场上比较少见，属于竞争少、利润高的行业，因此短短两年就赚了接近百万，等到各种饰品连锁店低价竞争时，她早就关门转行，开了一家眼镜店。

5. 工作室创业

工作室创业模式是个人低成本创业的最简单模式之一，但对创业个人有此较高的专业技能要求。一般来说工作室创业有 3 种类型：①创意类；②技术类；③咨询类。杨先生与刘小姐都是设计专业的出身，在广告公司打工几年后想自主创业，他们一起开办一家设计工作室。他们主动到出版社、学校、印刷厂等机构联系，由于工作室除了设计用的纸张和油墨外几乎没有其他成本，因而服务价格相当具有竞争力，再加上多年的设计经验，无论手绘和电脑设计都让客户比较满意，几年下来，业务规模越做越大。

2003 年，电子科技大学成都学院学生谢文婷、徐立、杨非合资 50 万，兴办软件公司，成为成都高新西区国家 863 软件孵化园一家小有名气专业软件公司。短短一年时间，该公司现有固定员工 15 人，资产逾百万，并在上海、南京设有分公司，客户囊括了政府、医院、建筑行业及学校。

刚进大学，凭着对计算机行业的憧憬和痴迷让谢文婷、徐立、杨非走到了一起。不久，由徐立牵头，他们便在学校里发起了一个名为"计算机语言实验室"的社团。大一寒假期间，该社团的 15 名成员同时取得了微软认证，这在校园里引起了巨大反响。大家趁着这个机会，开始为学校建网站，创建专业图书馆，还争取到了为学校购置安装计算机的大项目，因此认识了许多电脑城的商家，并与他们建立了长期的合作关系，为公司的创立打下了基础。大二时，他们 3 人又在全院范围招聘新会员。

大三暑期，谢文婷获得了学校赞助去英国游学的机会。在英国期间，她发现，那里的大学生的手提电脑、手机等都是自己赚钱来买，绝不向家里要一分钱，这触动了谢文婷回国创业的念头。他们 3 人报名参加了青年软件创新工程大赛。谢文婷说："我们参赛的项目是一个关于无线通信方面的，决赛那天，做梦都没有想到，在众多博士、硕士中，我们的项目竟赢得了全场专家的一致好评，成为这届大赛的最大赢家。"当天，她就把创业的想法告诉了徐立和杨非。3 个年轻人一拍即合，利用大赛奖励的一笔资金，谢文婷又向家里借了 20 万元，徐立和杨非则东拼西凑，最终以 50 万元的启动资金走上创业之路。

和所有创业者一样，他们的创业历程并不一帆风顺。谢文婷回忆："当时我们在技术上虽然没有问题，但是没有客户认可。我们利用一周的时间跑遍了成都所有的电脑城，并积极向企业进行沟通和演示，可是谁都不相信我们。眼看公司运行快一个月了，房租、交通费、沟通费等消耗了一大笔，可没有一分钱进账。就在快要山穷水尽时，我在南京大学读计算机博士的表哥介绍了一家建筑公司，为他们做工程监察系统。这个项目正好是我们以前设计过的，根据客户的需要稍做修改后，我们只用了一个晚上就把这个项目的设计方案交给了客户。第一笔 20 万元的单，我们就在容易与不容易中做成了。"现今，电子科大的这 3 名大学生在软件行业的创业佳绩，已成为校园内外同学们谈论的新闻话。

第九章 网络创业

信誉也是金钱。（富兰克林）

在 2009 年 5 月结束的第二届全国大学生网络商务创新应用大赛中①，全国有 2 000 多所院校近 10 万名学生参与了大赛。随着全国高校电子商务专业及相关专业的兴起，网络创业的大学生也随之增多。据江西省的一项调查显示，50％以上的在校大学生有网络创业的愿望。实际上，资金不足是大学生创业的最大障碍，而低投入、低门槛、低风险、易上手的网络创业就成了大学生创业的首选。

第一节 网络市场及其创业的工作流程

一、网络市场

网络市场发展趋势可以用"钱"景诱人来形容。广大网民是网络市场繁荣的基础，中国网民规模近年来持续快速发展。据 2008 年 7 月《中国互联网络发展状况统计报告》统计，截至 2008 年 6 月底，中国网民数量达到 2.53 亿人，规模超过美国，已跃居世界第一位。比 2007 年同期增长了 9 100 万人，仅在 2008 年上半年，中国网民数量净增量为 4 300 万人。截至 2008 年 6 月底，中国互联网普及率达到 19.1％，这一普及率略低于全球 21.1％的平均互联网普及率。目前全球互联网普及率最高的国家是冰岛，已经有 85.4％的居民是网民。与中国经济发展历程有相似性的俄罗斯互联网普及率则是 20.8％。因此，中国的网民数量

---

① 中国互联网协会建行"e 路通"杯全国大学生网络商务创新应用大赛是由中国互联网协会主办的全国性的一类赛事，得到了工业和信息化部的指导并是工业和信息化部"阳光绿色网络工程"的重要构成部分。大赛主要目的是通过互联网为高校搭建与企业沟通、进行远程实践教学与大学实习实践的平台，进一步总结互联网的应用，探索企业资源的有效整合和应用，促进大学生就业和创业能力的培养。"e 路通"杯第二届（2008－2009）全国大学生网络商务创新应用大赛决赛于 2009 年 5 月 24 日在中国传媒大学开赛。此次大赛由工业和信息化部指导，中国互联网协会主办，中国建设银行主协办，中国制造网、淘宝网、买麦网、和讯网和酷六网等多家网站参与。经过为期两天的角逐，来自天津大学的丝绸之路团队、西安邮电学院的 Tinggroup 团队、中央财经大学的 E 枝独秀团队、西南民族大学的 E@上善若水团队和潍坊学院的 E 路 Bravo 团队等 5 支团队获得了网络商务创新应用大赛一等奖。该届大赛从 2008 年 11 月启动，历时 7 个月，有来自全国 2 000 多所院校近 10 万名学生参与了大赛。

继续增长还是一种大趋势。

另外，一个不争的事实是，无论是在国内还是在国外，网上购物都进入了快速成长期。随着中国整体网上购物环境的改善，网上购物市场的增长趋势明显。目前国内的网上购物用户人数已经达到 6 329 万人，有 25.0％的网民青睐网上购物，经济发达城市的网上购物普及率更高。根据中国互联网络信息中心（CNNIC）2008 年 6 月发布的统计显示，上海网民的网上购物使用率达到 45.2％，其次是北京，网民中的网上购物使用率为 38.9％。

网络市场中，国内购物群仍以年轻为主。30 岁以下的年轻网络群体超过网民总数的 2/3，占到中国网民数量的 68.6％。学生和企事业单位员工仍然是主力。网民中学生所占的比例最大，占到网民总数的 30％，学生网民规模在 2008 年 6 月底达到 7 600 万人。网民规模居于第二位的是企事业单位人员，所占比例为 25.5％。此外，网民中的管理层包括党政机关干部和企事业单位管理者，两者的比例为 10.7％。一般来说，网民浏览网络市场上网上购物，主要是图方便和节约时间。不同的人群侧重点则有所不同，如学生群体一般在意价格，白领则更在意节约时间。网民网上购物的原因调查主要有以下几种：

（1）节省时间占 46.8％；

（2）节约费用占 44.9％；

（3）操作方便占 41.1％；

（4）寻找稀有产品占 33.9％；

（5）出于好奇有趣占 19.4％；

（6）其他 2.3％。

也有一些网民他们没有明确的消费目标，每天花上大量的时间浏览网站，只是一种特别的休闲方式，就像平常逛街一样逛网络市场成为一种嗜好：看看有什么新的商品，有什么便宜的，碰到喜欢的商品往往会忍不住买下来。

二、网上创业的工作流程

网络创业的工作流程一般包括以下九个环节：

（1）创业的观念与计划；

（2）执照与法律问题；

（3）域名选择；

（4）选择 web 主机；

（5）设计一个站点；

（6）宣传站点；

（7）让站点可交互；

（8）构建客户基础；

（9）会计和税收。

　　而对于一个既缺少资金，又没有资历的大学生来说，可以先小试牛刀，做网站、上流量、赚广告费。具体做法有以下3个步骤。

　　第一步　做网站。买域名、买空间，这个需要几百元成本就可以起步，这是个基础，如何做呢？可以到网上搜索源代码下载，各种各样的网站程序，在网上基本上都可以找到且是免费下载的。找到一套觉得合适的网站程序，然后传到相应的空间中，再进入后台，设置栏目，增加内容就可以了。内容越丰富越好，当然主题很重要，要考虑吸引人的主题来做，这样才容易推广。

　　第二步　推广网站。推广网站的方法有很多，可以到落伍者、站长站、站长网等网站去学习，比如搜索引擎推广、论坛推广、交流交换、QQ 推广等等。当然，最重要的方法还是SEO（搜索引擎优化）。如果自己的网站有几千条内容，然后好好进行 SEO 的话，可以快速地让自己的网站每天达到几千个 IP 的流量，有了几千个流量了，就可以一个月赚上千元广告费。

　　SEO 就是把网站优化得符合 baidu，google 等搜索引擎的要求，然后让这些搜索引擎给其网站带来流量。有关 SEO 资料，网上很多，可以到各种 SEO 网站和社区去学习。比如：http：//www. seo. org. cn/ 以及 SEO 工具 http：//www. vip18. com/tool/seo. html。其中相关的教程写的非常商业化，并且融入了很多网络赚钱方面的内容，其主要讲了 3 种利用 SEO 赚钱的方法以及详细的 SEO 技术操作。然后按照教程学习了 SEO 之后，就会发现利用搜索引擎增加流量挺容易的。个人网站想快速发展，除了内容要多要好之外，学习 SEO 是非常必要的。如果再配上其有效的方法，只要努力，不断地去推广其网站，流量就会越来越大。保守来讲，3 个月做到 5 000 流量，还是非常轻松的。

　　第三步　投放广告。有相当一部分个人网站上放非常多的广告位，花花绿绿，其实这样是赚不到钱的。想赚到钱，最好广告放少点，这样才能让广告效果都集中起来，比较容易收到钱。因为广告联盟都是等广告费达到一定数额后才给汇广告费。网友推荐建议做 Google Asense 来快速申请 google AdSense 广告：透过 Google AdSense 使网站产生收益。一般而言，如果能够日流量做到 5 000IP，那么一天能够有 100 个点击，google 广告一个点击是几十美分，所以，一天下来，大概最少也会有 10 美元。一个月下来，就会有 300 美元左右。折合成人民币，是两千多块。当然，如果能够让网站流量更大的话，效益就会很好。如果操作熟悉了，还可以多做一些网站，这样效益就会更好，也就是赚的钱会更多。

　　当然，国内的许多联盟也不错，比如，百度联盟、阿里联盟、265 广告联盟、一起发广告联盟等等。在搜索引擎中搜索一下广告联盟，可以找到一大堆。

　　另外，还可以到落伍者论坛和站长论坛里面看一看，比如：
http：//www. im286. com/forumdisplay. php？fid＝52
http：//www. 51zhuanqian. com/
http：//www. vip18. com/free/money. html

在那里可以看到的国内站长对各大广告联盟的评价和经验，有利于总结提高，以取得更好的业绩。

第二节　网上开店

在网上开店主要有两种模式：一是建立自己的商品销售网站；二是借助于一些大型的相当成熟的网上店铺平台。前者需要一定的首期投入，并且要了解一定程度的网络知识，再经营中推广宣传成本也比较高；后者不需要软件硬件知识，但对于初次开店的创业者要格外谨慎。由于经验不足，再加上较大的盲目性，没有认真了解网上商城的招商说明、收费标准等，往往会带来一定的困难。

一、"网上开店"卖什么？

要想好开什么样的店铺，店铺里主要销售什么商品？现在较为有名的是一些宠物店、化妆品店、鲜花店、特色手饰店、古玩店……而最为普遍的是图书音像软件类店铺。在这方面，网上开店与传统的店铺并无太大区别，只要寻找好的市场，有竞争的产品，这是成功的重要因素。在考虑卖什么的时候，一定要根据自己的能力而定。一般而言，商品的价值高，收入也高，但投入相对也高。对于既无销售经验，又缺原始资金的创业者来讲，确实是不小的负担。选择图书音像、礼品类商品，虽然利润较少，但所需资金也少。另一方面是有无稳定的货源，如一时无法确定经营品种，也可从货源入手，看看自己能找到哪些便宜又有个性的产品，比如别人不易找到的商品，"物以稀为贵"，抓住市场消费需要，必定生意兴隆。

北京大学生徐卡嘉发现一种用可以拉伸变形的化纤面料（DTY）制作的院服、班服很受学生青睐，同时，他了解到淘宝网上有个专门为学生店家设置的版面，根据不同地区不同学校分类。便在淘宝网上注册了自己的店之后，他找到一家印厂来印T恤上的图案，"一件普通无花纹T恤批发价是10元，印上图案，每件就能卖到20元，这样平均每件能赚几元"。为此经过努力徐卡嘉淘到了人生发展的第一桶金。

二、"网上开店"借助什么样的网络商务平台？

一般来说，大多数"网上"开店者都借助于网络商务平台，根据商务店铺平台提供的网站注册为用户，也就是申请。比如可以选择现在较旺的易趣网（www. eachnet. com）、淘宝网（www. taobao. com）、我爱我店（www. 5i5shop. com）、易货网（www. eho. com）……优秀的电子商务平台应具备以下基本特征：良好的品牌形象，快捷简便的申请手续，稳定的后台技术，快速周全的服务，完善的支付体系，必要的配送系统，售后的服务保证，等等，当然要具备较完善的网店管理维护、订单处理、统计等功能，以及尽可能高的访问量（人气值）。此外，收费标准与费用模式也是重要因素。

三、"网上开店"如何申请？

网络平台确定后就开始申请开立店铺，要详细认真地填写登记店铺所提供的商品分类，方便自己的客户能够准确及时地找到。在申请同时，店铺的名称设置也要醒目，许多网友在列表中，点击哪个店铺，更多取决于名字的吸引力上，再次是想法增强店铺外观上的信任度。

四、"网上开店"登录商品时注意哪些？

店铺申请完毕后，即可登录商品。把每件商品名称，产地，性质，外观，数量，交易方式，交易期限等信息填写在网站上，最好配上商品的图片；名称要全面，突出优势；图片的质量要清晰，说明要详细，这样才能增加买者吸引力。登录商品时的一个重要方面就是商品价格，通常网站会提供市场价、优惠价、会员价等项目，由卖方根据具体情况设置。

五、网店的推广

店铺开张后就是推广问题了，为了提高自己店铺的人气，在刚开店时，应如何让更多顾客浏览并购买自己网店的商品，这就要适当地进行广告投入，仅限网上即可。网上商店决非一个独立的网站，整个电子商务平台可能有千计店铺排列着，在众多店铺中脱颖而出，并不容易，如 http://mm.vip18.com/ VIP18买卖网，这需要依靠商务平台提供商与店主双方共同努力。比如获得平台的独立域名、建立搜索引擎，购买网店流量大的页面上"热站推荐位置"，在商品分类列表上的商品名称加粗，增加图片的吸引力，也可与其他店铺或网站交换链接。

六、网店的运营

在店铺的正常运营中，要及时维护店铺。有些顾客在决定是否购买的时候，很可能需要店主提供一些信息，他们随时会在网上提出，这时应及时耐心回复。而有些网络商务平台为了防止店主私下与买家交易以逃避交易费用，会禁止买卖双方在网上提供任何个人联系方式，如邮件、电话等，否则将予处罚。在交易过程中根据双方约定方式进行。尽量做到及时，准确，以免顾客怀疑店铺的信用，是否提供售后服务，要看双方事先约定。信用是网上交易的重要因素，最好通过良好服务获得顾客好评，如顾客投诉，应尽快处理，以免自己店铺信誉打折。

七、关于网店费用

电子商务平台通常收取一定费用，如交易费、商品登录费、店铺费、首页推荐费等等，应及时交纳，在达到"熟能生巧"的程度，可以合理的规避，例如将多次交易的老顾客引导到网络线下交易,不用在网上竞价,在对店铺计算成本时,要将诸如此类费用一一计算在内,这样才能真正体现自己的收益状况。

据《重庆商报》2009年7月22日报道:随着网店的火红,各具特色的"网络掌柜"也浮出水面,一位来自河北,在北京创业的32岁李宝庆网上开店卖旧报纸,日营业额达到2万元。而他这个想法最初是看到一则新闻引起的。原来李宝庆有一个爱好——收集老报纸,"以前报纸的新闻和广告都很有意思。"李宝庆说爱看老报纸,闲来无事翻翻旧新闻觉得挺有趣。2001年他从中国石油大学毕业之后在北京一家国企工作。当年,李宝庆家附近的一家图书馆搬迁,打折处理一些旧书报,他花300元淘得3本1975年到1980年间的人民日报。随后的一年时间,李宝庆又从各个渠道收集到近100本老报纸,其中以人民日报居多。

2001年中国申奥成功后,李宝庆偶然听说中国申奥功臣何振梁先生收到了一份来自国际奥委会的生日礼物——1929年他出生当天的英国《TIMES》原版报纸。这则新闻给了他很大的启发,这么有创意的送礼理念、这么有收藏价值的生日礼物,在中国肯定也会大受欢迎!想着正好自己手中也有不少老报纸,于是他就试着在网上开起了店。办了辞职以后在网上卖起老报纸。

李宝庆最初将网店开在易趣,后来又转战淘宝。开店初始,基本没人光顾,找到自己网店的劣势后,李宝庆没事就到古董市场和旧书市场转悠,到处联系和收集旧报纸。运气最好的一次,他竟然收到一吨老报纸。那天,李宝庆兴奋极了。他雇了一辆货车才将整整一吨老报纸拉走,回家后逐张按年代、月份、日期细心检查报纸,看版面是否完整、品相是否完好等。因为只要有一点破损,就是废纸一张。接下来他将合格的报纸信息全部录入电脑,以便客户咨询时他能迅速查阅到相关信息。整理这吨老报纸,李宝庆花了大半个月时间。

经过前期创业的低谷,李宝庆的生意慢慢走上正轨。他收集的报纸越来越多,种类也齐全起来。现在他的网店旧报纸主要有三大类:大报,地方报,画报。年代从20世纪50年代到现在,基本都能找到。如今他每天的销售额达到2万元。

第十章　商业计划书

自始自终把人放在第一位，尊重员工是成功的关键。（托马斯·沃森）

　　商业计划书，英文名称为 Business Plan，是公司、企业或项目单位为了达到招商融资和其它发展目标之目的，在经过前期对项目科学地调研、分析、搜集与整理有关资料的基础上，根据一定的格式和内容的具体要求而编辑整理的一个向读者全面展示公司和项目目前状况、未来发展潜力的书面材料。

　　编写商业计划书的直接目的是为了寻找战略合作伙伴或者风险投资资金，对象是提供给投资者和一切对创业者的项目感兴趣的人，向他们展现创业的潜力和价值，说服他们对项目进行投资和支持。因此，一份好的商业计划书的特点是：关注产品、敢于竞争、充分市场调研，有力资料说明、表明行动的方针、展示优秀团队、良好的财务预计、出色的计划概要等；使人读后，对所关注的问题非常清楚：①公司的商业机会；②创立公司，把握这一机会的进程；③所需要的资源；④风险和预期回报；⑤对其采取的行动的建议。商业计划书的篇幅要适当，太短，容易让人不相信项目的成功；太长，则会被认为太啰嗦，表达不清楚。适合的篇幅一般为 20～40 页（包括附录在内）。

第一节　商业计划书的结构

一、计划摘要

　　计划摘要列在商业计划书的最前面，它是浓缩了的商业计划书的精华。计划摘要涵盖了计划的要点，以求一目了然，以便读者能在最短的时间内评审计划并做出判断。计划摘要一般要有包括：公司介绍、主要产品和业务范围、市场概貌、营销策略、销售计划、生产管理计划、管理者及其组织、财务计划、资金需求状况等。

　　在计划摘要中，企业还必须确定以下问题：

　　(1) 企业所处的行业，企业经营的性质和范围；

　　(2) 企业主要产品的内容；

　　(3) 企业的市场在哪里，谁是企业的顾客，他们有哪些需求；

　　(4) 企业的合伙人、投资人是谁；

　　(5) 资金需求、用途及获利分析；

（6）企业的竞争对手是谁，竞争对手对企业的发展有何影响。

计划摘要尽量简明、生动。一般 2 至 3 页纸就足够了。但是特别要说明自身企业具备与众不同的长处以及企业获取成功的市场因素。

二、产品（服务）介绍

产品介绍是投资人最关心的问题之一，是商业计划书中必不可少的一项重要内容。通常应包括：产品的概念、性能及特性、主要产品介绍、产品的市场竞争力、产品的研究和开发过程、发展新产品的计划和成本分析、产品的市场前景预测、产品的品牌和专利等。

在产品（服务）介绍部分，企业家要对产品（服务）作出详细的说明，说明要准确，通俗易懂，使非专业人员的投资者也能明白。另外，要着重分析其产品（服务）在价值链及顾客附加价值上的差异。同时，要附上产品原型、照片或其他相关介绍。一般而言，产品介绍必须要回答以下问题：

（1）顾客希望企业的产品能解决什么问题，顾客能从企业的产品中获得什么好处？

（2）企业的产品与竞争对手的产品相比有哪些优点，顾客为什么会选择本企业的产品？

（3）企业为自己的产品采取了何种保护措施，企业拥有哪些专利、许可证，或与已申请专利的厂家达成了哪些协议？

（4）为什么企业的产品定价可以使企业产生足够的利润，为什么用户会大批量地购买企业的产品？

（5）企业采用何种方式去改进产品的质量、性能，企业对发展新产品有哪些计划等等。

三、人员及组织结构

高素质的管理人员和良好的组织结构是管理好企业的重要保证。因此，风险投资家会特别注重对管理队伍的评估。一个企业必须要具备负责产品设计与开发、市场营销、生产作业管理、企业理财等方面的高技能专门人才。在商业计划书中，必须要对主要管理人员加以阐明，介绍他们所具有的能力，他们在本企业中的职务和责任，他们过去的详细经历及背景。此外，该部分商业计划书，还应对公司结构做一简要介绍，包括：公司的组织机构图；各部门的功能与责任；各部门的负责人及主要成员；公司的报酬体系；公司的股东名单，包括认股权、比例和特权；公司的董事会成员；各位董事的背景资料等。

四、市场预测

市场预测首先是需求预测：市场是否存在对这种产品的需求？需求程度是否可以给企业带来所期望的利益？新的市场规模有多大？需求发展的未来趋向及其状态如何？影响需求都有哪些因素。其次，是市场竞争的情况以及企业所面对的竞争格局的分析：市场中主要的竞争者有哪些？是否存在有利于本企业产品的市场空档？本企业预计的市场占有率是多少？本企业进入市场会引起竞争者怎样的反应，这些反应对企业会有什么影响？等等。

在商业计划书中，市场预测应包括以下内容：市场现状综述；竞争厂商概览；目标顾客和目标市场；本企业产品的市场地位；市场区域和特征等。

五、营销策略

营销是企业经营中最富挑战性的环节，影响营销策略的主要因素有：

（1）消费者的特点；

（2）产品的特性；

（3）企业自身的状况；

（4）市场环境方面的因素。最终影响营销策略的则是营销成本和营销效益因素。

在商业计划书中，营销策略应包括以下内容：

（1）市场机构和营销渠道的选择；

（2）营销队伍和管理；

（3）促销计划和广告策略；

（4）价格决策。

对创业企业来说，由于产品和企业的知名度低，很难进入其他企业已经稳定的销售渠道中去。因此，创业企业不得不暂时采取高成本低效益的营销战略，如上门推销，大打商品广告，向批发商和零售商让利，或交给愿意经销的企业销售。对发展企业来说，它一方面可以利用原来的销售渠道，另一方面也可以开发新的销售渠道以适应企业的发展。

六、制造计划

制造计划包括：产品制造和技术设备现状；新产品投产计划；技术提升和设备更新的要求；质量控制和质量改进计划等。通常，生产制造计划应需要解决的问题有：企业生产制造所需的厂房、设备情况如何；怎样保证新产品在进入规模生产时的稳定性和可靠性；设备的引进和安装情况，谁是供应商；生产线的设计与产品组装是怎样的；供货者的前置期和资源的需求量；生产周期标准的制定以及生产作业计划的编制；物料需求计划及其保证措施；质量控制的方法是怎样的等相关的其他问题。

七、财务规划

财务规划包括：现金流量表、资产负债表以及损益表的制备。流动资金是企业的生命线，因此企业在初创或扩张时，对流动资金需要预先有周详的计划和进行过程中的严格控制；损益表反映的是企业的赢利状况，它是企业在一段时间运作后的经营结果；资产负债表则反映在某一时刻的企业状况，投资者可以用资产负债表中的数据得到的比率指标来衡量企业的经营状况以及可能的投资回报率。

财务规划一般要包括以下内容：

（1）商业计划书的条件假设；

（2）预计的资产负债表；

（3）预计的损益表；

（4）现金收支分析；

（5）资金的来源和使用。

企业的财务规划应保证和商业计划书的假设相一致。事实上，财务规划和企业的生产计划、人力资源计划、营销计划等都是密不可分的。要完成财务规划，必须要明确下列问题：

（1）产品在每一个期间的发出量有多大？

（2）什么时候开始产品线扩张？

（3）每件产品的生产费用是多少？

（4）每件产品的定价是多少？

（5）使用什么分销渠道，所预期的成本和利润是多少？

（6）需要雇佣哪几种类型的人？

（7）雇佣何时开始，工资预算是多少？

一份好的财务规划对评估创业企业所需的资金数量，提高创业企业取得资金的可能性是十分关键的。如果财务规划准备的不够好，会给投资者以企业管理人员缺乏经验的印象，进而会降低创业企业的评估价值，同时也会增加企业的经营风险。

第二节　商业计划书的内容

从总体来看，写商业计划的原则是：简明扼要，条理清晰，内容完整，语言通畅易懂，意思表述精确。商业计划书一般包括如下十大部分的内容：

（1）执行概述。

商业计划的一到两页的概括内容一般包括：①本商业（business）的简单描述（亦即"电梯间陈词"）。②机会概述。③目标市场的描述和预测。④竞争优势。⑤经济状况和盈利能力预测。⑥团队概述。⑦提供的利益。

（2）产业背景和公司概述。

一般包括：①详细的市场描述，主要的竞争对手，市场驱动力。②公司概述应包括详细的产品/服务描述以及它如何满足一个关键的顾客需求。③一定要描述进入策略和市场开发策略。

（3）市场调查和分析。

这是表明对市场了解程度的窗口。一定要阐释的问题有：①目标顾客。②市场容量和趋势。③竞争和各自的竞争优势。④估计的市场份额和销售额。⑤市场发展的走势（对于新市场而言，这一点相当困难，但一定要力争贴近真实）。

（4）公司战略。

阐释公司如何进行竞争，一般包括三个内容：①营销计划（定价和分销 ；广告和提升）。②规划和开发计划（开发状态和目标；困难和风险）。③制造和操作计划（操作周期；设备和改进）。

（5）总体进度安排。

公司的进度安排，一般包括的领域和重要事件有：①收入。②收支平衡点和正现金流。③市场份额。④产品开发介绍。⑤主要合作伙伴。⑥融资。

（6）关键的风险、问题和假定。

一般表现为：①创业者常常对于公司的假定和将面临的风险不够现实。②说明其将如何应付风险和问题（紧急计划）。③在眼光的务实性和对公司的潜力的乐观之间要达成仔细的平衡。

（7）管理团队。

管理团队是公司发展的关键，其内容一般包括：①介绍公司的管理团队，一定要介绍各成员与管理公司有关的教育和工作背景。②注意管理分工和互补。③最后，要介绍领导层成员，商业顾问以及主要的投资人和持股情况。

（8）企业经济状况。

介绍公司的财务计划，讨论关键的财务表现驱动因素。一定要讨论如下几个杠杆：①毛利和净利。②赢利利能力和持久性。③固定的、可变的和半可变的成本。④达到收支平衡所需的月数。⑤达到正现金流所需的月数。

（9）财务预测。

一般来说财务预测包括：①包括收入报告，平衡报表，前两年为季度报表，前五年为年度报表。②同一时期的估价现金流分析。③突出成本控制系统。

（10）假定公司能够提供的利益。

这是引人注意的"卖点"，内容包括：①总体的资金需求。②在这一轮融资中所需要的是哪一级。③如何使用这些资金。④投资人可以得到的回报。⑤可能的投资人退出策略。

第十一章 创业案例

成功＝艰苦劳动＋正确方法＋少说空话。（爱因斯坦）

第一节 创业成功案例

华人首富李嘉诚创业故事

李嘉诚，广东潮安人，1928年7月出生于广东潮洲市一个贫穷家庭，父亲为教师。

李嘉诚童年过着艰苦的生活。14岁那年（1940年），正逢中国战乱，他随父母走难，逃往香港，投靠家境富裕的舅父庄静庵，可惜不久父亲因病去世。身为长子的李嘉诚，为了养家糊口及不依赖别人，决定辍学，先在一家钟表公司打工，之后又到一塑胶厂当推销员。李嘉诚深知，要想成为一个出色的推销员，首要是勤奋，其次是头脑灵活。在日后的推销生涯中，李嘉诚便充分发挥了这等"窍门"。当其他同事每天只工作八小时的时候，李嘉诚就工作十六个小时，天天如是。李嘉诚对"打工"的看法是："对自己的分内工作，我绝对全情投入。从不把它视为赚钱糊口，向老板交差了事，而是将之当作是自己的事业"。由于勤奋上进，业绩突出，只两年时间便被老板赏识，升为总经理，那时他只有18岁。

1950年夏天，李嘉诚立志创业，便向亲友借了5万港元，加上自己全部积蓄的7 000港元，在筲箕湾租了厂房，正式创办"长江塑胶厂"。有一天，他翻阅英文版《塑胶》杂志，看到一则不太引人注意的小消息，说意大利某家塑胶公司设计出一种塑胶花，即将投放欧美市场。李嘉诚立刻意识到，战后经济复苏时期，人们对物质生活将有更高的要求，而塑胶花价格低廉，美观大方，正合时宜，于是决意投产。他的塑胶花产品很快打入香港和东南亚市场。同年年底，欧美市场对塑胶花的需求愈来愈大，"长江塑胶厂"的订单以倍数增长。直到1964年，前后7年时间，李嘉诚已赚得数千万港元的利润；而"长江塑胶厂"更成为世界上最大塑胶花生产基地，李嘉诚也得了"塑胶花大王"的美誉。

凭着敏锐的商业目光，李嘉诚预料塑胶花生意不会永远看好，物极必反，于是急流勇退，转而生产塑胶玩具。果然，两年后塑胶花产品严重滞销，而此时"长江塑胶厂"却已在国际玩具市场大显身手，年产出口额达1 000万美元，已成为香港塑胶玩具出口业之冠。

1965年2月，香港发生了严重的银行信用危机，人心惶惶，投资者及市民纷纷抛售房产，离港远走。香港房地产价格暴跌，房地产公司纷纷倒闭。1967 年，香港更发生反英暴动，进一步使房地产市场陷于死寂。

然而，李嘉诚却看好香港工商业的前景，认为香港这个商机十足的殖民地，不会久乱。于是在人们贱价抛售房产的时候，他却反行其道，大量购入地皮和旧楼。不出 3 年，风暴平息，香港社会恢复正常，经济复苏，大批当年离港的商家纷纷回流，房产价格随即暴涨。李嘉诚趁机将廉价收购来的房产，高价抛售获利，并转购具有发展潜力的楼宇及地皮。20 世纪 70 年代初，他已拥有楼宇面积共 630 万平方英尺。

1971 年 6 月，李嘉诚正式创办"长江置业有限公司"，翌年改组为"长江实业（集团）有限公司"，正式在地产事业上大展身手，并在后来多次石油危机和经济萧条的时期，趁楼价下滑，运用人退我进、人弃我取的战略入货，结果在楼市大升时获得巨利，使手上的资金暴增。

20 世纪 70 年代的香港，4 大资本最雄厚的英资洋行怡和、太古、汇丰及和记，在许多大企业的生意中，威力只手遮天。李嘉诚决定运用长江实业雄厚资金，收购香港某些具有实力的上市公司，第一个目标便直指怡和集团的主要旗舰"九龙仓"。

他经过仔细研究后，决定采取不动声色、出其不意的战术，派人分散大量暗购九龙仓股票，使九龙仓的股价在短短几个月内由原来的 13.4 港元，狂升至 56 港元。九龙仓集团感到大势不妙，立即部署反收购行动，在市面上大量购入散户持有的九龙仓股票。无奈资金有限，最后不得不向汇丰银行求助，而汇丰银行与李嘉诚合作多时，双方关系良好，这使李嘉诚有点为难。

此时，资金雄厚的华资财团主席包玉刚，亦正在争夺九龙仓。李嘉诚见好就收，主动将持有的 1 000 万九龙仓转让给他，从中获利 5 900 万港元。李嘉诚这一仗，可谓一箭双雕，既避免了与关系密切的汇丰银行有正面冲突，又使包玉刚领导的华资财团可顺利取得九龙仓控制权。

包玉刚识英雄、重英雄，把手中持有的另一老牌英资洋行和记黄埔的股票，转让给李嘉诚，为他后来入主"和黄"埋下伏笔。

1978 年，李嘉诚又再以出其不意的战术，收购另一个老牌英资公司青洲英泥，成为该公司董事局主席。不过，最令李嘉诚难忘的胜利，是成功的控制了老牌英资财团和记黄埔。

李嘉诚这次采用的战术，不单是攻其不备，更是迂回包围。他指挥手下，以极快速度暗中低价收购"和黄"，很快便持有该公司 70％的股票。当"和黄"董事局主席祁德豪发觉李嘉诚的举动时，急忙组织英籍大股东进行反攻，但为时已晚，李嘉诚已夺得先机，加上汇丰银行的帮助，终在股市上成功大量吸纳"和黄"。至 1980 年，李嘉诚已拥有超过 40％的"和黄"股权，顺利成为和记黄埔董事局主席。

李嘉诚的长江实业，以 6.93 亿港元的资产，控制了价值超过 50 亿港元的老牌英资财团和记黄埔，实为"小蛇吞大象"的奇迹；而李嘉诚更因此成为入主英资财团的首位华人。

当时，并没有人追问当中关键性的一役，是汇丰银行为何愿意将手上的和黄股票卖给李嘉诚。此中的原因，直到1998年李嘉诚才说出。原来，当年汇丰极为欣赏李嘉诚的管理方法，认为由他带领和黄，必定会发展得更好，所以愿意相助。事实也证明，和黄在李嘉诚手上，不到几年的功夫，就发展成为一个国际性的公司，晋级世界数一数二的跨国企业。

20世纪80年代以后，李嘉诚的版图再进行一系列的扩张。除了房地产外，还经营航运服务、电力供应、货柜码头以及零售等，形成一个坚不可摧，在香港举足轻重的大型综合性财团。

另外，自20世纪70年代起，李嘉诚已开展了海外投资，至20世纪80年代，他逐步有目的扩大有关的投资比重，进行企业全球性战略。分别在加拿大、美国、英国、新加坡设立根据地。业绩一年比一年好，20世纪90年代前期，他便成为香港的首富，并且一直保持着这个地位，始终未变。

1990年后，李嘉诚开始在英国发展电讯业，组建了Orange电讯公司，并在英国上市，总投资84亿港元。到2000年4月，他把持有的Orange四成多股份出售给德国电讯集团，作价1 130亿港元，创下香港有史以来获利最高的交易记录。Orange是于1996年在英国上市的，换言之，李嘉诚用了短短3年时间，便获利逾千亿港元，使他的资产暴升一倍。

进入2000年，李嘉诚更以个人资产126亿美元（即983亿港元），两度登上世界10大富豪排行榜，也是第一位连续两年榜上有名的华人。李嘉诚并多次荣获世界各地颁发的杰出企业家，还五度获得国际级著名大学颁授的荣誉博士学位。

经过20多年的"开疆辟土"，李嘉诚已拥有4间蓝筹股公司，市值高达7 810亿港元，包括长江实业、和记黄埔、香港电灯及长江基建，占恒生指数两成比重。集团旗下员工超过3.1万名，是香港第4大雇主。1999年的集团盈利高达1 173亿港元。

2001年，《星期日泰晤士报》发表全球50大富豪排名榜，上榜的华裔人士只有3名，且全为香港富豪，其中排名最高的是第23位的长江实业主席李嘉诚，李嘉诚并被评为全球最有钱的华裔富商。

由美国《商业周刊》编辑部180余位资深编辑及其全球各地24位记者评选的"2000年度25位最佳经理人"，李嘉诚成为全球唯一入选的华人企业家，名列第11位。

2003年7月16日，美国福布斯杂志在其官方网站上发布了"全球十大最有影响力富人榜"。中国香港的长江实业集团主席李嘉诚排名榜单第五名。

他响应中央政府科教兴国的号召，捐巨资同教育部合作，实施"长江学者奖励计划"。他多年来爱国爱乡，重视教育卫生事业，热心公益，一往情深，尽心竭力。从1980年开始，他陆续斥资18亿元，在中央政府和广东省政府的支持合作下，创建了汕头大学；1994年捐资1 100万元，帮助家乡潮州贫困地区，建了50所基础教育学校；1997年，捐资1 000万美元，为北京大学建新图书馆；2000年，捐资2 400万美元，参与国家互联网Internet II发展计划，在清华大学建设国家未来互联网技术研究中心……

多年来李嘉诚总捐款额超过 30 亿港元，七成多捐款用在内地，两成多用在香港。他几乎每年都向内地捐助 1 亿港元以上的资财，兴办大量公益事业。

李嘉诚晚上睡觉前一定要看半小时的新书，了解前沿思想理论和科学技术，据他自己称，除了小说，文、史、哲、科技、经济方面的书他都读。这其实是他几十年保持下来的一个习惯。

"一个有信用的人比起一个没有信用、懒散、乱花钱、不求上进的人，自必有更多机会"这是李嘉诚给年轻人的忠告，同时也是他座右铭。

从中国第一负债人到五百亿的"巨人"——史玉柱的创业故事

史玉柱的创业史可以分为上下两个半场——1997 年之前的巨人和 1997 年之后的巨人。1997 年之前是天不怕地不怕，高呼口号"要做中国的 IBM"，横冲直撞，最后惨败。留下一栋荒草肆虐的烂尾楼，外加几亿元巨债。死过一次后，才知道死亡的滋味。这十年，史玉柱如履薄冰，小心翼翼，卖脑白金，投资银行股，进军网络游戏，在一片废墟上，转眼炼就了超过 500 亿元的财富。史玉柱为何能在下半场"惊天逆转"？让我们来看看它的惊险神奇的创业经历。

史玉柱，1962 年出生在安徽北部的怀远县城。1980 年，史玉柱以全县总分第一，数学 119 分（满分 120 分）的成绩考入浙江大学数学系，毕业后分配到安徽省统计局，时年 24 岁。由于工作出类拔萃，被作为第三梯队，送往深圳大学进修。

可是，读完研究生之后，史玉柱决心辞职创业。当他登上飞机飞往深圳的时候，身上全部的家当就是东挪西借的 4 000 元钱，以及他耗费 9 个月心血开发出来的 M—6401 桌面排版印刷系统。

1989 年 8 月 2 日，他利用报纸《计算机世界》先打广告后收钱的时间差，用全部的 4 000 元做了一个 8 400 元的广告："M—6401，历史性的突破"。13 天后，史玉柱即获 15 820 元；一个月后，4 000 元广告已换来 10 万元回报；4 个月后，新的广告投入又为他赚回 100 万。

这一年，史玉柱产生了创办公司的念头，他想："IBM 是国际公认的蓝色巨人，我办的公司也要成为中国的 IBM，不如就用'巨人'这个词来命名公司"。

1991 年 7 月，"巨人"实施战略转移，总部由深圳迁往珠海，"珠海巨人新技术公司"迅速升格为"珠海巨人高科技集团公司"，下设 8 个分公司。这一年，M—6403 桌面印刷系统共卖出 2.8 万套，盈利 3 500 万元。到 1993 年 7 月，"巨人集团"下属全资子公司已经发展到 38 个，是仅次于"四通公司"的全国第二大民办高科技企业，拥有 M—6405 汉卡、中文笔记本电脑、手写电脑等 5 个拳头产品。

1994 年初，巨人大厦动土。这座最初计划建 18 层的大厦，在众人热捧和领导鼓励中被不断加高，从 18 层到 38 层、54 层、64 层，最后升为 70 层，号称当时中国第一高楼，投资也从 2 亿增加到 12 亿。史玉柱基本上以集资和卖楼花的方式筹款，集资超过 1 亿元。

同样是 1994 年，史玉柱发现，计算机发展日新月异，汉卡早已失去了存在的必要，如果继续从事软件，扛不过猖獗的盗版，于是把一部分注意力转向了保健品，脑黄金项目开始起步。

1995 年，巨人发动"三大战役"，把 12 种保健品、10 种药品、十几款软件一起推向市场，投放广告 1 个亿。史玉柱被《福布斯》列为大陆富豪第 8 位。

1996 年巨人大厦资金告急，史玉柱决定将保健品方面的全部资金调往巨人大厦，保健品业务因资金"抽血"过量，再加上管理不善，迅速盛极而衰。巨人集团危机四伏。脑黄金的销售额达到过 5.6 亿元，但烂账有 3 亿多。

1997 年初巨人大厦未按期完工，而各方债主纷纷上门，巨人现金流彻底断裂，媒体"地毯式"报道巨人财务危机。不久，只完成了相当于三层楼高的首层大堂的巨人大厦停工，直到此时。随着"巨人倒下"，负债 2.5 亿的史玉柱黯然离开广东，"北上"隐姓埋名了。

"那时候就是穷，债主逼债，官司缠身，账号全被查封了。"

"穷到什么地步？刚给高管配的手机全都收回变卖，整个公司里只有我一人有手机用，大家很长时间都没有领过一分钱工资。"

10 年后的 2007 年 8 月，史玉柱在上海桂林公馆面对记者旧事重提，回忆事业最低谷时的感受。

思痛，史玉柱陷入苦苦的思索："我究竟错在哪里？"他怕自己想不彻底，把报纸上骂他的文章一篇篇接着读，越骂得狠越要读，看看别人对他失败的"诊断"，还专门组织"内部批斗会"，让身边的人一起向他开火。

在各种猛药的"外敷内服"下，史玉柱终于输了个坦然，输了个明白。这个背着 2.5 亿元巨债的"中国首负"，在 1997 年完成了一生中最重大的转变。这个转变进而成了他再度崛起，成就更大事业的"老本"。

"这 10 年来，我一直都在吃老本。如果老本吃光了，我肯定又危险了。"

史玉柱的"老本"是什么？

就是史玉柱为自己制定的三项"铁律"：

一是必须时时刻刻保持危机意识，每时每刻提防公司明天会突然垮掉，随时防备最坏的结果；二是不得盲目冒进，草率进行多元化经营；三是让企业永远保持充沛的现金流。

在此之外，史玉柱还有一个最大的收获，那就是懂得了研究消费者。

在这方面，史玉柱最有切肤之痛。

"1995 年 2 月 10 日，我下达'三大战役'的'总动员令'广告攻势是我亲自主持的，第一个星期就在全国砸了 5 000 万广告费，把整个中国都轰动了，我们在各大城市报纸上的广告不是整版，是跨版（即两个整版连在一起），风光无限。"

"可后来一评估，知名度和关注度都有，但广告效果是零，因为我们根本不知道消费者需要什么。"在史玉柱看来，这正是他走下坡路的起点。

"自从'三大战役'失败后，我就养成一个习惯，谁消费我的产品，我就要把他研究透。一天不研究透，我就痛苦一天"。

——正是这种能耐，让史玉柱奇迹般地起死回生。

"送礼就送脑白金"

幸运的是，受到重创的史玉柱，除了缺钱外，似乎什么都不缺——公司二十多人的管理团队，在最困难的时候依然不离不弃，没有一个人离开。而且史玉柱手上已经有两个项目可供选择，一个是保健品脑白金，另外一个是他赖以起家的软件。

史玉柱算了一笔账，软件虽然利润很高，但市场相对有限，如果要还清2亿元，估计要10年，保健品不仅市场大而且刚起步，做脑白金最多5年。

1998年，山穷水尽的史玉柱找朋友借了50万元，开始运作脑白金。

手中只有区区50万元，已容不得史玉柱再像以往那样高举高打，大鸣大放，最终，他把江阴作为东山再起的根据地。江阴是江苏省的一个县级市，地处苏南，购买力强，离上海、南京都很近。在江阴启动，投入的广告成本不会超过10万元，而10万元在上海不够做一个版的广告费用。

这几乎是最后的机会，他别无选择，必须一击中的。

启动江阴市场之前，史玉柱首先做了一次"江阴调查"。他戴着墨镜走村串镇，挨家挨户寻访。由于白天年轻人都出去工作了，在家的都是老头老太太，半天见不到一个人。史玉柱一去，他们特别高兴，史玉柱就搬个板凳坐在院子里跟他们聊天，在聊天中进行第一手的调查。

"你吃过保健品吗？""如果可以改善睡眠，你需要吗？""可以调理肠道、通便，对你有用吗？""可以增强精力呢？""价格如何如何，你愿不愿使用它？"

通常，这些老人都会告诉史玉柱："你说的这种产品我想吃，但我舍不得买。我等着我儿子买呐！"

史玉柱接着问："那你吃完保健品后一般怎么让你儿子买呢？"答案是他们往往不好意思直接告诉儿子，而是把空空如也的盒子放在显眼的地方进行暗示。

史玉柱敏感地意识到其中大有名堂，他因势利导，后来推出了家喻户晓的广告"今年过节不收礼，收礼只收脑白金"。

——这则广告无疑已经成了中国广告史上的一个传奇，尽管无数次被人诟病为功利和俗气，但它至今已被整整播放了10年，累积带来了100多亿元的销售额，这两点中的任何一个都足以让它难觅敌手。

在脑白金上市前，史玉柱与300位潜在消费者进行了深入的交流，对市场营销中可能遇到的各种问题摸了个通通透透。终于，史玉柱心里有底了，他信心十足地在公司对大家说：

"行了，我们有救了。脑白金这个产品年销售额很快就能做到 10 个亿。"

脑白金在江阴市场的正式启动以大赠送形式进行的，首先向社区老人赠送脑白金，一批批地送，前后送了 10 多万元的产品，慢慢地形成了回头客，不少老人拿着脑白金的空盒跑到药店去买，越买不到，老人们问得越起劲。正当药店为只见空盒不见经销商上门的脑白金而犯愁时，脑白金的广告"闪亮登场"了，于是，"款到提货"一开始就成了脑白金销售的市场规矩。江阴市场就这样打开了。

1998 年 5 月，史玉柱把赚到的钱投入无锡市场的启动。他先打脑白金的销售广告，然后谈经销商，同样要求一手交钱一手交货，开始时经销商不接受。但史玉柱一边谈，一边不停地打广告。慢慢地也就有经销商开始付款提货了。第二个月，史玉柱在无锡又赚了十几万元，史玉柱拿着它去启动下一个城市。几个月里，南京、常熟、常州以及东北的吉林，全部成了脑白金的早期根据地。星星之火，开始燎原。到 1998 年底，史玉柱已经拿下了全国 1/3 的市场，月销售额近千万元。1999 年春天，史玉柱和他的团队悄悄来到上海，"隐居"在上海市肇嘉浜路上的金玉兰广场里。每天深夜，他便戴上墨镜和部下跑在楼下那个叫"避风塘"的小吃店里吃宵夜。在"避风塘"，史玉柱完成了一个又一个的策划，在中国保健品市场刮起阵阵飓风。到 1999 年底，脑白金便打开了全国市场。2000 年，公司创造了 13 亿元的销售奇迹，成为保健品的状元，并在全国拥有 200 多个销售点的庞大销售网络，规模超过了鼎盛时期的巨人。

3 年不到，史玉柱又重新站了起来。2000 年秋天，他做了一个轰动一时的决定，他悄悄还了所欠的全部债务。无债一身轻。2001 年 2 月 3 日晚上，史玉柱因还债"义举"而接受采访，他终于堂堂正正地递出了自己的名片，从 1997 年"巨人倒下"后，他一直没用过名片；他也终于可以摘下自己的墨镜，昂首挺胸在大街上行走了，再也不用担心别人认出他是史玉柱。

脑白金的一炮走红并没有让史玉柱满足，他立刻开始琢磨手中的另外几个产品，降血脂的、抗感冒的、补血的、治疗胃病的，还有维生素。最终，史玉柱决心力推维生素和矿物质的混合物类产品——"黄金搭档"。2001 年，黄金搭档上市，史玉柱为它准备的广告词几乎和脑白金的一样俗气——"黄金搭档送长辈，腰好腿好精神好；黄金金搭档送女士，细腻红润有光泽；黄金搭档送孩子，个子长高学习好"。

在史玉柱纯熟的广告策略和成熟的通路推动下，黄金搭档很快走红全国市场。

原来人们骂脑白金的广告恶俗，连年把它评为"十差广告之首"，现在"十差广告"的前二名也是史玉柱的了，因为黄金搭档上来了。史玉柱自我解嘲："十差广告前两名都是我们的。但是你注意，那个十佳广告是一年一换茬，十差广告是年年都不换。"这两个产品，成了保健品市场上的常青树，畅销多年仍不能遏止其销售额的增长。2007 年上半年，脑白金的销售额比 2006 年同期又增长了 160％！

尽管两个产品都卖得很火，但在"其兴也勃，其亡也忽"的保健品行当，把所有鸡蛋都放在同一个篮子里非常危险。于是，史玉柱开始了他人生下半场的第二件事——资本布局。2003 年，史玉柱将脑白金和黄金搭档的知识产权及其营销网络 75％的股权卖给了段永基旗下的香港上市公司四通电子。交易总价为 12.4 亿人民币，其中现金 6.36 亿人民币，其余为四通电子的可转股债券。

数亿元的现金趴在账上，史玉柱开始向保健品之外的行业投资，第一个选中的，就是回报稳定的银行业。2003 年，华夏银行发起人北京华资银团公司和首钢总公司先后向史玉柱转让了 1.4 亿股华夏银行的法人股。在每 10 股转赠 2 股后，史玉柱共持有华夏银行股票 1.68 亿股。再有就是民生银行，2003 年冯仑清理非地产业务以外的资产，可股市低迷，苦于无人有数亿的现金来接盘。最后冯仑找到老朋友史玉柱，以非常便宜的价格把 1.43 亿股民生银行的股票卖给了史玉柱。

4 年前，史玉柱花了 3 亿元买入的这两家银行的股票，如今价值已经超过了 130 亿元，而且不同于原来不能抛售的法人股，这些股票随时可以变现。"尽管冯仑在这些股票上少赚了几十亿，但他还是很感谢我当初接过了他的股票。" 3 年赚了 120 多亿元！毫无疑问，史玉柱肯定是中国股市上"史上第一牛人"。

很少有人知道，似乎只会大声吆喝来兜售保健品的史玉柱，还是华夏银行的第六大股东、民生银行的第七大股东，是一个身家百亿元的金融资本家。

从华尔街到 NBA——第一位 NBA 中国商人黄健华

"我是地地道道的中国人，大学都是国内上的，怎么成了华裔？"一见到黄健华，他就向 CBN 记者"投诉"，称媒体对他的"爱称"有些滑稽可笑。2009 年 5 月，黄健华入主克利夫兰骑士队，成为美国 NBA 史上首位华人老板。消息一出，黄健华顿时被视为"民族英雄"，"NBA 中国商人"的名声不胫而走。

2009 年 7 月 2 日，在外"功成名就"的黄健华在北京宣布，首批注资 500 万元人民币成立 QSL（骑士联盟）青少年体育运动发展基金。虽说这是个慈善项目，但黄健华对国内体育产业的兴趣已经"路人皆知"。

"在国内做任何项目，必须懂得与政府合作，找到双赢或多赢的方式，钱不可能让你一个人赚。"黄健华向 CBN 记者透露他的投资理念。

从华尔街到 NBA

1984 年，大学毕业的黄健华怀揣着"美国梦"，放弃留校，选择了去哥伦比亚大学攻读东亚经济研究专业硕士学位，之后又学了金融。四年后，黄健华经过五轮考试，进入了纽约交易所（下简称纽交所）。

进入纽交所的黄健华最初做公关，代表纽交所与媒体、投资者及上市公司打交道。

"这四年是我唯一打卡上下班、拿工资的阶段，熟悉了资本市场，累积了自己的人脉关系。"黄健华告诉 CBN 记者。

1991 年底，黄健华离开了纽交所，开始给一些超级富豪做财富管理。这部分富豪的身家基本都在 10 亿美元以上。他们除了聘请瑞银、高盛、花旗等理财机构做投资顾问外，还需要私人管家，黄健华做的正是这种。

"20 世纪 90 年代初，我获得了第一桶金，财富的积累也是在这个阶段。"黄健华说。

在黄健华的合作伙伴看来，黄健华站在许多巨人的肩膀上成长，是其最大的财富。"华尔街的财富掌控者多是犹太人，黄健华与他们的关系都不错。这些人脉资源以及金融资本的操作经验是黄健华做中国体育产业最大的优势。"这位合作伙伴告诉 CBN 记者。

1995 年，当财富达到一定程度时，黄健华离开了金融圈，直到亚洲金融危机爆发才复出。然而让黄健华一夜成名的，则是他 2009 年 5 月 23 日收购克利夫兰骑士队 15% 股份的举动。

对于黄健华在 NBA 的投资行为，很多风险投资并不认同。一位熟悉 NBA 游戏规则并与其高层有着良好关系的投资者向 CBN 记者表示："NBA 球队的投资主要看球队所在城市经济发展水平，能否支撑 NBA 的开支，这很重要。骑士队所在的城市俄亥俄州克利夫兰市是美国经济最不发达的城市之一，我在那里学习生活了 20 年，太知道那里的情况了。"

当 CBN 记者将此疑问转达给黄健华时，善于通过言语表达喜好的他却出奇的平静，笑着说："他的意思也是不应该投资，是吧。其实，骑士队只是我投资项目中很小很小的一部分。"

结缘火箭队老板

关于收购骑士队一事，有媒体报道称，黄健华背后有香港新世界发展集团的支持。对此，黄健华说，投资骑士队和新世界发展集团并无关系，是香港新世界发展集团主席郑裕彤之孙郑志刚的个人行为，而两人之间则是合作伙伴关系。

而黄健华的合作伙伴名单中，还有大名鼎鼎的火箭队老板亚历山大。这也是让他风光无限的一件事情。

2002 年，亚历山大需向前妻支付高达 1.5 亿美元的巨额费用，黄健华的一位好朋友正好是亚历山大聘请的财务顾问。这位火箭队老板表示，如果黄健华此时投资，应该是个好机会。但由于亚历山大开价 5 亿美元，黄健华认为不划算。但在长达半年的谈判交流中，彼此的信任使得两人成为了生意伙伴。

"我们是平等的合作伙伴。"黄健华这样形容两人的关系，所表达的无非是两人资产相当的意思。

2004 年，黄健华又成为纽约扬基棒球队的合伙人，同时担任扬基队在大中华地区的推广工作。与大多数投资人一样，黄健华把目光投向中国。他看到了中国体育产业的未来。

"NBA 的发展到了一个高度，很难往上走，这些年的发展速度也就在 13％ 左右，但中国体育产业发展的基础低，其发展速度是远大于这个数字的。"黄健华对 CBN 记者说。

"抄底"中国棒球？

2008 年奥运会结束后，棒球运动暂离奥运会。这在黄健华看来，无疑是个进入中国棒球产业最好的"时机"。

现在，黄健华把时间平均分配给了中国香港、美国以及内地，在香港地区和美国主要从事股票、金融业务，而在内地则是推动体育产业的发展。

"得赚钱啊，要么怎么做体育产业。"黄健华表示，体育产业并非立竿见影的投资，需要有耐心，压力并不小，他给了自己 10 年的时间，现在的重点则是棒球在青少年中的推广。

2009 年 7 月 6 日，骑士联盟经过与中国棒球协会长达一年的交流，双方达成 15 年的合作协议，黄健华承诺每年将投入百万美元支持中国青少年棒球的发展。

"双方是优势互补。"国家体育总局一位管理层告诉 CBN 记者。

此次黄健华以"最低价格"取得了中国青少年棒球联盟的经营权、培训等权益。对于所谓"最低价格"的说法，该管理层表示，数字只是相对而言的。

除了棒球，网球、篮球等项目，黄健华都有所考虑。其中，网球的投资目标以及市场调研已进行了半年；2009 年 6 月底，黄健华又与中国篮协新掌门人信兰成有了一次深入交谈，不过，黄健华表示，这只是一次交谈，不可能有实质性的进展。"黄健华打的都是'组合拳'，现在还看不出几个项目间有怎样的联系，但 10 年后，就会发现无论是纵向的资本市场还是横向的体育项目之间，都是用线连接起来的。"黄健华的一位合作者表示。

第二节　大学生的创业成功案例

大学未毕业赚到百万 —— 大四学生王毅、罗凯创业故事

在拱北一座高档写字楼的八层里，有一间超过 40 平方米的办公室。玻璃门上打着公司的名字"鼎圣传媒"。它的老板是两个北师大珠海分校的大四学生。"我的目标是有一天在这个行业里只要有人提起我的名字，大家就知道我是谁"。说这话的人名叫罗凯，他和同学王毅在一年前开办了这家公司，2009 年初资产突破了 100 万。4 月在北师大珠海分校举办的招聘会上，他们以企业负责人的身份去招聘自己的校友。

罗凯和王毅是山东老乡，又是国际传媒设计学院同班同学。他们一个是班长，一个是团支书。两人的家庭条件都不差，但是从大一下学期开始，他们不再想从家里拿钱了。他们首先把目标对准了自己的师弟师妹，向新生卖被子、卖电话卡等生活用品。那段时间他俩跑遍

了北师大和北理工两所学校几乎所有的新生宿舍楼，挨门挨户地推销。凭借着吃苦耐劳和"关系搞得好"，他们每人赚到了几万块，那是他们真正的"第一桶金"。此后，罗凯和王毅开始"分道扬镳"。罗凯在学校开了一间精品店，王毅开始用赚到的5万块钱本金专心炒股。

炒股，从5万到100万

王毅说，炒股那段时间，早上一睁开眼想到的就是股票，每天晚上关上电脑，就一头扎进金融证券类书籍里，边学习边炒股。"头天晚上学到的新技术，第二天早上就能用它来赚钱。"

在股市最火的几年时间里，王毅从5万块到100万。跟着王毅炒的，有室友、同学还有亲戚、老师，他们都在股市里赚到了钱。但是王毅说："炒股不是件好事，股票也不是件好东西。"因为他觉得股票是一个无论你怎么努力研究，也毫无规律可循的东西，"不如有自己的实业，这样比较实在。"于是在中国股市进入熊市之前，王毅带着他的100万全身而退。

是老板也是搬运工

2008年春节过后，王毅和罗凯用炒股和转手精品店赚到的50万资本注册了"珠海鼎圣传媒广告有限公司"。办公室设在拱北，制作工厂设在唐家。写字楼的保安说，他们的公司虽然每天不是最早开门的，但是每天晚上都是最晚关门的。他们既是老板，同时也要做装修、跑业务、搞设计、当会计，甚至当搬运工。

所有的一切都是从无到有的。王毅说外人是理解不了他们那种"面对着一家公司这么大的运作成本，早上起来却不知道自己今天要做什么的压力"。没有客户，就一遍遍地上门拜访。"三十遍五十遍之后，人家如果刚好有个时间看看你做的东西，你就能得到这个机会。"刚开始接到的客户就是同一座写字楼的电子产品生产商，王毅说那一单活儿，他们本来可以收一两千块，但是他们只收了两三百。"我们要做的是长线的生意，刚开始赔一点不算什么。关键是要让人家知道，你做的东西好，可以用。"

慢慢地他们通过各种努力得到一些"大客户"，有知名的酒吧，有房地产开发商，还有澳门、青岛的企业。公司的业务有所扩展，也需要更多的人才。他们首先吸纳的就是七八位自己的同学。前几天在北师大珠海分校举办的招聘会，他们以企业负责人的身份去招聘自己的校友。

大学生导演人生的《青青春不春》
——阳台网创始人杨帆及其校园电影院

"现在的大学生活得太累了，刚上大一就想大四毕业该怎么办。我想告诉他们的是要活得放松一点，调整状态，用一种积极的心态面对每天该做的事，把每天该做的事情做好。这样一段时间下来，可能就会发现自己进步了很多，成功了很多。"杨帆如是说。

在 2008 年底举行的首届珠海大学生创业大赛中，由刚毕业的杨帆和他的伙伴创建的"阳台网"项目一举获得第二名的成绩。但是杨帆说，阳台网只是他的副业，他目前最主要在做的事情，是广东电视台即将在 2009 年 4 月底开播的一档大学生综艺节目《青青春不春》，他是导演兼制作人。用杨帆的话说，"不折腾就不是我的人生"。而在大二的时候，他就因为开创了校园电影院而声名鹊起。

"北漂"一族漂向珠海

"参加创业大赛只是为了宣传。"由于阳台网的运行目前已经上轨道，在珠海大学生中拥有相当大数量的用户，因此也受到了广告商的青睐。而他的第一桶金，早在刚上大学的时候就赚到了。

考上北师大珠海分校艺术传播学院之前，杨帆曾经怀揣考北影梦想做过"北漂"一族。他从小就是有主见的孩子，高一还没读完，他就执意去了北京，参加电影学院的考前辅导班。虽然最终没有考上北京电影学院导演系，但是那里的艺术氛围却深深影响了杨帆。

2004 年初到北师大珠海分校，杨帆觉得很不适应。"在北京一周起码看两场音乐剧、话剧，在珠海什么也看不到。"连一场电影都很难看到令杨帆觉得非常难受。他看到学校图书馆的地下室其实可以改装成放映厅，于是萌生了要把电影院搬进学校的想法。

他的尝试被全国推广

"很多人其实都有很好的想法，但是问题在于到底会不会去把这些想法付诸实践。"杨帆是敢想就敢干的人。他主动联系了文华影城的老板，又去找学校的校办主任落实场地。在一个周末的下午，他带着影城的工作人员考察了图书馆的地下室，正对拓宽珠海市场一筹莫展的影城和杨帆一拍即合。

2005 年秋天的一个周末，北师大珠海分校文华影城放映厅举行了首映典礼，中影公司的老总和北师大珠海分校的领导都来为典礼剪彩。杨帆清楚地记得，第一场电影放的是《七剑下天山》，为了推广他们没有收门票。紧接着的周六正赶上《哈利波特 4》全球同步上映，十元钱的超低票价令大学生趋之若鹜。电影连放三场，场场爆满。

"这种尝试后来被中影公司作为一种校园影院的模式在全国推广，后来还上了《中国电影年报》。"在北师大珠海分校，很多师生都是因为看电影而知道了杨帆的名字。

"我就是个资源整合师"

2007 年 9 月，杨帆和校友丁元一起开发了旨在服务大学生的分众化网站"阳台网"，丁元负责技术开发，杨帆负责市场推广。2008 年 3 月，他们又注册了阳台网络科技有限公司。根据 google 的评估数据，目前阳台网已经拥有近十万的注册用户。

杨帆说，阳台网在珠海受欢迎最主要原因是，他们是真正站在大学生的立场为大学生服务的网站。"比如大家喜欢在淘宝上购物，但是又担心受骗怎么办？我们利用珠海大学园区的整合优势，跟快递公司谈下来了3元快递的超低快递价格。大学园区的学生在阳台网开店，跟同校或者周边学校的学生交易，既安全又省事。"

对于正在制作的大学生节目《青青春不春》，杨帆最得意的地方是它从拍摄制作到演职人员，再到市场推广全部是由大学生完成的。怎么能够把这么多人集中在一起？杨帆说："因为我就是个资源整合师啊！"他还大胆地预言，《青青春不春》开播以后，"春一下"很快会成为大学生中的流行语。至于什么叫"春一下"，杨帆的解释是"充满青春活力地秀一下"。

24岁大学生在校期间创办三家公司赚上千万
——大学生龚世威的创业故事

"不到24岁，没有任何背景，从卖鞭炮、MP3起家，在校期间先后创办了三家公司。"这是2008年5月24日长江商报记者郭婷婷报道的华中科技大学武昌分校大四学生龚世威的创业事迹。5月23日，华中科技大学武昌分校大四学生龚世威自信地说，他所推广的银通卡预计今年销售会超过1亿元，明年将突破3亿，他说，进大学时就给自己定下了奋斗目标是：要成为中国企业500强。

第一桶金：高中时办培训班

穿着衬衫，打着领带，戴着眼镜的他看起来睿智、稳重。昨日，记者见到龚世威时，就感觉到他超乎年龄的成熟，很难想象这位武汉银商有限公司的董事长管理着三家公司的老总还是个不满24岁的在校大学生。

龚世威是湖北黄冈黄梅人，小学五年级时跟随父母来武汉定居。

"高中时，别的同学都爱看武侠小说，我却天天看创富书籍，想着要创业。"龚世威说，2003年，他参加完高考后，就和两个同学找到武汉的一家知名培训学校，成功说服了学校领导答应他们以这所培训学校的名义创办暑期补习班。之后，他又找到另一家培训学校，商议由他负责师资和招生，学校提供宿舍。短短两个月，龚世威就挣得了几千元。

分期付款卖MP3赚了10多万

2003年夏天，龚世威考入华中科技大学武昌分校工程管理专业。

"当年圣诞节的时候，大伙想赚点钱出去玩，就想到在学校卖烟花。"怀揣着向一位广东同学借来的700块钱，龚世威的烟花生意只进行了3天，就赚了3000多元。

"这次尝试成功后，我对自己充满了信心"。龚世威说，2004年他成立了红顶科技公司。

这时，校园里流行起了 MP3，但多数大学生的购买力弱，看的人远远比买的人多。龚世威利用部分厂商年底急着清货回款的心理，找到商家协商，采取分期付款的方式进到 MP3，然后在学校推出分期付款购机业务。

只要是本校的同学，出示相关学生证和身份证，付 40％ 的首期，就可以带一个 MP3 回家。后来，他还在其他学校增开了销售点，经营范围也扩展到手机、电脑等，最后，还推出了"零首付"业务。这一次，他赚了 10 多万。

为毕业生办托运获利 30 万

由于工作太忙，龚世威在大二的时候选择了休学一年。这个时候，他也迎来了创业的第一次大转折——成立自己的物流公司。

龚世威说，2006 年夏天，他发现学校的毕业生离校时，都在贱卖自己的生活、学习用品。一打听才知道是因为托运不便。"当时只有邮政和中铁开通了托运业务，收费比较高，但生意非常好"。

经过市场调查，他发现物流公司利润非常高，市场前景也很好。龚世威高薪从其他物流公司挖来专业人员，了解全部运作流程后，买来一辆货车，注册成立了物流公司。"经过一年运作，公司已经赢利 30 多万元，有全职员工 50 多人"。龚世威骄傲地说。

银通卡：一年销售额突破 3 000 万

2006 年年底，他偶然得知央行一直封闭的预付费卡业务即将逐步放开，于是开始积极争取。2006 年，龚世威成立了自己的第三家公司——武汉银商通科技有限公司，获得与银通卡的合作机会。

在银通卡里存入现金，可以在指定的商场、超市、酒店里刷卡消费，还可以享受一定的折扣。在他的努力下，银通卡迅速在武汉市铺开。目前，银通卡可以在航空、百货、休闲等二十多个行业、三百多个场所刷卡消费。

龚世威说："去年，我们的销售额就突破了 3 000 万大关。今年预计销售会超过 1 亿元。到明年将突破 3 个亿"。

谈到今后的奋斗目标，龚世威说，进大学时，他给自己定下的创业目标是进入中国企业 500 强。"从现在的资产和经营来看，达到这个目标应该没有问题"。龚世威很自信。

创业，让我收获自信——大学生袁荣才的创业故事

"谁说只是心血来潮？一个有梦的人永远不会放弃！"2008 年，西安科技大学硕士毕业生袁荣才选择自主创业时，面对别人的质疑和不解毫不动摇。如今，经过一年多的发展，他创办的西安科创信息技术有限公司已拥有博士、研究生、本专科生共 32 人，公司正走在全

面发展的路上。袁荣才从一个初出茅庐的学生，到大胆创办自己的公司，再到现在拥有几十万的订单，他收获的不仅仅是物质更多的是自信。

"创业的念头是大三那年跟老师出去做课题开始的。"在跟老师做课题期间，袁荣才不但积累了基本的测绘实践技巧，同时也积淀了一定的人脉关系。大学毕业时，他选择在西安科技大学大地测量学与测量工程专业攻读硕士，再继续深造，为自己创业奠定坚实的专业基础。2008年初，袁荣才和他的团队凑了5万元，注册了西安科创信息技术有限公司。这得益于上学时在外面做课题的技术基础和不少圈内人脉关系，很快，公司便拥有了一些客户资源。但是，经营自己的事业并不是外表看起来那么风光，几个年轻人吃了不少苦头。"做数字测绘这项工作比较特殊，一个工程图画好几天都不一定有成果，连夜通宵更是家常便饭。进入冬季，又没暖气没空调，几个人的手都冻伤了。"尽管如此，他们从没想过要放弃，"遇到困难很正常，万事开头难，真诚的鼓励、安慰，让我们更加团结。而且一想到跟我们一起打拼的员工，更没有理由放弃！"袁荣才说。

在几个年轻人的不懈努力下，公司的订单也越来越多，他们认真负责的态度吸引了很多客户，有些客户甚至把一些新项目交给他们做，只留下一句"我信得过你们"。

"现在公司还处于创业初期，最重要的是不断学习，积累经验，培养客户群，树立品牌和形象"。说起公司的发展计划，袁荣才头头是道，"国家针对大学生自主创业出台了不少扶持措施，为大学生创业免去了不少后顾之忧。我们公司有幸成为入驻陕西省大学生自主创业孵化基地的首批企业之一，有了这些帮助，再加上我们大家的努力，我相信公司的明天肯定会更好！"

第三节 创业成功的基本原则

一、拿破仑·希尔十七成功条法则

1. 设定明确的目标

设定目标后制定出中长期计划来，而且还要怀着迫切要求进步的愿望。有了目标，内心的力量才会找到方向，成功才有希望。如果漫无目标的努力或漂荡终归会迷路，而自己心中的那座无价的金矿，也因得不到开采而与平凡的尘土无异。因此，成功是需要完全投入的，只有完全投入到自己所从事的职业中去，才会有成功的一天；只有全身心地热爱自己的生活，才会有成功的一天。

2. 培养积极的心态（PMA黄金定律）

人成功不是指拥有什么（权力、财富），而是做了什么。如果能每天在一点一滴的努力中去实现自己的目标，就可以帮助和影响他人。成功等于每天进步一点点。积极的心态包括诚恳、忠诚、正直、乐观、勇敢、创造、机智、亲切、友善、积极、向善、进取、努力、愉快、自信、自勉和有安全感等。因此成功，是指方方面面取得的成功，其标志在于人的心态，即积极、乐观地面对人生的各种挑战。

3. 多付出一点点

要勇于实践，成功往往也就是因为多比别人多付出一点点，找到了别人未找到的另外一点东西。抓住机会，掌握机会，做个积极主动富有创造力的人，并养成及时行动的好习惯。

4. 正确的思维方法

成功就是正确的思想方法加信念加行动。要想成为思想方法正确的人，必须具备正确顽强坚定的性格和挖掘潜能，并经常进行"我行""我是优秀的""还须再改进"的心理暗示。

5. 高度的自律力

自律是一种最艰难的美德，有自律力才能很好抓住成功的机会。成功的最大敌人是不了解自己，缺乏对自己情绪的有效控制，会把许多稍纵即逝的机会白白浪费掉。如愤怒时不能遏制怒火，使周围的合作者望而却步；消沉时，放纵自己的萎靡。

6. 培养领导才能

一个人的领导能力唯有靠同事和下属的积极支持和有力合作才能取得成功。领导要练习赞美的艺术，对人要公正，管理要合乎人性。每一件事情都要精益求精，每一件事都要研究如何改善，每一件事都要订出更高的标准。并根据每个同事和下属的不同需求和爱好进行认真、有效合理协调和利用，是其全身心的认真工作。并不断改进的人才会成为一个卓越的领导。

7. 展现应有的自信心

一个人能否做成、做好每一件事，首先看他是否有一个良好的心态，以及是否能认真、持续地坚持下去。信心大、心态好，办法才多，才能使自己的自信心积极乐观。所以，信心多一分，成功多十分；投入才能收获，付出才能杰出。永远不要被缺点所迷惑。当然，成功卓越的人只有少数，成功的人在遭受挫折和危机的时候，仍然是顽强、乐观和充满自信，而失败者往往是退却，甚至是甘于退却。我们应该学会自信，成功的程度取决于信念的程度。

8. 培养具有吸引力的个性

对同事和下属的生活、工作用心认真的去关怀；与人交往中求同存异，避免冲突；学会倾听别人的观点；学会夸奖别人；有微笑的魅力；别吝啬自己的同情；要学会认错，学会宽容大度。积极培养和锻炼自己的良好个性。

9. 培养创造力

创造力是最重要的财富，也是进一步发展的基石。创新思维比常规思维更具明显的优势特点：①具有独创性；②机动灵活；③有风险意识。创新思维无论取得什么样的成果，都具有重要的认识论和方法论的意义，因为即便他的不成功结果，也会向人们提供了以后少走弯路的教训。常规性思维虽然看起来"稳妥"，但它的根本缺陷是不能为人们提供新的启示。创新必胜，保守必败。

10. 充满热忱

热忱是一种最重要的力量，有史以来没有任何一件伟大的事业不是因为热忱而成功的。热忱的心态，是做任何事情都必需的条件。热忱是一种积极意识和状态，能够鼓励和激励他人采取行动，而且还具有感染和鼓舞他人的力量。因此，唯有热忱的态度，才是成功推销自己的重要因素。

11. 有效控制注意力

没有专注，就不能应付生活的挑战。干什么都要求专注，专注就是用心，凡事用心终会成功。

12. 激发团队的合作精神

团结就有力量。合作是企业振兴的关键。而企业家的威信又是合作的关键。合作，企业就繁荣；纷争，企业就衰退。合作就有力量，合作是领导才能的基础，合作加速成功。

13. 从逆境和挫败中学习

成功是一连串的奋斗。要敢于屡败屡战，要摒弃消极思想，全力以赴，不消极等待，在吸取教训中改善求进，"成功是经过多次错误甚至大错之后才得到的"，用毅力克服阻碍，做自己的对手，战胜自己，"被自己征服是可耻的！"。

14. 培养个人的进取心

成功是每天 1% 的进步，积极培养自己的进取心，是事业不断发展的有力保障。应学会不为报酬而工作的精神，要有任劳任怨的敬业精神，勤学好问，不耻下问是放之四海而皆准的行为准则。

15. 学会合理安排时间和金钱

时间就是金钱，效率就是生命。要把精力集中在那些回报率大的事情上，别把时间花费在对成功无益的事情上。每天都有一个处理事情的先后顺序及进度，并身体力行，定期检查，杜绝懒惰和拖拖拉拉。要养成储蓄的习惯，经济独立才有真自由。在金钱交往中，无论是公共关系，还是私人关系，应遵守互惠互利的原则，才能健康的长久发展。成功者要有赚钱的素质。

16. 保持良好的身心健康

要有健康的身体，因为健全的心灵和健康的身体，是成功的基本保证。一切成就，一切财富都始于健康的身心。要坚持锻炼身体，要经常地给自己充电，积极的心态要求有良好的能量水平。要能够使自己健康长寿，成功地运用积极心态，身体就会越来越健康。

17. 学会运用普遍规律的力量

认识规律、把握规律、遵循和运用规律，是事业成功的关键，有效的利用规律往往可以起到事半功倍的效果。但是，规律是可以被人们认识和运用的，但它不能被人们所改变和创造。

二、大学生创业成功的基本法则

成功创业要面对残酷的挫折和挑战，要承受超强的竞争压力，因此，大学生创业要遵循以下基本法则：

(1) 要有积极的创业心态。

(2) 首次创业投资不宜过大。

(3) 创业就要做好亏钱或是赢钱的准备。

(4) 要学习世界首富的思考模式才可实现倍增的业绩。

(5) 要有超前的创业眼光。

(6) 要知道不是所有的行业都是一样赚钱。

(7) 要有正确独特的思维。

(8) 一定要先对自己所从事的行业有所评估。

(9) 积极掌握发展趋势比掌握资讯更重要。

(10) 市场需求大和市场大是量大的前提。

(11) 设法找到一流的人才，一流的人才是无价之宝。

(12) 找最优秀的人为自己工作才能马上成功。

(13) 最大限度的使用经过训练的业务员。

(14) 要以身作则，每天亲临工作第一线。

(15) 选择竞争对手少的行业意味着不战而胜

第十二章　知识产权与创造成果保护

> 知识就是力量。（培根）
> 专利制度就是给天才之火浇上利益之油。（林肯）

第一节　知识产权的概念和特征

一、知识产权的概念

知识产权（Intellectual Property）是法律赋予人们对其在科学技术和文学艺术等领域内创造性智力成果所享有的权利，是一项重要的民事权利。知识产权包括版权（又称著作权）和工业产权两部分。

工业产权（Industrial Property）亦称"工业所有权"，它包括专利、商标和商业秘密等。《保护工业产权巴黎公约》确定的工业产权的保护对象包括：专利权、商标权、厂商名称、产地标记或原产地名称，以及制止不正当竞争行为。它们均属于以物质消费为目的的知识产品。其中，专利权和商标权是工业产权传统和最主要的组成部分。所以，传统知识产权主要包含专利权、商标权与版权。

版权（Copyright）是广义的，它包括版权与邻接权。其权利保护的对象主要包括文学、艺术和科学作品；演出、录音、录像和广播制品；计算机软件等。它们均属于以精神消费为目的的知识产品。版权亦称著作权，是指作者对其创作的文学、艺术和科学技术作品所享有的专有权利。它包括发表权、署名权、修改权、保护作品完整权、获得报酬的权利。邻接权实质上是指作品传播者在传播作品时所享有的权利，因为他和著作权紧密相连，所以世界上大多数国家称之为"邻接权"。它主要包括表演者的权利、广播电视组织者的权利、录音录像制作者的权利。

二、知识产权的特征

知识产权作为一种特殊的民事权利，相对于一般的财产所有权，具有自己的特征，颜祥林等在《知识产权保护原理与策略》一书中认为它包括专有性、地域性、时间性、无形性和可复制性。

1. 专有性

专有性亦称排他性或独占性，是指知识产权所有人对自己的智力成果享有的专有权利。除法律另有规定外，只有专利权人才能行使或者经其许可才能行使知识产权中的各项权利，而且在行使过程中受到法律的保护，别人不能出于商业目的擅自行使所有人的专有权利。例如，版权是依据版权法授予版权人在一定期间内的专有权，未经版权人的许可，任何单位或个人均不得以营利为目的而复制其作品。又如未经注册商标所有人的许可，不得在相同商品或者类似商品上使用与其注册商标相同或者近似的商标。再如未经专利权人的许可，任何单位或个人均不得实施其专利，否则就构成了专利权侵权行为，应承担相应的法律责任。

2. 地域性

知识产权的地域性是指任何国家的知识产权法只在该国领土上发生效力，对其他国家则不发生效力。一般说来，享有所有权的有形物品，无论持有人将它带到哪个国家都受到物之所在地国法律保护。例如，公民或单位的动产如衣物、首饰或电器等物品不会因进入他国或地区而丧失其财产的所有权。知识产权则不同，在另一国家或地区是否受到保护还需由所在国法律或国际条约予以规定。但是某人或单位只向某国专利行政部门申请的一项发明创造被授予了专利权，它只能在该国境内受到该国专利法的保护，在其他国家或地区均不会受到相关专利法的保护，这些国家或地区内的任何人或单位均可以无偿实施该发明创造。

3. 时间性

知识产权是有期限性的权利。法律在保护知识产权的同时，也在保护期限方面给予一定限制。一项知识产权在法律规定的保护期限届满后，该成果从此进入公有领域（除非该权利的保护期可以依法延续），成为社会公共财富的一部分，专有权利也就随之灭失，任何人均可无偿使用该项权利所指向的智力成果。

4. 无形性

知识产权的客体均是创造性智力劳动的产品，它们不具有一定的物质形态，因此知识产权是一种无形财产权。正因为无形性的特点，才使得其与一切有形财产享有的权利区分开来。与作为有形财产所有权客体的生产资料和生活资料不同，知识产权的客体不能直接用数量与货币计算价值。如一项专利权，作为无形财产，所有人在行使权利转让它时，标的可能是制造某种专利产品的制造权，也可能是销售某种专利产品的销售权，却不是专利产品本身。正由于知识产权的客体是无形物，常常在其所有人主张权利的诉讼中才表现出自己是权利人。这就使知识产权权利人之外的使用者，因不慎而侵权的可能性大大增加，也给知识产权保护过程中的侵权认定以及知识产权贸易带来了比有形财产复杂得多的问题；同样也给知识产权、知识产权法及知识产权法学的研究，带来了许多极其复杂的问题。

5. 可复制性

知识产权之所以成为某种财产权，是因为这些权利被利用后，能够体现在一定的产品、作品或其他物品的复制活动上。也就是说，这种权利的客体一般可由一定的有形物去复制。

如专利权人拥有的专利必须能够体现在可复制的产品上，商标权人拥有的商标必须能够复制在相关的商品或商标标识上，著作权人的作品必须表现在可复制的图书或音像制品上，这样才能体现出专利权、商标权或者著作权等。正因为如此，可复制性把知识产权与一般的科学、理论相区别。

第二节 专利及其保护

一、专利制度和技术商品化

1. 专利制度

专利制度是依照专利法授予发明创造以专利权的方式来保护，鼓励发明创造，促使发明创造的推广应用，推动科学技术进步和经济发展的一种法律制度。它是人类社会科技和经济发展到一定阶段的产物，是随着商品经济的发展而产生和发展起来的。17世纪以后，尤其是现代化大生产的出现，商品经济迅速发展，使先进的科学技术在社会生产中的作用日益重要，新技术成为一种最有效的竞争手段。一方面，新技术的拥有者要求以法律手段保护自己的新技术，另一方面，社会又需要新技术的拥有者尽快向社会公开其新技术，避免重复研究开发，促进科学技术的发展，使新技术更广泛地应用于社会生产，促进社会经济发展。于是，专利制度便应运而生并且在世界范围内广泛发展起来。专利制度的基本内容就是发明人将其完成的发明依法向社会公开，社会给予发明人对该项发明享有一定时期的独占权。它包括专利、专利权和专利法。

专利原意是指国王亲自签署的带有玉玺玉印的各种独占权利证书。现代所讲的专利有三方面的含义：一是指法律授予的专利权；二是指受到专利法保护的发明创造；三是指刊载专利信息技术的专利文献。人们习惯上称谓的专利主要是指专利权。

专利权是指按照专利法的规定，由国家专利机关授予发明人、设计人或其所在单位，在一定期限内实施其发明创造的专有权。专利权不是伴随着发明创造的完成就自动产生，而是需要申请人按照专利法规定的程序和手续向国家专利机关提出书面申请，经审查合格，才能获得。另外，任何人要实施专利，除法律另有规定的以外，必须得到专利权人的许可，并按双方协议支付使用费，否则就是侵权。像其他知识产权一样，专利权具有时间性和地域性限制。专利权只在一定期限内有效，期限届满后专利权就不再存在，它所保护的发明创造就成为全社会的共同财富，任何人都可以自由利用。专利权的有效期是由专利法规定的。我国专利法规定，自申请日起，发明专利的有效期为20年，实用新型和外观设计专利的有效期均为10年。专利权的地域性限制是指一个国家授予的专利权只在授予国本国有效，对其他国家没有任何法律约束力。每个国家所授予的专利权，其效力是互相独立的。

专利法是专利制度赖以生存的基础，它是由国家制定的，调整发明创造者、发明所有人和发明创造使用者之间对发明的所有和使用行为关系的法律规范总称。

专利制度的作用主要有以下几方面：一是有效地保护发明创造，发明人把其发明申请专利，国家专利机关依法将发明创造向社会公开，授予专利权，给予发明人在一定期限内对其发明创造享有独占权，把发明创造作为一种财产权予以法律保护；二是可以鼓励公民、法人搞发明创造的积极性，充分发挥全民族的聪明才智，促进国家科学技术的迅速发展；三是有利于发明创造的推广应用，促进先进的科学技术尽快地转化为生产力，促进国民经济的发展；四是促进发明技术向全社会的公开与传播，避免对相同技术的重复研究开发，有利于促进科学技术的不断发展。

2. 专利制度与技术商品化

国外几百年专利制度的历史和国内十几年专利制度的实践表明，专利制度是维护市场经济公平有序竞争、推动和保护技术创新的长期稳定的强有力的基本法律制度和有效机制。专利制度作为技术商品化保驾护航，其作用主要表现在以下几方面：

（1）激励发明创造。无论是一个企业，还是一个国家，只有具备一定的技术创新能力，才能在激烈的市场竞争中争得一席之地，否则就难以生存。纵观我国一些陷入困境的企业，一个很重要的原因就是技术创新能力低，推不出有市场竞争能力的产品。进行新技术的发明创造，是技术创新的首要环节，其中激励人们发明创造的积极性，对推动技术创新起至关重要的作用。专利制度通过给发明创造者以发明创造专利权这种排他独占权，专利权人就可以占领市场，从而得到丰厚的回报。

在市场经济条件下，能独家占有一方市场，就是对发明人莫大的激励。发明人取得具有排他独占的专利权后，不仅能收回研究开发产品时付出的投入，而且还能取得比其投入大得多的回报，从而继续新的发明创造。有了这一保障，才能持续激发起人们搞发明创造的热情，调动起人们发明创造的积极性，使技术创新活动走向良性循环。

（2）有效配置技术创新资源。技术创新资源包括用于研究与开发的资金、人力和设备。我国每万人中科学家和工程师的比重和拥有的专利数，均低于或相当于发展中国家平均水平。据报载，我国一年用于研究与开发新产品的费用，总共也只有300多亿人民币，只有美国的1/40，相当于美国几所著名大学一年对研究开发的投入数。

资料显示，曾有投巨资研制开发的产品，当产品鉴定会前进行专利文献检索时，才发现国外在几年前甚至十几年前已有了相同专利产品。这种重复研究开发的科技资源浪费的事例屡见不鲜。我国的科技投入本来就不足，科技资源相对贫乏，再加上长期以来的这种低水平的重复研究开发，严重制约了我国科技的发展，科技的产出效果极差。专利制度在有效配置科技资源，提高研究开发起点和水平，避免人力、财力、物力的浪费，增加科技的产出投入比中具有重要桥梁的作用。

世界上许多大公司、大企业在新技术、新产品的开发全过程中，毫无例外地都注意充分利用专利文献。在研究开发工作中，预先进行专利文献检索，就可以做到知己知彼，在最新最高的起点上确立科研课题，站在巨人的肩上往上攀登，避免重复研究开发和科技资源的浪费。

（3）促使新技术商品化和产业化。专利制度是市场经济的产物，其规则是按市场经济规则和市场机制运作的，自其诞生之日起，就把保护和鼓励技术发明的商品化和产业化作为根本出发点。按照专利法的规定，对发明人的奖励和回报，重点不是在技术发明完成后，而是移至技术发明产业化以后，从其创造的效益中提取。这是专利制度区别于现行科技奖励政策的一大特点。新技术的商品化和产业化，是技术创新活动的一个关键环节，也是技术创新的根本目的。专利制度的这一作用在极大程度上促使技术创新活动形成了良性循环。

（4）保护技术创新成果，开拓新的市场。在世界经济全球化的今天，仅仅研制出了高新技术成果还不足以拥有市场竞争优势，只有取得专利保护之后才能最终形成自己的独特的市场竞争优势。这就是世界上一些经济强国、科技大国，同时又是专利大国强国的缘由。如日本每年发明专利申请量达 40 多万件，美国达 20 多万件，德国达 15 万多件。一个国家是这样，一个企业也是如此。

IBM、杜邦、日立、飞利浦等大公司，目前拥有有效专利数万件，每年的发明专利申请就有上千件，有的高达 1 万多件，如此多的有效专利成了他们雄霸国际市场极其重要的资本。

国内外名声显赫的青岛海尔集团，从 20 世纪 80 年代就开始抓专利工作，成功地将专利与企业经营战略紧密结合在一起，在海尔，没有专利申请，新技术研发工作就没有结束，专利申请与研发技术成果是一一对应的，每一项技术创新方案都会去申请一项专利，即实行 100％的专利申请率。通过每一项专利申请的积累，构成对新产品技术创新的全方位法律保护。截至 2008 年，海尔累计申请专利 8795 项。例如，海尔集团 1996 年推出的 "小神童"省水节能的微型洗衣机，夏天即便是一件衬衣，也可以用该洗衣机及时洗净。为了有效保护这一新技术，在产品上市之前，海尔集团一次申请专利 12 项，从外观设计到内部结构，所有的新技术均申请了专利。"小神童"洗衣机至今已推出第九代产品，每一代产品都形成了全面专利保护，共获国家专利 20 余项，形成了核心专利加外围专利的完整保护梯度，有力的保护了市场。

二、专利的保护

一项新的发明创造只有申请专利，取得专利权才能受到法律保护。

我国专利法保护发明、实用新型和外观设计三种发明创造。发明是指对产品、方法或者其改进所提出的新的技术方案（该方案可以是产品发明，也可以是方法发明）；实用新型是指产品的形状，构造或者其结合所提出的适于实用的新的技术方案（必须是产品）；外观设计是指对产品的形状、图案、色彩或者其结合所做出的富有美感并适于工业上应用的新设计（新设计可以是线条、图案或色彩的平面设计，也可以是产品的立体造型）。

其中，发明和实用新型专利只保护技术领域的发明创造，即只保护技术方案，对于纯粹的科学理论、教学方法、计算机方法、人为的规则等都不能申请专利。专利法规定：发明专利可以分为产品发明专利和方法发明专利两大类。产品类是指一切以物质形式出现的发明，例如机器、仪表、工具及其零部件的发明，新材料、新物质的发明。方法类是指一切以程序和过程形式出现的发明，例如产品的制造加工工艺、材料的测试、化验方法、产品的使用方法的发明。实用新型专利不保护方法发明，它的保护对象只限于产品发明中的一部分，即具有一定形状或结构的产品。外观设计保护的是产品的外形特征。这种外形特征必须通过具体的产品来体现，并且可以用工业的方法生产和复制具有这种外形特征的产品。这种外形的特征可以是产品的主体造形，也可以是产品的表面图案，或者是两者的结合，但不能是一种脱离具体产品的图案或图形设计。

我国专利法还规定对下列各项不授予发明和实用新型专利权。

（1）科学发现。例如对自然现象、社会现象及其规律的新发现、新认识以及纯粹的科学理论和数学方法。

（2）智力活动的规则和方法。例如对人和动物进行教育、训练的方法；进行组织生产、经商和游戏的方案、规则；单纯的计算机程序。

（3）疾病的诊断和治疗方法。

（4）用原子核变换方法获得的物质。

另外，中国专利局第 27 号公告中还规定有如下八类发明创造不授予实用新型专利权：

（1）各种方法、产品的用途。

（2）无确定形状的产品，如气态、液态、粉末状、颗粒状的物质或材料。

（3）单纯材料替换的产品，以及用不同工艺生产的同样形状、构造的产品。

（4）不可移动的建筑物。

（5）仅以平面图案设计为特征的产品，如棋、牌等。

（6）由两台或两台以上的仪器或设备组成的系统，如电话网络系统、上下水系统、采暖系统、楼房通风空调系统、数据处理系统、轧钢机、连铸机等。

（7）单纯的线路，如纯电路、电路方框图、气压线路图、液压线路图、逻辑方框图、工作流程图、平面配置以及实质上仅具有电功能的基本电子电路产品如放大器、触发器等。

（8）直接作用于人体的电、磁、光、声、放射或其结合的医疗器具。

对外观设计专利虽然专利法并未明确列出不授予专利权的项目，但对无法用工业方法生产和复制的产品。例如，纯粹的美术作品，直接利用自然物的外形构成的制品，与具体地形相结合的固定建筑物，不能授予外观设计专利权。此外对近代人物的肖像、国旗、国徽、注册商标和服务标志等因涉及其他权利，也不能授予外观设计专利权；文字、字母、数字本身，因不属于图案，产品的微观图案和形状，因无法用肉眼看到所以也不能受到外观设计专利权的保护。

此外，违反国家法律、社会公德或妨碍公共利益的发明创造（例如：吸毒用具，破坏防盗门的方法和工具），伤害良风习俗的外观设计，以及违反科学原理的所谓发明（例如：永动机）等都不能给予专利保护。

三、发明创造授予专利权的条件

授予专利权的发明创造应当具备的条件包括形式条件和实质性条件两个方面。形式条件是指应当以专利法及其实施细则规定的格式，书面记载在专利申请文件上，并依据法定程序履行各种必要的手续。实质性条件是指授予专利权的发明和实用新型应当具备以下条件：

（1）新颖性。具有新颖性的发明创造，应符合以下三方面的条件：

1）在申请日前，没有同样的发明创造在国内外出版物上公开发表过。这里的出版物，不但包括书籍、报刊、杂志等纸件，也包括录音带、录像带及唱片等音、影件。

2）在国内没有公开使用过，或者以其他方式为公众所知。所谓公开使用过，是指以商品形式销售、或用技术交流等方式进行传播、应用乃至通过电视和广播为公众所知。

3）在该申请提交日以前，没有同样的发明或实用新型由他人向专利局提出过申请，并且记载在以后公布的专利申请文件中。

（2）创造性。创造性是指申请专利的发明创造同日前的现有技术相比，发明要具有突出的实质性特点和显著进步，实用新型要有实质性特点和进步。

（3）实用性。实用性是指该发明创造能够在工农业及其他行业的生产中批量制造，或能够在产业上或生活中应用，并能产生积极的效果，增加经济效益。

我国专利法规定，授予专利权的外观设计，应当同申请日以前在国内外出版物上公开发表过或者国内公开使用过的外观设计不相同或者不相近似。

第三节　专利的申请

一、申请专利的一般原则

（1）请求原则：必须有人提出专利申请，专利局方能受理。

（2）书面原则：提交的各种手续，应以书面的形式办理；申请文件必须参照专利局规定的统一格式的表格，并由申请人签字或盖章。

（3）先申请原则：两个以上的申请人分别就同样的发明创造申请专利的，专利权授予最先申请人。

（4）优先权原则：指申请人自发明或实用新型在中国第一次提出专利申请之日起12个月内（但没授予专利权），又向专利局就相同的主题提出专利申请的，可享有优先权。第一次提出申请的日期为判断新颖性的时间标准，第一次提出申请的日期，称为优先权日。

（5）单一性原则：不允许将两项不同的发明或实用新型放在同一件专利申请中，也不允许将一种产品的两项外观设计或者两种以上产品的外观设计放在一件专利申请中提出。但下列情况可以放在一件专利申请中提出：① 一种产品及制造该产品的方法；② 一种产品及制造该产品的模具；③ 两种必须相互配套才能使用的产品；④ 属于总的技术构思下的几项技术上关联的产品或一种产品有不同的几个实施方案。

二、申请专利需要递交的文件

（1）申请发明专利所需文件：发明专利请求书；说明书；权利要求书；说明书摘要；有附图的可同时提交说明书附图和摘要附图。以上文件要求一式两份。要求减缓各种专利费用的可同时提交费用减缓请求书两份。

（2）申请实用新型专利所需文件：实用新型专利请求书；说明书；权利要求书；说明书摘要；说明书附图；摘要附图。以上文件要求一式两份。要求减缓各种专利费用的可同时提交费用减缓请求书两份。

（3）申请外观设计专利所需文件：外观设计专利请求书一式两份；外观设计图或照片一式两份；要求保护色彩的应提交彩色和黑白的图或照片各两份；外观设计简要说明一式两份；要求减缓各种专利费用的可同时提交费用减缓请求书两份。

以上文件必须是打印文字（采用 4、小 4 或 5 号字的宋体、仿宋体打字或印刷，字迹为黑色，一定要清晰；纸张为 A4 的打印纸或复印纸；文章版心位置：距纸张的上边和左边留有 2.5 cm（厘米）的边距，距右边和下边留有 1.5 cm 的边距），并且一律采用专利局规定的统一表格格式。

申请文件的各部分应按以下顺序排列：请求书，说明书摘要，摘要附图，权利要求书，说明书，说明书附图及其他文件。外观设计应按请求书、图片或照片、简要说明、其他文件排列。

三、专利申请文件的撰写

1. 各项申请文件的撰写

（1）请求书的撰写。按照表格的内容及提示填写。

（2）说明书的撰写。按照发明或实用新型名称、所属技术领域、背景技术、发明创造的目的、技术方案、有益效果、结合附图做进一步说明、具体实施方式这些步骤逐一进行论述。

（3）权利要求书的撰写。应以说明书为依据，分独立权利要求和从属权利要求。当有多项权利要求时，应以阿拉伯数字按顺序编号。一般情况下第一项权利要求即为独立权利要求，余下项为从属权利要求。须要对独立权利要求中的技术特征做进一步限定的，即为从属权利要求。

独立权利要求通常分前序部分和特征部分。① 前序部分：写明要求保护的主题名称以及与现有技术共有的必要技术特征;② 特征部分：使用"其特征是……"或类似的用语，写明区别于现有技术的独到技术特征。前序部分与特征部分一起，构成了该专利申请要求保护的范围。

从属权利要求的撰写包括引用部分和限定部分。① 引用部分：写明引用的权利要求的编号及其主题名称;② 限定部分：写明要求保护的附加技术特征。

(4) 说明书附图的绘制。实用新型专利必须要有附图。发明专利一般也要有附图，但如果仅用文字就足以清楚、完整地描述技术方案的，可以没有附图。

附图可以采用多种形式：① 对于机械领域的发明创造可以采用各种视图反映产品的形状和结构。② 对于电器领域的发明创造可以是电路图、框图、示意图。③ 对于化学领域的发明创造可以用化学结构式作为附图。④ 对于方法发明，附图可以是表示该方法各个步骤的工艺流程图。

附图的要求：① 附图应当符合机械制图国家标准，即应当使用绘图工具（或电脑绘图），用黑色墨水绘制，线条均匀清晰，图面不着色，图周围不加框线，不要使用铅笔圆珠笔绘制，但附图不用标注比例和尺寸数据。② 附图的大小和清晰度，应当保证图缩小到 $4\ cm \times 6\ cm$ 时，仍能清晰地分辨出图中的各个细节，并符合照相制版的要求。③ 同一专利申请的几幅附图，可以绘制在同一张专用格式的纸上，并用阿拉伯数字按顺序编号，用"图××"的形式来表示。④ 同一专利申请有多页附图的，应用阿拉伯数字连续编写页码。⑤ 同一专利申请中使用的附图标记必须前后一致，在说明书中未提及的标记不得在附图中出现。⑥ 附图中除必要的词语外，不应当含有其他注释。

(5) 说明书摘要的撰写：① 摘要应当写明发明或者实用新型所属的技术领域内须要解决的技术问题、主要技术特征和用途。对申请实用新型的产品应写出其形状、构造或者其结合的特征。② 摘要不应加标题，可以连续书写。③ 摘要可以包括数学式或反应式。对于化学领域的发明，摘要可以包括申请的化学式中最能说明发明特点的一个化学式。④ 摘要不用分段，全文不得超过 200 字。

(6) 摘要附图的绘制。对于说明书中有附图的，应单独提交一幅从说明书附图中选出的、最能说明技术特征的一个附图，作为摘要附图。该附图的大小和清晰度应保证在该图缩小到 $4\ cm \times 6\ cm$ 时，仍能清晰地分辨出图中的各个细节。

2. 外观设计专利申请文件的撰写

(1) 外观设计图或照片。外观设计图或照片应是每件产品的不同侧面或者状态的图或照片，一般应有六面视图（主视图、仰视图、左视图、右视图、俯视图、后视图），必要时还应有剖视图、剖面图、使用状态参考图和立体图。注意事项如下：① 图的大小不得小于 3 cm×8 cm，也不得大于 145 cm×22 cm，图的清晰度应保证在该图缩小到原图的 2/3 时，仍能清晰地分辨出图中的各个细节。② 绘图用黑色墨水和绘图工具，线条均匀清晰，不得使用铅笔、圆珠笔、钢笔绘制，线条均匀、清晰、连续、适合复印要求。③ 图形一般应当垂直布置，并按设计尺寸的比例绘制。须要横向布置时，图形上部应当朝向图纸左边。④ 图中一律不画中心线、尺寸线、阴影线，一般不出现虚线或标记线。图形中不得有文字、商标、服务标志、质量标志以及近代人物的肖像。艺术化文字可以视为图案。⑤ 几幅视图最好画在一页图纸上，若画不下，可以是多张图纸，但应按顺序编上页码。各向视图和其他各种类的图，都应按投影关系绘制，并注明视图名称。⑥ 绘制彩色图片的纸张，应用较厚的绘图纸绘制后粘贴到标准格式的"外观设计图或照片"的文件纸上。⑦ 照片的尺寸应与图的要求相同。⑧ 照片不得折叠，并按视图关系粘贴在"外观设计图或照片"的文件纸上，左侧和顶部最少留2.5 cm，右侧和底部最少留 1.5 cm。

（2）外观设计简要说明。简要说明是对外观设计图或照片进行的简要解释和补充。其中不得有商业性宣传性用语，也不能用来说明产品的用途和性能。简要说明应简明扼要，通俗易懂。凡属下列情况者应当有简要说明：① 省略视图：外观设计产品左右、上下、前后对称时，可以各省略一幅视图，但要用语言说明，例如"左视图和右视图对称（相同），省略右视图。"此外，产品不属于创作部位的方向，也可以省略视图，例如"产品底部不属于创作部位，省略仰视图。"② 突出主要创作部位在外观设计较为复杂，对已有设计部分、创新部分不易被人注意的情况下，可以写明主要创作或设计要点，以加强专利保护。例如台灯的外观设计，其创新点只涉及灯罩，其他部分是已有设计，应予以说明。③ 补充图或照片中难以表达的内容。如果产品外表或部分外表是用透明材料制成而在图中无法表达"透明"，可以在图片或照片透明部分引出标记线，注上 A，B 等，并在简要说明中 A，B 等处为透明部位。④ 图或照片只表示产品局部时，较长的产品，如器材、工字钢等，可画一段长度，在简要说明中说明产品全长及长宽比例。有些纺织物，如地毯，上下左右都可省略，只须画出局部花样与纹路，但在简要说明中应说明其长、宽尺寸。⑤ 外观设计产品的效果与制造的特殊材料有关时，简要说明中应注明材料。⑥ 对须要保护色彩的外观设计产品，除了提供色彩及黑色图或照片各两套外，还应在简要说明中说明，本产品应保护的色彩。⑦ 新开发的产品，特别在外观设计分类表中尚没有的，要在简要说明中写明产品的使用方法和目的，以明确保护类别和专利局补充分类表。

3. 各种费用的交纳

各种费用可在规定的时间内，直接向专利局当场交纳（直接向专利局递交申请文件的，可当时交纳申请费）；也可在规定的时间内通过邮局汇款交纳。通过邮局递交申请文件的，约过 1 个月左右，在接到专利局下发的"受理通知书"后，交纳申请费，交费期限自申请日起 2 个月之内。必须注意的是，该期限决不是自"受理通知书"发文之日起 2 个月。

还没有授予专利权的专利申请，所在年度无须交纳年费。在接到"办理登记手续通知"，自发文之日起，2 个月之内，交纳包括某年度年费在内的各种费用。这里所说的某年度，必须是"通知"中规定的年度（自申请日算起）。有时该年度的年份，不一定就是接到"通知"时，当时所在的年份。例如"通知"上说的某年度自申请日算起是指 1998 年所在的年度（比如是第二年度），而此时接到"通知"时所在的年度是 1999 年，因此在你交了 1998 年所在年度的年费后，千万不要忘记着手主动交纳 1999 年所在年度（比如是第三年度）的年费，过期漏交，专利局会通知申请人补交，并罚交滞纳金。

一件专利申请的权利要求（包括独立权利要求和附属权利要求）数量超过 10 项的，从第 11 项权利要求起，每项权利要求增收附加费 30 元。一件专利申请的说明书页数（包括附页页数）超过 30 页的，从第 31 页起，每页增收附加费 25 元；超过 300 页的，从第 301 页起，每页增收附加费 50 元。

发明专利申请，自申请之日算起两年内没有被授予专利权，应从第三年开始，每年主动交纳申请维持费。第一次交纳申请维持费应在第三年度开始的第一个月内交纳，以后各年度应在上一年度期满前 1 个月内交纳申请维持费。

通过邮局交纳各种费用时，必须在汇款单的附言栏中写明申请人姓名、专利号或专利申请号、发明创造名称、所交的费用名称（项目必须列全）、各项金额。如果出现漏写、错写或金额不足，均视为未办理缴费手续。

四、专利申请文件的递交

（1）专利申请文件的递交的方式。专利申请文件可直接向专利局递交，也可通过邮局以挂号方式邮寄。申请文件一般不允许折叠，应使用能装下 A4 纸的信封以挂号方式邮寄，最好的方式是通过邮局采用"特快专递"的方式邮寄。专利申请文件递交或通过邮局挂号邮寄到中国专利局专利受理处。专利费用直接递交或通过邮局邮寄到中国专利局费用管理处。

中国知识产权国家专利局地址如下：

北京市海淀区蓟门桥西土城路 6 号（邮编 100088）

（2）申请费及其他费用的减缓。在递交专利申请文件的同时，可以将"费用减缓请求书"一起交上。费用减缓请求书中应写明减缓理由。个人申请减缓的，须写上年收入情况；两个人共同申请的应写明每个人的年收入情况。写明要求减缓的各种费用种类。可减缓的费用包括五个种类：申请费、审查费、维持费、复审费、以及专利批准后前三年的年费。以上 5 种费用可以同时提出减缓。

（3）可能递交的后续文件，主要有下列几种：

1）补正书。申请人在递交专利申请文件之日起 3 个月内（指实用新型和外观设计），可主动对申请文件中的错误进行补正，例如错别字、标点、附图标记、不正确的专业术语、文件撰写上的格式错误、申请人没有签名或盖章等，但不能超过说明书中的技术方案和实施例中记载的范围。

发明专利申请可在申请人提出实质审查请求的同时，主动对申请文件进行补正。

应专利局审查员的要求，对不符合要求的地方在规定的期限内进行补正，往复三次补正仍不合格，专利局将驳回专利申请。

各种形式的补正都要首先填写补正书（打字稿）一式两份，并提交补正后文件的替换页一式两份。

2）要求提前公开声明。对于发明专利申请，根据专利法第三十四条的规定，申请人可随时提出请求，要求早日公开其申请（提交要求提前公开声明一式两份），这样可以加快审批程序，申请公布满 18 个月，即可开始进行实质审查。但这必须是在申请人提交实质审查请求书、已有技术的参考资料并交纳实质审查费的前提下方能进行。

3）实质审查请求书。对于发明专利申请，根据专利法第三十五条的规定，申请人必须自申请日起三年内提供实质审查请求（打字稿）一式两份、提交已有技术的参考资料并交纳实质审查费，申请人无正当理由不提出实质审查请求的，该申请即被视为撤回。

4）意见陈述书。当专利局对专利申请作出驳回决定后，申请人有权陈述自己的不同意见，但应以提交意见陈述书（打字稿）一式两份的方式进行，理由要充分。

5）恢复权利请求书。如果申请人有充分的理由，例如有病住院、不可抗拒的自然灾害，没有在规定的期限内答复审查员的通知、补正意见、交纳申请费等使专利申请被驳回时，申请人应提交恢复权利请求书（打字稿）一式两份，补办相关手续并提供证明如住院诊断等，并交纳恢复权利请求费。

6）复审请求书。专利局设有专利复审委员会。专利申请人凡对专利局驳回、撤销或维持决定不服的，可以自收到通知之日起 3 个月内，向专利局复审委员会请求复审，提交复审请求书一式两份，并交纳复审费，专利复审委员会复审后，将结果通知提请人，如提请人仍有不服复审结果的，可自收到通知之日起 3 个月内，向人民法院起诉。

五、申请专利的最佳步骤

1. 委托专利事务所的专利代理人

申请专利是一种法律程序，申请专利的发明人要想快而稳妥地获得专利权，取得法律上的保护，可委托专利事务所的专利代理人为你提供法律和技术上的帮助。专利代理人是指获得了专利代理人资格，持有专利代理人工作证并在专利代理机构专职或兼职从事专利代理工作的人员。专利代理人受专利代理机构指派从事以下业务：

（1）为申请专利提供咨询。

（2）代理撰写专利申请文件、申请专利以及办理审批程序中的各种手续以及批准后的事务。

（3）代理专利申请的复审、专利权的撤销或者无效宣告中的各项事务，或为上述程序提供咨询。

（4）办理专利技术转让的有关事宜，或为其提供咨询。

（5）其他有关专利事务。

发明人一旦与专利代理人建立委托代理关系，专利代理人便是其技术顾问和专利律师。发明人与专利代理人建立代理委托关系后，应按照代理人的要求提供撰写专利文件所必须的详细技术资料。详细技术资料包括发明创造的目的、新旧技术对比、主要技术特征及实施发明创造目的的具体方案，以及能说明发明创造目的的图纸等。

如发明人不会制图或不能提供必须的详细技术资料，可直接向专利代理人口述，专利代理人可根据发明人的发明意图为其完成专利申请的全过程，直到获得专利权。

2. 怎样委托专利代理机构办理专利事务

委托专利代理机构办理专利事务，首先应填写书面委托书，以确定委托事项和委托权限。须要注意的是，从"专利代理条例"规定的专利代理业务范围很广，不仅仅是专利申请、请求撤销和无效宣告，还包括文献检索、专利许可、专利权转让、专利纠纷和专利诉讼代理等。所以委托人应明确填写委托事项，而不能以"全权委托"来模糊地概括委托事项和权限，否则，常会出现委托双方对委托事项的误解而使双方受损，特别会给申请人的利益造成无法挽救的损失，例如专利申请视为撤回、专利权视为放弃等后果。除正确填写好专利代理委托书外，申请人还应要求准备好拟申请项目的技术交底书或其他有关资料，交纳代理费，专利代理机构接受委托后委派在机构任职的专利代理人执行专利代理职务。

六、如何申请国外专利

1. 申请国外专利的程序

（1）必须首先同时在中国申请专利。

（2）委托有涉外代理权的代理机构代理。

（3）提供相关资料。

2. 申请外国专利的途径选择

申请外国专利有两种途径：

（1）通过巴黎公约途径直接申请国外专利。中国是巴黎公约组织成员国，对于中国申请人，在中国申请专利后，可以利用巴黎公约规定的可享受在先申请的申请日的优先权原则，对于发明和实用新型申请在 12 个月内，对于外观设计申请在 6 个月内，直接向国外申请专利。

在超过优先权期限之后，如果原申请尚未公开，仍可申请国外专利，但此时不再享有优先权。

（2）通过 PCT 途径申请国外专利。中国于 1994 年 1 月 1 日加入专利合作条约 PCT，利用此途径，可以实现"一国申请，多国有效"。此途径分为国际阶段与国家阶段。

国际申请阶段，中国申请人可以以中文形式提交申请，在提出申请时必须指定此申请有效的国家（指定国）。

国家阶段即为在国际申请日或优先权日起 20 个或 30 个月内，办理进入国家阶段手续，与通过巴黎公约途径相比，PCT 申请进入国外的时间推迟 8 个或 18 个月，缴纳国际阶段的费用也相应推迟，很显然，申请被审批的时间也会相应推迟。

3. 申请人应准备的文件

（1）申请信息明细表（由代理机构提供样本），写明申请的项目、申请人信息、欲申请的国家及递交的期限等。

（2）在先申请的相关材料，包括请求书、受理通知书、原专利申请文件（权利要求书、说明书、摘要、附图）。

（3）优先权证明文本。

（4）与专利申请有关的现有技术资料。

4. 费用

通过巴黎公约途径直接申请国外专利，须在短时期准备充足的资金，一般一个国家5～6万元人民币，用以支付国外官费、律师费和国内代理费、翻译费；

通过 PCT 途径，须在申请时准备约 1.1 万元（申请人为个人）或 2.1 万元（申请人为法人）人民币，用以支付国际阶段的官费和代理费，在准备进入外国国家阶段时，再准备5～6万元人民币（一般为提交国际申请后 8 个或 18 个月）。

5. 其他

申请外国专利，最好于优先权期限到期前或指示递交日前至少 1 个月提供指示函及原申请文件，以方便办理各种手续。

案例七　专利说明书及权利要求书撰写示例

关于试电笔的专利说明书（实用新型）的撰写示例

说明书

试电笔

本发明涉及一种指示电压存在的装置，尤其是塑料外壳、测试触头、限流电阻、氖管和手触电极组成的试电笔。

美国专利说明书 US—2213973 公开了一种结构与目前市场上普通试电笔基本相似的试电器，它由测试触头、氖管、手触电极和外壳构成。目前市场上出售的普通试电笔与其相比，本发明多了一个限流电阻和金属弹簧；即其测试回路由测试触头、限流电阻、氖管、金属弹簧和手触电极串接而成。当测试触头与被测试金属体接触，人手与手触电极接触时，若被测对象相对大地有较高电压，则试电笔中的氖管启辉，表示被测金属体带电。但是许多电器设备或家用电器的金属外壳并不带对人有危险的触电电压，仅仅由于分布电容和/或正常的漏电电阻感应而产生电势，这也会使试电笔中的氖管启辉，因此一般的试电笔不能区别有危险的触电电压和没有危险的感应电势，这往往给检测漏电工作造成困难和带来错误的判断。

本发明的任务是提供一种电工试电笔，它能方便地区分被测金属体是带有危险的触电电压还是没有危险的感应电势。

为解决上述任务，本发明的解决方案是：在普通试电笔中还设置了一条分流电阻支路，该分流电阻支路的连接使其在测试时可以与限流电阻、氖管支路处于并联或断开状态，若氖管启辉，表示被测物体带电，此时再接入分流电阻支路，使其与限流电阻、氖管支路并联，若被测金属体带有对人体无危险的高电势时，由于电势源内阻很大，从而大大降低了测试金属体的带电电位，则氖管熄灭；若被测金属体带有危险的触电电压，因其内阻小，分流电阻支路的接入几乎不降低被测金属体的带电电位，则氖管保持启辉，从而达到区分安危电压的目的。

上述分流电阻支路可以由一个分流电阻和一个识别电极组成，分流电阻的一端与测试触头电连接，另一端与人体可接触的识别电极相连接，当人手仅与手触电极接触时，分流电阻未接入测试电路，指示被测物体是否带电；氖管启辉后，人手同时接触手触电极和识别电极，从氖管是否保持启辉可得知金属体所带电动势对人体是否有危险。

该分流电阻支路也可以由分流电阻和微动开关串接而成，该分流电阻支路一端与测试触头电连接，另一端与手触电极相连接，当人手与手触电极接触时，断开微动开关，分流电阻支路断路，为普通试电笔；合上微动开关，分流电阻支路接入，则识别电压的安危。

该分流电阻电路还可以仅仅包括一个与测试触头电连接的分流电阻，而手触电极为双位双接点按键式手触电极，限流电阻、氖管支路和按键式手触电极两个位置的接点相连，而分流电阻仅与其中一个位置（如低位）的接点电连接。当按键处于高位时，为一普通试电笔；处于低位时，可识别电压的安危。

由于上述解决方案中采用了可与限流电阻、氖管支路处于并联、断开两种工作状态的分流电阻电路，当接入分流电阻支路时，就可从氖管是否保持启辉确定被测物体所带电势是否对人体有危险，因而可以十分方便地区别安危电压。此外，由于分流电路中采用了最便宜、最简单的电阻元件，结构简单，几乎不增加成本。

下面结合（图12-1）和具体实施方式对本发明作进一步详细的说明：

图 12-1（a）是本发明试电笔第一个实施方式的电路原理图；

图 12-1（b）是图 12-1（a）所示实施方式试电笔的纵剖图；

图 12-1（c）是图 12-1（b）所示试电笔沿 A—A 线的剖视图；

图 12-1（d）是本发明试电笔第二个实施方式的电路原理图；

图 12-1（e）是属于图 12-1（d）所示实施方式的另一种电路原理图；

图 12-1（f）是本发明试电笔第三个实施方式的电路原理图。

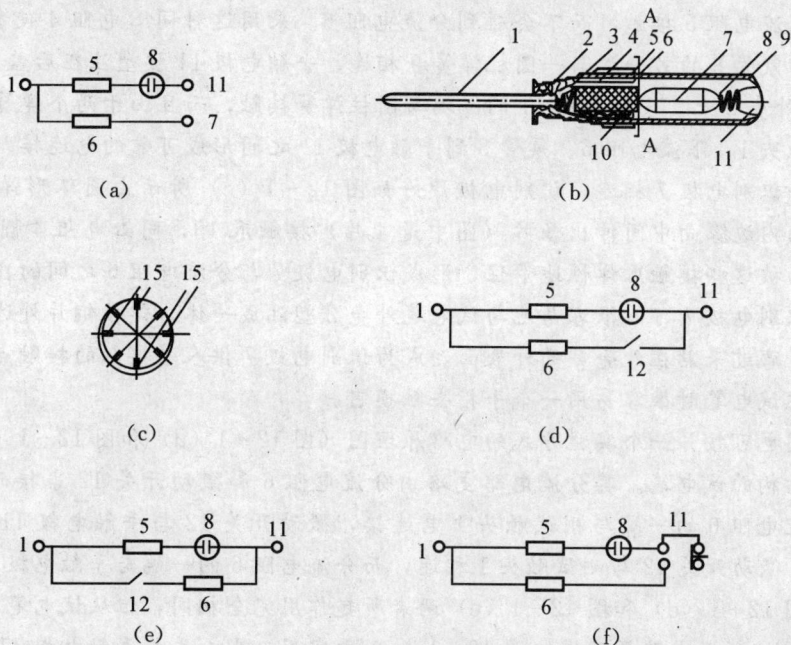

图 12-1　试电笔原理图

在图 12-1（a）所示电路原理图中，试电笔金属测试触头 1 与限流电阻 5、氖管 8 和手触电极 11 相串联，金属测试触头 1 还与一个分流电阻 6 相连，分流电阻 6 另一端与人体可接触的识别电极 7 相连。在普通试电笔中，通常限流电阻阻值为几兆欧。为保证人体使用安全，本实施方式中分流电阻阻值不应比限流电阻小，最好取限流阻值的 1 至 2 倍。当区分被测对象是否带有危险电压时，人体同时接触手触电极 11 和识别电极 7，分流电阻 6 被接入测试电路。若被测金属体带有无危险的高电势，则氖管 8 熄灭；相反当带有危险的触电电压时，则氖管 8 保持启辉。

图 12-1（b）是按上述电路原理图设计而成的试电笔剖面图。一个具有良好导电性能和机械强度的测试触头 1 被塑注在绝缘外壳 2 中，这里测试触头 1 做成螺丝刀形状使试电笔能兼作螺丝刀用。外壳 2 可以是透明塑料制成的，或者开有一个透明窗口，以便观察氖管 8

是否启辉，外壳 2 有一个圆柱形空腔，靠近测试触头的一端，空腔成圆锥形，测试触头在外壳 2 中的一端从圆锥形的顶部伸进空腔，与一塔形弹簧 3 相接触，塔形弹簧 3 的另一端与分流电阻 6 和限流电阻 5 的一端相连，在图 12-1（b）的具体结构中，限流电阻 5 和分流电阻 6 制成具有 E 形纵截面的同心电阻 4，其中间圆柱体部分相当于限流电阻 5，外面的圆环柱体部分相当于分流电阻 6，内外柱体之间的环形凹槽内可填充有绝缘衬垫或绝缘树脂，以保证可靠的绝缘和提高机械强度。中间的圆柱体部分略高于外面的圆环柱体部分，使氖管 8 的一端仅与限流电阻 5 接触，而不会碰到分流电阻 6。采用这种同心电阻 4 使整个结构紧凑，装配方便。氖管 8 的另一端与一圆柱弹簧 9 相连，手触电极 11 被塑注在后盖 10 当中，将后盖 10 旋在外壳 2 上，手触电极 11 的一端与圆柱弹簧接触，而且由于两个弹簧的弹性压力使得从测试触头 1、限流电阻 5、氖管 8 到手触电极 11 之间形成可靠的电连接。分流电阻的另一端与一个识别电极 7 相连，识别电极最好如图 12-1（c）所示由圆环形弹性铜片冲压而成，圆环的内边缘向中间伸出多片（图中是 4 片）接触爪 15，同心电阻 4 圆环柱体部分端部的外表面被这些接触爪弹性地卡住，形成识别电极 7 与分流电阻 6 之间的良好电接触。这种形状的识别电极 7 可以很容易地与试电笔外壳 2 塑注成一体，弹性铜片外边缘伸出塑料外壳 2 中部，弯过来贴在外壳 2 的外表面，成为识别电极 7 供人手接触的接触点，其位置应使得用手握住试电笔时很容易用一个手指去触摸它。

本发明也可按另一个实施方式的电路原理图（图 12-1（d）和图 12-1（e））设计出另一种具体结构的试电笔。其分流电路支路由分流电阻 6 和微动开关 12 串接而成，图 12-1（d）中分流电阻 6 的一端与测试触头 1 电连接，微动开关 12 与手触电极 11 相连接，而图 12-1（e）微动开关 12 与测试触头 1 相连，而分流电阻 6 的一端与手触电极 11 相连。从原理上看，图 12-1（d）和图 12-1（e）两者所起作用完全相同，但从试电笔具体结构来看，图 12-1（d）所示电路原理图比图 12-1（e）更实用。当人手与手触电极 11 接触时，打开微动开关 12，分流电阻支路断路，像普通试电笔一样指示被测物体是否带电；氖管启辉时，合上微动开头，此时分流电阻支路接入，就可根据氖管是否保持启辉确定所带电势对人体是否有危险。

还可根据图 12-1（f）的所示电路原理图设计出另一种具体结构的试电笔。在这种结构中，手触电极是一种双位双接点按键式电极 11，限流电阻 5 和氖管 8 的支路与按键式电极 11 两个位置的接点都相连接，而分流电阻 6 的一端与测试触头 1 连接，另一端仅与按键式电极 11 其中一个位置（如低位）电连接。当按键处于高位时，分流电阻 6 与限流电阻 5，氖管 8 支路并联，氖管 8 指示被测对象带有危险的触电电压还是没有危险的感应电势。

当然，该分流电阻 6 支路的连接不局限于上述三种形式，若有其他形式可使分流电阻支路在测试时与限流电阻、氖管支路处于并联或断开两种工作状态，也属于本发明的保护范围。

此外，本发明不仅适用于试电笔，对于其他类似的指示电压存在的装置，只要其采用了上述分流电阻支路来识别安危电压，也属于本发明的保护范围。

说明书摘要

说明书摘要

本发明公开了一种能够识别安危电压的试电笔，它在普通试电上增加了一条分流电阻6支路。当人体与手触电极11接触进行测试时，该分流电阻支路可处于与限流电阻5，氖管8支路并联或断开两种工作状态。当分流电阻支路断开时，氖管指示测试对象是否带电；并联时，指示所带电势是否有危险。该分流电阻支路可以由分流电阻6和识别电极7构成，也可用一个微动开关或这采用双位双接点按键开关来代替识别电极。

权利要求书

试电笔

1. 一种主要由塑料外壳、测试触头、限流电阻、氖管和手触电极组成的试电笔，其特征在于：它还有一个与测试触头1电连接的分流电阻6，分流电阻6的另一端与人体可接触的识别电极7相连接，成为可与限流电阻5、氖管8处于并联，断开两种工作状态的分流电阻支路。

2. 根据权利要求1所述的试电笔，其特征在于：分流电阻6的阻值为限流电阻5阻值的1至2倍。

3. 根据权利要求1或2所述的试电笔，其特征在于：分流电阻6与限流电阻5是一个具有E型截面的同心电阻4，同心电阻4的中间圆柱体为限流电阻5，其外部圆环柱体部分为分流电阻6，中间圆柱体略高于四周的圆环柱体。

4. 根据权利要求3所述的试电笔，其特征在于：同心电阻4的中间圆柱体与外部圆环柱体之间形成的环形槽内填充有绝缘树脂。

5. 根据权利要求4所述的试电笔，其特征在于：与同心电阻4外部圆环柱体相连接的识别电极7是圆环状的弹性铜片，从圆环内边缘向中心伸出多个接触爪15，卡住同心电阻4外部圆环柱体的外表面，该弹性铜片外边缘伸出塑料外壳2的中部，弯过来贴在外壳2的外表面，成为识别电极7供人手接触的接触点。

6. 一种主要由塑料外壳、测试触头、限流电阻、氖管和手触电极组成的试电笔，其特征在于：它还有一个由分流电阻6和微动开关12串联而成的分流电阻支路，该分流电阻支路的一端与测试触头1电连接，另一端与手触电极11电连接。

7. 根据权利要求6所述的试电笔，其特征在于：分流电阻6的阻值为限流电阻5阻值的1至2倍。

8. 一种主要由塑料外壳、测试触头、限流电阻、氖管和手触电极组成的试电笔，其特征在于：它还有一个与测试触头1电连接的分流电阻6；该手触电极是双位双接点按键式电极11，限流电阻5和氖管8支路与按键式电极11两个位置的接点均相连接，而分流电阻6构成的支路仅与其中一个位置的接点电连接。

9. 根据权利要求 8 所述的试电笔，其特征在于：分流电阻 6 的阻值为限流电阻 5 阻值的 1 至 2 倍。

——引自陈鸣，袁德，《专利代理》，北京：专利文献出版社，1994

关于专利请求书的填写

我国国家专利局设计了统一的发明或实用新型专利请求书的表格（见表12-1，表12-2）。

表 12-1 发明专利请求书

（3）发明名称		（1）
（4）发明人	姓名	（2）
	地址	
（5）申请人	姓名或名称	电话
	地址	
	国际或总部 所在地国家名称	经常居所或营业所 所在地国家名称
	代表姓名	
（6）专利代理机构	名称	地址
	代理人姓名	登记号
（7）□申请费　元，已通过□邮局□银行□专利局收款处缴纳 　　已在中国政府主办或承认的国际展览会上首次展出 　　已在规定的学术会议或技术会议上首次发表 　　可能涉及国家重大利益需要保密处理		
（8）申请文件清单 ① 请求书　份，每份　页 ② 说明书　份，每份　页 ③ 权利要求书　份，每份　页 ④ 说明书附图　份，每份　页 ⑤ 说明书摘要　份，每份　页	（9）附加文件清单 　　□代理人委托书　　□实质审查请求书 　　□要求优先权声明　□不丧失新颖性的证明文件 　　□优先权证明材料 　　□要求提前公开声明	
（10）上述以外的发明人	（11）上述以外的申请人	（12）申请人或代理签章 年　月　日

表 12 - 2　实用新型专利请求书

(3) 发明名称		(1)	
(4) 发明人	姓名	(2)	
	地址		
(5) 申请人	姓名或名称		电话
	地址		
	国际或总部 所在地国家名称	经常居所或营业所 所在地国家名称	
	代表姓名		
(6) 专利代理机构	名称		地址
	代理人姓名		登记号
(7) □申请费　元，已通过□邮局□银行□专利局收款处缴纳 　　已在中国政府主办或承认的国际展览会上首次展出 　　已在规定的学术会议或技术会议上首次发表 　　可能涉及国家重大利益需要保密处理			
(8) 申请文件清单 ① 请求书　份，每份　页 ② 说明书　份，每份　页 ③ 权利要求书　份，每份　页 ④ 说明书附图　份，每份　页 ⑤ 说明书摘要　份，每份　页		(9) 附加文件清单 □代理人委托书　　□不丧失新颖性的证明文件 □要求优先权声明　□ □优先权证明材料　□	
(10) 上述以外的发明人	(11) 上述以外的申请人	(12) 申请人或代理签章 　　　　年　月　日	

　　表中（1），（2）两栏由专利局填写。

　　表中（3）栏，为发明或实用新型的名称。名称的确定要贴切、具体、简短、明了，能体现发明的类别和发明的主体，不会产生歧义，也不会读之不知所云。同一专利的其他各申请文件中发明名称都应与此一致。

　　表中（4）栏，为发明人。有多个发明人时，这里只填写一个，其余的发明人填在第（10）栏中。

　　表中（5）栏，为申请人。因为专利可以转让、继承和买卖，因为职务发明的存在，所以发明人并非一定就是申请人，有时是一致的，有时就不一致。申请人为单位的，第（5）栏中的名称项应该填单位全称。申请人是单位又未委托代理人的由该单位指定一名代表作为联系人，填在第（5）栏的"代表姓名"项内。两个以上单位共同申请的，应当协商推选出一个单位作为所有申请单位的代表，并在该单位指定一人作联系人。该单位的全称和联系人姓名分别填在第（5）栏的"名称"和"代表姓名"项内。有多个申请人（包括多个申请单位）时，在第（5）栏中只填写一个，其余的申请人填在第（11）栏中。申请人委托代理人的，代理人的姓名不要填在第（5）栏的"代表姓名"项，而应填在第（6）栏的"代理人姓名"中。

表中（6）栏为专利代理机构，是向专利局登记之后具有代理人资格的人。代理机构指定代理人，不得超过两人。该栏中的登记号指代理人在中国专利局的登记号。上述（4），（5），（6）各栏中的地址应详细准确，符合惯例，以能准确投递为准。

表中（7），（8），（9）各栏，均按表上要求填写。

表中（12）栏的签章，是由第（5）栏中的申请人或第（6）栏中的代理人签字或盖章。申请外观设计专利时，要填写的"外观设计专利请求书"和发明专利请求书基本相同。只是在必要的时候，才写上对外观设计的简要说明。专利发明书的体裁不应区别于一般科技文献的体裁，但说明书明确侧重于区分发明的新特征及其意义，即应具有专利的侧重。

附　录

附录1　赫尔曼脑优势模式——脑优势侧面图

这里所用的脑优势侧面图是赫尔曼脑优势模式的简化方式，是一种对我们如何思维的心理过程作解释的工具，用以说明我们所喜欢的思维模式是什么。该模式是由赫尔曼与合作伙伴 R. 斯伯瑞和 P. 麦克伦共同提出来的，见脑优势侧面图。

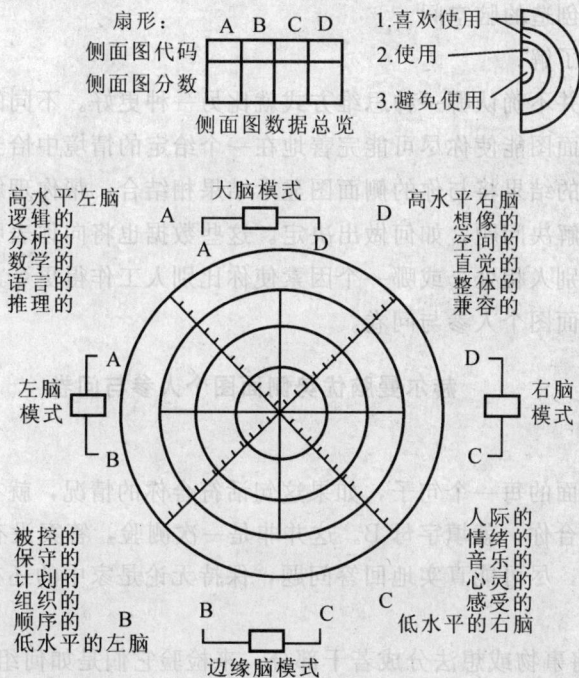

脑优势侧面图

高级左脑＝A；低级左脑＝B；低级右脑＝C；高级右脑＝D

赫尔曼脑优势模式包含了四种不同的思维风格，是由左脑、右脑半球以及脑的高级的（大脑）部分和低级的（边缘脑）部分组成的。思维的过程可以被描述成高级的（大脑）左脑、低级的（边缘的）左脑、低级（边缘）的右脑和高级的（大脑皮层）的右脑。为了促进你的理解，这种思维过程，将用下面的方式来注释。

高级左脑 A 模式的思维被认为是分析的、数学的、逻辑的和推理的。低级左脑 B 模式的思维被认为实际上是受控制的、保守的、计划的、组织的和顺序的。低级的右脑 C 的思维是人际关系的、情感的、音乐的、心灵的模式。高级右脑模式 D 包含想象的、综合的、艺术的、整体的和直觉模式。脑优势参与调查表（简表）提供你的思维风格的数据，标志你对这四个扇形块的喜欢和不喜欢的程度。我们当中的每个人都通过自然的和非自然的发展而形成了一种偏爱的思考模式，一种特殊的看待这个世界、处理信息、做出决定的方式。脑优势侧面图通过对四个扇形体的比较和对每一个的描述，为每一个人提供了每一种思维风格的喜爱程度的指标参数。

赫尔曼认为在创造过程中，A，B，C，D 四种模式都会涉及，要提高自己的创造力，需要在四个方面扩展创造的脑空间。

脑优势的自我了解。

脑优势侧面图并不确认哪一种思维方式就比另一种更好。不同的情境需要不同的思维方式。你的脑优势侧面图能使你尽可能完善地在一个给定的情境中恰当地运用思维能力。

统计数据显示的结果将与你的侧面图显示结果相结合，帮你理解你是如何思维的，如何与别人联系，如何解决问题，如何做出决定。这些数据也将向你表明，例如，为什么你可以比别人更容易地与别人相处，或哪一个因素使你比别人工作得更令人满意。

完成脑优势侧面图个人参与问卷。

赫尔曼脑优势侧面图个人参与问卷

指导语：

请仔细阅读下面的每一个句子，如果这句话符合你的情况，就在题号前面的横杠上填上字母 A；如果不符合你，就填字母 B。这并非是一次测验，答案没有正确或错误之分，你只需要表明你的选择，尽可能真实地回答问题，保持无论是家中的还在工作中的最最可靠真实的自我。

___ 1. 我喜欢将事物或想法分成若干部分，来检验它们是如何组织在一起的。

___ 2. 我能从绘画、制图、音乐和雕塑中获得快感，能够通过协调颜色、图样和肌理来达到满意的效果。

___ 3. 我善于抑制感情。

___ 4. 我能模范地遵守已有的传统和已经被验证的观点、情境和惯例。

___ 5. 我经常对想法或产品的可行性进行仔细的检查、审核和评定。

___ 6. 我对事物或想法的细微部分给予足够的重视。

　　__ 7. 我的感情容易兴奋，并将其表现出来。

　　__ 8. 我能很好地理解他人的感情，并能与之沟通。

　　__ 9. 我能领会理解事物的全面意义，而不是停留在想法、概念或情况的细枝末节上，能够见树又见林。

　　__ 10. 我经常能在头脑中无意识地制造、产生现实中没有的事物景象，面对问题能够用新的办法来处理。

　　__ 11. 我能够结合标准采取积极和保障的措施。

　　__ 12. 我很容易与许多不同类型的人们发展和保持一种愉快的和有意义的关系。

　　__ 13. 我经常没有经过思考就理解了事物，即不需要事实和论证就能够迅速理解。

　　__ 14. 我能够根据以前所发生的情况进行演绎和推理。

　　__ 15. 我能够领悟和理解数字并运用它们达到适宜的结果。

　　__ 16. 我容易理解并运用生动形象的语言符号，在文字表达上进行比喻式的描述，比如"金子般的心"。

　　__ 17. 我对音乐或舞蹈具备兴趣和天赋。

　　__ 18. 我能妥善安排和调整人员、概念、物体、元素等，使他们之间处于一种密切有序的关系。

　　__ 19. 为了达到理想的目的，我事先制定、筹划出系统的方法和计划。

　　__ 20. 我擅长把握数字之间的关系，喜欢掌握和探索标准的度量方法。

　　__ 21. 我能够抑制情感而在推理的基础上作出选择。

　　__ 22. 我习惯一个接一个地或按一定的顺序来处理事物或想法。

　　__ 23. 我的大脑能够在同一时间内，进行如形象化的、语言的、音乐的几种信息输入，我能够同时进行一种以上的大脑活动。

　　__ 24. 我善于领会、理解和处理事物空间位置方面的相互关系。

　　__ 25. 我注重精神的、内在的体验。

　　__ 26. 我能够运用和理解代表真实事物和想法的各种物体、形象符号和视觉标志。

　　__ 27. 我善于语言表达，讲话富有逻辑性。

　　__ 28. 我对事物有极敏锐的感觉。

　　按以下计分标准计算你的脑侧面图各部分的得分。计分标准：

　　高级的左脑得分：第 1，5，14，15，20，21，27 题答 A 的个数乘 10，为 A 区得分。

　　低级的左脑得分：第 3，4，6，11，18，19，22 题答 A 的个数乘 10，为 B 区得分。

　　低级的右脑得分：第 7，8，12，17，25，26，28 题答 A 的个数乘 10，为 C 区得分。

　　高级的右脑得分：第 2，9，10，13，16，23，24，28 题答 A 的个数乘 10，为 D 区得分。

　　将分数填入侧面图上面的表格"侧面图分数"一栏中，同时在侧面图中间的圆圈内标出

A，B，C，D 各扇形的得分。并将 A，B，C，D 四个点联起来，四条线围合的空间就是你现有的脑空间。

你的形象化的侧面图显示是总体分数的直观表现。这个分数被分为四个部分，每部分代表大脑的 1/4，建立了一个模糊模式。这种模式可被感知为如图所示的从左上 A 到左下 B，到从右下 C 再到右上 D 的时钟似的图形。为了帮助理解这些侧面图的数字，我们还提供了四个总的"一般侧面代码"，你可按以下的标准，将一般代码填在侧面图的顶部的表格中。

优先、第二位、第三位由图表中的代码 1，2，3 来表示。

优先："1"——60～70 分

在给定的扇形内，"优先"代表扇形中的优先模式。如果你在侧面图代码中拥有两个或更多的"优先选择"是很可能的。资料显示，在所有的侧面图代码中至少要有一个是"优先选择"。

第二位："2"——30～59 分

"第二位的"是你的侧面图代码中的轻松随意模式，它们也是你喜欢的，只不过"第二位"实际上是相对于"优先"而言的。

第三位："3"——0～29 分

在侧面图代码中，"第三位"是一种缺乏优势甚至没有个性的表现。"第三位"增强了与"优先"的对立。在回避一种思维方式以后，其他思维方式的优势便大大地加强了。

在形象化显示画面的周围，你能发现有四个小方格分布在上下左右四个方位。它们联合体现你的优势的总分。包括大脑模式（A，D 扇形，最上面的两块，把 A 区分数和 D 区分数之和填入最上面的小方格内）、左脑模式（A，B 扇形，左边上下两块，将 A 区分数和 B 区分数之和填入左边的小方格内）、边缘模式（B，C 扇形，下面左右两块，将 B 区的分数和 C 区的分数之和填入下面的小方格内），还有右脑模式（C，D 扇形，右边的上下两块，将 C 区的分数和 D 区的分数之和填入右边的小方格内），每一部分都能就全部资料显示一个大体分数。比较总分，这些相对的模式可以帮助说明优先的选择或倾斜的程度，如左脑优于右脑或大脑模式优于边缘模式。要记住，你的脑优势侧面图不好也不坏，不对也不错——它就是它！它只是一个更容易理解的表达你的大脑的优先选择的比喻。还需要知道的是，你的侧面图体现的是选择分布状态，而不是能力。虽然两者之间关系很近，但却完全不是一回事。能力必须通过教育训练取得，而最终的成就则来源于在所知领域的优先选择。

——摘自 郭日跻主编，《领导者创造力开发》，沈阳：东北大学出版社，1997

附录2 20世纪科学与技术领域的重大成果及 100项创造发明

一、20世纪科学与技术领域的重大成果

1901年 诺贝尔奖第一次颁发

瑞典皇家科学院诺贝尔奖委员会设立诺贝尔奖。德国物理学家伦琴获得第一届诺贝尔物理学奖。

ABO血型系统发现

奥地利病理学家兰德斯坦发现了人的ABO血型系统，奠定输血疗法的基础。

1902年 遗传的染色体理论奠基

德国细胞学家鲍维里在这一年的发现为遗传的染色体理论奠定了基础。

1903年 第一架飞机试飞成功

美国莱特兄弟在人类航空史上首次实现了自主操纵飞行，飞行时间为12秒。

1904年 世界上第一只电子管问世

英国人弗莱明制造出世界上第一只电子管，标志着世界从此进入了电子时代。

1905年 狭义相对论发表

爱因斯坦提出质能转换公式，提出光量子学说，创立狭义相对论。

1906年 发明无线电广播

美国人费森登发明无线电广播，声音同步传送使地球的概念变小。

1907年 第一台复印机问世

最早的照相复印机在纽约出现，1938年美国人卡尔森取得第一张静电复印制品，1959年施乐914型静电复印机问世。

发明塑料

美国人贝克兰发明酚醛塑料的制作方法。

1908年 原子实在性得到证实

法国物理学家佩兰经过一系列实验证实了布朗运动理论，分子和原子的实在性由此得到公认。

1909年 美国人皮尔里成为第一个到达北极的人

法国布列奥特研制的单翼飞机成功飞越英吉利海峡。

1910年 染色体学说创立

美国人摩尔根证实基因是遗传单元，在染色体上呈线状排列。

1911 年 **发现金属低温超导现象**

荷兰人翁纳斯发现金属低温超导现象。

确立原子核概念

英国人卢瑟福提出具有实验依据的原子有核模型，确立了原子核的概念。

1912 年 **大陆漂移学说首次公布**

奥地利人黑斯发现宇宙射线

1913 年 **玻尔发表量子化原子结构理论**

丹麦人 N. 玻尔把卢瑟福的原子模型和普朗克量子论大胆而巧妙地结合起来，为各种物理量的量子化打开了大门。

工业流水线出现

美国人亨利·福特发明规模生产汽车的流水装配线。

1914 年 **第一架现代滑翔机问世**

德国人哈恩设计出了第一架现代滑翔机。它既可作水平滑翔，又能凭借暖气流不断上升。

1915 年 **第一条跨越大西洋的无线电通信线路开通**

美国电报电话公司成功地开通了第一条跨越大西洋的无线电通信线路。

1916 年 **广义相对论提出**

爱因斯坦完成广义相对论，深刻揭示了空间、实践、物质、运动之间的内在联系。

1919 年 **阿尔法粒子打开原子核**

英国人卢瑟福在实验室里第一次用阿尔法粒子击碎原子核。

第一个电台在英国开始播音

1921 年 **短波首次跨越海洋传播**

由业余无线电爱好者实现的这一传播使短波成为长距离和洲际通信的主要频段。

1922 年 **第一个动态宇宙学模型提出**

苏联人弗里德曼重新讨论爱因斯坦的引力场方程在宇宙结构问题上的应用，得出了非静态的宇宙模型。

胰岛素提取成功

加拿大人班廷和贝斯特成功提取出纯胰岛素，使治疗糖尿病成为可能。

1929 年 **第一台电冰箱问世**

瑞典人浦拉腾和孟德斯制成世界上第一台电冰箱。

柯达彩色胶片问世

1924 年 **美国人哈勃首次发现银河系外还有星系**

1925 年 **脉冲调制雷达诞生**

美国开始研制能测距的脉冲调制雷达，并首先用它来测量电离层的高度。

1926 年 第一枚液体燃料火箭发射成功

美国人戈达德成功地发射了世界上第一枚液体火箭，奠定了人类太空旅行的基础。

黑白电视机问世

苏格兰人贝尔德展示了他发明的黑白电视机。1927 年 BBC 播放电视节目。1928 年，他发明了 30 线彩色电视机。

1927 年 宇宙膨胀的概念出现

比利时人勒梅特提出"勒梅特宇宙模型"。1932 年进一步提出"原始原子"爆炸起源的理论。后来被伽莫夫发展成为"大爆炸宇宙理论"。

1928 年 青霉素问世

英国人弗莱明发现青霉菌有杀菌作用，由此制成最早的抗生素——青霉素。

1929 年 哈勃提出宇宙膨胀理论

1930 年 发现冥王星

美国人汤博发现冥王星，这也是太阳系中最后被发现的行星。

1931 年 发明回旋加速器

美国人劳伦斯发明了用以研究加速后的粒子行为的回旋加速器。

1932 年 第一台电子显微镜问世

德国人诺尔和鲁斯卡发明透射电子显微镜，使人类观察微观世界的能力空前提高。

发现中子

英国人 J. 查德威克发现中子，提出原子核由质子和中子构成，改变了人们的物质结构概念。

发现正电子

美国人安德森发现正电子，即首次发现的物质的反粒子。

美国人海曼研制出了第一台临床心脏起搏器

1933 年 最早的器官移植成功

苏联人费拉托夫异体角膜移植成功，这是最早的器官移植。

1934 年 发明尼龙

美国的卡罗瑟斯首次实现全人工合成的纤维，称为尼龙。

人工合成维生素 C

英国人霍沃斯成功地合成维生素 C，这是人工制成的第一种维生素。

1935 年 预言介子的存在

日本人汤川秀树发表了核力的介子场论，预言了介子的存在，由此获得了 1949 年诺贝尔物理学奖。

1937 年 第一架射电望远镜建成

英国人雷伯建成世界上第一架射电望远镜，对射电天文学的早期发展起了极重要的作用。

1938 年 发现铀裂变现象

德国人哈恩和施特拉斯曼发现铀裂变现象，并且掌握了分裂原子核的基本方法。

1939 年 第一台电子数字计算机问世

美国人阿塔纳索夫与贝利合作，设计并试制成功一台世界上最早的电子数字计算机的样机，称为"ABC 机"。

1941 年 巨人计算机研制成功

英国人图灵设计制造了二战期间用于破译德国密码的巨人计算机。

1942 年 世界上第一座原子核反应堆建成

美籍意大利裔物理学家费米领导了世界上第一座原子核反应堆的建设和实验工作。

1944 年 薛定谔出版《生命是什么?》

奥地利人薛定谔出版《生命是什么?》一书，用热力学和量子力学理论论证基因的稳定性和突变发生的可能性，为分子生物学的诞生做了理论上的准备。

1945 年 第一颗原子弹爆炸成功

人类第一颗原子弹在美国的新墨西哥州沙漠中爆炸成功。

1946 年 制造出第一台通用电子计算机

世界上第一台通用电子计算机 ENIAC 研制成功。它重 30 吨，装有 1.8 万个真空管，每秒可运算 5 000 次加法和 360 次乘法。这是计算机发展史上的一座里程碑。

1947 年 发明晶体管

美国贝尔实验室的巴丁·布拉顿和肖克利组成的研究小组研制出世界上第一只晶体管，成为人类微电子革命的先声，对电子计算机的进一步发展具有决定性意义。

大爆炸理论发表

1948 年 信息论、控制论和系统论创立

美国人香农创立信息论，美国人维纳创立控制论，奥地利人贝塔朗菲创立了系统论。

1949 年 第一架商用客机开始运营

第一架商用客机载 36 名乘客飞行于欧洲上空，开启了民航世纪的新篇章。

碳 14 年代测定法开始实际运用

由美国人利比奠基的碳 14 测定法开始实际运用于考古年代测定。

1950 年 创立人工智能学说

英国人图灵发表论文《计算机能思维吗?》，提出了机器能思维的观点，并涉及了检验机器有没有智能的智力试验，为人工智能的研究提供了理论依据和检验方法。

1951 年 第一座试验性核电站建成

美国在加利福尼亚海滨建成第一座试验性核电站。

银河系的构造探明

美国、荷兰和澳大利亚天文学家先用光学方法，继用射电方法发观并描绘了银河系的旋涡结构。

1952 年 第一枚氢弹试验成功

11 月 1 日，美国在太平洋上的马绍尔岛比基尼环礁上试爆成功世界上第一枚氢弹。

制成小儿麻痹疫苗

美国人索尔克和萨宾分别研制出注射和口服的小儿麻痹症疫苗。

1953 年 发现 DNA 分子双螺旋模型

美国人沃森和英国人克里克发现 DNA 双螺旋结构的分子模型，这一成就被誉为 20 世纪生物学方面最伟大的发观，也被认为是分子生物学诞生的标志。

1954 年 美国首次播出彩色电视节目

首例肾移植手术成功

美国人默里先后取同合子及异合子孪生子的肾做移植术获得成功。

1955 年 发现反质子

美国人张伯伦在高能加速器上用人工方法获得反质子。

1956 年 人工合成脱氧核糖核酸（DNA）

美国人科恩伯格人工合成脱氧核糖核酸（DNA），为此获得 1959 年诺贝尔生理学或医学奖。

1957 年 第一颗人造地球卫星由苏联发射成功

1958 年 发明体外心脏起搏器

瑞典人森宁发明心脏起搏器，应用至今挽救了无数的生命。

美国人基尔比制成第一块集成电路

1959 年 无人太空船首次成功登陆月球

苏联的无人太空船首次成功登陆月球，并且拍回了大量的照片。

1960 年 宇宙起源的大爆炸理论由英国人霍金提出

第一台激光器诞生

美国人梅曼研制成功世界上第一台红宝石激光器。同年美国的贾万研制成功在 1.15 微米（红外线）处工作的氦氖激光器。

美国人平卡斯研制的第一批口服避孕药上市

1961 年 第一艘载人飞船上天

苏联宇航员加加林驾驶"东方"号宇宙飞船首次绕地球飞行取得成功，开辟人类航天新纪元。

1963 年 肝脏移植

托马斯·斯塔泽尔成功实施了肝脏移植手术。

1964 年 第一颗同步通信卫星发射成功

美国成功发射"辛康号"地球同步通信卫星，揭开了国际通信卫星发展的序幕。

1965 年 大爆炸理论获得验证

美国人彭齐亚斯和威尔逊探测到一种宇宙射线，并经与普林斯顿研究组互访后确认，宇宙背景辐射是大爆炸学说最强有力的支持。

1967 年 心脏移植手术成功

南非人巴纳德成功实施了人类第一次心脏移植手术，患者存活了 18 天。

1969 年 人类第一次在月球上行走

美国宇航员阿姆斯特朗等人登上月球，拉开了人类探索宇宙奥秘的帷幕。

美国大学校园网"阿帕网"（ARPANet）建成，互联网诞生

1971 年 世界上第一个空间站升空

苏联将人类历史上第一个空间站"礼炮"号发射上天。

英特尔公司推出第一代微处理器：Intel4004.

1972 年 CT 研制成功

英国人汉斯菲尔德研制成功电子计算机断层扫描机，即 CT。此发明被誉为自伦琴发现 X 射线以来，放射诊断学上最重要的成就。

1974 年 转基因动物诞生

美国人耶尼德首次应用显微注射法获得转基因老鼠。

1975 年 个人计算机问世

第一种个人计算机 Altair 8800 在美国问世。

制造单克隆抗体

阿根廷人米尔斯坦和德国人科勒用杂交瘤方法制造单克隆抗体成功。

1977 年 中子弹研制成功

美国研制成功中子弹，这是继原子弹、氢弹之后的第三代核武器，实际上是一种加强辐射的氢弹。

1978 年 "试管婴儿"路易丝在英国出世

英国人爱德华兹首次用体外受精回植的方法培育出世界上第一例"试管婴儿"。

1981 年 "哥伦比亚"号航天飞机发射成功

美国首次发射多次往返地球的"哥伦比亚"号航天飞机。

1983 年 发明"聚合酶链式反应"法

美国人穆利斯发明"聚合酶链式反应"法，使 DNA 片段在很短的时间内扩增数十万甚至数百万倍。

分离出艾滋病病毒

法国人蒙塔尼埃分离出第一株艾滋病病原体，并于 1984 年制出特异血清。

蜂窝式移动电话网络出现

1985 年 **南极上空发现臭氧洞**

1987 年 **发现超新星**

加拿大天文学家在大麦哲伦云中发现了一颗超新星，这是自 1604 年以来第一颗用肉眼就能看到的超新星。

1988 年 **人类基因组测序计划开始**

1989 年 **万维网创立**

英国人伯勒斯·李编写出一套软件，使万维网（World Wide Web）诞生。

全球卫星定位系统投入使用

高清晰度电视机问世

1990 年 **哈勃望远镜进入轨道**

哈勃天文望远镜和 X 射线天文观测卫星进入预定轨道。它改变了人类对宇宙的认识。

美国国家卫生研究院进行世界首例基因治疗

1993 年 **"奔腾"型计算机微处理器向世**

1994 年 **英吉利海峡隧道建成通车**

这条双轨隧道长 49.94 公里，直径 7.6 米，历时 3 年建成。

发现艾滋病病毒蛋白酶抑制剂

1995 年 **顶夸克被证实**

美国费米国家加速器实验室证实了顶夸克的存在。

日本无人海底探测器创潜入海底 10 911 米的世界纪录

人工制造"反物质"

欧洲核子研究中心的科学家第一次在实验室里成功制造出反氢原子。

1996 年 **发现火星陨石有生命迹象**

科学家提出，在南极发现的火星陨石（ALH84001）上有生命存在的痕迹。

1997 年 **成功克隆绵羊"多莉"**

英国人坎贝尔和维尔穆特第一次成功克隆哺乳动物——绵羊"多莉"。

探测车成功登陆火星

美国国家航空航天局的遥控探测车在火星表面着陆。

1998 年 **国际空间站开始装配**

由 16 国联合建造的永久式国际空间站开始初期装配，曙光号功能舱与团结号节点舱对接成功。

1999 年 **人体第 22 对染色体密码被破译**

这是人类首次了解的一条完整的人类染色体的结构，这一计划是宏大的人类基因组计划的里程碑。

科学家将光速降低到每秒 17 米

2000 年 人类基因组测序完成

由美、英、法、德、日、中六国共同参与的人类基因组工作草图正式完成，这将给人类的医疗事业带来一场革命性的变化。

《科学世界》编辑部——摘自《科学世界》2001 年第 1 期特别赠送

二、20 世纪的 100 项创造发明

1. 计算机
2. 激光器
3. 核裂变的发现
4. 原子弹
5. 氢弹
6. 原子能的和平利用
7. 原子反应堆
8. 导弹
9. 火箭
10. 镭
11. 原子结构与基本粒子（原子、原子核、电子、中子、正电子）的发现
12. 晶体管
13. 电子管
14. 集成电路
15. 电视机
16. 人工神经网络
17. 现代人工智能技术
18. 多媒体技术
19. 可视电话
20. 移动通信技术
21. 传真机
22. 数字程控交换机
23. 数据通信
24. 微波技术
25. 光导纤维
26. 遗传信息载体的证明和遗传密码的破解
27. 遗传物质核酸的分子结构和遗传密码的发现
28. 生物工程
29. 遗传工程
30. DNA 双螺旋结构的阐明
31. 基因工程
32. 胰岛素研究
33. 激光医疗
34. 杂交水稻
35. 人造肾脏
36. 心脏起搏器
37. 乙肝疫苗
38. 抗生素
39. 试管婴儿
40. 克隆技术
41. 治愈近视的角膜切割术
42. 人造皮肤
43. 抗白喉疫苗
44. 麻疹疫苗
45. 抗生素
46. 相对论
47. 石油化工技术

48. 量子力学理论
49. 控制论
50. 信息论
51. 系统论
52. 高分子材料
53. 先进复合材料
54. 超导材料
55. 雷达
56. 调频无线电广播
57. 大型加速器
58. 哥德巴赫猜想研究
59. 费马大定理的证明
60. 光学纤维
61. 电子显微镜
62. 人造卫星
63. 月球探测器
64. 太空望远镜
65. 火星探测器
66. 航天飞机
67. 空间站
68. 人类登月成功
69. 飞机
70. 机器人
71. 航空母舰
72. 水下呼吸设备
73. 坦克
74. 涡轮螺旋发动机

75. 超声潜艇技术
76. 声学水雷
77. 方形降落伞
78. 凝固汽油
79. 气雾剂
80. 闪光灯
81. 变焦镜头
82. 照相复制技术
83. 录音机
84. 录像机
85. 电冰箱
86. 组合音响
87. 洗衣机
88. 手表
89. 彩色电影
90. 彩色电视技术
91. 彩色复印技术
92. 微波炉
93. 信用卡
94. 高压锅
95. 儿童拆装玩具
96. 数控机床
97. 空调器
98. 气垫船
99. 高速列车
100. 激光照排技术

附录 3　21 世纪 100 个科学探索议题

1. 对深层物质结构的探索
2. 协调相对论和量子论的困难

3. 引力波探测

4. 质子自旋"危机"及其实验探索

5. 力学的世纪难题——湍流

6. 金属微粒中量子尺寸效应和超导电性

7. 高温超导电性

8. 固体的破坏

9. 宇宙结构的形成与星系的起源

10. 太阳中微子之谜

11. 活动星系核的能源和演化

12. 星际分子云和恒星的形成

13. 宇宙常数问题

14. 太阳活动的起源

15. 磁元的争辩

16. 黑洞的认证

17. 宇宙论中的暗物质问题

18. 地外文明与太空移居

19. 寻找地外理性生命

20. 星系演化的途径

21. 最终解决人类能源问题的课题

22. 未来的空间太阳能发电

23. 太阳风的起源及其加速机制

24. 日冕加热及太阳风加速

25. 表面张力梯度驱动对流

26. 磁层亚暴和磁暴的整体过程

27. 富勒烯化学

28. 单原子识别与分子设计和合成

29. 室温有机超导体

30. 催化的高选择性合成

31. 原子簇物质

32. 非线性光学聚合物实用化的若干问题

33. 分子工程学

34. 分子元件的单原子加工和自组装

35. 可持续发展对化学的挑战

36. 地球科学中的非线性和复杂性

37. 地球构造运动驱动机制的反演

38. 人类对全球环境变化影响的预测

39. 气候系统动力学

40. 自然控制论

41. 地震成因与地球内部流体

42. 地球的自转运动及其与地球各圈层的相互作用

43. 现今岩石圈构造解析中的若干难题

44. 生物多样性保护

45. 细胞凋亡

46. 生物学的理论大综合：遗传、发育和进化的统一

47. 分子识别、化学信息学和化学反应智能化问题

48. 人能否在地球以外长期生存

49. 脑神经系统动力学

50. 生命、人的思维、意识、目的等的物理学基础

51. 探索生命的遗传语言

52. 疯牛病——中心法则——Affinsen 原理

53. 分子进化的驱动力与分子进化理论

54. 脑的计算模型能带我们走多远

55. 如何控制化学反应的方向（反应通道）

56. 未来的认知神经科学能否给意识以新的解释

57. 地球演化的统一理论："两均论"与"两非论"

58. 有机体信息系统的演化在物种生存、适应过程中的作用

59. 脑的选择性自适应

60. 脑与行为的自组织

61. 思维与智能的本质

62. 人脑如何组织其信息存储

63. 脑与免疫功能

64. 生命起源、细胞的起源和进化研究

65. 生命的起源与蛋白质

66. RNA 与生命起源

99. 人类基因组研究中的社会学、伦理学和法律问题

100. 物质和精神的关系问题

——引自"21 世纪 100 个科学难题"编写组，《21 世纪 100 个科学难题》，长春：吉林人民出版社，1999

附录 4　大学生创业相关政策

一、个体工商户营业执照如何申办？

（1）从事个体工商业经营的个体或者家庭，申请人应当持户籍证明（本人身份证）职业状况，场地证明等有关材料，向经营地的工商行政管理机关申请登记。经县级工商行政管理机关核准登记领取营业执照后，方可营业。

（2）国家法律、法规规定经营者需要具体特定条件或需经行业主管部门批准的，应当在申请登记时提交有关批准文件。

属下列情况之一者，申请登记时，还应当出具有关证明：①机动车船客货运输的，应出具车船牌照、驾驶执照、保险凭证；②申请从事饮食业、食品加工和销售的，应出具食品卫生有关监督机关核发的证明；③申请从事资源开发、工程设计建筑修缮、制造和修理简易计量器具、药品销售、烟草销售等的，应提交有关部门批准文件或者资格证明；④旅店业、刻字业、信托寄卖业、印刷业的，应提交所在地公安机关的审查同意证明；⑤法律、法规规定的必须经审批的其它行业或经营项目；⑥请帮手、带学徒的，还应当报送与帮手、学徒分别签订的合同副本（约定双方的权利和义务，规定劳动报酬、劳动保护、福利待遇、合同期限等事项）。涉及人身健康和生命安全的，应出具保险凭具。

二、文化娱乐项目如何申办？

申请开办文化娱乐经营项目的单位提出书面申请，同时需出具以下证明文件：①办文化娱乐经营项目场所及经营理由的书面报告；②申请单位上级主管部门的证明文件（无主管部门的应注明单位经济性质）；③场所负责人的有关证明资料；④设施、设备资料；⑤管理机构及人员配备资料；⑥经营场所房屋使用证明。

在文化娱乐项目中，市区范围内的歌舞厅、卡拉 OK 厅、保龄球、电子游戏项目统一由所在城市文化管理部门审批。其余如台球、棋牌室、音乐茶座等项目由区社会文化管理部门负责审批。

歌舞厅、卡拉 OK 厅、保龄球、电子游戏项目的具体审批程序为：申办单位向文化管理部门书面申请明后，由文化管理部门牵头会同公安、工商和教委（电子游戏项目）、体委（保龄球项目）对经营场地等进行实地查看（电子游戏经营点必须是综合性场所，且不得在

学校 200 米半径以内），符合开办条件的，由其联合上报高一级文化管理部门审查立项；经审查立项的单位，需在文化管理部门、公安、工商、消防等部门的具体指导下，进行场地的装修、设备的引进和验收等工作；验收合格，经批准，领取文化经营许可证，安全许可证，营业执照后方可经营。

三、书刊零售经营许可证如何申办？

申办单位或个人按所在辖区的范围，向辖区文化行政管理部门提出申请，同时附上经营场所有效的材料证明（使用房屋的证明材料）；辖区文化行政管理部门对经营场地察看后，符合条件的发给文化经营许可证；经营户持文化经营许可证到所在地工商行政管理部门申办营业执照。

四、音像制品批发、零售如何申办？

音像制品批发：

（1）据国务院及文化部有关规定，音像制品总批发单位承担在全国范围内发行的业务，音像制品总批发业务由国有单位承担。个体经营者不得从事音像制品总批发业务。申请设立音像制品总批发单位由所在省自治区、直辖市音像制品行政主管部门审核同意后，报文化部审批。

（2）申请设立音像制品批发的单位，需具有的条件有：①有不少于 30 平方米的固定业务场所；②有适应业务工作需要的音像设备和其他设备；③流动资金不少于 20 万元。

（3）申请设立音像制品批发的单位，由省文化行政管理部门审核同意报文化部审批。

音像制品零售、出租：①申办单位或个人向县以上文化行政管理部门提出书面申请和报送有关证明材料：申请报告；场地使用证明；上级主管单位或街道办事处有关证明文件；资金来源合法证明；经营管理规章。②县以上文化行政管理部门审核后，对符合申办条件的发给文化经营许可证，经营户持文化经营许可证到所在地工商行政管理部门申办经营执照。

五、公众电脑屋如何申办？

在本市行政区域内从事公众电脑屋经营活动的，是指运用计算机网络进行浏览、查询、登录等服务的经营性企业和个体工商户，均实行安全许可、资质认证、登记注册制度。

办理程序有：①到市工商行政管理部门申办企业名称预先核准通知书；②到市公安局计算机管理监督部门进行安全培训，申办公众电脑屋安全许可证；③到市信息化工作领导小组办公室申办公众电脑屋资质认定手续，审核合格后颁发统一制作的公众电脑屋行业资质证书；④到工商行政管理部门申办工商登记注册手续。

六、餐饮旅店业等级证如何申办？

（1）经营者持有效证明到市物价局领取有关申请表。

（2）经营者按申请表所列内容认真填写后交回物价局。

（3）物价局按企业申报表填写内容和要求派员进行实地勘察，在此基础上进行综合评审。

（4）市物价局按实评结果发给经营者相应等级证。

附录5　创业计划书典型案例
——××牙膏市场推广计划书①

一、项目概述

（一）项目策划的背景

牙膏品牌背景介绍。

（二）项目概念与独特优势

牙膏的独特之处，包括主要成分及作用；与其它同类产品区别；包装等。

（三）项目成功的关键要素

牙膏要推广成功，其关键的问题是：强化口感的独特性，并努力为消费者所认可；引导一种新型的牙齿保健观念。

（四）项目成功的保证条件

企业关心大众健康，对牙齿保健有丰富的经验，对消费者无疑具有较强的诱惑力。随着中国人均消费水平的提高。

（五）项目实施目标

首先要增强××牙膏的知名度。作为一种新产品发售，先在北京、上海、广州市场上取得经验，然后再推广全国。

近期目标：投入北京、上海、广州市场，获得80％认识率（3～6个月）。

中期目标：取得北京、上海、广州市场20％以上的份额，并逐步向东部大中城市推广（1～2年）

长期目标：取得全国市场20％以上的份额。

二、市场分析

（一）市场环境分析

1．综合环境分析

中国是牙膏生产和消费的大国，2005年全国牙膏总产量达50亿多支，人均消费量5

---

① 引自中国国家教育网 http：//chuangye. counedu. cn/detail/6459. shtml

支，是世界上最庞大的牙膏市场。随着人民物质文化生活水平的提高，人们将越来越重视牙齿健康和个人清洁卫生，因此牙膏的市场容量还将扩大。

虽然目前牙膏市场竞争激烈，但是仍然存在着相当巨大的潜在市场。现在中国人均牙膏年消费量为 5 支，200 克左右，北京市为 6 支，但都与发达国家人均 500 克的消费水平相距甚远。其原因主要是刷牙率不高。中国政府提出刷牙率在 2000 年达到城市 85%，农村 50% 的目标，说明现有的刷牙率比这个目标还低得多，所以这其中有一个很大的潜在市场；另一面，北京市有 24.4% 的人每天只刷一次牙，其刷牙的频率还有待提高。

从 1991 年开始，中国政府规定每年 9 月 1 日为"全国刷牙日"，倡导普及刷牙和增进牙齿卫生，并在中小学生中推广普及刷牙教育，特别是提倡儿童从 3 岁起开始刷牙，这必然会增加牙膏的需求量。它立足于未来，对未来的市场结构有很大影响。所以中国牙膏的潜在市场是广泛而全面的，即使按政府的保守估计以每年 7% 的速度增长，也将形成一个巨大的市场。

2. 竞争环境分析

国内主要牙膏品牌的市场占有率（见下表）。

国内主要牙膏品牌的市场占有率

品牌	产地	类型	价格	包装	占有率%
中华	上海	香型	0.90/63g、2.10/128g	铝管	11.4
黑妹	广州	香型	1.00/63g、3.00/150g	铝管	8.9
蓝天	北京	香型	0.75/63g	铝管	8.7
两面针	柳州	药物	0.90/63g	铝管	8.5
洁银	广州	药物	1.10/63g	铝管	8.3
小白兔	杭州	儿童	0.86/63g	铝管	5.4
白玉	上海	药物	0.83/63g	铝管	4.6
高露洁	美国	香型	8.40/120g	铝塑	1.9
黑人	美国	香型	6.00/120g	铝塑	1.7
美加净	上海	香型	1.80/90g	铝塑	1.43

目前，中国一共有二十几个品牌的牙膏，主要有中华、蓝天、黑妹、洁银、两面针、冷酸灵、美加净、小白兔等。另外市场上还有少量进口牙膏，如黑人、高露洁等。上海是我国最大也是历史最悠久的牙膏生产基地，上海产中华、白玉等老牌号产品已经拥有了相当巨大而稳定的消费者。但是，近年来广州、柳州、杭州、青岛等城市的牙膏业异军突起，奋起直

追，开创了自己的名牌，形成同上海牙膏共享市场的局面。

（1）牙膏品类的划分。

随着中国人均消费水平的提高以及牙膏市场竞争的加剧，中国的牙膏越来越走向专门化，细分化。牙膏生产已初步形成格局，可大致划分为三大块：一类是各种洁齿爽口型的香型牙膏主要有中华、黑妹等；一类是与防治牙病相结合的各类药物牙膏，特别是发挥古代医学知识的各类中药牙膏。由于牙病在我国的普遍性，人们对药物牙膏的心理接受力越来越强。这类牙膏主要有两面针，白玉等；一类专供儿童使用的牙膏，如小白兔儿童牙膏。

（2）竞争状况。

由于市场竞争机制的引入，牙膏市场的竞争也愈演愈烈。目前，国内的牙膏市场已基本被分割完毕。

（3）竞争者划定。

作为一种新产品，××牙膏上市很可能触及所有品牌牙膏的利益。可能与各种香型牙膏进行竞争，而其护齿作用可能夺取部分药物牙膏的市场。但是，其主要的竞争者将是各种洁齿爽口的香型牙膏。市场上存在的香型：香蕉菠萝香型、柑桔型、浓香型、薄荷香、加浓薄荷型等。

（4）主要竞争者的市场定位及广告诉求点。

中华：定位为温馨家庭使用的牙膏。CF采取感情诉求，突出家庭生活之温馨、和谐；

黑妹：定位为城市青年使用的牙膏。诉求点是美与城市生活（CF）；

两面针：定位为对牙齿疾病有特效的牙膏，理性诉求；

洁银：定位为家庭使用的洁齿护齿牙膏。感情诉求点广告词："新的一天，从洁银开始"。

（5）竞争战略地位。

综合以上分析，我们建议，××牙膏采取市场补缺者的战略定位，用差异化战略强占市场分额。

3．面临的问题点与机会点

（1）问题点（市场阻碍）。

牙膏市场分割完毕，新的品牌很难打入；消费者购买力总体水平较低；市场调查结果表明，14.8％的消费者有固定品牌习惯；拒绝使用新产品。

（2）机会点（市场空档）。

政府以法规形式规定"全国爱牙日"，并加强对儿童的教育，爱护牙齿的观念将越来越普及随着人们物质文化生活水平的提高，人与人的各种交往增加。刷牙将不仅仅是健康的需要，而更重要的是塑造自我形象之需要，故需寻求高品质之牙膏。

（二）消费者分析

1．消费需求

（1）洁齿：消费者希望有洁白的牙齿，以维持美的形象，是较高层次的心理需求。

（2）牙齿保健：消费者的主要目的是为了防治牙病，以维持健康生活状态。

（3）口腔卫生：消除口臭，烟渍等，亦是形象的要求。

（4）治疗牙病：我国约有30.5％的人患有不同程度的牙病（常见病为牙龈出血，牙周炎，龋齿，牙齿肿痛），这部分消费者使用牙膏的目的就是为了治疗牙病。

2. 消费习惯

（1）时间：按长期的生活习惯，人们一般在早上起床后、晚上睡觉前刷牙。如有午睡习惯，在午睡后也可能刷牙。

（2）频率：24.2％的人每天只刷一次牙，即早起后；大部分人每天刷牙两次，早晚各一次；少数人每天刷牙三次。

（3）品牌喜好：14.8％消费者使用固定的品牌；85.2％的消费者随意变换品牌。

（4）方式：在家庭中，一般是所有家庭成员共同使用同下品牌。部分家庭为幼儿购买专用儿童牙膏。

3. 购买情形

（1）购买决策者。在家庭中，妻子或母亲占61.2％。购买地点：中小型百货商店84.5％；少数人在大型百货商店购买；另一部分人在日杂零售店购买。

（2）购买决策因素。习惯：牙膏是小型日用品，购买风险并不大，人们往往倾向选择自己熟悉的品牌，习惯的口味。

实用：消费者考虑牙齿保健的作用，经常转换使用不同牌号，避免产生抗体。

方便原则：正因为牙膏价值小，风险小，消费者为了图方便省事可能就近购买。

广告影响：消费者对品牌的熟悉过程和程度，要受到广告的影响。但习惯后受广告影响少。

（3）购买方式。经常性购买，即用完后再买。

家庭购买多喜欢大号（120g以上），个人购买多喜欢小号（63g）。

4. 价格承受力

（1）购买力。同发达国家相比，中国仍然是低收入国家，人均收入1999年为1 804元，购买力较低。北京市的人均收入水平高于全国平均水平，为2 397.1元，其中人均月收入500～1 000元的中等生活水平的家庭占63.9％，高收入家庭比低收入家庭的比例小。

（2）消费结构。北京市民的文化层次高于全国平均水平，但其消费结构仍属低层次消费，消费的前三位为食品，衣着，日用。其中用于日用的为575.8元/人。

（3）价格承受力。北京市人均年消费牙膏3.03支，牙膏的平均价格为2.4元/支（大号），是基本合适的。最高的价格承受力不超过4元/支。

（三）产品竞争力分析

1. ××牙膏特点

××是名牌牙膏，产品进入成熟期。但是对内地市场则完全是一种新产品。

××牙膏最独特之处区别于市场上各种香型的牙膏。

××牙膏采用铝塑包装，清洁，美观，保湿性强，代表了高品质的牙膏。另采用泵式软管，挤压省力，出膏均匀，便于使用。外包装盒亦十分精美，有吸引力。

2. 优劣比较

牙膏是一种小型的日常生活用品，人们在购买时决策简单，对生产技术方面的信息并不太在意，而主要考虑以下几个方面：口感（35%）、保健性能（32%）、价格（20%）、包装（13%），但有时他们往往随意购买。

（1）产品优势。

国内牙膏在膏体生产，配方，技术装备等方面基本都处于较低水平，偶尔有较高生产水平的美加净牙膏，但生产成本过高，在市场上的销售量也不多。而××牙膏则一直采用国际先进技术设备，清洁，现代化程度高。目前中国牙膏正面临着更新换代的选择，××牙膏正好可以代表新一代的牙膏。

国内牙膏在主要原材料上靠进口，使牙膏生产成本增高，依赖性增强，××牙膏在原材料方面要比国内进口方便。国内牙膏在口感上都较为一般，普遍的香型牙膏口味比较单调，而一般药物牙膏的口感更差，××牙膏的口味相对国产牙膏是十分独特的。

××牙膏由于采用古代医学知识加入盐的配方，比一般的香型牙膏更具有杀菌洁齿作用。国内牙膏大多采用铝管灌装，外壳包装材料也较差，印刷粗糙缺乏现代感。××牙膏采用铝塑包装，清洁美观。

（2）产品劣势。

××牙膏治疗牙病的效果并不如国产药物牙膏效果显著。

虽然××牙膏采用铝塑包装，清洁美观，但由于成本高，国内消费者不一定能接受。况且铝塑包装在牙膏用完后膏体往往有残余。××牙膏的知名度几乎为零。

（四）定位策略

1. 战略定位

采取聚焦差异取胜战略。

2. 市场定位

（1）区域市场定位。

以北京、上海、广州市为市场突破口，逐步向东部大中城市推广，继而占领大陆市场。

（2）目标市场定位。

使用者：20～40岁之中青年，中等以上收入者；

购买者：上述年龄层，主要为中青年妇女；影响者：使用者之父母、子女、亲友、同事。

（3）目标市场对象分析。

20～40岁中青年，中等收入以上者可分为三类：

20～25 未婚青年；25～35 已婚青年，子女在 10 岁以下；35～40 已婚中青年，子女在 10 岁以上。此阶层多为管理人士、公司职员、商店营业员、行政人员、科教文卫人员、生意人、社会交往较多注重家庭和乐、朋友情谊、领导、同事关系以及在社交中的自我形象平时忙于工作谋生养家，休息时看电视，报刊杂志；假日享受家庭之乐或参加朋友聚会，外出郊游，其中妇女喜欢逛商店注重实际，价格是重要考虑因素。

3. 产品定位

(1) 品牌形象定位。

根据对牙膏市场环境，目标市场对象的分析，为区别竞争品牌的市场定位，××牙膏在大陆市场以全新定位出现：是促进社交生活的高品质牙膏。

××牙膏的这个定位是以高姿态出现而避免同竞争品牌正面交锋的策略，同时力图改变旧有消费观念和习惯。

(2) 产品功能定位。

更具有杀菌洁齿作用新一代保健牙膏。

4. 传播定位

(1) ××牙膏可洁白牙齿，美化形象，建立良好个人形象；

(2) ××牙膏可建立在社交生活中的信心；

(3) ××牙膏独特品味，与追求独特之心态相应。

(五) 营销组合策略

1. 产品策略

(1) 产品组合策略。

采用大小两号包装规格（大号 120g，小号 65g）同时推向市场。

(2) 产品包装策略。

膏体用铝塑包装，用深蓝，浅蓝，白色三种标准色，以洁净清爽之感，并印上其口号和标志；外盒采用高级纸板精印。

2. 定价策略

(1) 采取高品质，中等定价的渗透定价策略；

(2) 家庭型 3.20 元/支；个人型：1.60 元/支。

3. 渠道策略

(1) 渠道的选择。

分销路线：百货公司→消费者。

选定北京市各区主要的大中型百货公司为零售点；并包括各超级市场和北京屈臣氏个人购物商店。各零售点采取统一的 POP 设计，包括货架和标志。

(2) 渠道的管理。

折扣 25％，分期支付。如能保持适当的存货水平付给 5％；如能完成销售定额再付给

5％；如能向顾客提供有效服务再付给 5％；如能正确报告顾客购买水平再付 5％；如能适当管理应收账款再付给 5％；大号销够 1 000 个奖励 500 元；留成销售总额的 5％用作广告投放。

4. 促销策略

（1）促销活动。

上市时间　年　月　日，统一上市。上市前一周即播发预先广告（电视，报纸）。

活动目的：打开知名度，鼓励尝试。

活动主题：

活动内容：从　月　日—　月　日，凡买××牙膏者当场开启包装，进行双重抽奖：

① 如发现牙膏头的园形黏模上印有××标志，可得一个漂亮的学生书包，作为家长送子女的新学年礼物（1∶20）；

② 牙膏的包装盒内还有一张答题卡，回答好简单问题后就可以参加第二期抽奖；

③ 一次性购买十支（大号）××牙膏，即可获得一个精美购物手提袋。

（2）公关活动。

① 制作小册子和宣传单。

内容：企业状况，产品特点，及××对牙齿健康的观念。

目的：在××牙膏的各项公关，促销活动中分发，增进了解。

时间　月　日。经费万元。

② 爱牙日。

内容：9 月 1 日全国爱牙日，赞助卫生部开展宣传与咨询活动；以形象生动富于娱乐性的方式宣传爱牙。

目的：树立××牙膏心公众健康的形象，并增进公众了解。

时间　月　日。

经费　万元。

③ 赞助奥运代表团。

内容：争取 2008 年中国奥运代表团专用牙膏之称号，并随队赠送每个运动员一套××个人用品；

目的：以"信心、决心、恒心"鼓励运动员，借此扩大知名度。

时间　月　日。

经费　万元

5. 广告策略

（1）广告目标。

建立 80％之品牌知名度；争取 20～40 岁消费者。树立××牙膏是促进社交生活的商品质牙膏的观念。改变消费者认为牙膏都是香味的观念，使之认同××牙膏口味。

（2）广告策略。

预售期：以理性诉求做预备说明，加强悬念；

发售期，配合促销，以感性诉求和理性诉求结合；

巩固期：以感性诉求，加深企业印象。

（3）广告创意。

创意理念：现代生活中，人与人之间的交往越来越频繁，只有对自己，对别人都充满信心，才能在交往状态中确立自我，善待他人。这时，也需要牙齿不"拆台"，健康、清洁的牙齿，是自我的一大形象标志。××牙膏定位为促进社交生活的高品质牙膏，其意正在于令牙齿健康洁白，令自我充满信心，迎接生活的每一个挑战。

创意口号：轻松自信，健康每一天。

拥有轻松与自信，让牙齿更亮丽！

（4）广告表现。

1）CF表现。

预售期：企划意图：通过预告××牙膏之来临，在消费者心目中造成悬念，吸引注意；

表现方式：以手势模拟对话表现××牙膏来临（十秒）；

发售期企划意图：通过广告诉求，教育消费者认同××牙膏口味，树立高品质观念，提高知名度。

表现方式：示范式；

主　题：轻松自信，健康每一天；

口　号：拥有轻松与自信，让牙齿更亮丽！

模　特：一位清洁，美丽，令人愉快的青年妇女，要求牙齿整齐，洁白；

巩固期：企划意图：通过表现生活中人与人交往之片断。建立××牙膏长久之品牌形象，实现产品定位；

表现方式：以系列化方式，表现现代人的生活经验；（求职，情人，朋友，结婚等）；

主　题：拥有轻松与自信的心；

场　景：现实生活中的实际场景；

模　特：精神面貌清爽，充满信心和活力的中，青年男女（随情景而选定）；

配　音：现场模拟音及轻松的背景音乐。

2）平面广告表现。

NP（报纸）：

企划意图：通过理性诉求，提供信息，表现××牙膏之USP（独特性销售主张）；

主题之一：如果你不相信我们会关心你的牙齿，难道你希望看到这个（龋齿模）；

主题之二：如果你不认为咸是一种创意，难道你会选择这个（一支红辣椒）；

主题之三：如果你不喜欢我们的包装，难道你宁愿喜欢这个（一个用完的铝牙膏卷）。

正 文：由每个主题引发，最终归结到"自信心"。

口 号：拥有轻松与自信的心。

杂志

企划意图：以感性诉求同理性诉求相结合，提供信息并建立企业形象。

主 题：拥有轻松与自信的心。

POP 吊旗：企划意图：以感性之形象，配合促销活动。

主 题：拥有轻松与自信的心。

海报

企划意图：树立企业形象并促进现场销售。

主 题：让牙齿更亮丽，拥有轻松与自信的心！

3）广播广告表现。

企划意图：通过声音形象揭示××牙膏之特点，并显示其定位点。

主 题：拥有轻松与自信的心。

故 事：与青年人生活相关的事。

模特声音：亲切形象，略带夸张，富于表现力；

音 响：自然拟音；

音 乐：轻松浪漫的抒情音乐，并谱写企业名音乐。

4）直邮广告 DM 表现。

企划意图：通过对销售人员及部分消费者的新年问候，体现××牙膏关心人的企业形象，博得公众好感，增加销售人员的积极性。

主 题：清新年祝福。

正 文：亲切，温馨，富于人情味。

（六）投资收益分析与预算分配

市场推广费预算

预计北京市今年牙膏销售总量可达 2 500 万支，根据市场预测，××牙膏可达到 20％的市场占有率，即达到 500 万支销售量，利润可达 750 万元。

本年度推广费总预算按本年度营销利润的 25％支取。推广费为：750 万×25％＝187.5 万元。

其中：市场促销费：7 万元（不含宣传品制作）。

公关活动费 万元。

广告制作费 万元。

——引自中国国家教育网 http://chuangey.counded.ch/detail/6459.shtml

附录6　西安石油大学创新教育资料选编

创 造 民 谣

1=♭B 4/4

延浪　词曲

i i i 65 | 5 3.21 - | 3.2 16 5 i | 65 32 1 - |
创造 像一把 热情的火，燃 烧在我的 心 窝窝，

3 5 6 5 6 1 | 121 65 6 - | 55 61 3 32 | i 23 i - |
你 想 我 想 他 也想， 创造 我们美丽的 好山河，

‖: 32 32 15 | 32 32 1 - | 11 16 5 i |
呀儿 呀儿 依哟 热 情的 火， 呀儿 呀儿 依哟

65 32 1 - | 3 5 65 6 1 | i.2 65 6 - |
生 命的 歌， 你想 我想 他想 大家 来创 造，

55 61 3 3 | 21 32 1 0 :‖
生生 不息 创造， 创 造的 火。

此歌被选定为西安石油大学创新学社社歌

西安石油大学·文联·音乐舞蹈协会

参考文献

[1]　夏昌祥. 实用创新思维. 北京：高等教育出版社，2008.

[2]　姚凤云，等. 创造学理论与实践. 北京：清华大学出版社，2006.

[3]　刘悦安. 创造学实用教程. 北京：清华大学出版社，2005.

[4]　汝河. 发觉你的创造力. 北京：地震出版社，2002.

[5]　喻胜，等. 创造学. 长沙：中南大学出版社，2005.

[6]　许延浪. 现代大学实用创造学. 西安：西北工业大学出版社，2003.

[7]　张春兴. 现代心理学. 上海：上海人民出版社，2000.

[8]　王成军. 创造学. 北京：人民军医出版社，2005.

[9]　刘仲林. 中国创造学概论. 天津：天津人民出版社，2001.

[10]　陈东. 试论科学研究中的创造性思维. 国际关系学院学报，2008（4）.

[11]　吴红. 创造学在中国的发展历程及其思考. 学术论坛，2006（2）.

[12]　甘子恒. 创造学原理和方法：广义创造学. 北京：科学出版社，2003.

[13]　黄顺基. 钱学森现代科学技术体系的创建及其意义. 中国人民大学学报，2008（5）.

[14]　李光丽. 再议创造力. 科技管理研究，2008（10）.

[15]　罗玲玲. 创造力理论与科技创造力. 沈阳：东北大学出版社，1998.

[16]　威廉·卡尔文. 大脑如何思维：智力演化的今昔. 杨雄里，等，译. 上海：上海科学技术出版社，1996.

[17]　傅世侠. 脑科学与创造性思维. 北京大学教务处编. 自然科学专题选讲. 北京：北京大学出版社，1997.

[18]　艾伦·鲁宾逊，萨姆·斯特恩. 公司创造力——创新和改进是如何发生的. 杨炯，译. 上海：上海人民出版社，2001.

[19]　梁良良. 创新思维训练. 北京：中央编译出版社，2000.

[20]　Sue Reber，等. Microsoft PowerPoint for Windows 95 入门捷径. 王潜，等，译. 电子工业出版社，1996.

[21]　辛迪·开普兰. 创造力配方——唤醒你的商业创造意识. 矫福君，等，译. 长春：吉林人民出版社，1999.

[22]　В. Чус，В. Н. Данченко. Основы технического творчества. Москва：：гловное издательство "вищашкола"，1983.

[23]　ьтшуллер. Г. С. Творчество как наука. Москва：Сов. Радио，1979.

[24] 托尼·巴赞，思维导图—放射性思维. 李斯，译. 北京：作家出版社，1999.

[25] 宋月琴. 启动创造力——助你立业和发展. 广州：广东旅游出版社，2000.

[26] 颜祥林，等. 知识产权保护原理与策略. 北京：中国人民公安大学出版社，2001. 9

[27] 甘华鸣，等. 创新. 北京：中国国际广播出版社，2001.

[28] J. M. Barrett. 国际高智商协会素质测试手册：测出你的天赋、个性、职业与未来. 刘祥亚，译. 海口：海南出版公司，2001.

[29] 袁劲松. 全脑思维训练场. 北京：中央编译出版社，2002.

[30] Scott Thorpe. 谁坏了你的大脑：爱因斯坦的天才思考法. 蔡梵谷，译. 海口：南海出版社 2002.

[31] 张士军. 创造与发明. 沈阳：东北大学出版社，2000.

[32] 吴光威 刘树兰. 创造是一门精密的科学. 北京：北京航空航天大学出版社，1990.

[33] 威廉. 卡尔文. 大脑如何思维——智力演化的今昔. 杨雄里，梁培基，译. 上海：上海科学技术出版社，1996.

[34] 董洁晶，等. 创造学与新产品开发思路及实例. 北京：机械工业出版社，2005.

[35] 富荣. 创业故事会—99个成功的创业规划. 北京：企业管理出版社，2008.

[36] 林光. 创业学. 北京：清华大学出版社，2008.

[37] 李志刚，等. 网上创业. 成都：西南财经大学出版社，2008.

[38] 刘平. 就业新思维：自主创业. 北京：中国金融出版社 2008.

[39] 杰弗里·蒂蒙斯，小斯蒂芬·斯皮内利. 创业学案例（第6版）. 周伟民，吕长春，译. 北京：人民邮电出版社，2005.

[40] 程文义. 就业与创业. 中国电力出版社，2008.

[41] 常建坤. 创业教程. 清华大学出版社，2006.

[42] 马福存. 网上开店成功创业全程指导. 北京：中国纺织出版社，2008.

[43] 央视《财富故事会》栏目组. 财富故事会（新榜样版）. 青岛：青岛出版社，2007.

[44] 罗美萍. 我国高校大学生创业教育的现状及对策. 浙江工商大学学报，2006. (2).

[45] 史永安. 大学创业教育探析. 中国高教研究，2006（3）.

[46] 董晓玲. 国外创业教育政策比较分析与启示. 消费导刊，2007（9）.

[47] 常建坤等. 发达国家创业活动和创业教育的借鉴与启示. 山西财经大学学报（高等教育版），2007. (3).

[48] 林卫. 西方发达国家创业教育的研究与启示. 全国商情（经济理论研究），2009 (2).

[49] 杨冰兰，等. 创业模式比较与南京的选择. 南京社会科学，2004 (9).

[50] 邓汉慧，等. 创业：中国大学生就业的新观念. 山西财经大学学报（高等教育版）2008 11 (4).

[51] 中国发明网. http://www.cainet.org.cn/.

［52］　大学生创业网. http：//www. studentboss. com.

［53］　大学生创业网. http：//www. qiusuocn. com.

［54］　中国创业教育网. http：//WWW. KAB. ORG.（中国）CN KAB.

［55］　创业故事交流分享网站. http：//www. 90920. com.

［56］　北京师范大学珠海分校新闻网. http：//news. bnuep. com.

［57］　中国创业网. http：//www. 54288. com/.

［58］　网络创业者网. http：//www. wlcyz. cn/. news/index. asp.

［59］　华商联盟国际投资网. http：//www. hsgj. org.

［60］　创思妙想网. http：//www. miaosi. net. cn/.

［61］　网络创业者. http：//www. wlcyz. cn/.

［62］　技术创新方法网. http：//www. triz. gov. cn/.

［63］　创业投资网. http：//www. 28182. com/.

［64］　国家教育网. http：//chuangye. counedu. cn/.